선우현 지음

한국 사회의 현실과 사회철학

울력

울력에서 펴낸 지은이의 책
『위기시대의 사회철학』(2002)
『평등』(알렉스 캘리니코스, 2006): 번역서

한국 사회의 현실과 사회철학

지은이 | 선우현
펴낸이 | 강동호
펴낸곳 | 도서출판 울력
1판 1쇄 | 2009년 2월 28일
등록번호 | 제10-1949호(2000. 4. 10)
주소 | 152-889 서울시 구로구 오류1동 11-30
전화 | (02) 2614-4054
FAX | (02) 2614-4055
E-mail | ulyuck@hanmail.net
값 | 20,000원

ISBN 978-89-89485-72-8 93100

과연 지난 10년은 잃어버린 세월이었던가?

오늘의 한국 사회 현실에서, 철학 그중에서도 사회철학이 수행해야만 하는 역할 혹은 임무에는 어떤 것이 있을까? 아마도 이에 관해서는 여러 답변이 가능할 것이다. 가령 철학(함)을 업業으로 삼고 있는 필자가 속해 있는 철학 분야에 한정할 경우에는, 아직까지 '우리 철학'이 부재한 한국 철학계의 실태를 고려할 때 한국 사회의 현실을 제대로 읽어내고 그로부터 드러난 문제점들에 대한 구체적인 해결 지침을 제공해 줄 '자생적 사회철학 체계'를 정립하는 데 진력하는 것이, 현시점에서 사회철학이 최우선적으로 수행해야 할 급박한 소임이 아닐까 싶다. 물론 이 과제를 완수해 나가는 구체적인 방법과 관련해서는 또다시 다양한 답변이 개진될 수 있을 것이다. 예컨대 상당한 현실 진단 능력을 갖춘 특정 외래 철학 유형을 기본적인 이론적 토대로 삼아, 그것을 한국의 현실에 맞게끔 비판적으로 변형하거나 재구성하는 방식도, 불충분하기는 하지만 하나의 잠정서인 대안적 방안으로 적극 모색될 수 있을 것이다.

이에 비해 전문적인 철학(함)의 영역에 국한하지 않고 한국 사회 전반으로 그 범위를 보다 더 확대할 경우, 사회철학이 수행해야 할 일차적인 역할은 아무래도 오늘의 한국 사회 현실을 일차적 사유 대상으로 삼아 비판적으로 성찰하고 진단하는 작업이 되지 않겠나 싶다. 비록 한국 사회의 실상을 제대로 분석하고 진단할 수 있는 고유한 독창적인 사회철학 체계가 아직 완비되어 있지는 못하지만, 그럼에도 사회철학에 부여된 '사회 비판'의 기본적 역할과 소임은 현실적으로 충분히 수행 가능하다고 판단되기 때문이다.

이러한 사정을 감안할 때 이번에 내놓게 된 이 책은, '우리가 발 딛고 살아가고 있는 실제 삶의 현실을 일차적 사유 대상으로 삼아 비판적으로 고찰하는 것'이야 말로 사회철학이 할 수 있는, 아울러 해야만 하는 일차적 소임이라는 입론에 의거하여 그때그때 특정 주제나 현안을 반성적 비판의 대상으로 삼아 쓴 글들을 주제 별로 묶은 것이라 할 수 있다. 시기적으로는, 모두 지난 김대중 정부와 노무현 정부 하에서 작성된 글들이다. 그런 만큼 당시의 시대적·사회적 맥락에서는 나름의 철학적 시의성을 지녔던 글들이라 할 수 있겠다. 허나 이렇듯 시간이 흐른 후에 하나의 책으로 엮어 출간되는 경우, 그것들은 자칫 특정 사안들에 관한 단순한 '과거 회상기'의 시간적 나열에 그칠 수도 있을 것이다.

사정이 이와 같음에도, 변변치 않는 내용의 글들을 묶어 단행본으로 출간하게 된 데에는 대체로 크게 두 가지 정도의 동인이 작용했다고 보인다. 그 하나는, 소위 '진보 정권'이라고 불렸던 이전 정권들 하에서 벌어졌던 현안들에 대해 사회철학적 관점에서 비판적으로 규명해 보았던 글들을 '보수 정권'으로 바뀐 지금의 시점에서 한 번쯤 살펴볼 경우, 변화된 한국 사회 현실을 '간접적으로' 비교·평가해 볼 수 있는 성찰의 기회를 제공해 줄 수 있지 않을까 하는 소박한 생각이었다.

다른 하나는, 필자 자신의 철학(함) 작업과 관련된 것으로, 이전 정부 아래서 작성했던 사회 비판적 글들을 한데 모아 살펴봄으로써 — 다소 거창하게 들릴지 모르겠지만 — 사회철학자로서 한국 사회의 본질적 한계와 문제점을 제대로 파악하고 있는지, 아울러 필자의 이념적 지향점은 어디로 향하고 있는지 등에 관해 자기 비판적 성찰을 시도해 보려는 개인적 바람이었다.

첫 번째 동인은, 최근 한국 사회의 구성원들 사이에서 입에 많이 오르내리고 있는 화두, 곧 "과연 지난 10년은 잃어버린 세월이었던가?"라는 물음과 밀접히 관련되어 있다. 말할 것도 없이, 이러한 물음에 관한 답변은 상이한 관점과 입장에 따라 다양하게 제시될 수 있을 것이다. 특히 경제적·정치적 차원의 경우에는, 구성원들 각자가 지닌 계급적·계층적 이해관계나 이념적 지향점 등에 따라 서로 상반되기까지 한 다양한 입장들이 개진될 수 있을 것이다. 가령 이전 정권들 하에서 추진되었던 이른바 '햇볕정책'을 둘러싸고도 두 가지 대립적인 견해가 맞설 수 있다. 즉, 한편에는, 남북한 간 긴장을 완화하고 평화 공존을 이룩함으로써 통일을 위한 초석을 다지는 데 실질적으로 기여했다고 보아 "지난 10년은 결코 잃어버린 세월이 아니었다"고 평가하는 입장이 있을 수 있다. 반면 다른 한편에는, 햇볕정책은 북한 정권에 대한 일방적인 퍼주기 정책이자 끌려가기 식의 정책에 다름 아니었으며 그런 한에서 대북 정책과 관련된 "지난 10년은 얻은 것 없이 잃어버리기만 한 세월이었다"고 정반대로 평가하는 입장도 있을 것이다.

그렇지만, 지난 10년의 세월에 대한 평가를 둘러싸고 이처럼 서로 상반되는 시각과 입장이 첨예하게 맞서 있는 상황에도 불구하고, '학문적' 차원에서는 결코 "지난 10년이 잃어버린 세월이 아니었다"고 감히 평가할 수 있을 것으로 필자는 확신한다. 이는 보수 진영에 가담해 있든 진보 진영에 속해 있든 상관없이, 학문하는 이라면 누구나 흔쾌히 동의할 것이라고 생각한다. 『88만원 세대』의 저자인 우석훈의 어법에 따르면, 아마도 '3류 철학자'에 해당될 필자의 경우에도 소신껏 학문적 양심에 따라 하고 싶은 얘기는 얼마든지 자유롭게 할 수 있었으며 또한 모두 했기 때문이다.

이 점은 멀리서 찾을 필요도 없이, 이 책에서 확인해 볼 수 있을 것이다. 가령 2부의 글들은, 지난 국민의 정부 및 참여정부 하에서 전개되었던 '진보/보수 간의 왜곡된 이념 대립 구도'를 비판적으로 검토한 글들인데, 여기서 필자는 비록 왜곡화의 근본 원인은 수구 반동으로서의 보수가 제공했지만, 그러한 왜곡화에 대한 총체적인 책임은 당시 김대중 정권 및 노무현 정권의 집권층을 비롯한 진보가 온전히 떠안아야 한다고 비판적으로 주창하였다. 이와 관련하여, 진보와 보수 양쪽 모두에게 비판의 화살을 겨누는 것은 결국 양비론적 입론으로 귀착되어 적전 분열敵前分裂을 조장할 수 있다는 진보 진영 일각의 비판적 지적이 제기된 바 있다. 그럼에도 불구하고 필자가 그렇게 한 데에는, 규범적 우월성과 정당성을 지닌 진보가 한층 더 치열한 '자기비판 및 자기성찰'을 수행할 경우에만, 비로소 진보가 이념적 뒤틀림을 바로잡아 제대로 된 대결 구도를 형성해 나갈 수 있는 진정한 변혁 주체로서의 자격 조건을 갖출 수 있을 것이라는 판단에서였다. 그렇지만 이때 보다 더 주목해 보아야 할 대목은, 당시 집권 세력에 대한 신랄한 비판적 지적은 그 어떤 외적 영향이나 자기 검열 없이 소신껏 자유롭게 제기될 수 있었다는 사실이다. 적어도 당시의 진보 정권들 하에서는 — 따라서 지난 10년의 기간 동안은 — 그 어떤 종류의 학술적 비판을 제기함에 있어서도, 일절 외부의 눈치 볼 필요 없이 비판가 자신의 학자적 양심과 양식common sense에 따르기만 하면 되었던 것으로 필자는 기억하고 있다.

하지만 보수 정권으로 바뀐 현 상황에서도 대상을 가리지 않고 여전히 소신껏 비판의 목소리를 낼 수 있을지에 관해서는, 필자로서는 상당한 의구심을 갖지 않을 수 없다. 평생을 병고와 가난에 시달리면서도, 이 땅에 전쟁 없는 평화로운 세상이 펼쳐지고 아이들이 마음껏 뛰놀 수 있는 건강하고 바른 사회가 구현되길 염원하는 진실된 글만을 써온 —『강아지 똥』과『몽실 언니』의 작가로 널리 알려진 — 권정생의 부드러우면서도 간곡한 기도와 소망을 담은 산문집『우리들의 하느님』이 국방부가 선정한 '금서목록'에 포함되었다는 소식에 접해서는, 경악스럽다 못해 참담한 심정이었다. 한국 사회가 처한 현재의 경제 위기 상황에 대해 비판적 진단의 글을 올린 인터넷 논객 '미네르바'가 구속당하는 사태 앞에서는 "과연 앞으로 제대로 된 사회 비판의 목소리를 낼 수 있을지" 참으로 걱정스럽고 암울하기만 하다.

이러한 실정을 고려할 때, 지난 진보적 정권들 하의 사회 현실에 대한 철학적 성찰의 기록물이라 할 수 있을 이 책은 — 지난 10년의 세월을 반추해 보면서 — 지금의 이명박 정부 하에서 전개되고 있는 시대적 상황을 상호 비교적 방식으로 조망해 볼 수 있는 나름 의미 있는 계기를 부여해 줄 수 있을 것으로 보인다. 동시에 앞으로의 전망에 대해 간접적이나마 예측해 볼 수 있는, 불충분하나마 긴요한 지침을 제공해 줄 수 있지 않을까 기대해 본다. 최소한 이 정도의 도움이라도 이 책을 접하는 독자들에게 제공해 줄 수 있다면, 이 책의 소임은 그나마 조금은 수행한 셈이 되지 않을까 생각한다.

두 번째 동인과 관련해서, 필자로서는 이 책의 출간을 계기로 더 많은 자기비판과 자기성찰을 행할 수 있는 기회가 될 것으로 기대하고 있다. 사실 필자는 평소 보수적이기보다는 진보적인 철학자로서 평가 받기를 소망하고 나름 그 방향으로 철학함을 수행하고자 노력을 기울여 왔다. 하지만 정작 이번에 실린 글들을 정리하고 검토해 보는 과정에서, 필자 자신의 이념적 지향점은 아무리 잘 봐줘도 기껏해야 '중도 우파'에 머물러 있음을 확인한 터라, 필자 본인의 철학함 자체를 보다 더 치열하게 비판적으로 반성해 볼 필요성을 절실히 느끼고 있다. 명색이 실천 철학을 추구하고 있는 필자로서는, 비록 철학적 역량을 비롯하여 여러모로 부족하지만 그럼에도 철학적 문제의식이나 사회 변혁적 마인드만큼은 그 어떤 진보적 철학자 못지않다고 내심 자위하고 있었는데 실제로는 그렇지 못한 것 같다는 점에서, 너무욱 그렇다. 그러므로 이번에 출간되는 이 책은, 이후 필자가 추구하는 철학의 이념적 방향성을 다시금 반성적으로 짚어보고 평가해 볼 수 있는 긴요한 매체로서 기능하리라고 기대해 본다.

이렇듯 이 책은 그 어떤 거창한 철학적 의도와 목적을 갖고 저술된 것도 아니며, 내용적인 측면에서도 사실 많이 부족한 상태이다. 게다가 필자 개인의 철학함 방식을 분석 대상으로 삼아 자기비판적 성찰을 실행하기 위한 '회상기적 독백기'의 성격을 부분적으로 취하고 있기까지 하다. 실상이 이와 같음에도, 이 책이 — 새로운 보수 정권의 등장 이전과 이후를 중심으로 한 — 최근의 한국 사회의 현실을 '사회철학적 관점'에서 비판적으로 조망하고 상호 비교·평가해 보는 데 조금이라도 기여할 수 있다면, 그에 따라 사회 현실을 바라보는 비판적 시각이나 관점, 철학적 지혜나 혜안을 얻는 데 도움을 줄 수 있다면, 필자로서는 더 바랄 것이 없겠다.

그리 대단할 것은 없지만 그럼에도 이 책을 펴내는 데에는 적잖은 분들의 도움이 있었다. 특히 필자가 몸담고 있는 사회철학 관련 학회들, 그 중에서도 지방에 근무하고 있다는 이유로 최근 들어 거의 활동을 못하고 있지만, 그럼에도 개인적으로 격려와 조언을 아끼지 않고 있는, '한국철학사상연구회' 동료 사회철학자들에게 송구스러움과 함께 고마움을 표하고 싶다. 아울러 연구위원장의 책무 덕분에 상대적으로 좀 더 열심히 하는 척 할 수밖에 없도록 만들어 준, '사회와철학연구회'의 동료 사회철학자들에게도 진심으로 감사하다는 말을 전하고 싶다. 그들의 진지하고 날카로운 비판과 조언이 있었기에, 아직까지 나름 열정적으로 사회철학(함)의 길을 가고 있다고 말할 수 있기 때문이다. 또한 필자와 10년째 인연을 맺고 있는 '울력'의 강동호 사장이 보여 준 출판인으로서의 사명의식과 열정에 대해서는 진심어린 찬사를 보내고 싶다. 끝으로, 언제나 마음 편히 연구와 저술 작업에 열중할 수 있도록 배려하고 희생해 준 나의 가족들, 아내 정란 그리고 두 아들 정, 영에게도 사랑한다는 말을 꼭 전하고 싶다.

2009년 2월

선우현

차례

1부

한국 사회의 의사소통 구조 실태

1. 남북한 사회 체제의 '가족 내 의사소통 구조'의 양상 비교
가족 구조 및 가족 관계에 대한 고찰을 중심으로

1. 들어가는 말

이 글은 남한과 북한 두 이질적인 사회 체제에서의 '가족 내 의사소통 구조'의 양상을 상호 비교·검토해 보는 데 일차적 목표를 두고 있다. 이러한 목표를 설정하게 된 배경으로는, 한중일 3국이 중심이 된 '동북아 공동체'의 구성 가능성에 관한 탐구 작업[1]에서 빼놓을 수 없는 과제 중의 하나가 바로 남북 간 민족 통합에 관한 연구[2]라는 사실을 먼저 들 수 있다. 남북이 하나로 통합되지 않은 상황에서 동아시아 3국의 공동체란 현실적으로 생각할 수 없는 것이기 때문이다.

나아가 '동북아 공동체'의 성립 가능성을 모색해 나가는 과제와 관련하여 이러한 연구는 의미 있는 내용과 지침, 시사점을 제공해 줄 수 있을 것이다. 가령, 동북아 공동체를 형성해 나가는 과정에서 '필연적으로' 직면하게 될 문제의 하나가, 상호 이질적인 사회 체제의 통합 문제이다. 특히 중국과 같은 '집단주의' 체제와 일본과 같은 '개인주의' 체제 간의

---

1. 이에 대한 상세한 논의는 한승완, 「민주주의의 심화와 동아시아 공동체」(2003), 37-61쪽 참조.
2. 이에 관해서는 선우현, 「대북정책 및 민족통합의 성공적 완수를 위한 핵심 과제: 남한 내·남북한간 이념적 통합」(2003), 1-25쪽 참조.

사회적 · 경제적 통합은 그야말로 힘겨운 작업이 아닐 수 없는 바, 남북한 사회의 가족 내 의사소통 구조의 비교는 개인주의와 집단주의 사회 체제 간의 차이성과 공통성에 관한 유용한 정보를 제공해 줄 수 있을 것이다.

반세기에 걸쳐 상호 적대적인 관계를 유지해 온 남북한 사회 체제를 하나로 통합하는 민족사적 과제와 관련하여, 그러한 과제의 성공적 완수에 도움이 될 기초적 자료와 정보를 일정 정도 확보할 수 있을 것이란 점 또한 이러한 작업을 추진하게 된 주된 동기라 하겠다. 남북한 사회의 가족 내 의사소통 구조의 양상과 실태를 비교 검토해 보는 작업은, 향후 남북한 간 이념적 · 사회적 통합의 원활한 수행에 기여할 남북한 실태에 관한 기본 자료 — 가령 민족 통합에 저해가 되는 요소들이나 촉진하는 데 기여할 수 있는 요소들 — 를 제공해 줄 수 있을 것이라 보이기 때문이다.

끝으로 이 같은 가족 내 의사소통 구조에 관한 고찰은 '가족 구조 및 가족 관계[3]의 민주화 수준' 에 관한 비판적 성찰의 성격을 띠고 있는 바, 이는 남북한 사회 체제 내의 구체적인 일상적 삶의 지평에서, 아울러 거기서 살아가는 사회 성원들의 의식적 수준에서 이루어지고 있는 '진정한 의미' 에서의 민주화 구현 수준을 가늠해 볼 수 있는 지침을 제시해 줄 수 있을 것이다.

이 같은 배경을 염두에 두면서 이루어질 남북한 사회의 가족 내 의사

---

3. 구조 기능주의적 접근 방식에서, '관계' 개념은 '구조' 의 하위 개념으로 다루어진다. 따라서 이러한 관점에서 가족 구조란 '가족 구성원들 간의 관계의 유형' 을 가리킨다. 이에 관해서는 박영신, 『현대사회의 구조와 이론』(1985), 65-77쪽 참조. 그럼에도 불구하고 이 글에서 '가족 구조' 와 '가족 관계' 를 엄격히 구분하여 사용하려는 것은, 가족 구조의 개념만으로는 '가족 내 의사소통 구조의 특징' 을 제대로 포착해 내기 어렵다는 판단에 따른다. 이에 따라 이 글에서 '가족 구조' 는, 개별 가족 성원들이 가족 전체의 이익을 우선시하고 있는가 아니면 개별 성원들 각자의 이해관계를 일차적인 것으로 간주하고 있는가를 보다 명확히 드러내 보여 주기 위한 '조작적 개념' 으로서, 그리고 '가족 관계' 는 가족 성원들 간에 맺어진 상호 관계가 민주적 · 수평적 관계인가 혹은 권위주의적 · 수직적 관계인가를 보여 주기 위한 조작적 개념으로서 잠정 사용하고자 한다.

소통의 양상에 대한 검토 작업은, 하지만 곧바로 중요한 문제점에 봉착한다. 그것은 바로 북한 사회의 경우에는 '현지 조사'가 현실적으로 불가능하다는 점이다. 이런 까닭에 이 글은 본질상 한계를 지닐 수밖에 없다. 아울러 이러한 한계는 남북 관계가 보다 유연화된 상황에서 자유롭게 북한 주민들의 생각과 견해를 들을 수 있는 경우에나 극복될 수 있을 것이라고 자위해 본다.

　이처럼 이 글은 그 같은 원초적인 제약을 감수하면서 본래 설정한 과제를 수행해 나갈 것이다. 따라서 이 글에서, 북한 사회의 경우에는 기존에 이미 이루어진 탈북자들의 증언 및 면담 자료를 활용하는 방안과 이미 출간되어 나와 있는 연구 성과물들에 대한 비판적 분석의 탐구 방식이 병행적으로 사용될 것이다. 물론 필요한 경우에는 탈북자들에 대한 개별 면담 방식도 활용될 것이다. 이에 비해 남한 사회의 경우에는 금번 '동아시아연구센터'에서 수집 · 정리한 현지 조사 자료가 일차적 자료로 활용될 것이다. 이와 함께 기존에 이루어진 다양한 조사 및 통계 자료 그리고 이미 결과물로 나와 있는 다양한 형태의 연구 성과물과 문헌에 관한 텍스트 분석의 방식 또한 적극 활용될 것이다.

2. 남북한 사회의 '가족 구조 및 가족 관계'에 대한 예비적 고찰

1) 남한 사회 체제

주지하다시피 남한 사회는 오랜 기간 반反민주적 군사 독재 정권이 지배하는 암울한 상황 속에서도 숱한 난관을 뚫고 정치적 · 사회적 민주화를 구현해 왔으며, 그 결과 사회의 구조적 · 제도적 차원에서 점진적인 그리고 비약적인 민주화가 진척되기에 이르렀다. 이는 공적 영역뿐 아니라 사적 영역에서도 자유롭고 개방적인 '의사소통 구조'가 점진적으로 정립되어 왔음을 의미한다.[4] 그에 따라 '가족 구조' 및 '가족 관계' 역시 민주적인 의사소통적 구조 및 관계로 재편되어 왔다.[5]

하지만 사회적 지평에서의 민주화 실현 정도에 비해, 가족 내 성원들 간의 관계나 가족 구조는 아직 그러한 사회적 수준에 미치지 못하고 있다. 다시 말해 '문민정부'와 '국민의 정부'를 거쳐 '참여정부'에 이르는 도정에서 이루어진 사회 구조적 차원의 민주화 수준에 비해, 가족 구조 및 가족 관계는 아직 만족할 수준에 이를 만큼 민주화가 실현되지 못한 것이 현실이다. 물론 자유로운 의사소통의 절차적 구조 역시 아직까지 가족 내에 확고하게 자리 잡지 못한 실정이다.

사태가 이렇게 된 데에는, 사회 전체 차원에서 이루어진 정치적 민주화의 빠른 진행에도 불구하고 사회 구조의 중심부를 비롯한 도처에 자리한 '권위주의적 가부장제적 요인과 잔재' 그리고 이에 터하고 있는 '가족주의적 전통'[6]이 여전히 막강한 영향력을 행사하고 있으며, 더더욱 이러한 부정적 영향력이 — 사회 구조에 비해 — 가족 내에서 보다 더 강력하게 작용하고 있다는 점을 꼽을 수 있다. 이에 따라 가족 내에는 아직도 '남성 중심적 가부장제' 전통과 요소들이 굳건하게 자리 잡아 가족 성원들의 의식意識을 여전히 지배하고 있으며, 그 결과 수직적 위계질서가 가족 내 성원들 사이에 여전히 구조화되어 잔존하고 있으며,[7] 아울러 그 같은 구조에 바탕하여 상명하복 식의 '명령/복종 체계'가 세워져 있다.

물론 '부분적'으로 가족 구성원들 간의 '수직적 상하 관계'는 '수평

---

4. 의사소통의 절차와 구조, 그 변화 및 이행 과정에 관한 철학적 논의는 J. Habermas, *Theorie des kommunikativen Handelns* 1, 2(1981) 참조.
5. 이는 가족 가치관의 변화라는 관점에서, 집단주의 · 귀속주의로부터 개인주의 · 평등주의 · 성취주의에로의 이행으로 해석될 수 있다. 한남제, 『현대가족의 이해』(2002), 231-9쪽 참조.
6. 한국 사회를 오랜 기간 지배해 온 '가족주의 전통'의 변화에 관한 논의로는 신수진, 「한국의 사회변동과 가족주의 전통」(1999), 165-92쪽 참조.
7. 여성한국사회연구소 편, 『가족과 한국사회』(2002), 156쪽.

적 대등 관계'로 빠르게 이행되고 있으며, 그런 한에서 수직적 관계와 수평적 관계가 상호 혼재되어 있는 양상을 취하고 있기도 하다. 하지만 가족 관계의 '중심축'은 여전히 ─ 남편/아내, 부모/자식, 형/아우 간의 ─ 주종적·수직적 위계질서가 차지하고 있다. 그러므로 외견상으로는 의사소통 절차를 거쳐 가족 내 주요 문제들이 민주적으로 논의되고 결정되는 것처럼 비치지만, 실제로는 가장의 권한이 아직까지 결정적인 지렛대로 작용하고 있다. 그에 따라 가족 구성원들 간의 자유로운 토론과 합의를 통해 주요 사안들이 합의되고 해결되기보다, 일방적인 설명과 설득, 명령과 지시 그리고 이에 대한 비자발적인 복종과 추종의 형태를 통해 이루어지고 있는 것이 일반적인 추세이다.[8]

이처럼 남한 사회 곳곳에 깊숙이 뿌리 내린 채 지속적인 악영향을 미치고 있는 그 같은 전前근대적인 권위주의적 요소들로 인해, 권위에 대한 맹목적 순응과 무無비판적인 권위 추수적 삶의 양태가 주된 행위 양식으로 자리 잡아 가고 있는 것이 작금의 남한 사회의 실상이다. 게다가 그러한 권위주의적 위계질서의 고착화의 사회적 병폐는 가족 내 구성원들 사이의 상호 관계에도 고스란히 투영되어 표출되고 있다. 이러한 가족 내 권위주의적 흔적의 명시적인 양태는, 합리적이며 민주적인 방식과는 거리가 먼 '혈연'에 기초를 둔 권위주의적인 위계적 관계로서 형성되어 있는 가족 관계와 그러한 관계를 당연한 것으로 받아들이고 있는 가족 성원들의 '반半근대적 인식 수준'에서 엿볼 수 있다.[9] 또한 이는 자식의 입장보다 부모의 견해를 우선시하고 개별 가족 성원의 관점보다 가족 전체의 입장을 중시하는 '가족 중심적 집단주의' 성향에서 여실히 드러난

---

8. 이와 관련하여 가족에서의 의사 결정 과정에 관한 상세한 논의는 캐슬린 M. 갤빈/버나드 J. 브롬멜, 『가족관계와 의사소통』(1995), 219-46쪽 참조.

9. "사회생활에서 가계나 혈연이 중요하다"는 설문에 대해 "대체로 그렇다"가 약 40%, "매우 그렇다"라고 응답한 비율이 대략 20%에 이르고 있다. 이러한 분석 결과에 관해서는 울산대학교 인문과학연구소 동아시아연구센터 편, 『설문조사 분석자료집: 한·중·일 3국 가족의 의사소통구조 비교』(2003), 139쪽 참조.

다.[10] 사정이 이러하므로, '가족 가치관'이나 가족에 관한 인식의 차원에서는 상호 대등한 관계로서 비쳐지는 부부 관계만 해도 실제로는 여전히 불평등한 주종적 관계의 성격이 짙게 드리워져 있으며, 부모/자식 관계 역시 공적인 영역에서 사회 성원들 간의 관계만큼 그리 평등하고 상호 인격적으로 존중하는 합리적인 관계로 이루어져 있지 못하다.

2) 북한 사회 체제

북한에 사회주의 체제가 들어선 이래, 사회 구성의 일차적 단위세포로서 가족은 '사회주의 혁명 이론의 학습장'으로서의 기능이 우선시되었다.[11] 이와 맞물려 가정의 정치화를 통한 '부엌으로부터의 여성 해방'이라는 가족 내의 구조적 혁신이 지속적으로 단행되어 왔다. 물론 이러한 가정 내 혁명은 사회주의 건설을 위해 낡은 사상과 관습을 뿌리째 뽑아 버려야 한다는 취지하에 진행된 것이었다.

이렇듯 북한 사회에서 주체적인 사회주의 체제를 건립해 나가는 이른바 '우리 식의 사회주의적 민주화' 과정은, 사회의 구조 및 제도적 차원뿐 아니라 가족 구조적 차원에서 '동시에 이원적으로' 진행되었다. 특히 주목할 점은, 남한 사회와 달리 북한의 경우에는 가족 혁명이 사회주의 혁명을 오히려 선도해 왔다는 사실이다.[12] 그 단적인 예가 바로 '호적 제도의 말살'과 '가정의 혁명화'[13] 사업인데, 이는 가장을 중심으로 한

---

10. "가족의 행사(결혼식·장례식 등)에 가족원들이 반드시 참석해야 한다"는 문항에 90%에 가까운 응답이 "대체로 그렇다"와 "매우 그렇다"였다. 이는 한국 사회가 아직도 혈연 중심의 집단주의적 공동체주의적 삶을 지향하고 있음을 보여 준다. 울산대학교 인문과학연구소 동아시아연구센터 편, 『설문조사 분석자료집: 한·중·일 3국 가족의 의사소통구조 비교』(2003), 138-9쪽 참조.
11. 이온죽, 「여성과 가정생활」(1992), 53쪽.
12. 장하진, 「남북한의 가족제도 및 여성의 역할」(1996), 105쪽 참조.
13. 이러한 개념은 1961년 11월 16일 전국 어머니 대회에서 김일성이 행한 연설 「자녀교육에서 어머니들의 임무」에서 공식적으로 등장하고 있다.

가족 간의 서열 구조와 조상 숭배 풍습 등 전통적인 가족주의 요소를 사회주의 건설의 장애 요인으로 판단했기 때문이었다.

이러한 가족 구조의 혁신을 통해 — 그 가운데서도 가족의 혁명 이론 학습강화를 통해 — 북한의 가족 내 구성원들 사이에서는 '이념적 사상 논쟁'이 활성화되었으며, 비판/반反비판의 토론 문화가 구축되기에 이르렀다. 심지어 부모에 대한 자식의 무차별적 비판까지도 허용되는 이념적 토론은, 비록 그것이 지배 집단에 의해 외부로부터 특정 목적 — 가령 체제 정당화 논리의 의식화 및 주입 — 의 달성을 위해 강요된 정치적 성격이 짙었지만, 그럼에도 그러한 사상 토론은 상당한 정도까지 가족 성원들 각자를 대등하고 주체적인 존재로서 인정하는 결과를 낳기도 하였다. 물론 이는 그야말로 열린 대화를 통해 상호 이해와 합의를 지향하는 자유로운 의사소통과는 상당한 거리가 있는 것이었지만, 여하튼 이로 인해 전통적인 가족 관계와 가부장제 전통은 심대할 정도로 타격을 입으면서 붕괴되어 갔던 것도 사실이다.

그러던 중 1960년대 말 부자간 권력 세습의 정당화와 1인 지배 체제의 강화를 위해 — 역사 발전의 주체로서 인민 대중을 내세웠던 주체사상이 체제 정당화 이데올로기로 왜곡 · 변용되는 상황[14]과 맞물려 — 가부장제 전통이 다시금 부활되고 사회 체제 자체를 하나의 '거대 가족 체제'로 유비시함에 따라, 소위 사회주의 가족 형태 및 구조와는 동떨어진 '전前근대적인 봉건제 가족 형태와 가족 관계로의 복귀'가 이루어졌다. 이후 오늘에 이르기까지 북한의 가족 구조 및 관계는 사회주의의 성립 및 건설기[15]와는 달리 혈연과 가족주의, 남성 중심적 가부장제 전통이 강

---

14. 이에 관해서는 선우현, 「평화 · 통일시대의 '주체사상'의 의미와 역할」(2002), 432-5쪽 참조.

15. 이 글에서 언급되는 북한의 '사회주의 건설기'는, '반제반봉건 민주주의 혁명기'(1945-1946)로부터 '사회주의 혁명 준비기'(1947-1950)와 '전쟁과 전후 복구기'(1950-1960)를 거쳐 '사회주의의 전면적 건설기'(1961-1971)까지를 포괄하는 시기로 '잠정' 사용하고자 한다. 이러한 시기 구분은 1956년의 노동당 제3차 대회와 1972년의 최고인민회의 제5기

화된 양태를 취하고 있다.

3. 남북한 가족 내 '의사소통 구조'의 양상
— 개념적 구도 틀에 입각한 고찰

가족에 관한 연구 방식은 현재 다양하게 주어져 있다. 가령 심리학적 접근 방식에는 가족 성원 사이의 '상호 작용에 초점을 맞춘 접근 방식'과 '발달적 접근 방식'이 대표적이다. 사회학에서 행해지고 있는 가족 연구의 방식에는 접근 시각에 따라 분류된 '구조 기능론적 방식,' '비판적 방식' 그리고 '가족사적 접근 방식' 등이 있다.[16] 이처럼 기존에 이루어지고 있는 다양한 탐구 방식이 존재하고 있음에도 불구하고 이 글에서 시도하고 있는, '가족 내 의사소통 구조의 탐구'를 통해 — 사회 구조적 차원의 민주화 수준뿐 아니라 — 가족 내 민주화 정도와 남녀 성원 간의 평등의 구현 수준, 가족 관계의 수평적 관계로의 이행 정도 등을 비판적으로 성찰해 보고자 하는 '사회철학적 문제의식에 기초한 접근 방식'은 아직 구상 단계에 머물러 있는 실정이다.

이 같은 현실을 염두에 두면서, 이 글은 앞서 개괄적으로 살펴본 남북한 가족 구조 및 관계의 실태에 관한 예비적 고찰의 내용을 토대로 삼아, 남북한 가족 내 의사소통 구조의 양상을 '개념적 구도 틀'에 입각하여 보다 구체적으로 살펴보고자 한다. 이를 위해 이 글에서는 행위 주체자의 '행위 원칙의 특성'에 초점을 맞춘 '개인주의 대 집단주의'의 구도

제1차 회의에서의 김일성 보고에 따른 것이다. 이에 관해서는 윤미량, 『북한의 여성정책』 (1991), 64-9쪽 참조.

16. 가족에 관한 다양한 탐구 방식에 관한 논의로는 한국가족학회(편), 『가족연구의 학문별 접근 방법』(1996); 조정문/장상희, 『가족사회학』(2002), 22-59쪽 참조.

틀을 수용하였으며, 동시에 '행위자들 간 상호 관계'라는 차원에서 고려된 '수평적 관계 대 수직적 관계'의 구도 틀을 채택하였다.[17] 이와 함께 '개인주의 대 집단주의'의 틀을 가족 구조에 적용하여 구체화한 '개인 중심주의 대 가족 중심주의'의 구도 틀, 아울러 '수평적 관계와 수직적 관계'를 가족 관계에 적용하여 구도화한 '남녀 평등주의 대 가부장 중심주의'[18] 구도 틀도 병행하여 활용해 나갈 것이다.

1) 개념적 구도 틀의 내용

(1) '개인주의 대 집단주의' 혹은 '개인 중심주의 대 가족 중심주의'

개인주의는 개인의 자유와 권리를 최우선으로 고려하고 있는 이념이다. 오늘날 체제 이념으로 가장 일반화되어 있는 '자유 민주주의' 역시 본성상 개인주의에 기초하고 있다. 이에 비해 중국을 위시한 사회주의 국가들이 표방하고 있는 집단주의는 개인에 앞서 개인이 속해 있는 집단의 이익을 무엇보다 중시하는 이념 체계이다. 이러한 집단주의의 긍정적인 '이상적 모델'은 집단 성원들의 자발적인 헌신과 희생, 적극적인 참여를 바탕으로 한 민주주의적 집단주의 체제에서 찾을 수 있다.[19] 물론 현실의 지평에서 드러나는 집단주의는, 외견상 집단의 이익과 목표를 내세우면서 실제로는 지배 계급을 비롯한 특정 집단이나 개인의 이해관계를 관철하고자 하는 '왜곡된 형태'의 부정적 집단주의, 즉 '전체주의적 집단주의' 제세이나.

  이러한 사실을 고려하면서, 이 글에서는 정치적 체제 이념의 측면보

---

17. 이에 관해서는 이재열, 「의리인가, 계약인가?」(2000), 167-72쪽 참조.

18. 이는 '개인주의의 가족 윤리'로서 표현되기도 한다. 한남제, 『한국가족제도의 변화』(1997), 19-21쪽.

19. 황장엽, 『맑스주의와 인간중심철학 I: 인생관』(2001), 39-54쪽 참조.

다는 그러한 이념이 원리적으로 개인의 권리와 자유 그리고 이익을 일차
적으로 존중해 주고 있는가 아니면 집단의 이익과 입장을 최우선적으로
고려하고 있는가의 사항에 초점을 맞추어 '개인주의 대 집단주의'의 개
념 틀을 차용하고자 한다. 그리고 이러한 대립 구도를 '가족 구조'에 적
용하여 구체화한 '개인 중심주의 대 가족 중심주의'의 구도 틀도 활용될
것이다. 여기서 개인 중심주의는 개인의 발전이 전체 발전을 선행한다는
의미에서 '개체성'을 내세우는 가치관을 의미하며, 가족 중심주의는 전
체의 발전이 개인의 발전을 포괄한다는 맥락에서 '전체성'을 강조하는
가치관을 가리킨다.[20]

(2) '수평적 관계 대 수직적 · 위계적 관계' 혹은 '남녀 평등주의 대 가부장 전
　　통주의'

이 글에서 사용되는 '수직적 관계'는 개인들 간의 상호 관계가 권력이나
지위 등에 따라 지배/예속적인 관계나 상하 간 권력 관계로 정립되어 있
다는 의미에서 차용된 개념적 구도 틀이다. 이에 비해 '수평적 관계'의
구도 틀은 개인과 개인 사이의 관계가 상호 대등하고 합리적인 민주적
관계로 형성된 상태를 가리키는 개념 틀이다. 나아가 이러한 개념적 구
도 틀을 '가족 관계'에 적용하여 수직적 관계는 의사 결정 권한이 특정
가족 성원에게 집중되는 '권위성'을 중시하는 가치 체계로서의 '가부장
전통주의'의 구도 틀로 구체화하였으며, 수평적 관계는 가족 구성원 모
두의 자율적 의사와 참여를 중시하는 '민주성'의 가치 체계로서의 '남녀
평등주의'로 개념화하였다.[21]

---

20. 이광규 외,『가족의 관계역동성과 문제인식』(1996), 54-5쪽 참조.
21. '남녀 평등주의 대 가부장 중심주의'의 관점에서 분석한 남한 사회 내 가치관의 내용은
　　이광규 외(1996), 58-62쪽 참조. 아울러 가족 내 '수평적 관계 대 수직적 관계'의 구도는
　　'가족 커뮤니케이션 패턴'에서 '대화 지향적 패턴'과 '순응 지향적 패턴'으로 개념화되
　　고 있기도 하다. 이 점에 관해서는 이은미,『커뮤니케이션과 가족』(1995), 34-6쪽 참조.

2) 남한 사회의 가족 내 의사소통 구조의 실태

(1) '개인주의 대 집단주의'의 관점에서

오늘날 남한 사회는 민주화의 비약적인 진전과 더불어 개인의 자유와 권리를 일차적으로 중시하는 개인주의가 점차 확산되어 나가는 경향을 취하고 있다. 그에 따라 '사회 집단 대 집단 성원으로서의 개인'의 구도에서, 후자의 입장이 보다 강화되는 양상을 보여 주고 있다. 다시 말해 사회 전체의 '공익'보다는 개인의 권리와 이익이 일차적으로 중시되는 분위기가 점차 팽배해 가고 있는 것이다.

이에 더해 개인주의의 왜곡된 형태로서 '개인 이기주의'가 발현됨으로써 사회적 병폐를 심화시키고 있으며, 이는 특히 전통적인 가족주의와 연계되어 '내 가족만 아무 탈 없이 잘되면 그만이다'는 식의 이른바 '가족 이기주의'의 문제를 야기하는 데까지 이르고 있다.[22] 더욱이 이러한 사회적 병리 현상은, 오늘의 남한 사회를 작동시키고 있는 주된 운영 기제, 곧 '혈연/학연/지연'이라는 전前근대적 사회 운영 기제와 연결되어 가족 이기주의의 다양한 변형태인 '가족주의적 연고주의' 또는 '집단적 이기주의'를 급속히 확산시키고 있다.

이와 같이 사회 전반의 수준에서는 전체 사회나 개인이 속해 있는 집단에 비해 개인의 특정한 이해관계가 일차적으로 중시되는 분위기가 만연되어 나가고 있지만, 가족의 경우에는 가족 구성원 각자의 개별적인 이해관계보다 가족 전체의 입장이 우선적으로 고려되고 있음이 '적어도 아직까지는' 대세를 이루고 있다. 즉, 가족 구성원 각자의 권리나 목소리보다 가족 전체의 화합과 이익에 우선권이 주어져 있는 것이다.[23] 결국 이

---

22. 한국 사회에서 가족 이기주의의 폐해에 관한 논의로는 손승영, 「한국사회의 변화와 가족」(1995) 참조.
23. "가족의 이익을 위해 개인적 이익을 희생할 수 있다"라는 문항에 대해 "대체로 그렇다"와

같은 남한 내 상황은, 한마디로 전全 사회적 차원에서는 '개인주의 및 개인 이기주의의 성향'을 나타내고 있지만, 가족 내에서는 '집단주의적 지향성' 혹은 '가족 중심주의적 경향'을 강하게 표출하고 있는 것으로 요약될 수 있다.

(2) '수평적 관계 대 위계적 관계'의 관점에서

사회적 지평의 경우에, 남한 사회는 남성 중심적 가부장제 질서가 서서히 무너지면서 사회 성원들 상호 간의 관계 또한 전통적인 상하 간 수직적·위계적 관계에서 자유롭고 평등한 수평적 관계로 이행해 가고 있다. 물론 그 성취 정도가 만족스러운 수준은 아니지만,[24] 그럼에도 연장자와 연하자, 상사와 부하 직원, 남성과 여성 간의 관계에서 보다 평등적이며 대등한 인간관계로 전화되어 가고 있음은 주지의 사실이다.

이와 같이 서구화, 산업화, 도시화 및 민주화의 진행과 함께 사회적 관계가 보다 합리적이고 민주적인 수평적 관계로 전환되어 나가고 있는 것에 발맞추어, 가족 내 성원들 간의 관계와 가족 내 의사 결정 과정 역시 보다 더 개방적이며 민주적인 상태로 변화해 나가고 있다. 그와 함께 가족 가치관이나 가족 성원에 관한 인식의 측면도 보다 민주적이며 상호 존중적인 양태로 발전해 나가고 있다. 즉, 부부 관계는 상호 호혜적인 평등 관계로 빠르게 재편되고 있으며, 자녀들의 경우에도 각자의 입장이나 발언권이 강화되면서 개인적 권리나 결정권이 보다 더 존중되는 양상을 보이고 있다.

확실히 외견상으로는 가족 관계의 양상은 과거에 비해 상당한 정도

"매우 그렇다"로 답한 경우가 대략 80%에 이르고 있다. 울산대학교 인문과학연구소 동아시아연구센터 편, 『설문조사 분석자료집: 한·중·일 3국 가족의 의사소통구조 비교』(2003), 140-1쪽.

24. 이에 대한 비판적 논의로는 박노자, 『좌우는 있어도 위아래는 없다』(2002) 참조.

로 호전되어 가고 있는 것처럼 보인다. 하지만 그럼에도 개별 가족 성원들의 '인식 및 의식'의 차원에서 빠르게 변화해 가는 것만큼, 실제의 가족 체계 내에서 가족 구성원들 사이의 관계가 '참된 의미'에서 상호 존중받는 대등한 수평적 관계로 전환되고 있는가에 대해서는 아직 '회의적인 시각'이 만만치 않다.[25] 그만큼 현실적으로 가족 내에는 가부장제 전통과 그에 기초한 위계질서의 잔재가 아직껏 끈질기게 자리 잡고 있기 때문이다. 그 결과 사안별로 차이가 있을 수는 있겠지만, 대체로 집안 내 대소사의 경우 '외형적으로는' 가족회의 등 의사소통의 절차적 과정을 거치지만 '실제로는' 남성 가장의 주도 하에 결정되는 양태가 여전히 주류를 이루고 있다.[26]

물론 과거에 비해서는 훨씬 더 민주적인 수평적 관계가 이루어졌다고 볼 수 있다. 그렇지만 이 대목에서도 '부부간 관계'와 '부모/자식 간 관계'의 변화 추이는 일정 정도 '중요한' 차이성을 드러내고 있다. 즉, 남편과 아내 사이의 관계는 부모와 자식 간의 관계에 비해 상대적으로 보다 빠르게 평등적 관계로 이행해 가고 있다는 점에 주목할 필요가 있다.[27] 이는 다양한 여권 신장 운동과 남녀평등 사상의 영향과 확산 등에 기인한 바가 크다고 짐작된다. 여하튼 수직적·위계적 관계와 가부장적 전통

---

25. 가령 "나의 의견이 집안 어른의 의견과 대립될 경우라도 나 자신의 의견을 고수한다"는 문항에 대해 "대체로 그렇지 않다"가 약 40%, "그저 그렇다"라고 답한 경우가 약 30%, "전혀 그렇지 않다"가 대략 10%였다. 반면 "대체로 그렇다"와 "매우 그렇다"라고 응답한 경우는 약 16-7% 내외였다. 울산대학교 인문과학연구소 동아시아연구센터 편, 『설문조사 분석자료집: 한·중·일 3국 가족의 의사소통구조 비교』(2003), 143쪽.
26. "가족간의 의견이 일치하지 않을 경우에는 가장의 의견에 따라야 한다"의 항목에 "대체로 그렇다"(45%), "그저 그렇다"(약 30%), "매우 그렇다"(10%)로서 전체적으로 85% 이상이 긍정하는 것으로 나타났다. 울산대학교 인문과학연구소 동아시아연구센터 편, 『설문조사 분석자료집: 한·중·일 3국 가족의 의사소통구조 비교』(2003), 144-5쪽.
27. 가령 "남편도 아내와 마찬가지로 균등하게 가사와 육아를 담당해야 한다"라는 항목에 대해 대략 60% 정도가 "대체로 그렇다"와 "매우 그렇다"라고 답하고 있다. 반면, "가족 내의 위계질서는 당연한 것이며 존중해야 한다"는 항목에서는 80%에 가까운 응답이 "대체로 그렇다"와 "매우 그렇다"로 나왔다. 울산대학교 인문과학연구소 동아시아연구센터 편, 『설문조사 분석자료집: 한·중·일 3국 가족의 의사소통구조 비교』(2003), 147쪽.

주의는 수평적·합리적 관계와 남녀평등주의로 빠르게 전환되어 나가고 있는 것으로 보인다. 게다가 더욱 바람직스러운 것은, 이러한 급속한 수평적 관계로의 이행의 변화가 한편으로는 전全 사회적 차원과 가족 내 구조 및 관계의 차원에서 — 비록 양자 간에는 '상대적인' 차이가 분명히 존재하고 있지만 — 공히 균형적으로 이루어지고 있을 뿐 아니라, 다른 한편으로 가치관과 의식의 측면에서 그리고 현실의 구체적인 삶의 지평에서 또한 동시적으로 이루어지고 있다는 점이다.

이 같은 현상은 '개인 중심주의 대 가족 중심주의'의 관점에서 바라본 가족 구조의 실상과 비교해 볼 때 더욱 고무적이다. 왜냐하면 '개인주의 대 집단주의' 혹은 '개인 중심주의 대 가족 중심주의'의 구도 틀에 비추어 본 남한 체제의 가족 구조는 집단주의적 성향과 행태를 여전히 강력하게 드러내고 있으며, 아울러 가족 구성원들 역시 각자의 의식적 차원에서만 개인의 권리와 이해관계를 지향할 뿐 실제 가족 내 구조에서는 여전히 각자의 개인적 입장을 유보한 채 가족 집단의 이익이나 목표를 우선적으로 고려하는 상황이 연출되고 있기 때문이다. 반면, 가족 성원들 간의 상호 관계, 즉 가족 관계는 — 가족 구조에 비해 — '상대적으로' 보다 더 합리적이며 민주적인 방식으로 재편되어 나가고 있다.

3) 북한 체제의 가족 내 의사소통 구조의 양상

(1) '개인주의 대 집단주의'의 관점에서

① 사회 구조의 차원

북한 사회는 지구상의 그 어떤 사회 체제보다도 집단주의적 색채가 강한 체제이다. 물론 그 긍정적 형태는 아래로부터의 인민들의 자발적인 참여와 헌신, 자기희생을 바탕으로 한 민주주의적 집단주의 체제이다. 그리고 이러한 이상적 모델은, 1955년 '4월 테제'[28]의 발표를 기점으로 하여 소위 '공화국 북반부에서의 사회주의 건설'이 본격적으로 추진된 시점만 해도 상당 정도 현실적으로 구현된 측면이 존재했었다. 가령 이 시기의 '천리마 운동'은 — 우리가 알고 있는 것과는 달리 — 북한 인민들의 자발적이며 헌신적인 노력과 참여를 바탕으로 한 집단주의 운동이었다.[29]

이처럼 북한 체제는 비록 사회 구조의 차원에서는 명백히 집단주의를 취하고 있었지만, 그렇다고 해서 집단 내의 개인의 존재나 권리가 전적으로 무시된 것은 아니었다. 요컨대, 사회 체제의 기본 형태로서 집단주의를 지향하면서도 집단에 속한 구성원들의 주체성과 자주성은 상당히 존중되는 양태를 취하고 있었다. 비록 개인주의에 터하고 있는 자유 민주주의적 의미와 맥락에서의 개인의 자율성과 독립성, 주체성과는 거리가 있지만, 집단 내에 함몰되거나 집단을 위해 일방적으로 희생되는 존재가 아닌 자주적이며 창조적인 존재로서 개인의 존재가 존중되는 사회 체제를 유지하고 있었다.

그러나 1967년 이른바 '5.25교시'[30]를 전후하여 전개된 통치 권력의 부자 세습 과정을 거쳐 확립된 '1인 수령 지배 체제'의 등장과 함께 북한 체제는, 개인들의 자발적이며 헌신적인 노고와 희생에 기초한 집단주의적 민주주의 체제를 지향하기보다는, 그야말로 전全 인민 대중이 수령 1인을 위해 존재하는 소위 '전체는 하나를 위한' 비민주적인 집단주의 체

---

28. 1955년 4월, 김일성이 노동당 중앙위에서 발표한 「모든 힘을 조국의 통일독립과 공화국 북반부에서의 사회주의 건설을 위하여」를 가리킨다.

29. 가령 전前 김일성대 총장 황장엽은, "천리마 운동이라고 하면 […] 일부 사람들은 강제적 방법으로 근로자들을 어려운 노동에 동원하기 위한 방법이라고 비난하고 있지만 이런 사람들은 실제로 천리마 운동을 체험하지 못한 사람들이라고 단언할 수 있다"면서, 천리마 운동은 군중들이 사상적으로 각성되어 자신들의 창조적 지혜와 협조정신을 발양시키는 가운데 자발적으로 일어난 대중적 혁신운동이라고 평가하고 있다. 황장엽, 『개인의 생명보다 귀중한 민족의 생명』(1999), 135-6쪽 참조.

30. 북한 사회를 특이한 형태의 극좌로 몰아가는 하나의 전환점이 되었던 5.25교시에 관한 논의는 황장엽, 『나는 역사의 진리를 보았다』(1999), 145-50쪽 참조.

제, 즉 전체주의 사회로 변질되고 말았다. 이러한 체제는 한마디로 '어버이 수령'이 온 나라 백성을 자신의 자식처럼 다스리는 '대가족 체제'로서의 사회라 할 수 있다. 여하튼 이 같은 체제로의 이행과 유지를 정당화하기 위해, 그 제도적 장치로서 초기 가족 혁명을 통해 추방되었던 전통주의적 가부장제와 가부장적 권위주의가 다시금 부활되었고,[31] 그에 따라 사회 체제는 하나의 대가족 체제로 유비시되면서 전통적인 수직적 위계질서가 사회 구조의 중심적 질서 체제로서 고착되기에 이르렀다.

② 가족 구조의 차원

북한 사회가 수용하고 있는 체제 유형으로서의 집단주의는, 그 특성상 개인의 이익에 앞서 개인이 속해 있는 집단의 이익을 우선시하는 이념 체제이다. 하지만 — 앞서 살펴본 바와 같이 — 실제에 있어서는, 집단의 구성원으로서의 개인의 권리나 이익이 무시되거나 사회 성원들의 무조건적인 일방적 희생이 강요되고 있지는 않았다.

다시 말해 북한 내 일반 주민들의 의식을 지배·규제하는 '북한식 삶의 논리 체계'[32]로서의 주체사상은 자주성과 창조성, 의식성과 사회적 협조성을 인간의 사회적 본성으로 내세우고 있는 바, 이에 따라 집단 내부에서의 개인적 존재의 자주성 또한 인정되고 있었던 것이다. 당연히 이 점은 가족에도 해당되었다. 그에 따라 가족 구조 역시 집단성을 지향하는 양태로 구조지어져 있었지만, 그럼에도 가족 구성원들 각자의 권리와 이익, 자주성과 주체성은 상당 정도 존중되는 양상을 띠고 있었다.

그렇지만 본질적으로 북한 사회는 집단주의 체제였으며, 그런 한에서 가족 구조 역시 집단주의적 성격에서 완전히 벗어날 수는 없었다. 기본적으로 가족 내 성원들의 인격이나 자주적 권리가 존중되어야 한다는 원칙이 작동하고 있었지만, 집안 내 중요한 문제들에 있어서는 예외 없

---

31. 장하진, 「남북한의 가족제도 및 여성의 역할」(1996), 108쪽.
32. 이종석, 『새로 쓴 현대북한의 이해』(2000), 127쪽.

이 '전체와 부분의 논리'에 의거하여 개별 가족 성원의 이익보다 가족 전체의 이익이 우선시되었다. 또한 사회주의 혁명 및 건설 초기에 단행되었던 가히 혁명적인 법적·제도적 개혁을 통해 전통적인 가족주의의 흔적과 가부장제적 요소들이 상당한 정도로 제거되었지만,[33] 그럼에도 불구하고 가족 전체의 이익을 중요시하는 가족 중심주의적 특성이 완전히 제거된 것은 아니었다.[34] 여기에 집단주의적 사회 체제의 특성이 결합되면서, 가족 구조 역시 집단주의적 속성을 여지없이 드러내 보여 주고 있다.

이처럼 북한 사회의 경우, 집단주의적 체제 이념에 조응하여 가족 구조 역시 원칙적으로 집단주의의 속성을 반영하고 있다. 그럼에도 북한식 사회주의 체제의 성립과 본격적인 건설기까지만 해도 가족 구조는, 가족 집단의 이익을 일차적으로 중시하면서도 가족 성원들 각자를 독립적이고 주체적인 존재로 인정해 주는 제한적인 개인 중심주의가 상당 정도 허용되는 양상을 취하고 있었다. 다만, 이러한 개인 중심주의적 요소와 단초들은 — 그 긍정적인 성격에도 불구하고 — 수령 중심의 지배 체제로의 급격한 전환과 그에 따른 사회 체제의 전체주의화와 맞물려 가족 구조 역시 이를 답습함으로써, 아쉽게도 소실되어 버리고 만다. 그 결과 사회 구조적 차원과 가족 구조적 측면, 양자에 있어서 집단주의적 특성이 보다 강화되기에 이른다.

---

33. 이의 대표적인 예가 1946년 7월 30일 임시위 결정 제54호로 공포된 「북조선의 남녀평등권에 대한 법령」이다. 이에 대한 상세한 논의는 윤미량, 『북한의 여성정책』(1991), 73-6쪽 참조.

34. 이와 관련하여 북한에서 출간된 가족법 해설서는 "가족관계에서의 생활풍습은 사람들의 의식속에 과거의 잔재가 가장 완강히 남아 있는 분야에 속한다"고 언급하고 있기도 하다. 조림행 편수, 『조선가족법』(1958), 20쪽. 아울러 이온죽(1992), 72-7쪽 참조.

(2) '수평적 관계 대 수직적 관계'의 관점에서

① 사회적 관계의 측면

북한 사회는 — 이른바 '정통 사회주의 체제' 이념이 표방하는 바와 같이 — 전前근대적 신분제적 위계질서나 자본주의 체제에서 드러나는 자본가와 노동자 계급 간의 지배·착취적 관계와 같은 계급적 위계질서를 타파한, 그야말로 '무계급 사회'를 지향코자 시도하는 사회주의 체제로서 출발하였다. 이는 '근본적인 수평적 관계'를 북한 체제 내 사회관계의 기본 골격으로 삼겠다는 의미를 담고 있었다. 나아가 무계급 사회를 구현하고자 추진된 북한식 사회주의의 건립 과정에서 그러한 '이념적 지향'은 순탄하게 이루어져 나가는 것처럼 보였다. 예컨대, 초기의 급진적인 혁명적 건설기期에, 전통적으로 커다란 영향력을 행사해 온 유교적 가부장제는 철저하게 파괴되었으며 사회적 신분이나 재산의 소유 정도에 따라 형성된 주종 관계나 권력 관계 역시 대부분 와해되어 버렸다. 남녀 간의 관계만 해도, 일방적인 상하 관계나 주종 관계로부터 — '가정의 혁명화'와 '여성의 혁명화'[35] 등으로 인하여 — 상당 정도 대등한 수평적 관계로 전환되기에 이르렀다.

물론 실제의 현실 사회에서는 당원과 그렇지 못한 사회 성원들 사이에는 수직적 상하 관계가 자리하고 있었으며, 당원들 사이에서도 각자의 지위나 신분에 따른 위계적 주종 관계가 확고하게 뿌리내리고 있었다. 부분적인 실상이 이러함에도 불구하고, 사회 전체의 수준에서는 이전에 비해 월등하게 상호 평등적인 수평적 인간관계가 사회 체제의 중심적인 사회적 관계로서 빠르게 확산되어 나가고 있었다. '동무'라는 — 남한 주민들에게는 대단히 부정적인 이미지를 불러일으키는 — 호칭에서 엿볼 수 있듯이, 사회 성원은 누구나 동등한 '동지적 관계'로 연결되어 있다는

---

35. 윤미량, 『북한의 여성정책』(1991), 15쪽.

표어 하에, '우리식 사회주의 체제'에서 추진된 인간관계의 급진적 수평
화는 유교적 위계질서와 전통적인 수직적 권력 관계를 일거에 허물어뜨
리는 성과를 낳았으며, 그에 따라 북한 사회는 수평적 사회관계에 기초
한 새로운 사회 체제로 거듭나기에 이르렀다.

　　이 같은 수평적 사회관계에 터한 평등주의적 사회 체제로의 급속한
이행은 적어도 1960년대 말까지 지속되었다. 그러던 중 북한 내 지배 권
력의 세습화와 그에 대한 정당화 작업이 시도되면서, 이러한 수평적 사
회관계로의 전환과 확산이 일시에 단절되는 사태가 초래되었다. 이와 함
께 추방되었던 가부장제 유습이 다시 도입되고, 이를 수령 절대주의 체
제로 재편된 북한 체제를 유지하고 정당화하는 데 기여할 주요한 이데올
로기적 요소로서 재구성하게 되면서, 북한 사회는 가부장적 권위주의에
토대한 수직적 사회관계가 재차 자리 잡아 정착되기에 이르렀다. 그 결
과 현 북한 체제는 그 자체 하나의 거대한 가족주의적 사회 체제로 고착
화되어 가고 있으며, 이 체제에 속해 있는 개별 사회 성원들 역시 수직
적·위계적 인간관계의 그물망에 갇힌 채 '비주체적으로' 일상적 삶을
살아가는 상황이 연출되고 있다.

② 가족 관계의 차원
북한에 사회주의 정권이 수립되고 이른바 우리식 사회주의 사회를 건설
해 나가는 과정 초기만 해도, 북한의 가족 구조는 전통적인 가부장제의
산재가 제거되고 가속 내 개별 성원들의 자주적 권리가 일정 정도 존중
받게 되면서 문중·혈연 중심의 전통적 가족 구조에서 벗어나 새로운 사
회주의 가족 구조로 정립되어 나가고 있었다.[36] 아울러 이 같은 구조적 변
화에 따라, 가족 성원들 사이의 관계 역시 전통적인 수직적 주종 관계에
서 탈피하여 상호 협력적인 동지적 관계, 아울러 상호 존중하는 인격적

---

36. 윤미량, 『북한의 여성정책』(1991), 211쪽.

으로 대등한 수평적 관계로 전환되기에 이르렀다. 그에 따라 부부 관계뿐 아니라 부모/자식 관계, 형제 관계에서도 높은 수준의 평등적인 관계로 발전하게 되었다.

무엇보다 부부 관계의 측면에서는 그야말로 비약적인 발전이 있었다. 비록 북한의 선전 매체에서 주장하는 것과 실제 사이에 어느 정도 차이가 있다는 점을 인정한다고 해도, 적어도 '부엌으로부터의 여성 해방'이라는 슬로건 아래 단행된 가족 혁명은 가족 내 남편과 아내 간의 관계를 실질적으로 서로 대등한 동반자적 관계로 끌어올린 것이 사실이다.[37] 이 같은 가족의 혁명적 재편 작업과 그것이 결과한 상당한 성과들은, 낡은 구시대적, 전통적 요인들을 제거하고 새로운 우리식 사회주의를 건설하는 과제의 추진 과정에서 사회주의 혁명의 일차적 학습장으로서 가족에 부여된 역할과 위상에 따른 자연스런 결과였다.

그에 따라 여성의 사회적 지위와 역할은 급속도로 상승하였으며, 여성에 대한 사회적 평가와 대접에서도 이전과는 비교할 수 없을 만큼 질적인 비약이 이루어졌다. 이는 가족 내에서 여성의 권리 증대와 영향력 강화를 가져왔으며, 이는 곧 '아내'와 '딸'로서의 지위와 역할의 상승으로 이어졌다. 가족 내에서 아내의 목소리가 커지기 시작했으며, 부부간의 관계는 더 이상 일방적 주종 관계가 아닌 상호 동지적 협력 관계로 바뀌어 나갔다. 나아가 아들에 대한 부당한 편애 역시 상당 정도 감소하였으며, 부모와 자녀 간의 관계 역시 일방적인 지시와 명령의 관계에서 벗어나 ― 체제 유지를 위한 일반 주민들의 사상 의식을 규제하기 위한 정치적 의도에서 촉발된 측면이 강하기는 하지만 ― 상호 견제하고 비판하는 관계로까지 변화되었으며, 개별 가족 성원들의 발언권의 평등에서 상당한 정도의 진전이 있었다.

특히 사회주의 혁명의 토론장으로서 그 역할이 막중해진 가족의 위

---

37. 이기춘 외, 『통일에 앞서보는 북한의 가정생활문화』(2001), 9쪽.

상 변화에 따라, 가족 내에서 이루어진 사상 토론이나 이념 논쟁 그리고 그 과정에서 이루어지는 상호 비판은 — 적어도 북한 내 정치권력의 세습화가 이루어지기 전까지는 — 가족 구성원들이 서로를 대등한 존재로서 존중하고 대우해 주는 대단히 긍정적인 '민주적 상황'을 연출하기에 이르렀다. 물론 그러한 논쟁이나 토론이 개인주의에 기초한 자유 민주주의적 맥락에서 언급되는 개인의 자유와 권리를 인정하고 허용하는 수준에까지 이른 것은 아니었다. 또한 견제와 감시의 성격까지 내재해 있는 그러한 의사소통은 사실상 체제의 정당화 선전의 필요성에 허용된 측면이 강했다. 하지만 그러한 부정적인 요인과 성격에도 불구하고, 제한적인 것이긴 하지만 자유로운 의사소통이 가능했다는 사실은 북한의 현실에서 상당한 의미를 갖는 것이었다고 판단된다.

하지만 초기 사회주의 체제의 수립기에 가족 혁명이 결과한 긍정적인 성과는 오래지 않아 혁명 이전의 상황, 어찌 보면 그보다 더 열악한 상황으로 추락하고 만다.[38] 즉, 아버지와 아들 사이의 정권 이양과 수령 절대주의 체제의 확립을 추진하는 과정에서 전前근대적인 유교적 전통이 되살아나고, 그에 따라 남성 중심적 가부장적·서열적 위계질서가 다시 자리 잡으면서, 가족 내의 성원들 간의 관계도 상하 수직적 관계로 환원되고 일방적인 지시와 통제, 복종의 관계로 재편되었던 것이다.[39] 그 결과 사상 토론을 통해 작동되었던 — 제한적이나마 자유로웠던 — 의사소통의 절차적 구조 역시 당과 수령에 대한 충성을 일방적으로 선전하고 강

---

38. 이러한 현실은 탈북자들과의 면담에서도 확인된다. 남한 사회의 한 국책 연구소에 재직 중인 전직 외교관 출신의 40대 초반의 탈북자는, 오랜 기간 외국에 거주한 경험이 있는 엘리트 신분임에도 불구하고 가정 내에서 아내는 남편에게 시종 예속된 삶을 살아왔다고 증언하고 있다.

39. 이 점은 북한의 가족법의 내용 변화에서도 확인해 볼 수 있다. 가령, 「조선가족법」 1조는 본래 "가족은 사회주의 혁명리론의 실습장이며 생산의 최저단위이다"라고 명기되어 있었다. 하지만 1990년 새로 제정된 가족법에서 이 조항은 "조선민주주의 인민공화국 가족법은 사회주의적 결혼, 가족제도를 공고·발전시켜 온 사회를 화목하고 단합된 사회주의 대가정으로 되게 하는데 이바지한다"로 수정되었다.

요하는 학습장의 기능으로 전락하고 말았다.[40]

4. 잠정적 결론

지금까지 우리는 남북한 두 사회 체제의 '가족 내 의사소통 구조'의 양상을 비교·검토해 보았다. 이러한 작업을 통해 우리는 무엇보다 양 사회 체제의 '민주화 정도'를 가늠해 볼 수 있었다. 즉, 사회 구조적 차원에서 사회 성원들 간의 관계가 — 수직적 상하 관계로부터 — 보다 합리적이고 자유로운 수평적 관계로 전환되어 구현되고 있는가에 따라 그 사회의 민주화 정도를 가늠해 볼 수 있는 것과 마찬가지로, 가족 구조 및 가족 내 구성원들 사이의 상호 관계의 변화와 자유로운 의사소통 절차의 활성화 정도에 대한 검토를 통해서도 그 사회 체제의 민주화 수준을 파악해 볼 수 있었다. 물론 이러한 민주화의 진척 정도에 관한 평가는, 다시 세부적으로 보다 개방적인 열린 가족 구조를 지향하고 있는가, 가족 내 개별 성원의 권리와 자유가 제대로 보장되고 존중되고 있는가, 가족 내 남녀 성원 간의 평등은 어느 정도 구현되고 있는가, 가족 성원들 상호 간의 관계는 수직적인가 수평적인가 등에 관한 비판적 검토를 통해 이루어졌다.

그 결과로서, 남한 사회는 사회적·정치적 차원에서 이루어진 비약적인 민주화의 진전과 함께 가족 구조와 가족 관계에서도 민주화가 꾸준히 진행되고 있음을 확인해 볼 수 있었다. 비록 현실적으로 충분히 만족할 만한 수준은 아니지만 이전에 비해 가족 내 개별 성원의 권리와 이익이 존중되고 가족 성원 간의 상호 관계가 보다 대등하고 민주적인 관계로 빠르게 전환되어 나가고 있음은 부정할 수 없는 엄연한 현실로 자리

---

40. 이상화, 「집단주의 윤리관과 여성의 삶」(2001), 34-6쪽 참조.

잡아 가고 있다. 이는 정치적·사회적 차원 못지않게 사회 구성원들의 일상적 삶의 수준에서도 민주화가 정착되어 나가고 있음을 말해 주는 것이다. 이처럼 남한 사회의 가족 내 의사소통 구조가 가족 성원들 간의 발언권의 평등화를 중심으로 보다 열린 민주적인 절차로 재편되어 나가고 있다는 사실은, 남한 사회의 민주화에 대한 전망을 보다 더 낙관적이고 희망적인 것으로 바라보도록 해준다.

이에 비해 북한 체제는 민주화에 대한 전망을 어둡게 만들고 있다. 즉, '본격적인' 사회주의 체제의 건설기만 해도 가족 구조의 혁신을 통해 ― 비록 집단주의적 가족 구조일망정 ― 가족 성원들이 자주적이며 주체적인 존재로서 존중받았으며, 아울러 가족 성원들 각자를 일정 정도 동등한 토론 상대자로서 인정해 주는 상황을 이루어 내기도 했으나, 1인 수령 지배 체제를 확립해 나가는 과정에서 개별 가족 성원들의 일방적인 희생과 헌신을 요구하는 사태를 야기하게 되면서, 가족 구조의 차원뿐 아니라 사회 전체의 수준에서도 개인의 권리와 이익이 철저히 무시되는 비민주적인 상황이 전개되기에 이르렀다. 이런 한에서 북한 체제는 가족 구조로 대표되는 일상적 삶의 차원뿐 아니라 사회 구조적 차원에서 '반反민주적인 전체주의화'로 귀결되는 '민주주의의 퇴보와 역행'의 양상을 우리에게 보여 주고 있다.

다음으로, 남북한 두 사회 체제의 본질적 특성인 개인주의와 집단주의의 속성이 가족 구조와 가족 관계에 투영되고 있지만, 그 양상은 남북한 간에 상이하게 나타나고 있음을 확인해 볼 수 있었다. 즉, 북한 체제의 경우에는 사회 구조적 차원의 집단주의적 속성이 가족 구조나 관계에도 고스란히 투영되어 있다. 하지만 남한의 경우, 사회 체제는 개인주의를 지향하고 있지만 가족 구조나 관계에는 여전히 전근대적인 집단주의적 성향이 강하게 잔존하고 있음을 보여 주고 있다. 이러한 사실은 사회 구조적 차원에서 이루어지고 있는 한국 사회의 민주화 진척 수준에 비해, 구체적인 삶의 영역에서 구현되고 있는 민주화 정도는 상대적으로 낮은 단계에 머물고 있다는 추측을 가능케 해준다. 다시 말해 사회적 · 정치적 영역에서 제도나 구조의 측면들은 '민주적 절차 과정'을 빠르게 구현해 나가고 있지만, 가족 구조나 가족 성원들의 의식의 차원에서는 아직껏 합리적이며 개인주의적 사상 의식이 확고하게 자리하고 있지 못한 상태에 있음을 말해 준다. 물론 과거에 비해서는 가족 구조가 보다 더 개방적인 양태를 취하고 있으며, 가족 성원들의 견해나 권리가 존중되면서 의사소통의 절차가 보다 더 평등하고 민주적인 상태로 전개되고 있지만, 그럼에도 사회 구조적 차원만큼 가족 내 구조나 관계는 개인주의적 양태를 취하고 있지 못하다.

더욱이 염려스러운 대목은, 비록 사회적 수준에서는 전근대적 속성을 지닌 집단주의적 전통에 대한 비판을 통해 개인주의가 보다 더 빠르게 확산되어 나가고 있지만, 이러한 과정은 동시에 개인주의가 그것의 부정적인 양태인 '개인 이기주의'로 왜곡 · 변질되어 나가는 과정을 수반하고 있다는 점이다. 이와 함께 가족 구조 내에 잔존하고 있는 집단주의적 성향이 사회적 지평에서 '가족 이기주의'로 발현되고 있다는 사실도 주목해야 할 대목이다. 이런 한에서 남한 사회는, 이처럼 개인주의와 '가족주의적 집단주의' 간의 상호 결합을 통해 초래되고 있는 부정적 사회 병리 현상에 대한 해결책 및 극복 방안에 대한 연구를 보다 활성화해야만 할 것이다.

이 같은 남한 사회의 실정에 비해, 북한 체제는 사회적 수준에서의 집단주의적 성격이 고스란히 가족 구조와 가족 관계에 반영되어 있다. 그럼에도 북한식 집단주의 체제가 '본래부터' 무조건적으로 개인의 권리와 이익, 자주성과 인격성을 함부로 경시했던 것은 아니라는 점도 특별히 유의해 보아야 할 대목이다. 아울러 이 점은 현 북한 체제를 이념적으로 정당화하고 있는 '지배 이데올로기로서'의 주체사상이 — 그 같은 체제 옹호 논리로서 변용 · 왜곡되기 이전까지는 — 집단뿐 아니라 집단 내 개별 성원들의 자주성을 보장하고자 한 이론 체계였다는 사실, 아울러 이 같은 주체사상의 '본래적 이념'을 현실에 적용하여 구현하고자 했던 사회 체제가 바로 북한식 사회주의 체제였다는 사실을 고려할 때 제대로 이해될 수 있을 것이다. 이는 '실제로도' 북한 체제의 건립 초반기에 엿볼 수 있었던 — 전체와 부분의 논리가 제한적인 단서 조항으로 주어져 있기는 했지만 — '집단과 집단 내 성원들의 이해관계가 균형적으로 고려되는 상황'에서 확인해 볼 수 있다.

물론 그같이 평가할 만한 측면과 성과들은, 북한에 1인 수령 절대주의 체제가 자리 잡게 되고 그것을 합리화하기 위해 전前근대적인 전통적 가부장제가 부활되고 그에 발맞추어 수직적 위계질서가 새롭게 자리 잡게 되는 일련의 과정을 거치면서 대부분 소실되기에 이른다. 그에 따른 당연한 결과로서, 가족 구조와 가족 관계 또한 비非민주적인 집단주의적 위계질서 내에 포섭당하게 되고 급기야 가족을 포함한 사회 전체가 획일화된 반反민주적인 집단주의 체제, 요컨대 전체주의 체제로 변형되어 오늘에 이르고 있다.

이상에서 살펴보았듯이, 사회 구조나 사회적 관계의 차원에서 남한 사회는 개인주의에 기초한 민주주의 체제를 향해 빠르게 나가고 있는 반면, 북한 체제는 전일적全─的인 집단주의 체제를 보다 강화하는 방향으로 나가고 있다. 이 점에서 남북한 두 체제는 '개인주의 대 집단주의' 간의 대립 구도를 대단히 극명하게 보여 주고 있다. 하지만 가족 구조 및 가족 관계의 측면에서, 남북한은 일정 정도 '유사한 상황'을 보여 주고 있다. 비록 남한 내 가족 구조가 개인 중심적 구조로 재편되어 가고 있고 동시에 가족 구성원 사이의 관계가 보다 합리적이며 민주적인 수평적 관계로 전환되어 나가고 있는 것은 분명하지만, 가족 관계와 — 특히 — 가족 구조에 집단주의적 속성이 여전히 강하게 남아 있는 점 역시 부인할 수 없는 사실이다. 그리고 이러한 사실은, 집단주의에 기초한 가족 구조와 가족 관계를 여실히 드러내 보여 주고 있는 북한의 가족적 현실과 '일정 정도' 공통분모를 이루고 있음을 말해 준다.

그러므로 이러한 남북한 내 가족의 실상을 감안해 볼 때, 현시점에서 우리에게 부과되는 '잠정적인 과제'는 다음의 두 가지로 요약될 수 있다: 그 하나는 남북한 간 민족 통일의 차원에서 어떻게 개인주의와 집단주의의 대립을 극복·지양하여 하나의 통합된 사회 체제를 구성하는가의 과제이다. 다른 하나는 남북한 양 체제의 가족 구조 및 관계에 여전히 존재하고 있는 '부정적인 내용'의 비非민주적인 집단주의적 속성과 비非합리적인 가부장제적 요소, 그리고 전前근대적인 가족 중심주의적 전통을 어떻게 합리적으로 극복해 나갈 것인가 하는 과제이다.

2. 한국 사회에서 의사소통 절차에 기초한 기업 운영 방식의 '기업 윤리'화 가능성

1. 들어가는 말

오늘의 시대적 상황은 개별 행위자뿐 아니라 사회 집단이나 사회 구조에 대해서도 높은 도덕성을 요구하고 있다. 가령 최근 세인의 관심을 모으고 있는 '인간 난자에 의한 배아 복제 성공'을 둘러싸고 진행되고 있는 '생명 윤리' 논쟁의 경우만 해도, 그러한 연구의 성과가 악용되거나 오용됨으로써 초래될 '충격적인 비윤리적 사태' — 예컨대 복제된 인간도 존엄한 하나의 인격체로서 대우받아야 하는가의 문제 — 에 대한 '걱정'과 '두려움'[1]에서 출발하고 있다. 이는 결국 인간 복제와 같은 엄청난 윤리적 파장을 불러일으킬 과학적 탐구가 계속 진행되어야 하는가를 결정할 '사회적 합의 과정'에서뿐만 아니라 합의에 의거하여 그러한 탐구가 이루어지는 경우에도 관련 당사자들, 즉 해당 과학자들과 그들을 지원하는 연구 기관과 정부, 연구 성과를 보도하는 언론 매체, 아울러 그러한 탐구 과정을 주시하고 있는 윤리학자를 비롯한 지식인, 일반 시민에 이르기까

---

1. 이러한 시대적 상황을 '두려움의 문화culture of fear'로서 규정하여 상세히 논하고 있는 시도로는 Frank Furedi, *Culture of Fear: Risk-Taking and the Morality of Low Expectation* (2002) 참조.

지 모두 강한 윤리적 비판 의식과 엄격한 도덕성을 갖추고 있어야 함이 요구되고 있다. 그럴 경우에만 최악의 윤리적 위기 사태로 귀착되지 않을 사회적 안전망이 확보될 수 있기 때문이다.

이러한 시대적 흐름과 맞물려 오늘날 한국의 '사기업' 역시 자신이 몸담고 있는 사회와 사회 구성원들에 대해 높은 도덕성과 책임 의식(책임 윤리)을 갖출 것이 요청되고 있다. 이와 관련하여 사기업이 지녀야 할 '사회적 책임'[2]이나 '기업 윤리'로 최근 빈번하게 운위되고 있는 것으로는 '오염 통제의 윤리나 자원 보존의 윤리, 소비자에 대한 기업 책임의 윤리, 광고 윤리, 고용 차별의 윤리'[3] 등을 들 수 있다. 이것들은 사회적 환경의 변화와 함께 점차 확고하게 윤리적 준수 사항으로 자리 잡아 가고 있다. 하지만 민주적인 의사소통 절차의 공식적 제도화나 평등한 정보 소유에 기초한 자유로운 토론을 통한 노사 간 협의적 경영(참여 경영) 등은 아직까지 기업의 책임 윤리의 수준에까지 이르지 못하고 있다. 이런 한에서 앞으로 새롭게 확립되어야 할 기업 윤리의 핵심에는 '민주적인 의사소통 절차의 활성화 및 제도화, 그에 기초한 기업 운영 방식의 확립'이 자리해야만 할 것이다.

한편, 오늘의 한국 사회는 전반적으로 민주화의 진척이 빠르게 이루어지고 있다. 하지만 이러한 우리 사회의 역동적인 민주적 변화에 비해, 사기업의 운영 방식에 있어서의 변화, 특히 '민주적 경영 방식으로의 이행'은 상대적으로 더디게 진행되고 있는 것처럼 보인다. 여전히 '효율성'과 '생산성'을 중시하면서 정책의 수립과 집행 과정에서 피고용인으

---

2. '기업의 사회적 책임'이라는 개념의 전개 과정에 관한 간략한 논의로는 배규한 외, 『변화하는 사회 환경, 기업의 대응』(2002), 53-62쪽 참조. 아울러 이러한 개념에 관한 고전적 해명으로는 H. R. Bowen, *Social Responsibility of the Businessman* (1953) 참조.
3. 최근 제시되고 있는 '기업 윤리'의 구체적인 내용에 관해서는 M. G. Velasquez, *Business Ethics* (1998), 249-477쪽 참조. 아울러 구체적인 사례와 관련하여 기업 윤리나 사회적 책임을 해명하고 있는 것으로는 Th. Donaldson/A. Gini (eds.), *Case Studies in Business Ethics* (1993) 참조.

로서의 일반 직원들의 참여가 형식적이거나 제대로 이루어지지 못한 채, 소유주나 경영자의 일방적인 결정과 지시에 따라 기업이 경영되고 운영되는 경우가 적지 않기 때문이다.[4] 이에 따라 기업의 경영 방식을 '민주적인 의사소통 절차 과정'에 기반을 두고 조직하고 제도화하는 것이 기업이 추구해야 할 당위적인 윤리적 요구 사항이라는 점이 제대로 인식되지 못하고 있는 실정이다.

하지만 빠르게 민주화되어 가고 있는 오늘의 한국적 현실에서, 피고용인으로서의 일반 종업원이 자신의 노동 행위에 대한 의사 결정에 참여할 수 있는 권리에 대한 존중과 보장, 그리고 주요 정책 결정 과정에 노동자들이 참여할 수 있는 권리의 확보가 하나의 기업 윤리로 확정되어야 하는 것은 오늘의 민주적인 시대 흐름의 일반적인 추세라 할 것이다. 이 같은 상황에서 오늘의 한국 내 사기업들은 민주화의 진척에 부합하는 민주적인 기업 운영 방식을 강하게 요청받고 있다.

이러한 시대 흐름과 시대적 요청을 염두에 두면서, 이 글이 수행하고자 하는 잠정적인 목표는 세 가지이다. 첫째, '수평적 인간관계를 바탕으로 한 자유롭고 민주적인 의사소통 절차에 기초한 기업 운영 방식'[5]을 중심적인 경영 방식으로 채택·수립하는 과제야말로, 높은 도덕성과 사회적 책임 의식이 강하게 요구되는 변화된 오늘의 시대 상황에서 이윤 획득을 최고의 목표로 삼고 있는 사기업이 추구하고 구현해야 할 새로운 공적인 책임 윤리, 기업 윤리임을 확인해 보고자 한다.

둘째, '민주적인 의사소통 절차의 활성화 및 제도화, 그에 기초한 기업 운영 방식의 확립'이라는 보다 '강력한 기업 윤리'에 의거하여 기업이 운영되어 나갈 경우, 사기업의 본래적 속성이라 할 이윤 극대화의 목표가 ― 공적 이익을 고려하지 않은 채 사적 이익만을 추구하려는 경우

---

4. 울산대 동아시연구센터 편, 『한국교차표(수정본)』(2004), 13쪽 참조.
5. 민주적이며 합리적인 의사소통 절차와 그에 기초한 담론 윤리에 관한 상세한 철학적 논의로는 J. Habermas, *Erläuterungen zur Diskursethik* (1991), 119-227쪽 참조.

에 비해 — 보다 더 성공적으로 달성될 수 있다는 점을 설득력 있게 보여 주고자 한다. 그런 한에서 기업의 사적 이익은, 새로운 경영 윤리가 결과할 공적 이익과 충돌하거나 대립하는 것이 아니라 궁극적으로 합치(통일)되는 것임을 밝혀 보고자 한다.

셋째, 의사소통적 기업 운영 방식의 '기업 윤리화'와 관련하여, 현재 한국의 사기업들의 운영 방식의 실태를 '경험적 분석'의 차원에서 비판적으로 검토해 보려 하며, 그럼으로써 새로운 기업 윤리의 도입과 정착화의 '실현 가능성'을 가늠해 보고자 한다. 이러한 검토 작업에서는 울산대 동아시아연구센터의 '설문 조사 분석 자료'가 최대한 활용될 것이며, 그와 함께 현재 모범적인 윤리 경영을 실천하고 있는 기업으로 알려져 있는 국내 몇몇 사기업에 관한 비판적 분석 작업도 동시에 이루어질 것이다.

2. 기업의 새로운 책임 윤리:
기업의 의사소통적 · 민주적 운영 방식

1) 일반적으로 기업의 당면 목표는 '이윤 추구'에 있으며, 그런 한에서 기업의 윤리적 행위와 이윤 추구는 서로 상충되고 모순된다[6]고 알려져 있다. 더욱이 최근 들어 그 영향력이 점점 더 증대되고 있는 '신자유주의 neo-liberalism' 논리의 급속한 확산은 효율성, 생산성, 경쟁성, 가시적 성과(성) 등에 초점을 맞추어 기업의 활동을 독려하고 있는 까닭에 기업 활동의 윤리적 규제는 '비생산적이며 비효율적인 것'이라는 인상이 강하게 작용하는 것이 작금의 현실이다. 이처럼 신자유주의 논리가 막강한 영향력을 행사하고 있는 상황에서, 기업 윤리를 강화하려는 시도에 대해

---

6. M. G. Velasquez, *Business Ethics* (1998), 5쪽.

서는 — 그렇지 않아도 '기업에 윤리를 적용해야 하는가' 의 문제를 둘러싼 찬반 논쟁이 첨예한 실정을 감안할 때 — 더더욱 반대의 목소리가 클 것이다. 하지만 역설적이게도 이처럼 신자유주의적 경제 논리, 시장의 논리, 상품의 논리가 모든 인간 삶의 영역에 대한 '지배 논리' 로 전환되어 나가는 상황에서, '경제의 민주화' 와 그 연장선상에서 '기업의 공적인 책임 윤리의 강화' 는 더욱더 필수적일 수밖에 없는 상황이 되어 가고 있다. 앞서도 잠깐 언급한 바와 같이 오늘의 시대적 상황은 개인이나 집단 할 것 없이 그 어느 때보다 '높은 도덕성' 이 요구된다. 매 순간마다 직면하는 사안들이 보다 철저한 윤리적 검토와 성찰의 과정을 통해 결정되고 판단되지 않을 경우, 예기치 못했던 재앙과 문제에 빠져들 가능성이 그 어느 때보다 높아졌기 때문이다. 가령 기업의 '탈세' 의 경우 그 사실이 시장에서 밝혀지면 기업의 신뢰 상실과 함께 기업 가치가 떨어지고 주주나 투자자에게 큰 불이익을 안겨줄 뿐 아니라 기업에 고용된 수많은 종업원들, 기업과 관련된 지역의 여러 관련 당사자들에게까지 커다란 손실을 끼치게 된다. 바로 이 같은 사실을 고려할 때 '성실 납세' 야말로 사회에 대한 기업의 책임이자 기업 윤리인 것이다. 동시에 이러한 기업 윤리가 제대로 정립되어 준수됨으로써 일반 시민들을 비롯한 관련 기업과 이해관계가 맞닿아 있는 사람들에게 적어도 피해를 주지 않기 위해서는, 지속적인 감시와 사전 예방 차원의 비판이 이루어져야 한다. 이는 결국 기업의 정책 수립 및 추진 과정이 민주적이며 열린 의사소통 절차에 기초할 필요성이 있음을 말해 준다.

이 같은 시대적 상황에 빌맞추어, 내부분의 기업 지도자는 "기업의 사회적 책임이 확장되어야만 하며 기업 경영진이 과거보다는 한 차원 높은 윤리 기준을 갖추어야만 한다"[7]는 점을 인정하고 있다. 물론 이러한 사회적 책임에는 명확한 한계가 그어져야만 한다. 가령 그것은 기업과

---

7. 노만 보우이, 『기업 윤리』(1997), 164쪽.

일반 대중 모두가 수용할 수 있는 조건하에 확정되어야 한다. 그럼에도 변화된 시대 상황과 사회 조건하에서는, 기업에 대한 일반 대중의 요구 수준이 기업 윤리의 정립 문제와 관련하여 보다 주도적인 위치를 차지할 수밖에 없을 것이다. 변화된 사회 현실과 환경은 기업에 대해 보다 더 높은 사회적 책임과 책임 윤리를 요구할 수밖에 없는 상황에 처해 있기 때문이다.[8] 물론 그것은 기업이 현실적으로 수용 가능한 '권고적인 것'이며 잠정적으로 '자기 규제적인 것'이어야 한다. 이와 관련된 경험적 사례의 하나로서 오늘날 기업에 대해 부과된 환경 보존의 윤리적 책임은, 과거에 비해 더욱더 엄격하게 준수될 필요성이 기업에 요구되고 있으며 자기 규제로부터 외부 규제로 전환되고 있다.

2) 이 같은 내용을 고려할 때, 정보에 대한 평등한 접근권을 배경으로 하여 전개되는 자유로운 의사소통 절차에 기초한 협의적 기업 운영 방식의 제도화 및 활성화가 오늘의 상황에서 새로운 기업 윤리로서 수용되어야 할 근거는 어디서 확보될 수 있는가?

　우선 '경제 민주화'[9]의 관점에서 이것이 기업의 새로운 책임 윤리가 되어야 한다는 당위적 요구를 고찰해 보기로 하자. 주지하다시피 현재 전 세계적으로 확산되어 나가고 있는 신자유주의에 기초한 민주주의, 이

---

8. 기업의 윤리적 책임에 관한 목소리가 커져 가고 있는 현상은 전 지구적 차원의 공통된 양상이며, 이는 기업에 대한 '신뢰'와 밀접히 관련되어 있다. 즉, 기업과 공공 기관에 대한 사회적 불신이 위험 수위에 이르렀다는 위기감이 전 지구적 차원에서 기업에 대한 불신과 신뢰 회복을 주요한 화두로 떠오르게 만들고 있는데, 이를 상징적으로 웅변하는 것이 '다보스 포럼'이라고 불리는 '세계경제포럼(WEF)'의 2003년 총회의 선언문 내용이다. "신뢰는 지구촌에서 지속 가능한 성장과 발전을 가져올 수 있는 핵심이다. 신뢰 없이 세계는 안전하지도 않고 번영할 수도 없다." 허승호 외, 『윤리 경영이 온다』(2004), 22쪽 참조. 이와 관련하여 현대 사회의 '신뢰 위기'에 관한 대표적 논의로는 F. Fukuyama, *Trust: The Social Virtues and the Creation of Prosperity* (1995) 참조.
9. '경제 민주주의'(혹은 '경제의 민주화'), 아울러 이에 근거한 '기업 민주주의'에 관한 논의로는 로버트 A. 달, 『경제 민주주의』(1999); 박주원, 「민주주의란 무엇인가」(1992); 민주주의사회연구소 편, 『기업 민주주의와 기업 지배구조』(2002) 참조.

른바 '신자유주의적 민주주의'는 정부(국가)가 시장에 개입하는 것 자체를 반민주주의적인 처사로 규정하고 있다.[10] 시장의 영역은 시장의 논리, 상품의 논리에 전적으로 맡겨야 한다는 주장이다. 더욱이 최근의 상황은 시장의 영역에 그 어떤 규제 수단이나 논리를 통해서도 개입하거나 관여하지 말라는 수준에서 벗어나, 아예 시장의 논리(체계의 논리)를 모든 삶의 영역에까지 무차별적으로 적용하려는 보다 적극적이며 공격적인 양태를 취하고 있다.[11] 그 한 예가 바로 '의사소통의 논리'와 같은 고유한 지배 논리가 작동하고 있는 교육의 영역을 상품의 논리로 대체하려는 교육 개방 등의 시책이다.

하지만 민주주의는 신자유주의와 결코 동의어가 아니다. 민주주의의 완성태를 취하기 위해서는 오히려 정치적 민주주의 외에 '경제적 민주주의'를 적극적으로 추진해야 한다. 다시 말해 민주주의의 본래적 원칙과 정신에 부합하기 위해서는, 시장의 제도적 혁신과 제어 및 규제를 통한 시장의 민주화가 이루어져야 한다. 이와 관련하여 경제 및 기업의 민주화를 주창하는 허스트P. Hirst는, '정치적 민주주의'와 '경제적 민주주의' 양자 모두는 사회 성원 각자가 자신의 이익을 추구할 권리나 이를 보호할 수 있는 권한을 요구하는 것으로 규정할 수 있으며 그런 한에서 서로 동일한 것이라고 주장하고 있다.[12] 달R. A. Dahl의 경우도, 민주적 원리의 핵심은 '자치권'이며 이것은 정치적 영역에서와 마찬가지로 경제적 영역에서도 정당화되어야 한다고 주장한다. 이러한 주장에 대해, 자치권이 또 나른 천부인권인 '재산권'을 침해하게 된다는 반론이 제기되고 있

---

10. 이러한 해석의 극단적인 예로서, 1973년 칠레의 아옌데 정권을 피노체트가 주도한 군사 쿠데타로 전복시킨 사태를 배후에서 지원했던 미국 정부가 밝힌 개입에 대한 정당화 논변을 들 수 있다. N. Chomsky, *Profit Over People* (1999), 22쪽 참조.
11. '체계/생활세계의 2단계 사회 이론'에 의하면 이는 전면적인 '생활세계의 식민화'에 해당된다. 이에 관해서는 J. Habermas, *Theorie des kommunikativen Handelns* 2(1981), 489-547쪽 참조.
12. P. Hirst, "From the Economic to the Political"(1997), 64쪽.

다. 하지만 달은, 재산권은 사실상 법의 규정 범위 내에서 이루어지는 경제적 자유에 불과한 까닭에 경제적 영역에서도 자치권이 우선시되어야 한다는 논리를 편다. 이와 함께 달은 '경제적 자치권'의 구체적인 실현 방안으로서 '종업원들의 자주 관리'를 제안한다. '자주 관리 체제'는 기업의 피고용원인 종업원들이 기업 자산의 공동 소유를 기반으로 기업의 의사 결정에 참여하는 것이다.[13] 이러한 참여가 이루어지는 경우에, 진정으로 민주적인 사회가 구현될 수 있다는 것이다.

이처럼 기업의 운영 방식 자체가 노사 간의 자유로운 의사소통 절차에 기초한 개방적이며 협의적인 운영 방식으로 정립되는 것이야말로, 정치적 차원뿐 아니라 경제적 영역까지 민주화의 논리를 확대 적용함으로써 민주화의 본래적 이념에 보다 더 접근하는 것이며, 아울러 기업과 관련된 다양한 이해관계를 맺고 있는 사람들에게 보다 높은 수준의 '질적인 민주화'를 제공하는 것이다. 바로 이 같은 맥락에서 의사소통에 기초한 기업 운영 방식이야말로 일상적 삶의 차원에서 보다 높은 질적 민주화를 실현하는 통로 중의 하나이며, 보다 민주적인 사회로의 발전적 전개에 따른 시대적 요청에 대한 응답인 것이다.

3) 다음으로 사회에 대한 도덕적 책임의 증대라는 관점에서, 의사소통에 기초한 민주적 기업 운영 방식의 채택이 새로운 기업의 책임 윤리가 될 근거에 대해 살펴보기로 하자. 이와 관련하여 먼저 기업 윤리의 가능성에 대한 찬반 논변부터 살펴보자. 기업에 윤리를 적용해야 하는가에 대한 반대 입장의 논리를 보면, 첫째, 완전한 자유 경쟁 시장에서 기업이 이윤을 추구함으로써 사회적으로 가장 혜택을 많이 보는 사람은 사회 구성원들이기 때문에, 회사가 이윤을 남기기 위해서는 사회 구성원이 원하는

---

13. 자주 관리 체제의 도입에도 불구하고 경제적 비효율성이 나타나지 않았다는 주장에 대한 논거로서 달은 '자주 관리 체제가 도입된 유고에 대한 사례 연구 결과'를 제시하고 있다. 로버트 A. 달, 『경제 민주주의』(1999), 6쪽.

물건을 가장 효율적인 수단을 동원해 만들어야 한다는 논리다. 둘째, 기업 관리자들은 회사의 이윤 추구에만 관심을 가져야 하며 윤리적 문제에는 신경을 쓰지 않아도 된다는 주장이다. 셋째, 윤리를 아예 기업과 결부시키지 않으려는 것으로서, 기업은 관련 법만 잘 준수하면 충분히 윤리적이라는 주장이다.

이러한 반대 논변에 대해 기업 윤리를 주장하는 입장의 논거는, 첫째, 기업 활동은 인간의 자발적인 활동인 까닭에 기업에도 윤리가 적용되어야 한다는 것이다. 둘째, 기업도 다른 활동과 마찬가지로 그 기업에 개입된 사람들과 주변 공동체가 최소한의 윤리를 지키지 않을 경우 활동할 수 없다는 주장이다. 셋째, 윤리적 사고는 기업 이윤과 밀접한 관련이 있으며 도덕적으로 본보기가 되는 기업들이 역사적으로 성공해 왔다는 주장이다.[14]

이처럼 기업 윤리의 가능성을 둘러싼 찬반 논변에도 불구하고 현실적으로 기업은 그 자신이 몸담고 있는 사회와 사회 구성원들에 대해 윤리적인 책임을 지녀야 할 부분이 있다. 마치 개인이 사회에 대해 권리와 책임을 지고 있는 것처럼, 기업 역시 내세울 권리와 지켜야 할 의무가 있는 것이다. 가령 최근 들어 벌어지고 있는 일부 사기업의 ― 자금 융통을 원활히 할 목적으로 고의로 자산이나 이익을 부풀려 계산하는 ― '분식 회계粉飾會計' 는 주주나 투자자, 기업의 고용인을 비롯한 관련 당사자들뿐 아니라 나아가 기업이 영위되고 이익을 실현하는 장場인 한국 사회와 국가 경제를 중대한 위기 국면으로 몰고 갈 수 있다. 하지만 기업이 의사소통 설차에 의거하여 보다 민주적인 방식으로 운영된다면, 일부 소유주나 경영자들에 의해 기업의 실적 및 이익 산출 등이 의도적으로 왜곡되는 사태를 피할 수 있다. 열린 노사 참여적 협의 경영을 통해 경영진에 대한 지속적인 비판과 감시가 이루어지고 그로부터 투명하고 민주적인 경

---

14. M. G. Velasquez, *Business Ethics* (1998), 35-9쪽 참조.

영을 유도함으로써, 일부 기업 지배층에 의한 의도적인 기업 경영상의 기만을 방지할 수 있기 때문이다.

이 같은 상황을 고려할 때, 기업의 사회적 책임은 실로 막중하지 않을 수 없으며 기업의 소유주나 최고 경영층, 대주주 나아가 기업에 속해 있는 일반 피고용인들까지 높은 도덕의식이 요구된다. 하지만 의식적 차원에서의 '도덕적 무장'만으로는 한계가 있으며, 그것의 내적인 규범적 장치로서 열린 민주적인 운영 방식의 조직화 및 제도화가 오늘의 시점에서 필수적이다. 그럴 경우에만 기업이 윤리적 정도에서 벗어나 왜곡된 방식으로 운영되는 부정적 사태를 막을 수 있으며 동시에 사회에 대해 수행해야 할 기업 윤리를 준수할 수 있다.

물론 이 같은 민주적 운영 방식의 제도화와 그에 기초한 운영의 활성화와 같은 새로운 내용의 기업 윤리는 기업 자체가 수행해야 할 규범적 사항이지만, 결국 그것은 기업 운영의 중심적인 두 행위 주체, 즉 한편으로 기업의 소유주와 경영자 측, 다른 한편으로 기업의 피고용인으로서 일반 직원 측, 양자 모두에게 동시적으로 요구되는 윤리적 규범인 셈이다.[15] 다시 말해 기업의 소유주나 경영자 측에게는 의사소통 절차에 기초한 기업 경영을 제도화·활성화할 윤리적 책임이 주어져 있으며, 동시에 기업 조직의 또 다른 축인 기업의 피고용인으로서 개별 직원들에게도 합리적인 토론과 논쟁에 입각한 기업 운영 방식의 공식화·제도화를 적극적으로 요구하고 그것의 실현을 위해 실천적 노력을 기울여야 하며, 나아가 제도화된 민주적인 의사소통적 기업 운영 방식에 적극적으로 참여할 윤리적 책무가 주어져 있는 것이다.[16]

---

15. 이와 관련된 윤리적 논의에 관해서는 M. Singer, *Ethics and Justice in Organizations* (1997), 147-54쪽 참조.

16. 즉, 이 같은 민주적인 의사소통 절차 과정에 기초한 기업 운영 방식의 확립을 위한 노력과 확립 이후의 적극적이며 자발적인 참여는 개별 직원의 입장에서 더 큰 이익이 되기 때문이 아니라, 그것이 기업 조직의 구성원으로서 피고용인에게 주어진 윤리적 책무라는 점을 밝혀 보고자 한다.

4) 이러한 사실을 고려한 가운데 이 글이 특히 염두에 두고 있는 '의사소통적 기업 운영 방식의 제도화'로서의 기업 윤리의 정립에 관한 '현실적 모델'은, 기업과 노동자, 투자자와 정부, 사회단체 등 기업의 모든 '이해관계자stakeholder'[17]를 동등하게 중시하며 기업의 자발적인 사회적 책임을 강조하는 '유럽식 기업 윤리'[18]에 기초를 두고 있는 노사 간 '공동 결정 제도Mitbestimmung'[19]의 모델이다. 따라서 그것이 사업장과 기업(경영) 수준에서 실현되고 있는 '사업장평의회Betriebsrat'와 '감독이사회 Aufsichtsrat' — 또는 '두 개의 이사회로 견제하는 독일식 이사회 시스템'[20] — 가 주된 관심의 대상이다. 급속한 민주화와 그에 따른 보다 높은 도덕 의식을 요구하는 작금의 한국적 상황을 고려할 때, 투자자의 이익을 보장하기 위한 경영 방식이나 기업의 기부 행위를 강조하는 '미국식 기업 윤리'에 비해, 종업원에 대한 인격적 대우나 권리 보장, 지역 사회에 대한 기업의 사회적 책임을 강조하는 동시에 노조의 적극적인 경영 참여가 보장되는 유럽식, 그 가운데서도 '독일식 기업 윤리'와 기업 운영 방식이 보다 더 설득력 있는 대안적 방안으로 보이기 때문이다.

---

17. 이와 관련하여 '주주shareholder 자본주의'와 '이해관계자stakeholder 자본주의' 혹은 '주주 주권론'과 '이해당사자 주권론'에 대한 개념적 의미는 홍장표, 「기업 민주주의와 기업 지배구조」(2002), 15-56쪽 참조. 한편 '기업의 지배 구조corporate governance'와 관련하여, 이해관계자 자본주의를 주주 자본주의와 대비되는 좁은 의미의 민주주의로 보는 것을 넘어, 사회 선체 차원에서 새롭게 지향해야 할 민주주의로 규정하여 이를 '참여 민주주의'로 확장하여 해석하려는 시도로는 장현쥬, 「옮긴이의 말: 참여 민주주의에 대하여」(2003), 9-19쪽 참조.
18. 이와 관련하여 이해당사자를 단지 '수단'이 아니라 '목적'으로 대우해야 한다는 관점에서의 기업 윤리에 관한 논의로는 N. E. Bowie, *Business Ethics: A Kantian Perspective* (1999), 41-81쪽 참조.
19. 다른 나라에 비해 '기업 민주주의'가 보다 잘 구현되고 있는 징표로서 인정받고 있는 독일의 '공동 결정 제도'에 관한 상세한 논의로는 허민영 · 윤영상, 「독일의 공동결정제도와 기업 지배구조」(2002), 273-306쪽 참조.
20. 이에 관한 간략하고도 평이한 설명에 대해서는 허승호 외, 『윤리 경영이 온다』, (2004), 53-60쪽 참조.

3. 기업의 속성으로서 이윤 획득과 기업의 책임 윤리

앞에서 우리는, 한편으로 급속한 민주화의 진전에 따라 초래된 사회적 환경의 변화와 그에 따른 사회 성원들의 권리 의식의 함양과 일상적 삶의 민주화에 대한 요구의 분출, 다른 한편으로 예기치 못한 사태에 대한 안전망으로서 높은 도덕성이 요구되는 오늘의 사회 현실에 주목하여, 자유로운 의사소통에 기초한 기업 운영 방식의 공식화가 새로운 기업 윤리로서 정립될 필요성과 그 근거에 대해 살펴보았다. 그리고 그 결과로서 오늘의 '변화된 시대상'이 기업에게 보다 높은 수준의 사회적 책임을 요구하고 있음은 시대적 대세로서 상당 정도 필연적이며 당위론적인 것임을 확인해 볼 수 있었다.

하지만 기업의 '본래적 속성'은 이윤 추구와 그것의 극대화에서 찾을 수 있다. 그런 까닭에 개인이나 사회(구조)와 달리 기업에게 '당위론적 의무와 규범적 규율의 무조건적 준수'를 일방적으로 요구하기에는 상당한 현실적 어려움이 따른다. 기업에 대한 책임 윤리의 강화와 준수 요구는, 현실적으로는 기업의 이윤 저하를 가리키는 것으로 흔히 이해되고 있는 실정이기에 더욱 그렇다. 그런 한에서 기업의 사회적 책임과 기업 윤리가 '당위적인 규범적 성격'을 지니고 있는 것은 사실이지만, 기업의 본래적 성격이나 자본주의적 기업 환경과 관련해 볼 때, 그러한 '윤리적 근거'에 의거해 규범적으로 강요하는 것은 역부족이다. 그러므로 오히려 그 '우회로迂廻路'로서 기업 윤리의 준수와 기업의 이윤 획득, 양자가 상호 비례적인 관계에 놓여 있음을 보여 주는 것이 잠정적으로 보다 더 현명한 전략일 수 있다. 요컨대 기업 윤리의 수용 및 채택에 관한 '대안적代案的 설득 논리'로는, 의사소통적 절차에 기초한 기업 운영이라는 새로운 기업 윤리가 준수되어 운영될 경우 — 즉, 새로운 기업 윤리를 채택하고 그에 입각하여 기업이 운영되어 나갈 경우 — 기업의 이윤 획득과 그것의 극대화 역시 최상의 상태에서 보장될 수 있다는 점을 보여 주는 방식이 현실적인 방안으로 적극 검토될 필요가 있다.

이 같은 사실을 감안할 때, 특히 관심이 가는 대목은 기업 윤리의 정립을 찬성하는 논변 중에서, ‘윤리적 기업인 한에서 궁극적으로 이윤 추구가 성공적으로 보장될 가능성이 크다’ 는 주장이다. 실제로 기업 윤리와 이윤 획득과의 상관관계를 중심으로 행해진 연구 결과들을 보면, 대체로 ‘윤리와 이윤에 긍정적인 상관관계가 있다’ [21]고 본다. 물론 상관관계가 없다는 연구 결과도 있지만, 윤리와 이윤이 반비례한다는 결과는 이제껏 없다는 것이다. 또 주식 시장에서 사회적 책임감이 높은 기업이 그렇지 못한 기업보다 높은 투자 수익을 낸다는 연구 결과도 있다. 이에 대한 사례로 벨라스케즈는, 제록스Xerox, 휴렛팩커드Hewlett-Packard, 폴라로이드Polaroid 등을 제시하고 있다.[22]

이렇듯 민주화의 진행과 그에 따른 일상적 삶의 측면의 민주화, 사회 구성원의 민주화 의식 수준의 고양과 그에 따른 민주적이며 합리적인 사고 작용과 판단, 민주적 요구 수준의 증대는 불가피하게 기업에 대해서도 민주적인 운영 방식과 높은 기업 윤리를 요구할 수밖에 없다. 그러기에 고객들은 비윤리적인 기업의 제품은 구매하지 않으며, 정책 결정 과정이 부당한 기업체에서는 종업원들의 무단 결근율과 이직률이 높고 생산성이 저하되고 있다는 보고가 있다. 반면 공정한 처우를 하는 기업체는 종업원들이 회사와 경영진 모두를 믿고 따르며 상대적으로 낮은 임금을 요구한다는 것이다. 또한 관리자의 명령을 보다 잘 수행하고 지도력에 대해 정당하다는 평가를 내린다. 따라서 기업 윤리는 효과적인 경영에 핵심적인 요소라고 할 수 있다.[23] 기업 윤리와 기업의 이윤 창출 및 극

---

21. M. G. Velasquez, *Business Ethics* (1998), 39-40쪽 참조.

22. M. G. Velasquez, *Business Ethics* (1998), 39쪽.

23. 이에 관한 상세한 논의로는 D. R. Gilbert, Jr., *Ethics through Corporate Strategy* (1996) 참조.

대화의 밀접한 연관 관계는 세계적 규모의 기업 관계자의 입에서 시인되고 있기도 하다. 가령 저명한 미국 기업인 '3M' 사의 기업 윤리 매뉴얼을 만들어 직원들을 감독하고 교육하는 법률팀 부서의 책임자는 다음과 같이 언급하고 있다. "기업 윤리도 결국 비즈니스를 위해 하는 겁니다. 사건이 터지고 난 뒤 법률적으로 대처하는 것보다 기업 윤리를 통해 예방하는 것이 비용이 덜 듭니다. 소송이 기업의 생사를 결정하기도 하는 미국에서 6만 가지의 제품을 생산하면서도 3M의 법률 비용이 경쟁사보다 낮은 이유는 이 때문입니다."[24]

이상의 내용과 관련하여 경험적 자료들을 보게 되면, 책임 윤리가 강한 모범적인 기업들이 실제 이윤 추구에서도 성공적인 결과를 낳으면서 오랫동안 기업의 생명이 유지되고 있는 경우가 많다. 이는 많은 기업들이 오랜 기간 동안 지속되지 못한 이유를 설명해 주는 것이기도 한데, 제우스Arie de Geus 같은 이는 '기업들의 경영 방침과 방식이 경제학적 사고에 너무 심하게 의존하고 있기 때문'[25]이라고 밝히고 있다. 이는 시대적 상황과 사회적 요구에 부합하는 방식으로 기업의 운영 방식이나 이윤 추구 방식도 변화 내지 적응할 필요가 있음을 말해 준다. 이와 관련하여 국내 사기업 가운데서도 모범적인 기업 윤리가 두드러진 기업들이 오랫동안 존속했고 또한 지금도 존속하고 있음을 보여 주는 예가 적지 않다. 예컨대 동화약품공업(주)이나 (주)유한양행, 태평양(주) 같은 '경제정의 기업상'을 수상한 기업들이 추구한 윤리 경영이 '윤리적 기업'이라는 영예를 안겨주었을 뿐 아니라 결국 이윤 증대와 관련해서도 '만족할 만한 이윤 확보'라는 결과를 낳고 있다는 점은, 앞으로의 기업 운영이나 기업 윤리의 정착과 관련하여 시사하는 바가 적지 않다고 생각된다.

---

24. 허승호 외, 『윤리 경영이 온다』(2004), 99쪽.
25. 경실련 경제정의연구소 편, 『윤리 경영이 경쟁력이다』(2002), 22쪽.

4. 의사소통적 기업 운영 방식의 '기업 윤리' 화 가능성: 한국 사회의 실태

이제까지 우리는 새로운 기업 윤리로서 의사소통 절차에 기초한 기업 운영 방식 채택이 갖는 윤리적 함의와 아울러 그것이 기업의 본래적 속성인 이윤 획득과 맺고 있는 상관관계를 대략적으로 살펴보았다. 그렇다면 그러한 의사소통적 기업 경영 방식으로서의 새로운 책임 윤리가 기업들에 의해 정립될 수 있는 현실적 조건이나 상황이 우리 사회에 형성되어 있는가? 다시 말해, 새로운 기업 윤리로서 민주적·의사소통적 기업 운영 방식을 수용하여 제도화할 수 있는 여건이 마련되어 있는지, 있다면 어느 정도이며, 아울러 성공적으로 정착될 가능성은 어느 수준인지를 고찰해 보도록 하자. 그럼으로써 새로운 기업 윤리로서 의사소통적 기업 운영 방식의 정립 가능성을 살펴보기로 하자.

1) 먼저 기업 설문 조사 결과를 살펴보면, 현재의 한국적 상황은 새로운 기업 윤리로서 민주적 운영 방식의 활성화 및 제도화를 수용하여 정립하기에는 대체로 '과도기적 상황' 에 놓여 있는 것으로 보인다. 예컨대 "회사 내에서는 직원의 자율적인 참여가 중요한가, 직원간의 위계질서가 중요한가"[26] 라는 문항에서 약 54%가 '자율적 참여' 로 답하고 있으며, 아울러 "업무와 관련하여 상사와 의견이 다를 경우라도 자신의 의견을 주장하는가"[27] 라는 항목에 대해, '주장한다' 는 응답이 대략 52%에 이르고 있는데, 이러한 결과는 한국 내 사기업에 속해 있는 다수의 고용인인 직원들의 의식 구조가 민주적이며 열린 합리적 사유 방식으로 전환되어 가고

---

26. 울산대 동아시아연구센터 편, 『한국교차표(수정본)』, 11쪽.
27. 울산대 동아시아연구센터 편, 『한국교차표(수정본)』, 11쪽.

있음을 보여 주고 있다.

동시에 이러한 일반 직원들의 의식 구조에 발맞추어 회사 내 중요 결정 과정이나 정보 공유의 측면도 과거에 비해 개방적이며 민주적인 방식으로 이루어져 가고 있음을 보여 주고 있다. 가령 "부서의 중요한 결정은 비공식적인 모임에서 사전에 이루어지는가, 공식적인 회의에서 이루어지는가"[28]라는 물음에 대해, '공식적인 회의'를 통해서라는 응답이 대략 54.2%이었다. 또한 "회사의 중요한 정보가 개인의 사적, 비공식적인 인간관계를 통해 공유되고 있는가"라는 문항에 대한 응답에서도 약 56.6%가 공식적으로 공유되고 있다고 밝히고 있다. 이 같은 결과는 한국의 사기업에 있어서, 비공식적인 인간관계에 기초한 비합리적 기업 구조 및 관계가 합리적이며 공식적인 조직과 구조로 변화되고 있음을 보여 주고 있다. 일반 직원들의 입장에서 이 같은 변화가 감지되고 있음을 보여 주는 대목은, "회사의 중요한 결정에 직원의 의견이 반영되는 편인가"란 질문에 대해 약 46.4%가 '반영된다'고 답했으며, 대략 37.4%가 '반영되고 있지 않다'고 응답한 것이다. 아주 만족스러운 편은 아니지만, 그럼에도 한국 기업들의 경우, 열린 논의와 토론의 과정을 통해 일정 정도 기업의 운영 및 경영이 이루어지는 방향으로 점차 나가고 있음을 보여 주고 있다.

하지만 이 같은 긍정적인 실태와 변화에도 불구하고, 여전히 부정적인 측면이 잔존하고 있음도 부정할 수 없다. 그 예로 "회사의 업무는 주로 구성원들의 토의를 통해 처리되는가, 상사가 결정하고 지시하여 처리되는가"라는 항목에서는, 앞서의 결과와 달리 약 52.5%가 '지시'라고 응답했으며, 약 34%만이 '토의'라고 답하였다.

이 같은 분석 결과에서 드러나듯이, 한국 내 사기업들도 점차 공식적인 회의나 절차를 통해 부서의 중요한 사항을 결정하는 등 보다 더 민주적이고 합리적인 방식으로 기업을 운영해 나가고 있음을 보여 주고 있

---

28. 울산대 동아시아연구센터 편, 『한국교차표(수정본)』, 6쪽.

다. 기업 내적 구조와 관계 역시 과거의 비합리적이며 전근대적인 것으로부터 합리적이며 열린 형태로 재편되어 가고 있음을 알 수 있다. 하지만 앞서의 문항들에 대한 부정적인 답변 역시 만만찮게 제시되고 있다는 사실은, 아직도 한국 내 사기업에 전근대적 후진성이 상당 정도 남아 있음을 말해 주는 대목이다.

바로 이 같은 사실을 고려할 때, 현재 한국 사회 내 기업의 조직 및 관계 변화는 '과도기적 수준'에 머물러 있지만, 그럼에도 그러한 과도기적 단계는 조만간 사회적 민주화의 흐름에 보다 부합하는 민주적이며 합리적인 노사 간 협의적 기업 운영 방식의 정착화 단계로 이행해 나갈 것으로 예견된다. 비록 기업 조직 내에 몸담고 있는 소유주와 경영자, 피고용인 등의 의식 구조는, 한편으로 전근대적인 위계적 조직에 여전히 머물러 있는 성향을 보이고 있지만, 그럼에도 다른 한편으로 사회의 민주화와 함께 자유로운 의사소통 과정을 통한 기업의 과제 및 정책 수립과 추진 등에 노사가 공히 참여하여 협력할 의사를 보이고 있기 때문이다. 동시에 이러한 의식의 전환과 맞물려 현실의 지평에서도 '점진적으로' 그러한 수평적인 인간관계, 열린 의사소통 절차의 제도화 등이 이루어지고 있다. 이런 점에서 한국적 현실에서 기업의 운영 방식이 민주적 의사소통 절차 과정에 터한 협의적 결정 과정으로 재편될 가능성은 더욱더 높아져 가고 있다고 볼 수 있다.

2) 다음으로 새로운 기업 윤리로서, 의사소통 절차에 기초한 합리적 기업 운영 방식을 수용할 수 있는 여건이 한국 기업들 내에 갖추어져 있는가라는 현실적 양태를 살펴보는 것이 중요하다. 즉, 한국 내 사기업들이 민주화와 높은 도덕성의 요구라는 시대적 요청에 부합할 만큼 자기 변화가 이루어져 왔는가에 대한 검토가 필요하다. 그런 후에라야 새로운 책임 윤리가 기업 윤리화될 수 있는 가능성을 살펴볼 수 있을 것이기 때문이다.

그런데 이와 관련하여 최근 한국의 기업 운영 실태를 살펴보면, 주목할 만한 변화가 이루어지고 있음을 알 수 있다. 크게 보아 하나는, 의사소통에 기초한 운영 방식의 채택까지는 아니더라도, 날로 기업의 사회적 책임과 기업 윤리의 중요성이 강조되고 있다는 사실이며, 다른 하나는 이와 관련하여 기업의 운영 방식 자체도 보다 개방적이며 민주적인 양태로 변화해 가고 있다는 점이다.

먼저, 첫 번째 특징과 관련하여 한국의 기업들의 현 주소를 살펴보자. 무엇보다 분명한 점은, 우리 경제가 고도성장을 이룩해 오면서 "기업의 투명한 윤리 경영에 대한 사회적 요구"가 점차 커져 왔다는 점이다. 동시에 기업 자체도 "투명 경영과 윤리 경영이 기업의 경쟁력을 강화시키며 결국 국가경쟁력도 강화시킨다"[29]고 인식하고 있다는 사실이다. 이 같은 상황에서, 한국의 사기업들 역시 기업의 사회적 책임의 증대와 기업 윤리의 강화라는 시대적 요청에 부합하는 방식으로 기업을 운영해 가고자 노력하고 있음을 엿볼 수 있다. 이러한 사례로서, 특히 기업의 윤리 경영을 촉진시키는 한 계기로서 그 역할을 수행해 온 경제정의실천시민연합 부설 경제정의연구소에서 시상해 온 '경제정의기업상'을 수상한 기업들을 들 수 있다. 물론 이러한 기업들이 한국의 기업을 대표한다고 볼 수 없으며, 이 상을 수상한 기업들이 실제로 그 상의 이름에 부합할 만큼 정의로운 방식으로 기업을 운영하고 기업 윤리를 충실히 수행했다고 말하기도 그리 쉽지는 않다. 그럼에도 나름의 합리적 잣대에 의거하여 '한국 사회에서 기업 윤리를 모범적으로 실천해 온 기업들을 대표한다'고 볼 수 있다는 점에서, 현재의 한국 기업의 운영 실태를 살펴보는 데 어느 정도 참조는 될 수 있다고 생각한다.

이와 관련하여, 한국의 대표적인 '대기업' 가운데 하나인 (주)태평양은 2001년 5월 경제정의기업상 대상을 수상했는데, 이때 얻은 점수를 보면 "정량 평가의 경우 종업원 만족도 269개 중 9위(1인당 교육 훈련비,

---

29. 경실련 경제정의연구소 편, 『윤리 경영이 경쟁력이다』(2002), 5쪽.

노사 협의회 법 준수 여부, 여성 지위 향상, 여성의 최고 직급 등)와 기업 활동의 건전성 269개 중 15위(소비성 지출, 위험성), 경제 발전 기여도 17위(연구 개발 지출, 특허 및 장영실상, 수익성, 조세 납부 등) 및 환경 보호 만족도 269개 중 20위(환경 친화성, 환경 투자 실적, 환경 경영 방침, 환경 보호 운동 등)였고, 정성 평가에서는 25점 만점 중 17.4로 1위를 차지하는 등 우수한 평점을 얻었다."[30] 특히 주목되는 것은 최근의 중요한 기업 윤리로 부각되고 있는 환경 보존의 윤리에 관한 한 최고 수준의 모범적인 기업으로, 윤리 준수에 최선을 다하는 기업으로 자리 잡아 가고 있으며, 이러한 노력의 결과로 매일경제와 환경부가 공동으로 주최한 '환경경영대상 우수상'을 1999년에 수상함으로써 환경 친화적인 기업으로 자리매김되기에 이르렀다. 이러한 예는, 한국의 사기업들도 기업 윤리의 준수가 갖는 규범적 중요성 그리고 그것이 기업의 이윤 확보의 중요한 동력원임을 인식하고 몸소 실천해 나가고 있음을 보여 주는 것이라 하겠다.

그렇지만 민주화의 진척에 부합하는 경영 방식과 기업 운영 방식의 변화는 우리 기업들의 변화된 성찰적 자세를 보다 더 극명하게 보여 주는 대목이다. 이 점에 대한 고찰은, 이 글이 초점을 맞추고 있는 '의사소통적 절차에 의거한 협의적 운영 방식의 채택'의 정립 가능성의 확인 작업과 관련하여 특히 중요한데, 이에 대한 예로는 일찍이 국내 최초로 전 사원 월급제를 시행하고, 경영과 자본을 철저히 분리하여 전문 경영인 체제를 도입했던 동화약품공업(주)을 들 수 있다. 1897년에 '동화약방同和藥房'으로 출발한 동화약품공업(주)의 경우에, 1937년부터 종업원을 '식구' 개념으로 호칭하며 건전한 노사 관계가 이루어지고 있으며, 창업 이래 오늘날까지 단 한 건의 노사 분규도 없는 기업 운영을 해왔다.

대표적인 제약 회사의 하나인 (주)유한양행의 경우도 건전한 노사

---

30. 경실련 경제정의연구소 편, 『윤리 경영이 경쟁력이다』(2002), 116쪽.

관계가 정착된 모범적인 사례로서, '대화와 존중을 통한 노사 화합의 문화'가 정착되어 왔다. 이 기업은 특히 노사 화합을 위해 매년 정기적인 '노사협의회'를 개최하여 중요한 경영상의 문제를 협의하고 있으며, 최고 경영자와 간부 사원, 노조 대표가 참여하는 '노사 합동 연수회'를 개최하여 상호 이해의 폭을 넓혀 왔고, 노사 간의 대화를 통해 친밀감과 일체감을 가질 수 있도록 하고 있다. 더욱이 "사업 계획 심의에 과장급 이상 직원과 노조 간부를 참여시킴으로써 경영 목표에 대한 적극적인 이해와 함께 경영 참여를 통한 소속감을 높여 주고 있으며 경영상의 문제 해결에 지혜를 모아 왔다."[31]

앞에서 언급되었던 (주)태평양 또한 직위·호칭 제도를 폐지함으로써 조직 내 관료·권위주의를 제거하고 또한 연공서열에 의한 획일적 사고에서 탈피하고자 시도함으로써 종국적으로 수평적, 창의적 조직 문화를 구현하고자 시도하고 있다. 아울러 노무 담당 상무 1인을 현장에 배치하여 현장의 노사 문제를 발전적으로 유도하는 등 노사 간에 정보를 공유하고 있다. 즉, 매월 '노사 대표 월례회의'를 개최하고 있으며, 이 자리에서 경영 자료의 공개와 제공, 아울러 설명을 실시하고 있으며, 근로자의 경영 참가 기회를 제공하는 것을 원칙으로 삼고 있다. 이 외에도 최근 국내 재계 2위인 LG그룹이 국내 처음으로 '지주회사' 체제로 전환하는 등 이른바 '정도 경영正道經營' 혹은 '윤리 경영'을 향한 기업 자체의 자기 성찰적 변화가 빠르게 진행되고 있기도 하다.[32]

이 같은 현실은 한국 사회 내 기업들 역시 기업에 대한 점증하는 사회적 기대와 기업 윤리의 강화라는 시대적 요청을 더 이상 외면할 수 없게 되었으며, 그 길로 나아가는 것만이 결국 기업도 살고 이윤도 극대화할 수 있다는 인식에 의거한 기업들의 획기적인 자기 변신을 보여 주는 것이다. 동시에 이 같은 상황은 개별 기업에 따라 다소간 차이는 있겠지

---

31. 경실련 경제정의연구소 편, 『윤리 경영이 경쟁력이다』(2002), 78쪽.
32. 허승호 외, 『윤리 경영이 온다』(2004), 239-55쪽 참조.

만, 보다 높은 수준의 기업 윤리의 수용과 준수, 특히 민주화에 걸맞은 기업의 투명하고 합리적인 민주적 경영 방식의 채택과 제도화가 불가피한 시대 흐름으로 정착되고 있음을 엿보게 해준다. 요컨대 최근 한국 사회의 기업들 사이에서 이루어지고 있는 윤리 경영 및 투명 경영으로의 급속한 전환이야말로, 합리적인 의사소통 절차에 의거하여 민주적이며 노사 협의적인 기업 운영 방식의 도입 및 제도화가 외적 강제가 아닌 기업 자체의 자기 규제적 윤리로서 자리 잡을 수 있는 가능성을 긍정적으로 보여 주는 대목이라 할 것이다.

5. 잠정적 결론

이제까지 우리는 한편으로 윤리적 위기 상황의 고조에 따라 기업에 대해서도 높은 도덕성과 책임 윤리가 요구되는 오늘의 시대적 환경, 다른 한편으로 한국 사회의 급속한 민주화의 진척에 부합하는 기업 운영 방식의 재정립의 필요성 및 시대적 요청, 두 관점에서 오늘의 한국 내 사기업이 마땅히 준수해 나가야 할 새로운 내용의 기업 윤리로서 '의사소통 절차에 기초한 민주적 기업 운영 방식'의 정초 가능성을 살펴보았다. 특히 이러한 고찰 과정에서 기업이 지닌 본래적 특성으로서의 '이윤 추구'라는 속성을 고려하여, 기업의 책임 윤리 준수와 기업의 사적 이익이 서로 대립하거나 충돌하는 것이 아닌, 상호 합치·통일되는 것임을 경험적 분석 자료에 의거해 확인해 보고자 하였다.

그 결과 '잠정적으로' 몇 가지 이론적 귀결점을 도출해 낼 수 있었다. 우선 불확실성과 위험 사회의 징후가 빠르게 퍼져 나가면서 동시에 그 어느 때보다 높은 도덕성이 요청되는 시대 상황에서, 기업 윤리의 강화 역시 전 지구적 차원에서 전개되어 가고 있으며 한국의 사기업 역시 이러한 시대 흐름에 발맞추어 보다 엄격한 기업 윤리의 정립과 그것의 준수 하에 기업을 영위해 나가고자 애쓰고 있다는 점이다. 이는 곧 '비윤리적 기업'이란 낙인이 찍힐 경우 기업 자체의 생존을 거의 어렵게 만드는 기업 환경이 우리 사회에도 빠르게 조성되어 가고 있음을 말해 준다.

둘째, 기업 윤리의 강화는 급속히 진행되고 있는 한국 사회의 민주화와 맞물려, 기업 운영의 혁신적인 변화, 즉 '경영의 투명성'을 강하게 요구하고 있으며, 이는 결국 의사소통 절차에 기초한 민주적인 경영 방식, 노사 간 협의적 운영 방식으로의 전환으로 이어질 것으로 예견된다. '경제 민주화' 그리고 '기업의 민주화' 이념[33]에 비추어, 경영에 대한 보다 철저한 감시와 견제, 다수의 피고용인으로서 일반 직원과 노동자의 권리 확보, 기업이 몸담고 영위되고 있는 기본적 활동 장場의 이해관계 당사자들 — 고객, 종업원, 지역 사회, 국가 등 — 에 대한 사회적 책임의 증대 등이 '불가피한 새로운 윤리적 규범'으로 정립될 수밖에 없으며, 이것의 현실적 작동은 자유롭고 평등한 의사소통에 기반한 노사 간 민주적 협의 운영 방식으로의 '규범적 제도화'에서만 가능하다는 점에서 그렇다. 또한 한국의 기업 현실 분석을 통해 드러나는, 노사 간 협력 문화의 강화와 피고용인으로서의 종업원들에 대한 경영 관련 정보 제공의 확대, 기업 운영 과정에의 노조 참여의 점진적 확산 등 의사소통적 절차에 기초한 투명한 민주적 기업 운영 방식이 활성화되어 가고 있는 점도 이 같은 예상을 긍정적으로 뒷받침해 주고 있다.

셋째, 오늘의 한국 기업들의 영위 양상은, 의사소통 절차에 기초한

---

33. 사적 기업들의 운영 방식이 어느 수준까지 민주화되고 있는가의 문제를 비판적으로 검토해 보고자 한다. 이러한 운영 방식의 검토에서 운영 방식은 노사 간의 합리적 · 민주적 의사소통의 확보 등을 포함하는 넓은 의미에서 사용하고자 한다. 따라서 이러한 비판적 검토는 기업의 운영 과정에서, 주요 정책 결정과 집행 과정에서 민주적이며 합리적인 의사소통 과정을 거쳐 이루어지고 있는가의 문제, 주요 기업 내 문제에 노사 간 정보 교류나 의사소통이 어느 수준까지 이루어지고 있는가의 문제 등이 당연히 포함되며, 이러한 분석을 토대로 하여 이러한 과정의 확보 및 실천이 두 가지 면에서 중요하다는 점을 밝혀 보고자 한다.

투명 경영이라는 새로운 기업 윤리를 일방적인 강제 의무로 마지못해 따라가거나 거부하기보다는, 그것이 이윤 창출의 새로운 통로이자 지속적인 이윤 확보를 위한 최적의 방안이라는 (기업 경영론적) 인식으로 이어지고 있음을 보여 주고 있다. 이는 기업의 '사적 이익'이 기업의 '사회적 책임'과 대립하기보다 궁극적으로 합치하고 있다는 점을 기업 관련 당사자들이 통찰하고 있음을 보여 주는 것이란 점에서 주목된다. 다시 말해 오늘의 한국 사회 내 사기업들은, 보다 수평적인 인간관계(노사 간, 사원 간, 부내 상하 간)와 합리적이며 민주적인 의사소통을 활성화하고 그에 의거하여 기업을 운영해 나가고자 시도하고 있다. 그렇게 하는 것만이, 한편으로 사회적 공익의 증대에 기여하고 국민에게 신뢰받는 윤리적 기업으로 자리하게 해주면서, 동시에 다른 한편으로 기업에게 더 많은 이윤을 안겨줄 수 있다는 사실을 인식하게 되었기 때문이다. 아울러 이 점은 한국 내 몇몇 대표적인 윤리 기업들의 사례 분석에서 확인되고 있다.

결국 이상의 내용을 정리하면, 현시점에서 의사소통 절차에 기초한 민주적이고 합리적인 노사 간 협의적 기업 운영 방식의 수용과 제도화는 오늘의 민주적 시대 상황에서 사기업이 당위적 차원에서 추구해야 할 기업 윤리의 핵심적 내용으로 점차 자리 잡아 가고 있으며, 동시에 이는 기업이 추구하는 목표, 즉 이윤 극대화를 위해서는 최선의 전략적 방안이 될 수밖에 없다는 점이다. 이런 한에서 기업의 사적 이익과 기업이 윤리적 차원에서 담당해야 할 공적 이익은 서로 대립되는 것이 아니라 합치되며 통일되는 것이다.

다만 이상과 같은 개괄적인 결론은 현시점에서 다분히 '제한적이고 잠정적인' 것이다. 따라서 이것이 보다 확증된 내용으로 자리 잡기 위해서는, 지금보다 훨씬 더 '엄밀한' 철학적 · 윤리적 논증 과정과 검증 과정이 추가되어야 할 것이다. 가령 기업을 운영하는 데 '불가침의 통제권'이 필수적이라고 믿는 기업 소유자와 경영자들이 여전히 다수를 차지하고 있으며,[34] 그러한 신념에 입각한 경영 방식을 통해 세계적인 유수 기업으로 성장하고 있는 기업이 '현실적으로 존재하고 있는' 한국의 현 상황에서, 의사소통 절차에 기초한 협의적 기업 경영의 기업 윤리화가 어느 정도 이론적 설득력을 갖추고 있으며 실천적으로 구현될 수 있는가는 더 많은 논의가 필요한 문제이다. 뿐만 아니라 이 글에서 전제한 예측에 부합하는 보다 설득력 있는 예증의 확보를 위해, 경험적 현실 분석 작업과 그 결과에 대한 검토가 한층 더 강화될 필요가 있다. 이 과정에서 특히 최근 신자유주의의 논리에 기초하여 기업의 자율성과 효율성이 강조되고 있는 한국적 현실과 관련하여, 기업의 '민주성'과 '효율성,' 양자 간의 상충과 조화, 합치의 문제에 대해서도 보다 심도 깊은 연구와 논의가 이루어져야 할 것이다.

---

34. P. Hirst, "From the Economic to the Political" (1997), 64-5쪽 참조.

3. 민주화 운동의 주체로서 시민 사회 단체의 내적 (지배)구조와 운영 방식

시민 단체 내부의 의사소통 절차에 관한 비판적 고찰

1. 머리말

80년대 군사 독재 체제에 항거하여 전개된 민주 항쟁의 중심적 형태였던 '민중 운동'[1]을 통해 '형식적 · 제도적 차원'에서 비약적인 민주화를 이루어낸 한국 사회는 이후 — 특히 87년 6월 항쟁을 전후하여 — 한편으로는 민중 운동의 지속적인 투쟁적 전개를 통해서, 다른 한편으로는 이것과 구분되는 — 그럼에도 민주화 운동의 중심적 역할을 새롭게 수행하게 된 — '시민운동'을 통해서 점진적인 '실질적 민주화'[2]를 구현해 나가고 있다.[3] 이는 정치 · 경제 · 문화 · 인권 · 환경 등 다양한 분야에서 상

---

[1] 민중 운동과 시민운동의 구분과 차이에 관해서는 원종찬, 「새로운 시대의 민중운동과 시민운동을 위하여」(1995) 참조.

[2] 여기서 말하는 '실질적 민주화'란 정치적 제도 차원의 민주화를 뛰어넘어 일상적 삶의 시평에서 개별 시민들의 (시민)의식 수준과 행위 양식을 통해 드러나는 '진정한 의미에서의 민주화'를 가리킨다. 여기에는 그러한 민주화를 구현하고자 시도되는 '시민운동'을 통해 이루어지는 — 각급 정부의 정치 행정 과정에 시민이 직접 참여하거나 각종 시민 조직 혹은 민간 기관의 공적 사회적 활동에 시민이 참여하여 활동하거나 영향을 미치는 — '시민 참여'의 제도화와 그에 따른 '참여 민주주의'의 구현도 당연히 포함된다. 문장순, 「참여민주주의와 시민 참여의 제도화」(1997), 311-4쪽 참조.

[3] 한국 사회에서 본격적인 시민운동의 활성화는 대체로 87년 6월 항쟁 이후이며, 89년 경제정의실천시민연합(경실련)의 결성과 더불어 그 영향력이 점차 확대되어 온 것으로 대체로

당한 정도의 가시적인 성과로 나타나고 있다.

하지만 구체적인 일상적 삶의 차원에서 개별 사회 성원들의 '민주적 시민 의식 수준과 행위 및 판단 양식'을 통해 드러나는 — 참된 의미에서의 민주주의의 구현 수준을 가늠케 해주는 — 실질적 민주화의 진척과 관련하여, 그러한 민주화에 역행하는 반대 징후를 보여 주는 실태가 '시민 사회'[4] 그리고 시민운동을 주도해 온 '시민운동 단체'[5] 내부에서 목도되고 있음도 부인할 수 없는 현실이다. 형식적 차원에서의 괄목할 만한 민주화의 진전에도 불구하고 공공적 시민 의식은, 사회 구조적 차원에서 학연·혈연·지연의 전근대적 사회 작동 기제에 의해 지배받고 있으며, 개별 행위(자) 차원에서 개인적·집단적 이기주의의 덫에 사로 잡혀 있는 실정이다. 공론 영역Öffentlichkeit 또한 독점적 언론 재벌들에 의해 조작·왜곡되어 있거나 오도되고 있다. 게다가 단기간에 급성장한 시민 단체들은 운동 초기에 보여 주었던 치열한 자기비판적·성찰적 의식 대신에, 중앙 집권적 수직 구조 하에 관료화, 거대화, 상업주의화, 명망가 중심화의 부정적인 양태를 드러내 보여 주고 있기도 하다.[6]

이러한 실태를 염두에 두면서 이 글은 이른바 '(형식적) 민주화 이후의 민주주의'[7] 시대 혹은 '(실질적) 민주주의로의 전환기'에, 다양한 분야에서 민주화를 선도해 나가고 있는 시민운동 단체들의 실상과 문제점을, '시민 단체의 내적 (지배)구조와 운영 방식'의 실상에 초점을 맞추어

보고 있다. 정태석·김호기·유팔무, 「한국의 시민사회와 민주주의의 전망」(1995), 281쪽; 유팔무, 「비정부사회운동단체(NGO)의 역사와 사회적 역할」(2001), 189-95쪽 참조.

4. '시민사회'와 '시민사회론'에 관한 보다 상세한 내용과 논의는 Walzer, M. (ed.), *Toward a Global Civil Society* (1998), 7-74쪽; 유팔무·김호기 엮음, 『시민사회와 시민운동』(1995) 참조.

5. 시민 단체는 시민운동 단체, 시민 사회 단체, 민간단체, NGO(비정부 기구), NPO(비영리 기구), CSO(시민 사회 단체), 제3섹터 등 다양한 이름으로 불리고 있다. 이에 관해서는 홍일표, 「한국 사회와 시민운동, 그리고 시민단체(NGO)」(2004), 320-1쪽; 정태석, 「시민사회와 NGO」(2000), 8-10쪽 참조.

6. 김성국, 「한국의 시민사회와 신사회운동」(2001), 50쪽 참조.

7. 최장집, 『민주화 이후의 민주주의』(2003), 17-38쪽 참조.

비판적으로 고찰해 보고자 한다. 동시에 이러한 작업을 통해 오늘의 변화된 시대적 상황 속에서 시민 단체들이 수행해야 할 새로운 역할과 과제를 비판적으로 규명해 볼 것이다. 이러한 글의 목표와 관련하여, 이 글에서 다룰 보다 구체적인 탐구 주제는 다음의 세 가지이다. 첫째로, 한국 사회의 민주화를 주도해 나가고 있는 시민 단체들의 의사 결정 및 운영 방식이 '아래로부터의' 자유롭고 평등한 대화 및 논의 과정을 통해 민주적으로 이루어지고 있는가를 비판적으로 검토해 보고자 한다. 이는 결국 시민운동과 관련된 주요 정책의 수립 및 추진 방식이 '위로부터 아래로의 일방적인 지시와 명령'이라는 비민주적인 절차를 통해, 소수의 집행부 수뇌들에 의해 결정되고 집행되고 있는 것은 아닌가 하는 점에 대한 비판적 확인 작업이 될 것이다. 다음으로 민주화 운동의 중심적 역할을 수행해 온 시민 사회 단체들이 ― 비록 일부 시민 단체에 한정된 것이라 할지라도 ― 현 집권 정치 세력과 긴밀한 유착 관계를 유지하는 가운데 그 자체 정치적으로 '권력화' 되어 가고 있는 실태를 비판적으로 추적해 봄으로써, 그러한 부정적인 현상의 근본 원인이 시민 단체 내부의 '민주적 의사소통 절차'가 온전히 확립되지 못한 결과, 시민 단체 구성원들 간의 치열한 '자기비판 및 자기 검열'이 제대로 이루어지지 못한 데에 있다는 점을 비판적으로 드러내 보이고자 한다. 끝으로 이 같은 비판적 고찰을 통해 이 땅의 민주화를 이룩하는 데 앞장서 온 시민 단체들이 '현 단계'에서 규범적이며 당위론적인 차원에서 '최우선적으로 추구해야 할 민주화 과제'는 내부 구성원들 사이의 상호 수평적 관계에 기초한 '민주적인 의사소통 절차의 활성화 및 제도화 그리고 그에 기초한 단체 운영 방식의 확립'에 있으며, 이러한 과제의 성취를 통해서만 권력 비판과 감시를 비롯하여 민주화 구현의 선도라는 막중한 역할이 주어져 있는 시민운동 단체 본연의 '존재 의미'와 '존립 근거'가 비로소 확보되고 유지될 수 있다는 점을 비판적으로 개진해 보고자 한다.

2. 민주화 도정에서 시민 사회 단체의 기여와 구조적 한계

1) 군사 독재 정권 및 권위주의 정치 체제의 타파와 사회 변혁적 민주화를 주된 목표로 설정하여 진행되었던 민주화 운동은 87년 6월 항쟁을 계기로 시민운동과 연계되어 그 폭과 영향력을 보다 더 확장시켜 왔다. 비록 반민주적 군사 독재 체제로부터 형식적 민주화로의 이행은 노태우 정권에 의한 권력 상층부로부터 '준準권위주의적 민주화'의 방식을 통해 진행되기는 했지만, 그럼에도 불구하고 자율적인 제도 정치 및 사회 운동 영역의 확장이라는 결과를 낳았다.[8] 동시에 이로부터 그 이전의 민중운동과 구분되는 시민운동이 본격적으로 전개되어 나가면서, 그것은 보다 진전된 민주화를 가능케 하는 운동, 즉 정치적 차원에 한정된 제도적 민주화의 수준을 넘어 '경제적 민주화'와 '문화적 민주화'를 포괄하는 보다 확대된 민주화 운동으로 자리 잡기에 이르렀다. 이처럼 보다 확장된 민주화 운동으로서 시민운동에는 여러 활동 주체들이 있었지만 단연 그 중심에는 시민 사회 단체가 자리하고 있었다.

그렇다면 80년대 후반부터 본격적으로 시도된 시민운동의 주도적 담당자로서 시민 단체는 반민주적 군사 독재 체제로부터 형식적 민주화를 이루어 내는 민주주의 이행기를 거쳐 '실질적 민주화'의 단계로의 발전적 전환을 이루어 나가는 과정에서 '어떠한 내용'의 핵심적 역할을 통해 민주화의 구현에 이제껏 기여해 왔는가?

이에 대해서는 여러 각도에서 다양한 답변이 주어질 수 있겠지만, 대략 세 가지로 답할 수 있다. 첫째, 다양한 유형의 시민 단체들은 형식적 · 실질적 민주화를 구현해 나가는 과정에서 국가 권력과 자본의 위력에 대한 지속적인 감시와 비판, 적절한 제어와 통어를 주도해 왔다는 점을 들

---

8. 조희연, 「한국의 민주주의와 사회운동의 전개」(2003), 296쪽.

수 있다. 다음으로, 시민 사회 단체들은 시민 사회의 활성화에 부합하여 일반 시민 대중의 이익뿐 아니라 공적 이익을 관철하려는 공공적 성격의 정책을 제안하고 그것이 채택·수립되도록 지속적으로 정부 및 여당에 요구해 왔으며, 공론의 힘을 통해 '정당한 압력'을 행사하면서[9] 그것을 제도화하는 데 앞장서 왔다는 점도 빼놓을 수 없다. 끝으로 시민 사회 단체들은 일반 시민들에 대한 '정치적 계몽'의 부단한 시도를 통해 시민 대중의 정치적 무관심을 일깨우고 정치 개혁의 중요성을 부각시키는 등[10] '민주적 시민 의식'을 고양시킴으로써 시민 사회를 보다 민주적으로 조직화하는 데 크게 이바지해 왔다는 점도 평가해 주어야 할 주요 대목이다.[11]

이 가운데 특히 정부·여당을 비롯한 정치권력과 대기업의 자본력을 위시한 시장 권력에 대한 시민 사회 단체의 끈질긴 감시와 비판, 공론을 통한 지속적인 영향력의 행사 등은 형식적 민주화 이후의 민주주의 시대에 시민 단체의 '존립의 의미와 필요성'을 여실히 보여 준 대목이라 할 것이다. 적어도 이 점이야말로 실질적 민주화의 완결을 추구하는 '민주화 운동'의 일환으로서 시민운동을 해석할 수 있도록 그 계기를 부여해 주고 있을 뿐 아니라 시민 단체가 그러한 새로운 형태의 민주화 운동의 중심적 주체이자 담지자로서의 자격 조건을 충족시키고 있다는 사실에 대해 명쾌한 해명을 제시해 주고 있기 때문이다. 요컨대 시민 단체들은 정치 개혁을 비롯하여 경제 정의, 환경 보호, 여권 신장, 교육 혁신, 공직 윤리 확립 등 전全 사회 부문에 걸친 다양한 문제들을 공론화하고 그에 대한 해결책 내지 대안 제시를 통한 '실천적 시민운동'을 주도함으로

---

9. 이는 이른바 '영향력의 정치politics of influence'를 가리킨다. J. L. Cohen/A. Arato, *Civil Society and Political Theory* (1995), 504쪽.

10. 이에 대한 가장 대표적인 시민운동으로는 '총선연대의 활동'을 들 수 있다. 김호기, 『한국의 시민사회: 현실과 유토피아 사이에서』(2001), 198-9쪽 참조.

11. 유팔무, 「비정부사회운동단체(NGO)의 역사와 사회적 역할」(2001), 225쪽; 김호기, 『한국의 시민사회: 현실과 유토피아 사이에서』(2001), 66쪽 참조.

써 실질적 민주화에로의 전환을 가속화하면서 '절차적 민주주의' 및 '참여 민주주의'[12]의 사회적 기반을 확고히 다지는 데 진력해 왔다는 점에서, 그 기여와 의의는 평가받아 마땅하다.

물론 비정부 조직인 시민 단체들이 주도하고 있는 시민운동은 기존의 — 민중 운동으로서 — 민주화 운동이 보여 주었던, 물리적 힘이 수반된 무력 투쟁이나 격렬한 시위와 같은 양상과는 거리가 먼, 법의 테두리 내에서의 '사회 개혁적 민주화 운동' 이다. 그렇지만 이처럼 언론을 통한 공론의 형성과 이에 의거하여 정부의 주요 정책 수립 과정에 압력을 가하는 '여론의 정치' 와 의사 결정 과정에 직접 참여함으로써 시민 다수의 의지를 관철하는 집단행동으로서의 '행동의 정치' 라는 두 가지 운동 방식이 거둔 민주화 성과는 자못 크다 하겠다.[13]

게다가 합법적인 양태로 개진된, 정부와 대기업의 활동에 대한 비판적 감시와 그에 의거한 구체적인 시정과 개혁의 요구는 과거 민중 운동에서 취했던 운동 방식에 비해 정부 및 기업의 입장에서 보다 수용 가능할 뿐 아니라 시정 가능한 것이었으며, 이런 한에서 시민 사회 단체들이 주도한 민주화 운동으로서의 시민운동이 거둔 가시적 성과는 — 비록 그 규모와 범위는 작을 수 있지만 — 민주화의 '구체적' 인 실현과 진척 정도, 민주화의 '실질적인' 내용의 수준에 있어서 놀라운 것이었다. 가령 시민운동 단체들은 사회 성원들의 이해관계와 첨예하게 맞물려 있는, 정

---

12. 절차적 민주주의와 이를 강조하는 '심의 정치 이론' 에 관해서는 J. Bohman/W. Rehg (eds.), *Deliberative Democracy* (1997), ix-xxx쪽; S. Benhabib (ed.), *Democracy and Difference* (1996), 67-135쪽 참조. 그리고 '대의 민주주의' 의 한계를 넘어서고자 제안된 '참여 민주주의' 의 근본 특성에 관해서는 문장순, 「참여민주주의와 시민 참여의 제도화」 (1997), 305-16쪽; 김호기, 『한국의 시민사회: 현실과 유토피아 사이에서』(2001), 81-3쪽; B. R. Barber, *Strong Democracy* (1984), 119-62쪽 참조. 아울러 하버마스의 '심의 민주주의deliberative Demokratie' 모델을 참여 민주주의의 구현 기획으로 해석하려는 입장은 윤형식, 「토의민주주의와 시민사회」(2002) 참조.

13. 김호기, 『한국의 시민사회: 현실과 유토피아 사이에서』(2001), 100-1쪽 참조. 이에 따르면 '금융 실명제 실시' 와 '동강 살리기 운동' 은 여론의 정치의 성과물이며, '소액 주주 운동' 이나 '국감 모니터 활동의 활성화' 는 행동의 정치의 결과물이다.

부의 특정 정책에 대한 비판적 대안을 제안하거나 혹은 '입법 청원' 등의 방법을 통해 시민 대중의 '구체적인' 이익을 대변하고 이를 실현시키는 데 주력함으로써 과거 '민중 운동 단체'들이 소홀히 다루거나 단지 형식적인 주장이나 선언을 통해 추상적인 차원에서 대변하는 데 그쳤던 일반 시민들의 권리와 자유, 이해관계를 보장하고 구현하는 데 실제적인 효과를 거두었다. 이는 민중 운동이 적절히 대응하지 못했던 사회적 문제들, 요컨대 사회 운동의 '틈새'를 새로운 시민운동이 공략함으로써 얻은 민주화의 성과였다.[14] 이런 면에서 시민 단체들이 주도한 시민운동은 일상적 삶의 차원에서의 '시민 참여에 기초한 진정한 민주주의'를 실현하고 공고히 하기 위한 '시민 사회의 민주화'[15] 운동의 성격을 지닌 것이었다고 평가할 수 있다.

2) 한국 사회의 실질적 민주화를 진척시키는 데 주도적인 역할을 수행해 온 시민 단체에 대한 일반 시민들의 '전폭적인 지지와 동조'는 무엇보다 시민 단체가 사적인 혹은 특수한 집단적 이해관계를 좇기보다는 공적 이익을 최우선적으로 추구하고 그것의 실현을 위해 활동하고 있다는 '믿음'에 의거한다. 그러기에 한국 사회에서 시민 사회 단체에 대한 일반 시민들의 신뢰는 그 어떤 결사체에 대한 믿음보다 높다. 가령 '동아시아연구센터'의 설문 조사에 의하면, "귀하는 다음 각종 사회제도, 기관과 공공서비스, 시민사회단체를 얼마나 신뢰하십니까?"라는 질문에 대해, 소득 수순에 상관없이 시민운동 단체에 대해서는 거의 80% 이상의 시민이 '신뢰'할 수 있디고 대답하고 있다.[16]

그렇다면 이러한 압도적인 신뢰와 지지는 어디에서 기인하는가? 그

---

14. 조희연, 「한국의 민주주의와 사회운동의 전개」(2003), 297쪽.
15. 김호기, 『한국의 시민사회: 현실과 유토피아 사이에서』(2001), 215쪽 참조. 이러한 시민 사회의 민주화를 가리키는 개념으로서 '사회 민주화'에 대한 보다 상세한 논의로는 정철희, 「문화변동과 사회민주화」(1997) 참조.
16. 동아시아연구센터, 『설문 조사 분석 자료(3년차): 한국』(2005), 74쪽 참조.

것은 아마도 시민 단체가 높은 도덕성을 바탕으로 '민주적이며 투명한 내적 지배 구조internal governance'를 확보하고 있으며, 상호 견제와 비판적 균형에 입각한 '민주적 절차'에 따라 운영되고 있을 것이라는 일반 시민 대중의 기대와 믿음일 것이다.[17] 당연히 정부나 자본의 힘에 대한 일반 시민들의 불신과 실망이 '상대적'으로 시민 사회 단체에 대한 '높은 도덕적 기대치'로 작용하고 있을 것이라는 점도 유의해야 할 부분이다.

그러나 본질적인 문제는 이러한 절대적인 신뢰와 기대에 걸맞게, 그간 한국 사회의 (실질적) 민주화와 함께 참여 민주주의 및 절차적 민주주의를 정착시키는 데 주된 역할을 수행해 온 시민 사회 단체들의 '내부 의사 결정 과정'이나 '내적 (지배)구조'가 — 자발적으로 참여한 일반 시민들을 포함하여 — 시민 단체 성원들 간의 수평적인 인간관계에 기초한, 투명하며 열린 민주적 의사소통 절차로 조직화되어 있는가 하는 점이다. 물론 시민 단체 전체의 차원에서, 대다수 시민 단체들은 현존하는 그 어떤 공식적 혹은 비공식적 조직(체)들에 비해 높은 '도덕성과 민주성, 책임성'을 담보하고 있다고 판단된다. 하지만 시민 단체가 출현하기 시작한 초창기부터 본격적으로 활동하고 있는 현재에 이르기까지 시민 사회 단체 자체의 '부도덕성'과 '비민주성'을 엿보게 하는 현상들 또한 — 간헐적으로 혹은 최근 들어 좀 더 빈번하게 — 목도되고 있음은 부인할 수 없는 사실이다.[18] 특히 비민주적인 특성과 관련해서 보면, 시민 단체의 규모가 점차 확대되고 시민운동의 이념에 동의하는 시민들이 광범위하게 '회원'으로 참여할 수 있는 환경이 조성되고 있는 현실에 부합하여, 시민

---

17. 김준기, 「한국 시민사회의 내부 지배 구조 개선 방안에 관한 연구」(2004), 592쪽 참조.
18. 이와 관련하여 김준기는 "지난 녹색연합의 장원 사무총장의 구속 사건, 대한부인회의 뇌물 수수 사건, 구미총선연대의 사무국장의 뇌물 수수 사건, 그리고 최근에는 총선연대 참여 단체들의 정부 보조금 수령 사실 등은 NGO 부문이 기존에 갖고 있던 높은 도덕성과 신뢰성에 치명적인 오점으로 작용하였으며 많은 사회적 논란을 불러일으켰다"고 비판적으로 지적하고 있다. 김준기, 「한국 시민사회의 내부 지배 구조 개선 방안에 관한 연구」(2004), 593쪽.

단체 역시 '조직 내 민주주의'를 구현하기 위해 총회와 상임집행위원회 등의 제도적 장치를 마련해 놓고는 있지만, 실제로는 많은 경우에 일반 회원들의 참여가 저조한 까닭에 운동 조직의 지도부가 의사 결정 과정에서 커다란 영향력을 행사하는 '비민주적인 실태'가 보다 더 확연히 드러나고 있는 실정이다.[19] 이 같은 사실은 시민 참여에 바탕을 둔 열린 민주 사회를 구현하고자 시도하는 시민 사회 단체에 있어서 그 내부의 의사소통 절차와 그에 기초해 구조화된 내부 조직을 비판적으로 검토해 볼 필요성이 있음을 말해 준다. 이는 이중의 의미를 갖는다. 그 하나는 실질적 민주화의 구현 과제를 수행하는 시민 단체에게는 그 자체의 치열한 '자기 검열과 자기비판'이 필수적으로 요구된다는 점을 확인해 보는 것이며, 다른 하나는 정부나 시장(대기업) 못지않게 시민 사회 단체 자체에 대해서도 치열한 감시와 비판이 지속적으로 철저하게 이루어져야 한다는 점을 규명해 보는 것이다.

이와 관련하여 이 글은 시민 단체의 '투명성과 민주성'에 관한 일반 시민들의 신뢰 저하의 주된 원인을, 시민 단체 내부의 기본 조직과 의사 결정 과정이 여전히 수직적이며 권위주의적인 '비민주적 절차'에 그 토대를 두고 형성되어 있다는 점에서 찾고자 한다. 동시에 이는 일상적 삶의 차원에서 개별 시민의 의식 구조 및 행위 양식을 통해 궁극적으로 확인해 볼 수 있는 실질적 민주주의의 근본 형식으로서 '민주적 의사소통 절차'가 아직껏 시민 단체 내부의 '의사 결정 및 운영 방식의 제도화된 구조'로서 확립되어 있지 않다는 사실을 비판적으로 지적하려는 것이다. 그리고 이로부터 '평등한 정보 공유에 기초한 회원들 간의 자유로운 토론을 통한 의사 결정 및 정책 수립이라는 일련의 민주적 의사소통 절차의 공식화 및 제도화'의 과제야말로 '참된 의미에서의 민주 사회'의 건립을 위해 전력을 기울여야 할 시민운동 단체가 최우선적으로 추진해야

---

19. 정수복, 『시민 의식과 시민 참여』(2002), 100쪽.

할 민주화 과제라는 입론을 개진해 보려는 것이다.

3. 시민 단체 내부의 '의사 결정 과정 및 운영 방식'의 구조적 한계 실태

1) 아래로부터의 자발적인 참여에 기초한 민주주의적 의사소통 절차의 미 구현

(1) 한국 사회의 민주화 및 탈권위주의화를 진척시키는 데 있어서 커다란 역할을 수행해 온 시민운동 단체는 그 혁혁한 기여와 공헌에도 불구하고 그 내재적 한계와 문제점을 지속적으로 노정해 왔다. 그중 특히 결정적인 것은, 실질적 민주화를 이루어 나가는 도정에서 ─ 다양한 형태의 시민 사회 단체들이 참여 민주주의 및 절차적 민주주의의 토대를 다지는 데 상당 정도 기여했지만 ─ 정작 시민 단체 내부의 '정책 수립 및 추진 방안의 결정과 관련된 일련의 합의 도출 과정'을 회원들의 자발적인 참여와 그에 기초한 자유롭고 평등한 민주적 의사소통 절차를 통한 동의 및 합의 도출 과정으로서 정립해 내는 과제를 소홀히 처리했다는 사실이다.

주지하다시피 현실 제도권 정치에 대한 시민 단체들의 적극적인 비판적 참여는 한국 사회의 정치적 민주화의 정도를 한층 높여 주는 긍정적인 결과를 가져왔다. 그 단적인 예가, 지난 2000년 16대 총선 기간 중 다수의 시민 단체들이 연대하여 결성한 '총선시민연대'가 주도했던 '낙천·낙선 운동'이었다. 이러한 총선시민연대의 활동은 수많은 시민들의 뜨거운 반응과 호응을 불러일으켰으며, '일반 시민들 위에 정치인이 군림하고 있다'는 인식으로부터 '정치인의 정치 생명은 일반 시민들의 준엄한 판단과 심판, 투표에 의해 결정된다'는 정치적 자각으로의 혁명적 전환을 알려주는, 그야말로 '모든 사람이 국가의 주인'이라는 '민주주의 民主主義'의 함의를 여지없이 확인시켜 준 쾌거였다. '국민의 정부' 이후 두드러지게 나타난 현상으로서 '정부와 시민 단체의 파트너십에 의한 시민 단체의 정책 결정 과정 참여 유형인 거버넌스 형성'[20] 역시 참여 민주주의의 진면목을 생생히 보여 주는 대목이었다. 이는 인권위원회나 부패방지위원회, 노사정위원회 등 정부에서 운영하는 다양한 유형의 위원회에 시민 단체가 참여하여 주요 사안이 결정되고 집행되는 데 직접 관여하고 있다는 사실을 말해 주는 것으로서, 위로부터 이루어지는 '국가 주도의 민주화'가 아니라 아래로부터 '개별 시민들과 시민 단체들에 의한, 자율적이며 주도적인 정치 참여와 민주적 의사소통 절차를 통한 정책 결정'이라는 '참여 민주주의적 성과'를 이루어 낸 것이란 점에서 충분히 평가받을 만한 것이다. 요컨대 기존의 국가 주도의 정당 정치에서 드러난 관료주의, 권위주의, 중앙 집권주의가 공론 영역과 시민 사회의 영역을 축소시켰다면,[21] 시민운동 단체를 중심으로 전개된 '새로운 사회 운동'은 탈관료주의, 탈권위주의, 탈중앙집권주의로 집약되는 구체적이며 실질적인 내용의 민주화를 이룩해 왔던 것이다.

하지만 사회 모든 분야에서 이루어진 민주화의 성과에 대한 시민 단체의 기여와 역할에도 불구하고, 그러한 민주화를 주도해 온 시민 단체 내부의 '조직 및 운영 방식'은 대체로 그와는 '상반되는 경향성'[22]을 보여 왔다. 그러한 부정적인 경향성의 단면을 보여 주는 실례 중의 하나가, 시민운동 단체의 내적 (지배)구조가 주로 '소수의 엘리트 중심'으로 편

---

20. 차명제, 「지구화 시대의 한국 시민사회의 역할과 과제」(2003), 141쪽.
21. 김호기, 「신사회운동과 한국의 시민운동」(2003), 81-2쪽 참조.
22. '경향성'은 '필연성'과 상호 구분된다. 그런 한에서 우리 사회의 시민 단체들에 있어서, 그 내적 지배 구조와 운영 방식이 보다 '민주적인 의사소통 절차'에 의거하여 이루어지는 경우도 존재한다. 그 대표적인 예가 최근 새롭게 출현한 시민 단체인 '함께하는 시민행동'이다. 이에 관해서는 김준기, 「한국 시민사회의 내부 지배 구조 개선 방안에 관한 연구」(2004), 621-3쪽 참조.

제되어 운영되어 왔다는 점이다.[23] 이는 궁극적으로 전문가·지식인 중심의 위로부터의 '과두제적 지배 구조'로 고착화되며,[24] 그에 따라 지도부와 일반 회원 간의 상호 수평적 관계에 입각한 '쌍방향적' 의사소통 구조 대신에, 상층부로부터 하층부로 '일방적인 지시와 명령이 하달되는 수직적 위계 조직'이 구축된다. 가령 선도적인 시민 사회 단체의 하나인 '경제정의실천시민연합(경실련)'의 경우만 해도, 주요 임원은 법조계와 대학 교수, 종교계 인사가 주축이 되고 있는 바,[25]이는 시민 단체의 활동이 시민들의 자발적인 폭넓은 참여를 바탕으로 이루어지기보다는 여전히 소수의 전문가 혹은 명망가 중심으로 이루어지고 있으며[26] 단체 회원들 간의 민주적인 의사소통이 제대로 작동되고 있지 않음을 말해 준다. 이와 함께 시민 단체의 '자원 동원' 과정 또한 전근대적인 '연고주의적 토대'에 기초하고 있다는 점도 적잖은 문제인데, 특히 시민 단체의 핵심 활동가의 충원 과정에도 이 같은 '연고주의적 동원' 방식이 뿌리 깊게 자리하고 있다는 사실은 심각하게 지적되어야 할 대목이 아닐 수 없다.[27]

물론 한국 사회에서 시민 단체가 출현하여 지금처럼 활발히 활동하

---

23. 송호근, 「신사회운동 참여자 분석」(1998), 53쪽. 이와 관련하여 김성국은 다음과 같이 언급하고 있다: "운동단체의 운영은 소수의 운동 독재가에 의해서 장기적으로 독점되거나, 사당화하는 경향을 보여주고 있기도 한다." 김성국, 「한국의 시민사회와 신사회 운동」(2001), 97쪽.
24. 유석춘·김용민, 「한국 시민단체의 목적전치: 경실련과 참여연대를 중심으로」(2000), 18-9쪽.
25. 이 점은 2006년 1월 현재, 경실련의 임원 현황에서도 그대로 드러난다. 경실련의 '조직도 및 임원 현황'에 관해서는 경실련 홈페이지(www.ccje.or.kr) 참조.
26. 이 점에 관한 보다 상세한 비판적 논의로는 유석춘·김용민, 「한국 시민단체의 목적전치: 경실련과 참여연대를 중심으로」(2000), 18-20쪽 참조.
27. 송호근, 「신사회운동 참여자 분석」(1998), 46쪽 참조. 이에 비해 서구 사회에서는 '인지적 동원cognitive mobilization'이 자원 동원 방식의 주류를 이루고 있다. 교육 정도와 사회 참여 의식이 높은 시민들이 새로운 사회적 문제에 대해 이전과 다른 대안을 갖고 정치적 토론 등을 통해 사회 운동에 참여하게 된다는 의미의 인지적 동원에 관한 상세한 내용은 R. Inglehart, "Values, Ideology, and Cognitive Mobilization in New Social Movements"(1990), 43-66쪽 참조.

게 된 기간이 그리 오래되지 않았으며, 아울러 단기간 내에 시민운동을 활성화하고 사회 전반의 민주화를 진척시키는 과정에서 소수의 전문가 중심의 운영 방식은 그 나름의 불가피한 측면이 있었다는 일부의 주장은 어느 정도 수긍할 만한 여지가 있다.[28]

하지만 그럼에도 불구하고 이는 일차적으로 다양한 관심과 문제의 식을 지닌 '자각된 시민'들의 시민운동 단체 내로의 능동적인 참여를 저해하는 주된 원인으로 작용하고 있으며, 그 결과 시민운동의 기반을 사회 내에 보다 확대하고 심화하는 작업에 걸림돌이 되고 있다. 물론 여기에는 시민들을 단지 '동원의 대상'으로 바라보는 일부 시민 단체의 '무반성적 · 관습적 시각'도 한몫 거들고 있다.[29] 한편, 이처럼 소수의 전문가나 명망가, 인지도 높은 시민운동가를 중심으로 시민 사회 단체가 조직화되고 운영될 경우, 시민운동의 추진을 통한 민주화 성과나 시민 대중의 이익 증대에 부합하는 가시적인 결과물, 나아가 시민 사회 단체 자체가 소위 '시민 단체 지도자들'의 현실 정치 참여를 위한 통로나 수단으로 전용될 위험성이 크다는 점도 특별히 유념해야 한다. 만약 그러한 경우가 현실화된다면, 시민 사회 단체는 소수의 소위 주도적 활동가나 지도자들이 특정한 정치적 · 경제적 권력과 결탁하여 공적 이익 대신 특수한 개인적 · 집단적 이익을 추구함으로써 '사당화私黨化' 내지 '이익집단화'할 가능성이 높아지며, 그 결과 시민 단체는 자신에게 주어진 본연의 역할과 책임을 방기한 채 왜곡된 역할을 수행하게 될 공산이 크기 때문이다.

(2) 시민 사회 단체의 의사 결정 및 운영 방식이 소수의 상층부에 의해 일방적으로 주도되는 상황에서 야기되는 보다 치명적인 난점은, 시민 단체

---

28. 이 점에 관해서는 권해수, 「시민단체의 조직화 과정과 정책변화에 대한 영향력 비교 연구」(1999), 338-9쪽 참조.
29. 송호근, 「신사회운동 참여자 분석」(1998), 53쪽.

내부의 '비민주적 의사 결정 과정의 관행화' 가 이루어지면서 시민 단체의 내적 지배 구조가 '관료적 조직' 으로 전환·고착화된다는 점이다.[30] 그리고 그 결과로서, 시민운동 단체는 집행부의 소수 인사들에 의해 주요 정책과 방안이 결정된 후 이에 의거해 아래로의 일방적인 지시와 명령, 지침이 전달되는 방식, 곧 특정한 목표의 달성을 위한 효율적이며 (목적)합리적인 지시 체계로 편제된 '관료적 결정 및 집행 절차' 를 통해 작동해 나가게 된다.[31] 이러한 문제점은 세계 각국의 시민 단체뿐 아니라 한국 사회의 대다수 시민 단체들에서도 집행 기구인 '사무국의 비대화와 사무총장 중심주의라는 과두제적 경향' 과 '상근자 조직의 관료화 현상' 으로 드러나고 있으며, 그에 따라 모든 주요 결정은 상임집행위원회나 사무국에서 이루어지는 '중앙 집권적 의사 결정 구조' 를 보이고 있는 실정이다.[32]

이러한 한계는 기존의 시민 단체들의 비민주적 조직과 운영 방식을 비판적으로 성찰하고 그 한계를 성공적으로 극복함으로써 그 어떤 시민 단체보다도 '민주적으로 조직화되어 운영되고' 있다고 평가받고 있는 '참여연대' 의 경우에도 여전히 잔존해 있다. 이를 김준기는 '민주적 절차' 의 측면에서 드러나는 난점에 초점을 맞추어 다음과 같이 적시하고 있다. "첫째, 총회의 기능이 형식적이어서 총회에 의한 운영위원회의 구성이 정통성이 부족하고 회원의 대표성을 적절히 반영하지 못하는 점,

---

30. 이에 관한 자세한 내용은 김성국, 「한국의 시민사회와 신사회운동」(2001), 96-8쪽 참조.

31. 김준기에 의하면, '대변형 시민단체Policy Influence NGO' 의 경우에 '논의나 안건의 발언 주도' 가 사무총장과 상근 직원을 중심으로 이루어지는 비율은 70%를 넘어서고 있는 반면에, 운영위원이나 이사들에 의해 모임이 주도된다는 응답은 전체의 15%에 머물고 있는 바, 이러한 사실을 고려할 때, 시민 사회 단체들은 상당히 '집권화된 의사 결정 과정' 을 보이고 있다. 김준기, 「한국 시민사회의 내부 지배 구조 개선 방안에 관한 연구」(2004), 611-2쪽 참조.

32. 유홍림, 「한국 NGO 리더쉽의 문화이론적 분석」(2001), 16쪽. 아울러 그로 인해 시민단체의 규약 또는 정관에서 최고 기구라고 규정하고 있는 '총회' 는 단지 상징적 기능과 함께 지도부에게 정통성을 제공해 주는 명목적 기능을 수행하고 있을 뿐이다. 유홍림, 같은 글, 16쪽 참조.

둘째로 집행위원회 위원 및 다른 집행 인력들이 구성되고 이들이 당연직으로 운영위원회에 참여하고 선출직 운영위원회가 추가적으로 합류하는 점이다. 따라서 선 의결기관 구성-후 집행기구 구성의 순서라기보다는 선 집행기구 구성-후 의결기관 구성의 순이라고 보는 것이 더 적절하다. 이는 의원 내각제의 정부 구성과 거꾸로 집행부의 구성이 먼저이고, 의결기관의 구성이 후차적인 과정을 갖게 됨으로써 의결기관이 집행부를 견제할 수 있는 기능이 태생적으로 제약받게 된다."[33] 참여연대의 사정이 이렇다면, 결국 '민주적 자율성'의 확보라는 과제를 완수하기 위해 선도적인 역할을 수행해 온 대다수 시민운동 단체들은, 정작 자체의 내적 구조는 조직적 효율성의 증대에 초점을 맞춘 관료적 위계질서 체제에 입각하여 운영되고 있는 셈이다.

물론 이처럼 시민운동 단체가 '민주성 및 절차적 합리성'보다, '효율성과 도구적 합리성'에 의존하게 된 이유 — 따라서 보다 경제적이며 능률적인 관료적 조직으로 편제된 이유 — 를 한국적 정치 현실에서 찾고자 하는 분석도 있다. 가령 90년대 들어 시민운동의 활성화와 더불어 한국의 민주화를 선도해 온 시민 단체들의 내부 조직과 의사 결정 구조가 강력한 국가 권력 그것도 비민주적인 군사 독재 권력에 맞서 투쟁하기 위해서는 보다 조직적이며 효율적인 형태를 취할 수밖에 없었다는 입장을 차명제는 다음과 같이 피력하고 있다. "한국의 NGO들의 강력한 조직과 강한 정치적 성향은 90년대 이전 한국 국가의 성격이 매우 억압적이고 권위적이어서 이에 대한 저항운동도 조직적이고 격렬할 수밖에 없었기 때문이다. 숭앙의 권력에 대해 효과적으로 대항하기 위해서는 결국 이 적대세력에 상응하는 조직력과 물리력, 그리고 동원력이 있어야 했다."[34]

하지만 시민운동이 전개되었던 초기 상황이 그렇다고 해서, 형식적

---

33. 김준기, 「한국 시민사회의 내부 지배 구조 개선 방안에 관한 연구」(2004), 620쪽.
34. 차명제, 「NGO들의 활동 분야와 유형」(2004), 28쪽.

민주화로부터 실질적 민주화로의 전환이 이루어지고 있는 오늘의 시점에서도 시민 단체의 '내부 의사 결정 과정'이 그처럼 '위로부터의 소수에 의한 결정과 지시 및 통제 중심의 효율적·관료적 조직'으로 구조화되어 있는 것이 정당화될 수 있는 것은 결코 아니다. 게다가 그러한 실태는 시민운동 단체로 하여금 '진정한 의미'에서의 민주 사회를 구현함에 있어서 중심적인 역할을 더 이상 수행할 수 없게 할 만큼 심각한 난점들을 불러일으킬 수 있다. 그런 한에서 지금의 민주주의 발전 단계에서 시민 단체들에게는 자체의 내적 구조의 근본적인 재편, 그것도 민주적 의사소통 절차에 기초한 의사 결정 방식 및 운영 방식으로의 근본적인 재구성이 요구된다. 특히 시민운동 단체 자체에 대한 사회적 차원에서의 '감시의 눈초리'가 제대로 작동하고 있지 않은 한국적 상황에서, 시민 단체의 활동에 관한 비판적 제어와 감시는 궁극적으로 시민 단체 내의 '자유로운 상호 비판과 합리적 검열'이 가능한 '아래로부터의 열린 민주적 의사소통 절차 과정'에서 확보되는 것이 가장 이상적이라는 점에서도, 시민 단체 내부의 의사 결정 구조의 철저한 비판적 재구성이 요구된다.

현시점에서 이 같은 필수적 요구 사항이 제대로 수용되어 관철되지 못한다면, 향후 시민 단체에 대한 일반 시민들의 '전폭적인 신뢰'는 급속히 하락될 것이며 급기야 '전면적인 불신'으로 귀결될 것이다. 한마디로 민주화 운동의 핵심적 주체로서의 시민운동 단체의 존립 기반을 무너뜨리는 결과로 이어질 것이다. 왜냐하면 '실질적 민주화가 구현된 사회 체제의 정립'을 목표로 민주화 운동을 주도하고 있는 시민 단체가 정작 자체의 (지배)구조와 운영 방식을 민주적 의사소통 절차에 기초하여 조직화하지 못한다면, 이는 정치적 혹은 경제적 권력에 의해 자행되는 반민주적 처사나 권위주의적인 비민주적 행태 등에 관한 시민 단체의 정당한 비판 제기가 원천적으로 불가능할 뿐 아니라 규범적 차원에서 사회 비판을 제기할 수 있는 자격 조건을 충분히 갖추고 있지 못하다는 점을 스스로 자인하는 꼴이 될 것이기 때문이다. 결국 이러한 사실이 말해 주는 바는, 시민 단체의 내적 민주화가 선행되지 않고서는 시민운동 단체에 부과된 본래의 역할뿐 아니라 나아가 시민 사회 단체 자체의 존립과 활동 목표가 위기에 봉착할 수 있다는 점이다.[35]

결론적으로 일상적 삶의 민주화와 시민 참여 및 민주적 시민 의식의 형성 수준을 통해 그 '구현 가능성'을 가늠해 볼 수 있는 실질적 민주화를 향해 나가고 있는 한국적 현실에서, 그간 주도적인 역할을 수행해 온 시민 단체는 '단체 외적 민주화'를 추진시켜 온 성과에도 불구하고 그 '단체 내적 구조'는 ― 수평적 인간관계에 기초한 의사소통 절차를 통해 정책 목표의 수립과 추진 방식이 결정되기보다는 ― 수직적 지배 구조를 통해 위로부터 하달되는 명령과 지시에 기초한 효율적인 방식으로 운영되어 왔던 것이다. 이는 '사회 구조의 차원'에서 참여 민주주의와 절차적 민주주의의 구현을 추진해 나가는 중심적 활동 주체로서 시민 사회 단체가 '단체 내적 구조 차원'에서의 절차적 민주화는 제대로 실현하고 있지 못하다는 사실을 말해 준다. 이러한 시민 단체의 실태는 아래로부터 시민들의 자율적·적극적 참여를 불러일으키는 데 결정적인 저해 요인으로 작용할 뿐 아니라 결과적으로 시민 단체의 정책 결정 및 추진 방식이 소수 엘리트 및 전문가 집단을 중심으로 작동하는 '비민주적·비의사소통적인 효율적 의사 결정 과정'에 더욱더 의존하는 사태를 초래할 것이다.[36]

2) 시민 단체와 정치권력 간 유착 문제의 근본 원인: 시민 단체 내부의 자기비판 및 감시 기제로서 열린 의사소통 절차의 미 확립

(1) 시민운동 단체에 대한 신뢰 저하를 초래하는 또 다른 징후는 정치권

---

35. 유석춘·김용민, 「한국 시민단체의 목적전치: 경실련과 참여연대를 중심으로」(2000), 26쪽.
36. 김성국, 「한국의 시민사회와 신사회운동」(2001), 97쪽 참조.

력과 긴밀한 공생적 관계를 유지하거나 집권 정치 세력과의 유착 혹은 밀착 관계를 보여 주는 대목에서 또한 찾을 수 있다. '시민 단체·정부 간의 원만한 협조적 관계'가 '무조건적으로' 비판의 대상이 될 수 없음은 분명하다. 왜냐하면 그러한 상호 협조적 관계가 집권 정치 세력에 대한 견제와 감시, 비판에 기초하여 이루어진 것일 수도 있기 때문이다. 아울러 또 다른 관점에서 보면, 시민 단체의 시민운동가들이 집권 여당이나 정부에 참여하여 실제로 주요 정책의 수립과 추진 과정에 참여함으로써 보다 참여 민주적이며 열린 민주주의를 구현하는 데 공헌할 수 있다는 점에서 무턱대고 '삐딱하게만 볼 것'은 아니라고 판단된다.

하지만 이처럼 긍정적으로 보아 넘기기에는 '다소간' 혹은 '상당 정도' 미심쩍은 대목들이 점차 늘어 가고 있다는 점도 부인할 수 없는 사실이다. 시민 단체의 존립 여부를 결정짓는 요인들 가운데 핵심적인 것은 정치권력이나 대기업의 자본력에 대한 예리한 비판적 시각과 번득이는 감시의 눈초리다. 이를 위해서는 비판의 대상에 대한 일정한 '비판적 거리두기'가 필수다. 나름의 타당한 근거와 이유가 있는 경우라 해도, 지나칠 만큼 정부와 밀착된 관계를 유지하는 것은 국가 권력에 대한 정당한 비판을 제기하기 위해 우선적으로 요구되는 (국가 권력에 대한) '객관적 인식의 토대'마저 침해할 가능성이 크다. 나아가 이는 궁극적으로 시민 사회 단체들이 전력을 다해 수행해 온 민주화 운동으로서 시민운동의 주요 성과 가운데 하나인 국가 권력 및 재벌 권력에 대한 비판적 감시망의 구축을 스스로 무너뜨리는 처사로 이어질 공산이 크다.

사정이 이러함에도 불구하고 시민운동 단체와 집권 세력 간의 밀착 관계는 시민운동의 지속적 추진을 통해 형식적 차원에서 민주화가 급속도로 이루어지던 '문민정부' 시절에 이미 목도된다. 가령 당시 가장 주도적인 시민 사회 단체의 위치를 차지하고 있던 '경실련'은 경제 정의를 비롯한 숱한 사회적 난제들에 적극적으로 개입하여 '의미 있는' 성과를 거두고 있었음에도 불구하고, 김영삼 정권이 경실련의 사회 개혁 요구 사항을 적극적으로 수용 · 추진하자 곧바로 '정책적으로' 문민정부와 공조하는 신축적인 자세를 보이기 시작하였으며, 이에 발맞추어 경실련의 핵심 인사들이 정부의 요직으로 다수 진출하였다. 가령 1993년 경실련 상임집행위원이었던 정성철은 정무1장관 보좌관으로 정부에 들어갔으며, 1994년 당시 정책실장이었던 정태윤은 민주자유당 도봉을 지구당위원장으로 정계에 입문하였다. 1995년에는 정책위원장 박세일이 청와대 정책기획수석비서관으로, 그리고 상임집행위원장 이영희가 민주자유당 여의도연구소 소장으로 각각 진출하였다.[37] 이 과정에서 정부의 주요 정책을 견제하고 비판적으로 감시하던 시민 단체로서의 경실련의 '정체성'이 혼란을 겪게 되었으며, 1997년 이른바 '김현철 비디오테이프 사건'이 공개되면서 급기야 김영삼 정권과의 밀월 관계에 대한 의혹이 확산되기에 이르렀다.[38] 이와 같이 당시 가장 선도적인 시민운동 단체였던 경실련과 정부와의 밀착된 우호적 관계의 존속은 '시민 사회의 조직 형성을 통한 영향력 확대' 라기보다는 '개인 차원에서의 의사 결정 과정에의 개입을 통한 영향력 확대' 였다는 점에서, 스스로 자임했던 시민운동 세력으로서의 근본적인 역할을 포기하는 모습을 보여 주는 지극히 실망스러운 단면이었다.[39]

시민 단체와 집권 세력의 '정도를 넘는' 협조적 관계는 '국민의 정부' 에서도 지속적으로 이루어진다. 국민의 정부 초기에는, 시민운동을

---

37. 『한겨레신문』(1995년 2월 25일자): 박상필, 「시민단체와 정부의 관계유형과 지원체제」(1999), 267쪽 참조.
38. 박상필, 「시민단체와 정부의 관계유형과 지원체제」(1999), 267쪽.
39. 유석춘 · 김용민, 「한국 시민단체의 목적전치: 경실련과 참여연대를 중심으로」(2000), 16-7쪽. 한편, 이 같은 상황은 '계급적 입장' 을 지닌 민중 운동 단체들에 의해, 시민 단체들은 초계급적인 것 같지만 실상은 '프티부르주아적 · 중간 계급적 특수 이익' 을 도모하면서 공공선이라는 담론을 펼치고 있을 뿐 아니라, 나아가 보수적 자유주의의 패권적 기획을 도와주면서 '문민정부' 의 이른바 개혁 정치를 장외에서 지원하는 '제2중대' 혹은 '신관변단체' 라고 비판받고 있기도 하다. 유팔무, 「비정부사회운동단체(NGO)의 역사와 사회적 역할」(2001), 224쪽.

주도했던 원로들을 중심으로 전개된 '제2건국운동'이나 '경제 살리기 범국민운동' 등을 통해 정부와 시민운동 단체 간에 긴밀한 공조가 이루어졌다. 이어 '1987년 대선' 당시 김대중 후보의 비판적 지지 세력이었던 인사들이 주축이 된, '부패 특권 세력의 저항 타파와 사회의 민주적 개혁'을 위한 새로운 국민운동을 표방하는 '민주개혁국민연합'이 1998년 말 발족하여 국민의 정부와 우호적인 관계를 이어나갔다.[40] 하지만 정부와 시민 단체 사이의 이 같은 밀월 관계의 지속은, 정부의 권력 행사에 대해 끊임없는 비판과 감시를 수행해야 할 시민 단체 본래의 역할에 의구심을 갖게 했을 뿐 아니라 시민 사회 단체의 생명이라 할 '도덕적 권위'를 결정적으로 훼손시키는 사태마저 초래하는 지경에 이르렀다. 그것은 다름 아닌, 김대중 정부 하에서 시민 단체와 정치권력의 긴밀한 연계 속에서 발생하였던 '유종성 사무총장의 칼럼 대필 사건'이었다.[41]

문민정부나 국민의 정부와 비교하여 '상대적으로' 보다 더 진보적인 정권으로 평가받고 있는 '참여정부'에서도 시민 단체와 정부 간의 우호적 관계는 이전과 마찬가지로 존재하고 있다. 문제는 최근의 상황은 양자 간의 밀착 관계가 '정도를 넘어서고 있는 것'처럼 비친다는 점이다. 이에 대한 단적인 예가, 최근 들어 참여정부가 점차 보여 주고 있는 개혁 퇴행적·현실주의적 태도에도 불구하고,[42] 시민 사회 단체들이 이에 대해 치열하면서도 생산적인 비판적 공격을 가하는 대신, '본질을 흐리면서까지' 노무현 정권과의 유화적 자세를 보여 주고 있다는 사실이다. 이를 김태경은 다음과 같이 비판적으로 지적하고 있다. "여러 사건에서 보

---

40. 유석춘·김용민, 「한국 시민단체의 목적전치: 경실련과 참여연대를 중심으로」(2000), 17쪽; 『동아일보』(1998년 11월 29일자) 참조.
41. 권해수, 「시민단체의 조직화 과정과 정책변화에 대한 영향력 비교 연구」(1999), 342쪽.
42. 이와 관련하여 오랜 기간 '참여연대'를 이끌었던 박원순의 발언은 경청할 만하다: "노무현 씨가 대통령이 됐다고 사람들은 진보 진영이 정권을 잡았다고 했어요. 그렇지만 정책적으로 노무현 정부를 진보라고 할 수 있나요? 지금은 한나라당이 잡으나, 열린우리당이 잡으나 공허하기는 마찬가지예요. 정책과 비전이 없는데 무슨 진보가 있고, 보수가 있습니까?" 『오마이뉴스』(2005년 12월 12일자).

듯이 시민단체의 태도는 지나치게 정권 옹호적이다. 노무현 대통령은 대북 송금 특검부터 시작해 '수용소 발언' 등의 친미 행각, 부안 방폐장에 대한 폭력 진압, 노동자 분신 사건 때 '분신으로 문제를 해결하는 시대는 지났다'는 폭언, 김선일 씨의 피살과 이라크 추가 파병, 아파트 분양 원가 공개 번복, 일본에 과거사 문제 재론 안 하겠다는 약속 등 조중동 및 수구 세력과 함께한 사건들이 한둘이 아니었다. 노 정권의 개혁성에 대해서는 심각한 의문이 나온 지 이미 오래됐다. 그런데 왜 시민단체들은 현 정부에 대해 그렇게 온정적인 것으로 비쳐질까?"[43]

물론 여기서 다시 한 번 고려해야 할 사항은, 현시점에서 참여정부와 시민운동 단체가 '실제로' 상호 유착 관계 혹은 상생 관계에 있는가에 대한 판단은 여전히 논란의 여지가 있다는 점이다.[44] 이와 함께 시민 단체와 집권 세력이 상호 우호적인 관계를 유지한다고 해서 이것이 곧바로 정치권력에 대한 감시와 비판을 본연의 사명으로 삼고 있는 시민운동 단체가 자신의 책무를 제대로 수행하지 못하고 있다는 것을 의미하는 것은 아니라는 점도 유념해야 할 대목이다.

하지만 그럼에도 불구하고 시민 단체는 최소한 그러한 오해와 의심을 살 만한 행동에 각별한 주의가 요망된다는 점에서, 더욱이 집권 정치 세력과 비판적 감시의 거리를 항시 유지해야 할 규범적 의무를 지닌 시민 단체, 그것도 보다 민주적인 정의 사회를 구현하고자 하는 '진보적' 시민운동 단체라면, 더욱더 치열하고도 신랄한 비판과 감시의 칼날을 번득이는 태도를 유지하고 있어야 한다는 점에서, 이에 관해서는 기본적으로 변명의 여지가 없다고 본다. 그러므로 이에 대한 논란의 소지가 있음

---

43. 김태경, 「노 정권과 시민단체들, 유착 혹은 상생?」(2004), 38쪽.
44. 이에 대해 '참여연대'의 사무처장 김기식은 다음과 같이 반론을 제기하고 있다: "이라크 파병을 반대하지 않은 시민단체가 있느냐. 노 정권에 대해 반대 입장을 표명하지 않았다고 해서 친노인가. 전선이란 복잡한 것이다. 노 정권을 참여연대만큼 정면으로 공격하고 비판한 단체가 있는가." 김기식, 「우린 무시당하지 않는 비주류」, 『한겨레21』 526호(2004년 9월 8일자).

을 인정한다 해도, 현시점에서 시민운동 단체와 참여정부 사이의 유착 관계는 '원칙적으로' 비판의 대상이 되기에 충분하다 할 것이다.

그렇다면 앞서 살펴본 것처럼 시민운동 단체들은 왜 참여정부의 반개혁적인 정치 행태에 대해 신랄한 비판 대신 온정적인 태도를 취하는 것일까? 한 시민 단체 관계자의 입을 빌리면, 아마도 여기에는 현 노무현 정권에 참여하고 있는 주요 인사들이 '시민 단체 출신'이라는 점이 작용했을 것이라는 지적이 제기되고 있다. 그런데 이러한 발언에서 특히 염두에 두어야 할 대목은, 이전 정권에서도 시민 단체 출신 인사들의 입각이 있었지만 그것은 개별적인 행동이었지 '지금처럼 조직적(?)이지는 않았다는 것'이다.[45]

말할 필요도 없이 모든 시민 사회 단체가 참여정부에 대해 유화적인 태도를 취하고 있는 것은 아니며 적극적인 비판의 화살을 겨누고 있는 시민운동 단체 역시 적지 않다. 하지만 비록 일부 시민운동 단체라 하더라도 정부와의 관계를 감시와 비판에 기초한 '상호 긴장 관계'에서 벗어나 상호 이익 증대를 위한 '전략적 우호 관계'로 정립하는 것은 심각한 문제가 있는 것이다. 왜냐하면 앞서도 언급했던 것처럼 이는 시민 단체 자체에 주어진 기본적 역할과 책무를 저버리는 것이며 나아가 이로부터 불거진, 시민 대중의 일부 시민 단체에 대한 의혹과 불신은 급기야 '시민 사회 단체 전체'에로 파급되어 민주화 운동의 일차적 주체로서의 시민 단체에 대한 신뢰와 믿음을 저버리게 만들 가능성이 크기 때문이다. 이는 결국 '정치적 무관심과 냉소주의'로 이어져, 그렇지 않아도 '시민 없는 시민운동'의 어려움에 처해 있는 시민운동과 시민 사회 단체의 존립을 더욱더 어렵게 만들 것이다. 시민운동 단체의 최대 무기는 '권력을 자유롭게 비판할 수 있는 도덕성 그 자체'이며, '조직 운영과 활동의 투명성이 시민 단체에 대한 신뢰의 원천'이기 때문이다.[46] 이러한 사정을 염

---

45. 김태경, 「노 정권과 시민단체들, 유착 혹은 상생?」(2004), 38쪽.

두에 둘 경우에, 참여정부에서 벌어지고 있는, 노무현 정권에 대한 시민 단체들의 '온정적인 자세'는 쉽사리 긍정적으로 이해해 줄 수 없는 문제이다. 왜냐하면 그것이 초래할 문제가 그리 작아 보이지 않기 때문인데, 이 점은 '인권실천시민연대' 사무국장 오창익의 발언을 통해 확인해 볼 수 있다. "일부 시민단체와 노 정권 사이에는 이심전심의 교감 같은 게 보인다. 이것은 시민운동의 미래에 대단히 좋지 않다. 자칫하면 김영삼 정권과 유착했었다는 비판을 받았던 모 시민 단체의 전철을 밟을 수 있다."[47]

(2) 그렇다면 최소한 제도적 차원에서 민주화가 구현된 오늘의 시점에서 그러한 민주화 운동의 선도적 역할을 수행했던 시민 사회 단체가 우선적으로 끊임없는 감시와 비판의 대상이 되어야 할 집권 정치 세력에 대해 그처럼 우호적인 태도를 견지하는 근본적 이유는 무엇인가? 이와 관련해 주목되는 것이 "시민 단체 내부의 움직임이나 논쟁을 취재하기가 비밀 정보를 다루는 정부 관련 부서나 기업체 기획조정실 취재하는 것만큼이나 힘들었다"는『오마이뉴스』기자 김태경의 고백이다.[48] 시민운동 단체의 내부 구조에 관한 이러한 비판적 지적으로부터 우리는 ― 모든 시민 단체에 해당되는 것은 아니지만 ― 시민 사회 단체의 활동 및 운영 방식, 특히 단체 내부의 지도부와 일반 회원들 간의 의사소통 절차가 불투명하

---

46. 김호기,『한국의 시민사회 : 현실과 유토피아 사이에서』(2001), 97-9쪽

47. 김태경,「노 정권과 시민단체들, 유착 혹은 상생?」(2004), 38쪽.

48. 김태경,「노 정권과 시민단체들, 유착 혹은 상생?」(2004), 28쪽. 이 점은 최근 그 실체가 드러난 '황우석 교수팀'의 배아 줄기세포 파문과 관련하여 MBC PD수첩 팀의 일원인 김보슬에 의해 작성된「PD수첩 이렇게 제작되었다」라는 특별 기고문 중, "황우석 교수팀은 그들이 언론을 통제할 정도의 힘을 갖고 있었기 때문에 섭외하기가 하늘의 별따기였고 특히 수의대 내부를 취재하기란 불가능한 상황이었다"는 진술과 매우 유사하다.『연합뉴스』(2005년 12월 28일자). 이는 황우석 연구팀의 '내부 (지배)구조'가 대단히 폐쇄적이고 비민주적인 의사소통 구조, 상명하복식의 관료적 조직으로 이루어졌음을 말해 주고 있기 때문이다.

며 폐쇄적인 형태로 구조지어져 있다는 인상을 받게 된다.

이러한 사실은 시민 단체들이 현 정권에 대해 타협적인 태도를 보이거나 상호 밀착 관계를 견지하는 것이 — 미루어 짐작하건대 — 무엇보다 시민 단체 내부의 의사소통 구조와 밀접히 관련되어 있다는 것을 말해 준다. 즉, 아래로부터 민주적인 의사소통 절차를 통해 특정 사안에 관한 논의가 이루어지고 그에 대한 시민 단체의 입장과 활동 방향이 확정되어야 함에도 불구하고 현실적으로 그렇지 못하다는 것을 가리킨다. 그와 같은 일련의 '민주적인 절차적 담론 과정'이 제대로 구조화되지 못하고 소홀히 다루어지고 있는 까닭에, 단체 지도부와 집행부의 소수 견해가 마치 전체 회원의 의견이고 입장인 것처럼 외부에 비쳐지고 있으며, 실제로 그러한 소수 지도자들의 결정에 따라 그때그때의 사안에 대한 시민 단체의 공식적인 견해와 입론이 정해지고 있는 것처럼 보인다. 한마디로 — 모든 시민 단체가 그런 것은 아니지만 — 대체로 시민운동 단체는 '비민주적인' 절차와 방법에 따라 운영되고 있으며 동시에 그러한 '비민주적인' 운영 방식을 통해 '민주화를 향한 시민운동'을 전개하고 있는 셈이다. 나아가 시민 단체의 이 같은 소수 지도자 중심의 '비민주적인 내적 조직'은 다시금 시민들의 자발적인 참여 기회를 제한함으로써 시민들이 시민운동에 대해 더욱더 회의와 소외를 느끼게 만드는 '악순환'을 거듭하고 있다.[49]

결국 이 같은 시민 단체 '내부 구조'의 실상을 정확히 인식할 경우에만, 특정인을 중심으로 한 '수직적 권력 구조'를 지니고 있는 그러한 시민 단체는 '조직 운영의 관료제화'에서 벗어나기 어려우며, 소수 지도자가 주도하는 상황 속에서 현 지배 권력과의 유착 관계를 유지하기 쉬울 뿐 아니라, 동시에 시민 단체의 운영을 주도하는 특정인의 발언권이 강화되면서 급기야 시민 단체 내부의 '비민주적인 권위주의적 의사 결정'

---

49. 송호근, 「신사회운동 참여자 분석」(1998), 66쪽.

으로 귀결되고 만다는 사실을 비로소 제대로 이해할 수 있게 된다.[50] 요컨대 한국적 현실에서 시민 단체와 정부 간 혹은 시민 단체의 특정 지도자와 정권 간의 긴밀한 유착 관계는 '본질적으로' 시민운동 단체의 '비민주적인 폐쇄적 내부 (지배)구조'와 '투명하고 열린 민주적인 의사소통 과정이 제도적으로 제대로 정립되지 못한 실태'에서 비롯된 것이다. 시민 단체 회원들 사이의 자유로운 비판과 토론의 구조가 단체 내에 제도화되어 있다면, 일부 지명도 있는 특정 인사들의 상부로부터의 영향력이 시민 단체 활동에서 중추적 기능을 수행하는 부정적 사태를 사전에 차단할 수 있을 것이며, 나아가 집권 정치 세력과의 밀착 관계도 사전에 방지될 수 있을 것이다.

이상의 사실에서 확연히 드러나듯이 정치권력과 시민 단체 사이의 유착 관계는 ─ 부분적으로 이유 있는 항변에도 불구하고 ─ 결코 바람직스럽지 못한 현상이다. 정치적 중립성과 객관성, 공정성을 기본적 입장으로 취한 가운데 ─ 물론 특정 사안의 내용에 따라 시민 단체는 정부의 입장이나 정책을 지지할 수 있으며 그런 한에서 정치적 중립성이 반드시 준수되어야 하는 것은 아니다[51] ─ 국가 권력에 대해 치열한 비판과 감시를 게을리 하지 말아야 할 시민운동 단체가 "어느 특정 정권, 그것도 그 진보성에 대해 갈수록 심각한 의문이 드는 정권"[52]에 대해 비판의 칼날을 거두어들인 채 현실 타협적인 우호 관계를 구축, 유지하는 것은, 시민 단체의 본래적 성격에 부합하지 않는, 어찌 보면 시민 단체의 '생명'을 스스로 저버리는 행위에 다름 아닌 것이다.

---

50. 권해수, 「시민단체의 조직화 과정과 정책변화에 대한 영향력 비교 연구」(1999), 339쪽.
51. 이에 관한 논의는 『프레시안』(2004년 6월 19일자) 참조.
52. 김태경, 「노 정권과 시민단체들, 유착 혹은 상생?」(2004), 31쪽.

4. 시민 단체의 최우선적 민주화 과제:
자유로운 의사소통 절차에 기초한 민주적 내부
(지배)구조의 확립 및 운영 방식의 수립

이제까지 우리는 형식적 민주화의 단계를 넘어 실질적 민주화를 향해 나아가고 있는 한국 사회에서, 그 같은 민주화를 주도하고 있는 시민운동 단체 '자체'의 실질적 민주화는 어느 수준까지 이루어져 있는가를 '내부 (지배)구조와 의사 결정 과정 및 운영 방식'의 측면에 초점을 맞추어 비판적으로 고찰해 보았다. 그 결과 '대다수' 시민 단체들의 내부 조직이나 운영 방식이 대체로 수직적 인간관계를 바탕으로 한 위계적이며 폐쇄적인 관료제적 구조로 이루어져 있음을 엿볼 수 있었다.[53] '민주적 자율성의 확보'와 '수평적 인간관계에 기초한 자율적인 민주 사회의 구현'이라는 민주화 운동의 중심 목표를 성취하는 데 있어서 선도적인 역할을 수행해 온 시민 단체가, 그러한 역할을 주도적으로 수행하면 할수록 그 내적 구조는 설정된 목표를 달성하기 위한 효율성의 증대에 초점을 맞춘 조직으로 고착화되어 가는 '자기 모순적' 상황에 봉착해 있는 것이다.[54]

시민 단체의 내부 조직 및 운영 방식의 실상이 이렇다면, 이제 우리 사회의 모든 시민 사회 단체에게 부과될 '최우선적인 민주화 과제'는, 시

---

53. 물론 모든 시민운동 단체가 그러한 상황에 놓여 있는 것은 아니다. 일례로 '함께하는 시민행동'은 기존 시민운동 단체의 활동 방식에 대한 대안으로 인터넷 등 정보 통신 기술을 적극적으로 활용하여 과거와는 다른 새로운 형태의 시민 단체 활동을 주도하고 있다. 특히 여기서 눈여겨볼 대목은 '함께하는 시민행동'이 창립 초부터 '온라인 총회'를 개최하여 기존의 시민 사회 단체들에서 부족했던 '회원들의 적극적인 참여'를 유도하고 있다는 점에서 새로운 시민운동의 모습을 보여 주고 있다는 점이다. 김준기, 「한국 시민사회의 내부 지배 구조 개선 방안에 관한 연구」(2004), 621쪽 참조.

54. 이는 시민사회의 활성화와 민주사회의 구현을 위해 시민단체가 기여하면 할수록, 시민사회단체의 내적 (지배)구조는 점차 반민주적이며 권위주의적인 비의사소통적 · 관료적 조직 구조로 재편되어 가고 있음을 말해 준다. 선우현, 『사회비판과 정치적 실천: 하버마스의 비판적 사회이론』(1999), 305쪽 참조.

민 사회의 활성화와 그에 따른 절차적 민주주의 및 참여 민주주의의 확립을 통해 완결되는 실질적 민주화의 구현을 위한 선도적 활동 주체로서의 '자격 조건'을 갖추는 일, 아울러 그러한 자격 조건에 부합하는 조직 내부의 '의사소통적 합리화 및 절차적 민주화'를 정립하는 일이 될 것이다. 이것이야말로 '공적 이익'과 '사회 정의' 그리고 '참된 의미에서의 민주화'의 실현을 수행해 나가는 시민운동 단체의 '본래적 성격'에 부합하는, 규범적 차원에서의 '당위적인 책무'이기 때문이다. 요컨대 아래로부터 시민들의 자발적인 참여에 의거하여 상호 평등한 정보 공유를 바탕으로 자유롭고 개방적인 의사소통 절차 과정을 통해 상호 합의와 동의에 이르는, '민주적인 의사소통적 단체 운영 방식을 공식화·제도화'하는 과제야말로 시민 단체가 최우선적으로 추진해야 할 작업인 것이다.

결국 이는 시민 단체 내부 조직의 '절차적 민주화'가 선행되어야만 시민 사회 단체가 정치적·경제적 권력의 영향에서 벗어나 그야말로 '독립적인 자율성'을 확보할 수 있음을 의미하는 것이자, 동시에 그러한 토대 위에서만 '국가의 정치적·행정적 권력'과 '거대 자본의 경제적 권력' 등에 의해 초래되고 있는 다양한 사회적 병리 현상에 대해 '치열한 비판'을 끊임없이 제기하고 비판적 대안을 제시할 수 있음을 말해 준다. 나아가 그럴 경우에만 소수 전문가·명망가 중심의 운영 방식에 쐐기를 박으면서 '사익'을 추구하려는 특정 인사의 의도대로 — 본래 '공적 이익'을 추구해야만 하는 — 시민 단체의 기능과 역할이 왜곡되지 않게 할 수 있을 뿐더러, 집권 정치권력과의 전략적 밀착이나 야합적인 관계로부터 벗어날 수 있는 통로가 비로소 마련될 수 있다. 요컨대 시민 단체 내부의 '투명하고 개방적인 수평적 구조'와 그러한 바탕 위에서 자유로운 토론과 비판적 논의에 기초한 '민주적 의사소통 절차'가 원활하게 작동할 경우에만, 진정한 공적 이익을 추구·관철시킬 수 있는 시민 사회 단체의 '시민 권력'[55]이 확보될 수 있다. 동시에 그러한 '의사소통적 시민 권력'에 의거하여, 한편으로 정치적·경제적 권력이 참된 민주 사회의 구현을 위해 행사되도록 '정당한 영향력' 을 행사할 수 있으며, 다른 한편으로 그러한 권력이 왜곡된 방식으로 작용할 경우에는 치열한 비판적 공격과 제어를 통해 권력이 올바른 방향으로 작동하도록 인도할 수 있다.

이상의 논의에서 명확히 드러나듯이 시민 단체 내부의 '민주적 지배 구조' 란, 단체 회원들이 지위의 높고 낮음을 떠나 특정 사안에 대해 누구나 자유롭고 평등하게 의견을 개진하고 자신의 주장을 정당화할 수 있으며, 동시에 상대방의 입장이나 견해에 대해 반박하고 이의를 제기할 수 있을 뿐 아니라 그러한 논의 및 토론 과정을 거쳐 회원들 간의 동의와 합의가 도출되어 시민 단체 전체 차원의 입장이 결정되고 정책이 추진되는 '민주적이며 자유로운 의사소통 절차' 가 공식적으로 제도화되어 있는 상태를 가리킨다. 따라서 이러한 상호 비판과 생산적인 반反비판의 구조가 형성되어 있지 못할 경우에는 특정인 혹은 특정 집단이 자신(들)의 정치적 · 경제적 야심을 충족시키는 수단으로 시민 단체를 '사적 단체' 처럼 전용할 수 있는 바, 이는 결국 국가 권력 및 자본의 힘에 대한 철저한 감시와 비판적 제어를 통한 시민 사회의 활성화와 실질적 민주화를 후퇴시키는 것이다. 이러한 현실을 염두에 둘 때, 이처럼 시민 권력이 국가 권력과 자본 권력을 제대로 감시하고 비판하지 못한 채 이러한 권력들에 일방적으로 예속되고 무력화되는 '반민주적인 사태' 를 방지하기 위한 '최선의 방안' 은, 시민 사회 단체를 중심으로 하는 비정부 조직의 시민적 권력을 강화하는 것이다.[56] 그리고 이는 '궁극적으로' 시민 단체 자체의 의사 결정 과정과 그 운영 방식이 '자유로운 의사소통 절차에 기초하여 민주적인 조직' 으로 구조화 · 제도화될 수 있도록, 시민 단체의 내적 (지배)구조와 운영 방식을 '비판적으로 재구성' 하는 것으로 귀결된다.

---

55. 하버마스의 '심의 민주주의' 에서 이것은 '의사소통적 권력' 을 가리킨다. J. Habermas, *Die Normalität einer Berliner Republik* (1995), 140쪽; J. Habermas, *Faktizität und Geltung* (1992), 449쪽 참조.

56. 김호기, 『한국의 시민사회: 현실과 유토피아 사이에서』(2001), 82쪽.

2부

한국사회의

이념적

지형의 현재

4. 한국 사회에서 '진보/보수 간 이념적 대립 구도'의 왜곡화
대북 정책을 둘러싼 '남한 내 갈등 사태'를 중심으로

1. 들어가는 말

이 글은 '국민의 정부(김대중 정부)'가 의욕적으로 추진해 온 대북 포용 정책을 둘러싸고 남한 사회 내에서 빚어지고 있는 갈등과 분열 양상, 이른바 '남남 갈등'이 본질상 진보(주의)와 보수(주의) 간의 '이념적·사상적 대립 및 갈등'의 문제라는 사실에 주목하여, 이를 비판적으로 성찰하는 데 일차적 관심을 갖고 있다. 이런 관심을 갖게 된 것은 대북 정책을 중심으로 현재 형성되어 있는 보수/진보 간 이념적 대립 구도가 '왜곡된 형태'를 취하고 있다는 판단 때문이다. 아울러 지금과 같은 사상적·이념적 갈등과 분열이 극복되지 않고서는 한국 사회의 민주적 발전은 말할 것도 없고 대북 화해 협력 정책의 추진을 통한, 통일을 위한 기반 확립으로서의 평화 정착의 과제 역시 제대로 이루어질 수 없을 것이라는 상황 인식도 한몫 거들고 있다.

　이러한 검토 작업은 일차적으로 참된 의미에서 보수/진보 간 이념적 논쟁이 제대로 이루어지기 위한 배경 조건에 관한 사전 예비 고찰의 성격을 띠게 될 것이며, 아울러 남한 사회 내에서 '사상적·이념적 통합'[1]을 이루어 내기 위한 사회 구조적 전제 조건에 대한 내적 성찰의 과제로 읽힐 수 있을 것이다.

이 같은 상황을 고려하면서 이 글이 출발점으로 삼고 있는 문제의식은 다음과 같다. 첫째, 대북 정책을 둘러싸고 현재 전개되고 있는 남한 사회 내 갈등적 분열 현상을 단순히 대북 포용 정책을 둘러싼 정책적·정치적 차원의 갈등 문제로 국한하여 이해해서는 곤란하며, 근원적으로 사회 구조적 차원의 '이념적·사상적 대립 갈등'의 문제로 파악해야 한다.[2]

둘째, 작금의 이념적 대립 구도는 뒤틀리고 일그러진 형태의 '진보/보수 간 논쟁적 대결' 양태로 이루어져 있다. 무엇보다, 보수와 진보의 다양한 '하위 유형'에 관한 세밀한 구분 없이[3] '수구 반동 아니면 급진 좌경'이라는 이분법적 흑백 논리가 무차별적으로 적용되는 가운데 이념적 대결이 이루어지고 있다. 이와 함께 민주적 절차와 규칙에 따라 논쟁이 진행되는 것이 아니라 특정한 개인적·집단적 이해관계에 기초하고 있거나 그것과 얽혀 있는 가운데, 상대방을 타도의 대상으로 간주하는 비민주적인 방식으로 변용·왜곡되어 전개되고 있다.

셋째, 현 단계의 이념적 갈등 구도는 외형상 1970-80년대 군사 독재 정권이 지배하던 시절과 유사한 형태를 취하고 있지만, 실제로는 한국

---

1. 이 글에서 '이념적·사상적 통합'이라고 할 때, 그것은 단 하나의 철학 사상이나 이념에 의해 전일적全—的으로 통일된 사상적 일치의 상태를 의미하지 않는다. 여기서 말하는 사상적 통합은, 다양한 견해와 입장을 지닌 사회 구성원들이 이성에 기초한 자유로운 논의 과정을 거쳐 상호 합의에 이르고 의견의 일치에 다다른 상황을 가리킨다.

2. 이 점에서 대북 정책을 둘러싼 남한 내 갈등 문제를 객관적이며 중도적인 입장에서 명쾌하게 해명해 내고 있는 남궁영의 「대북정책의 국내 정치적 갈등: 쟁점과 과제」의 경우도 국내 정치적 갈등에 초점을 맞춘 현상적 해명에 머무는 아쉬움을 남기고 있다.

3. 이와 관련하여 햄프셔-몽크는 보수주의와 반동주의는 구분되어야 하며, 보수주의는 변화를 포용하는 성격을 띠고 있다고 주장한다. I. Hampsher-Monk, *The Political Philosophy of Edmund Burke* (1987) 28쪽. 또한 로시터는 보수주의와 유사한 개념으로 반개혁주의 또는 현상유지주의Standpattism, 반동주의Reaction, 혁명적 반동주의Revolutionary Reaction의 세 가지를 제시하고 이것들은 보수주의와 구분되는 반보수의적 개념이라고 주장한다. 이에 관해서는 C. Rossiter, *Conservatism in America* (1955), 13-4쪽; 이봉희, 『보수주의: 미국의 신보수주의를 중심으로』(1996), 16-8쪽 참조.

사회 전반의 급격한 변화와 더불어 그 내용과 의미가 — 전면적으로 변화된 것은 아니지만 주의를 요할 만큼 — 변화되었다는 사실에 유념해야만 한다. 이 점을 간과할 경우, 기존의 보수/진보의 틀[4]로 지금의 '남남 갈등' 사태를 재단함으로써 현 단계의 이념적 갈등의 '진상'을 제대로 포착하지 못할 가능성이 있다.

넷째, 우리 사회가 보다 민주화된 사회, 보다 정의롭고 공정한 사회로 발전해 나가기 위해서는 한국 사회의 발전과 민족적 이익에 부합하는 방식의 '제대로 된' 형태의 진보/보수 간 이념적 대립 구도가 필수적으로 요청된다. 이는 극단에 치우치지 않으면서 상호 비판과 견제, 생산적 자극을 통해 사회의 지향점을 결정함으로써 사회 발전에 긍정적으로 기여할 수 있는 사회적 기제이기 때문이다.[5] 그렇기 때문에 이러한 이념적 대립 구도는 일체의 편견과 선입견이 배제된 가운데 자유로운 토론과 논쟁을 거쳐 상호 이해와 합의에 이르고, 이에 의거하여 '잠정적으로' 옳고 그름이 결정되는 민주적인 담론 절차에 따라 이루어지는 구도로서 재확립되어야만 한다.

다섯째, 작금의 상황은, 이른바 '괴델의 시대'[6]라고 일컬어지는 탈근대적 · 다원주의적 시대 흐름 속에서 '어느 입장이 보수이고 어느 주장이 진보인지' 아울러 '어느 입장이 현시점에서 옳은 것인지' 판단하기가 쉽지 않은 대단히 혼미한 상황이다.[7] 이처럼 어려운 여건 속에서 '잠정적

---

4. 예컨대, "민주화와 통일과 민족 자주성을 촉구하는 세력과 반통일 반민주 반민족 세력의 대결 구도"(박호성, 「보수와 진보, 그리고 한국적 보수주의」(1989), 31쪽)는 오늘의 변화된 상황에 무차별적으로 적용할 수 없게 되었다.

5. 이 점은 다음과 같이 압축적으로 표현되고 있다. "진보의 날개만으로는 안정이 없고, 보수의 날개만으로는 앞으로 갈 수 없다. 좌와 우, 진보와 보수의 균형 잡힌 인식으로만 안정과 발전이 가능하다." 리영희, 『새는 '좌 · 우'의 날개로 난다』(1994), 7쪽.

6. 이것의 의미는 "괴델은 모든 명제를 참과 거짓으로 확연히 분별할 수 있다고 믿은 모더니티의 꿈이 하나의 허상에 불과하다는 것을 보여 주었다"(최종욱, 「괴델의 시대 — 과연 한국에 보수주의는 있는가」(1997), 42쪽)는 구절에서 확인된다.

7. 이에 관해서는 손석춘, 『여론읽기혁명』(2000), 87-9쪽 참조.

으로' 보수와 진보를 나눌 수 있으며, 나아가 옳고 그름을 따질 수 있는 준거점의 최소 조건은 — 적어도 대북 정책이나 통일과 관련된 논의에서는 — '민족의 이익'과 '민주성'에서 확보되어야 한다고 생각한다. 이러한 맥락에서, 이 땅의 진보(진영)[8]는 자신이 견지하고 있는 입장의 보다 큰 정당성 확보를 위해, 내부적 민주화를 보다 철저히 추진할 뿐 아니라 당리당략적 이해관계에서 완전히 탈피하여 진정한 사회 공동의 이익, 민족적 이익의 관점에서 대북 정책과 통일(론)에 관한 입장을 밝히고 그에 따른 구체적 정책을 제시해야 할 것이다. 이것이 곧 이 땅의 보수를 가장한 '반민족 반통일 세력'에 대한 비판의 정당성과 진보(진영)에 대한 보다 많은 대중의 이해를 확보하는 첩경이라 여겨진다.

이상과 같은 문제의식을 염두에 두면서, 이 글은 가능한 한 '공정한' 입장[9]에서 현재의 이념적 갈등 및 대립 상황을 비판적으로 고찰해 보고자 한다. 그럼에도 이 글은 진보와 보수 간의 이념적 대결 구도에서 진보가 도덕적·이념적으로 우위에 있다는 '믿음'을 전제로 삼고 있다. 왜냐하면 진보/보수 간 대립적 논쟁 구도가 왜곡되어 있다고 해서 그 책임을 두 입장 모두에게 균등하게 돌릴 수는 없으며, 이러한 왜곡의 근본 원인은 사실상 보수 — 정확히 말해 수구 반동적 보수 — 에게 있기 때문이다. 그럼에도 불구하고, 최근 들어 전면적인 것은 아니지만 그러한 왜곡을 심화시키는 데 일조하는 양태가 진보(진영)에서도 드러나고 있으며, 이는 결국 왜곡의 근본적 책임을 수구적 보수에게 돌리는 데 있어 걸림돌이 될 수 있다는 점에서 적잖게 우려할 만한 대목이 아닌가 생각된다. 동시에 이러한 우려의 밑바닥에는 이념적 갈등 문제를 '슬기롭게 극복하

---

8. 여기에는 '국민의 정부'도 포함된다. 국민의 정부를 진보적 정부로 볼 것인가 보수적 정부로 볼 것인가의 문제는 상당한 논쟁의 여지가 있다. 그럼에도 적어도 대북 정책과 통일론과 관련해서는 현 국민의 정부를 진보적 정부로 볼 수 있다는 것이 이 글의 입장이다.

9. 이러한 입장 자체가 과연 가능한가는 그 자체가 이미 상당한 논란거리이다. 이와 관련한 최근의 논의로는 유시민, 「칼럼니스트여, '정치적 중립'이라는 가면을 벗자」(2002), 215-38쪽 참조.

는 데'에는 보수보다는 진보가 보다 적극적이며 능동적인 역할을 할 수 있을 뿐 아니라 해야만 한다는 바람이 자리하고 있다. 이러한 이유에서 이 글은 반동적 보수에 대한 비판에 앞서 진보와 진보 진영에 대해 보다 '겸손한' 자기비판과 자기 성찰을 촉구하는 성격의 글이 될 것이다.

끝으로 한마디 덧붙이면, 제대로 된 순서를 밟자면 이 글은 원래 보수와 진보 개념이 갖는 의미를 명확히 규명하는 데서 출발해야 하지만, 이는 이후의 과제로 돌리고 바로 진보/보수 간 이념적 대립 구도의 문제점에 대한 고찰을 수행할 것이다. 그 이유는 보수와 진보에 대한 개념 정의定義가 혼란스러울 정도로 — 서구 사회의 맥락에서뿐 아니라 우리 사회에서도 — 다양하게 존재하고 있으며, 진보와 보수 개념에 대한 엄격한 규정과 의미 파악의 작업은 그 자체가 하나의 독립적 과제로서 추진될 만큼 지난한 작업이라는 점에서, 이에 매달리게 되면 사실상 이 글이 다루고자 하는 문제 상황에 접근하기조차 쉽지 않을 것이라는 판단에서다. 그런 까닭에 이 글은, 보수와 진보의 개념은 다양한 내용과 의미를 지니고 있으며 그 각각의 개념 또한 다수의 하위 유형들로 구성되어 있다는 점을 인정하는 데서 출발하고자 한다.[10] 다만 '진보'는 보다 근본적이며 혁신적인 방식으로 사회의 발전을 희구하는 입장인 반면, '보수'는 급진적 혁명이나 개혁이 아닌 점진적인 변화를 통해 사회를 전개시켜 나가는 방식을 선호하는 입장에 가까운 것으로 '잠정' 이해코자 한다. 동시에 이 같은 의미 내에서의 보수(주의)/진보(주의) 간의 대결 구도를, 앞으로 우리 사회가 지향해야 할 '제대로 된 보수/진보 간 이념적 대립 구도'의 표준적 형태로서 '잠정' 수용하고자 한다. 이 같은 이유에서 이 글은 보수가 결코 변화를 거부하는 것은 아니며,[11] 따라서 이는 진보와 접

---

10. 이와 관련하여 한국 사회에서의 '진보(주의)'와 '보수(주의)'의 위상과 주된 입장에 관한 대략적인 윤곽의 파악을 위해서는 김병국 외, 『한국의 보수주의』(1999); 민음사 편집부 편, 『한국 좌파의 목소리』(1998); 윤건차, 『현대한국의 사상흐름』(2000) 참조.
11. R. Macridis, *Contemporary Political Ideologies* (1980), 78쪽 참조.

점을 이룰 수 있는 공통의 대목이라는 점을 지적해 두고자 한다.

2. 대북 포용 정책의 '그림자' :
대북 정책을 둘러싼 갈등의 고착화

주지하다시피 국민의 정부가 추진해 온 대북 포용 정책은 직접적으로 통일을 추구·실현하려는 정책이라기보다는 통일을 위한 기반이 되는 평화 정착을 추구하는 정책이다.[12] 지난 반세기 동안 이어져 온 남북한의 적대적 대립 관계를 해소하고 상호 화해와 협력을 모색하여 평화 공존을 정착시키려는 정책이 바로 김대중 정부의 대북 정책, 즉 대북 화해 협력 정책인 것이다.

이처럼 본격적인 남북 통합을 위한 '선결 과제'로서 평화 정착과 화해의 토대를 마련코자 기획된 대북 포용 정책은 그것에 가해지는 다양한 유형의 비판에도 불구하고 전 지구적 차원에서 진행되고 있는 탈냉전적 시대 흐름에 맞아떨어질 뿐만 아니라[13] 주체적 입장에서 남북한 '민족의 이익'을 최우선적으로 고려하여 추진되고 있는 정책이란 점에서, 대내외적으로 시의 적절할 뿐 아니라 자주적이며 현실적인 통일 정책이라 할 수 있다. 이러한 이유에서 김대중 정부의 대북 정책은 시행 초기부터 국내에서 커다란 호응과 지지를 받아 왔을 뿐 아니라 국제 사회의 전폭적인 지지를 이끌어 내었다.[14] 특히 해방과 더불어 시작된 분단의 세월을

---

12. 이종석, 「대북포용정책 18개월, 평가와 과제」(1999), 42쪽. 이런 맥락에서 김대중 정부의 대북 정책은 통일을 '목표'로 하는 정책이라기보다는 통일을 이루기 위한 '수단'으로서의 정책으로 해석되고 있기도 하다. 강태규, 「한반도 통일 목표에 대한 재점검」(2000), 35쪽.
13. 김연수, 「대북 '햇볕전략'의 역사성에 대한 소고」(2000), 215-9쪽 참조.
14. 이종석, 「대북포용정책 18개월, 평가와 과제」(1999), 45-6쪽 참조.

이겨내고 마침내 남북 정상 회담을 실현시키고 남북 공동 선언을 이끌어
낸 것은 국민의 정부가 추진한 대북 정책이 거둔 커다란 결실이라 하지
않을 수 없다.

하지만 이처럼 '큰 틀에서' 현 정부(김대중 정부)의 대북 포용 정책이
성공적으로 이루어져 왔다는 평가에도 불구하고, 정책을 수립·추진하
는 과정 및 방식 등 세부적인 측면에서 '자기 성찰'을 요하는 문제점들
이 속속 드러나고 있다. 특히 대북 정책의 근본적인 지지대支持臺로 작용
할 국민적 합의를 민주적 방식으로 이끌어 내는 데 소홀히 함으로써, 대
북 정책이 거둔 '빛' 못지않게 정책을 둘러싸고 형성된 갈등적 상황의
고착화 및 심화라는 '그림자'를 그 이면에 짙게 드리우고 있다. 즉, '남
북 관계의 개선과 평화 정착'을 위해 추진되어 온 대북 정책으로 인해 —
그 가시적인 성과에도 불구하고 — 우리 사회 내부에는 통일에 관한 논
의와 구체적인 정책 방안을 둘러싸고 긍정적·진보적 시각과 부정적·
보수적 시각 사이의 이념적 대립과 갈등 사태인 '남남 갈등'이 초래되었
다.

물론 이러한 이념적 갈등 사태에 대해, 진보 진영의 일각에서는 남남
갈등, 보혁 갈등이 실제와 다르게 혹은 실제를 과장하여 퍼뜨려지고 있
는, 수구 냉전 세력의 날조된 주장이라고 비난하고 있기도 하다.[15] 하지
만 이 글은 극단적 사생결단의 이념 투쟁 수준에 이른 것은 아니더라도,
대북 정책과 통일론을 둘러싼 이념적 갈등은 '현실적으로' 존재하고 있
는 것으로 보고자 한다. 또한 존재치 않거나 미약한 정도에 그치고 있는
갈등 사태가 실세보다 부풀려지고 확대되었다고 하더라도, '역설적으
로' 냉전 보수 세력의 현실 왜곡과 과장, 국내 여론의 분열 책동 등으로
인해 진보와 보수 사이에 이념적 갈등이 '현실화되고 고착되어' 가고 있
음은 부정할 수 없는 엄연한 사실로서 인정해야 될 것이라고 생각한다.

---

15. 손석춘, 「냉전세력의 논리, 무엇이 문제인가」(2001), 69-72쪽 참조.

더욱이 현재 우리 사회의 진보/보수 간 이념적 대결 구도가 왜곡된 방식으로 형성되어 있는 주된 원인이 수구 · 냉전적 보수 진영이 자신들의 기득권 유지를 위해 그처럼 현실을 과장하고 갈등을 심화 조장시키는 정치적 음모와 술수에 있다면, 그러한 책동을 분쇄하기 위한 방안의 강구나 향후 그러한 책략을 사용하지 못하게끔 미연에 방지하는 방안을 모색해 보기 위해서라도 현실에서 전개되고 있는 이념적 갈등 사태의 본질을 고찰해 볼 필요성이 충분히 있다 하겠다.

요컨대 '현상적'으로 정책을 둘러싼 정치적 찬반 입장의 차이 또는 정책적 차원에 한정된 '국내 정치적 갈등 양상'[16]으로 비쳐지는 이러한 사태는 정책의 수립과 추진 과정에서 야기된 '일시적' 혹은 '일회적' 현상으로 단순히 보아 넘기기에는 그리 문제가 간단치 않아 보인다. 겉으로 드러난 갈등 '현상' 이면에 주목할 경우, '본질'상 이 문제는 해방 이후 한국 사회의 전개 과정에서 역사적으로 구조화된 '이념적 · 사상적 대립 구도'에 기인하고 있다는 확신을 갖게 되기 때문이다. 이는 특히 분단 상황 아래서 이데올로기적으로 상호 대립하고 있는 남북한의 특수한 관계, 아울러 전 세계적인 냉전 구조의 와해 속에서도 여전히 남아 있는 한반도의 냉전 요소들[17]과 연결되어 한층 복잡한 중첩적인 양태로서 작용하고 있다는 점에서 특별한 주의를 요한다. 게다가 이러한 이념적 대립 갈등 구도는, 한편으로는 우리 사회의 중요한 갈등 요인으로 여전히 자리하고 있는 '계층적 · 계급적 대립 구도,' 다른 한편으로는 정치적 이해관계와 연계되어 심화, 확산되고 있는 '지역적 갈등 구도'와 맞물려 우리 사회를 보다 심각한 분열과 대립의 상황으로 내몰 수 있는 분열적 · 갈등적 요인으로 작용할 잠재력을 갖추고 있기까지 하다.[18]

---

16. 남궁영, 「대북정책의 국내 정치적 갈등: 쟁점과 과제」(2001), 81쪽 참조.

17. 이 점에 관해서는 백종천, 「한반도 냉전구조의 현황과 과제」(1999), 25-8쪽 참조.

18. 지금과 같은 대립적 양태로 진행되는 이념적 분열 · 갈등 현상은 기존의 계급적 · 계층적 갈등 구도 그리고 지역적 갈등 구도와 연계되어 한국 사회의 갈등과 반목을 더욱 조장하고 있다. 잘 알려진 것처럼, 한국 사회는 급속한 경제 발전과 산업화 과정을 거치면서 부

3. 이념적 대립 · 갈등의 문제로서 '남남 갈등'이
초래된 원인 및 배경

대북 햇볕 정책을 둘러싼 남남 갈등이 초래된 원인과 그 배경에 대한 추적은 두 차원의 접근 방식이 요구된다. 그 하나는 구체적인 '정책적 · 정치적 차원'에 초점을 맞추어 분석해 들어가는 방식(현상적 분석 방식)으로, 이는 작금의 갈등 사태를 정책의 입안과 추진 과정에서 야기된 문제점에 초점을 맞추어 분석해 보는 것이다. 다른 하나는 정책을 둘러싼 정치적 찬반 논변으로 비쳐지는 대립 현상의 밑바닥에 자리하고 있는 역사적 · 사회 구조적 요인들을 비판적으로 검토해 보는 방식(본질적 분석 방식)이다. 물론 이처럼 두 측면으로 구분하여 살펴보는 것은 '편의적인' 것이며, 두 차원은 완전히 단절되어 있는 것이 아니라 서로 내적으로 밀접히 연계되어 있다. 그러므로 사회 구조적 차원이 보다 중시된다고 해서 이것이 정책적 · 정치적 측면과 같은 구체적인 요인들이 경시되어도 좋다는 것을 의미하는 것은 아니다.

1) 현상적 원인(정책적 · 정치적 차원)

현재 우리 사회에는 남북 정상 회담이나 대북 정책 등과 관련하여 엇갈린 반응과 상반된 입장이 봇물처럼 쏟아져 나오고 있다. '다양한' 견해

의 불공정한 분배에 따른 가진 자와 그렇지 못한 자 사이의 계급적 · 계층적 위화감과 대립적 관계가 형성되어 왔다. 물론 과거에 비해 그 갈등의 폭이 상당히 완화된 것은 틀림없지만 여전히 사회 내에 자리한 채, 갈등 양상을 조장하는 잠재력을 내장하고 있다. 그리고 우리 사회 갈등 구도의 다른 한 축을 이루고 있는 지역적 · 정서적 갈등 양상 역시 여야 간의 정치적 이해관계와 맞물려 작금의 반목 대립을 한층 더 부추길 수 있는 잠재적인 요인으로 자리 잡고 있다. 실제로 이러한 지역적 정서의 반목과 대립은 현실 정치의 장場에서, 정부의 정책을 둘러싼 지지와 반대로 이어지고 있다.

와 주장이 자유롭게 표출되고 있다는 사실은 그 자체 '민주화의 징표' 로서 읽힐 수 있다. 문제는 그러한 주장들이 첨예하게 대립된 두 입장으로 '이원화' 되어 맞서고 있으며 중도적 입장이 자리할 여지가 없을 뿐 아니라 국론 분열의 조짐마저 보이고 있다는 사실이다.[19] 게다가 이른바 다원성과 다양성을 특징으로 하는 오늘의 시대적 상황 속에서 어느 입장이 진보적이고 보수적인지 판단하기가 그리 용이하지 않다는 점도 사태를 더욱 혼란스럽게 만들고 있다.[20]

그렇다면 일차적으로 국내 정치적 갈등 사태로 읽어 낼 수 있는, 대북 정책을 둘러싼 이 같은 논란과 갈등의 '현상적' 원인은 대체 무엇인가? 구체적인 정책의 수립 및 운용의 측면에서 살펴보면 첫째, 대북 정책을 입안하고 추진하는 과정과 방식이 '일반 국민들의 관점' 으로는 만족스러울 만큼 충분한 '민주적인 절차와 단계' 를 거치지 못하고 있는 것처럼 보인다는 점이다. 물론 대북 화해 협력 정책의 우선적인 상대자가 북한 당국이다 보니 여러모로 공개할 수 없는 측면 — 비공식적인 비밀 접촉을 비롯하여 — 도 있을 것이다. 그럼에도 대북 정책의 구체적인 방안을 수립하고 추진해 나가는 일련의 과정과 절차가 국민들이 보기에는 그리 투명한 것 같지 않으며,[21] 정책 입안자들이 중심이 되어 '위로부터' 일방적으로 주도하고 있는 것으로 비쳐지고 있는 것이다.[22] 이는 대북 정책의 '총론' 뿐만 아니라 '각론' 에 대해, 타당한 근거와 이유에 기대어 제기

---

19. 이 점에 관해서는 북한 관련 문제에서 진보적 견해를 표방하고 있는 고유환, 「남북정상회담 이후 한반도 정세 전망」(2001), 29-30쪽 참조.
20. 이처럼 특정 현상에 대한 (윤리적) 판단의 불일치로 특징지어지는 한국 사회의 현실은 심각한 윤리적 무질서에 처한 위기 상황으로 볼 수 있을 것이다. 이와 관련된 도덕적 위기에 대한 논의로는 A. MacIntyre, *After Virtue*(1984), 6-10쪽 참조.
21. 고유환, 「남북정상회담 이후 한반도 정세 전망」(2001), 37쪽 참조.
22. 이 점과 관련하여, 현재 남북한 사이에 진행되고 있는 통일 담론은 사실상 거꾸로 된 분단 담론이었으며 무엇보다 남북한 지배층의 권력 담론, "양쪽 지배층의 권력 관심을 최우선적으로 고려하는 가운데 이루어진 '권력 간 협상' 의 형태"에 지나지 않는다고 보는 주목할 만한 주장이 제기되고 있기도 하다. 홍윤기, 「한국과 독일의 분단구조와 분단세력 비교」(2001), 205-6쪽 참조.

되고 있는 비판적 견해나 대안적 입장이 정책 수립 및 집행 과정에서 충분히 고려되거나 반영되지 못하고 있다는 국민적 판단으로 이어지고 있다. 더욱이 '염려스러운' 대목은 김대중 정부의 대북 포용 정책을 지지하거나 그에 부합하는 견해와 입장만이 선별적으로 수용되고 그렇지 않은 것은 배제되고 있다는 의구심이 우리 국민들 사이에 자리하고 있다는 점이다. 이 같은 분위기는 급기야 대북 포용 정책에 대한 신뢰를 떨어뜨리며, 우호적인 분위기를 부정적이며 회의적인 시각으로 전환시키는 결과를 낳고 있다.

둘째, 역대 정권과 달리 현 정부(국민의 정부)의 대북 포용 정책은 "대북 정책의 국내 정치적 이용을 배제한다는 점에서 차이가 있다"[23]는 긍정적인 평가에도 불구하고, 다수의 국민들 사이에는 국민의 정부 역시 '일정 정도' 그 성과를 정치적으로 이용하고 있다는 의구심이 퍼져 가고 있다는 점도 갈등 사태를 초래한 주된 원인들 중 하나이다. 민심의 저류에는, 남북한 간 민족 통합의 과제를 수행한다는 취지하에 "남한 내 헤게모니 확보와 정권 연장이라는 국내 정치적 목적을 위해 남북 관계를 이용하려 한다는 의심을 받을 소지가 있다"[24]는 '정통 보수적 시각'에서 제기된 비판적 견해에 진보적 성향의 사람이건 보수적 성향의 사람이건 심정적으로 동의하는 정조情調가 자리하고 있다.

셋째, 국민의 정부의 대북 포용 정책 역시 '가시적인 정책의 성과'에 집착하여 성급하게 진행되고 있다는 미심쩍음이 국민들 사이에 널리 퍼져 있다는 점도 유념해야 할 대목이다.[25] 요컨대 장기적인 관점에서 '진정한 민족의 이익'에 부합하는 방향에서 신중하게 추진되어야 할 대북 정책이 국민의 정부가 집권하는 기간 내에 눈에 띄는 성과를 얻어 내기 위해 무리하게 추진되고 있지 않은가 하는 의문이 국민들 사이에 일고

---

23. 이종석, 「대북포용정책 18개월, 평가와 과제」(1999), 45쪽.
24. 이상우, 「6.15선언, 정권바뀌면 휴지조각 될 수 있다」(2000), 99쪽.
25. 김구섭, 「대북 '햇볕정책'의 평가와 실효성 제고 방안」(1999), 68쪽.

있다는 것이다. 이와 관련하여, 최근 남북 정상 회담 2주년을 맞아 회담의 성공적 개최에 노고가 많았던 사람들에게 훈장을 수여한 정부의 처사는 '사려 깊지 못한 행동'이라는 여론이 비등하고 있다. 왜냐하면 대북 정책의 성과에 관한 공정하고도 정당한 평가는 아직 '진행 중'이기 때문이다. 그런 점에서 훈장 수여 소식은 국민의 정부가 그토록 심혈을 기울여 추진해 온 대북 포용 정책의 '진정한 의도'를 읽어 내게 하기보다는, 오히려 '치적주의治績主義'의 흔적을 느끼게 한다. 더욱이 이러한 — 비록 부분적인 것이라 해도 — 한탕주의적 발상은 분단의 고착화를 통해 개인적·집단적 이익을 고수하려는 냉전 수구 세력에게 악용될 소지가 있다는 점에서, 더욱 세심하게 신경을 썼어야 할 유감스러운 일이 아닐 수 없다.[26]

2) 본질적 원인(사회 구조적 차원)

대북 정책을 둘러싼 대립적인 두 시각이 첨예하게 맞서 있는 작금의 상황은, 북한 체제를 바라보는 관점이나 통일의 구체적 방안 등에 관한 근본적인 입장 차이에서 비롯되고 있으며, 이는 궁극적으로 한국 사회의 사회 구조적 메커니즘으로 자리 잡고 있는 이념적·사상적 지향성의 대립 구도로 환원된다. 이는 지금과 같은 갈등 현상이 '본질적'으로 해방 이후 한국 사회의 전개 과정에서 배태된 구조적 모순과 연계된 복합적인 '이념 대립' 문제의 연장선상에서 읽힐 수 있음을 말해 준다. 따라서 이러한 갈등 국면은 단순히 대북 정책의 국내 정치적 갈등 상황에 국한하여 바라보아서는 곤란하며, 오랜 세월 한국 사회의 밑바닥에 형성되어

---

26. '훈장 수여'에 관한 비판은, 두말할 필요 없이 '정통 보수적 입장'에서 보다 강력하게 제기되고 있다. 단적인 예로, "남들은 수구라고 하고 스스로는 보수를 칭하는"(유시민, 「칼럼니스트여, '정치적 중립'이라는 가면을 벗자」(2002), 231쪽) 송복의 「축하받지 못하는 훈장」(『조선일보』 2002년 6월 9일자)을 들 수 있다.

온 사상적·이데올로기적 갈등 구도가 현 정부(김대중 정부)의 대북 정책을 매개로 하여 수면 위로 떠오른 사태로 '잠정' 규정하고 고찰할 필요가 있다. 또한 이렇게 볼 경우에만 향후 남북한의 민족 통합 과정에서 필연적으로 재현될 이념적·사상적 갈등과 논란을 '근본적'으로 넘어설 발판을 마련할 수 있는 단초를 확보할 수 있을 것이다.

그렇다면 이러한 갈등의 '본질적(사회 구조적)' 원인을, 식민지 상황과 해방 이후 진행된 역사 전개 과정의 왜곡화, 분단 모순에 기인하는 이데올로기적 대결 구도라는 한국 사회가 지닌 '특수한' 이념적 지형에서 찾는다고 할 때, 그러한 지형의 내용과 의미는 대체 어떤 것인가. 미리 간략하게 말한다면, 그러한 지형이란 한편으로는 해방 이후 한국 사회가 걸어온 도정에서 '기득권 세력(반민주 독재 세력)'과 그에 대한 '비판 세력(민주화 세력)' 사이에 형성된 '보수/진보' 간의 이념적 대립 지형을 가리키며, 다른 한편으로는 분단과 6.25를 겪으면서 구축된 '좌익(좌파)/우익(우파)'의 이데올로기적 대립 전선을 의미한다.

(1) 보수/진보 간 이념적 대립 지형

주지하다시피 식민지 상태에서 벗어난 이후 민족과 역사의 이름으로 마땅히 척결되어야만 했던 친일 민족 반역 세력이 단죄되지 않은 채, 우리 사회의 지배 세력으로 군림하고 급기야 정치적 정당성이 결여된 독재 권력과 야합하여 여전히 자신들의 부와 권력을 유지, 확대하는 상태가 지속되어 온 것이 한국의 현실이다. 이러한 상황 속에서 독재 권력과 결탁한 수구 세력[27]은, 자신들을 겨냥하여 정당한 비판과 저항, 민주화 투쟁

---

27. 이러한 지배 세력 역시 보수주의라는 이름으로 불리었지만, 그것은 단지 형식적으로만 자유 민주주의를 표방했을 뿐 실제로는 자유 민주주의의 기본인 개인의 인권을 철저하게 유리한 반동적 보수주의로서, 엄밀한 의미에서 보수주의라는 이름이 붙여질 자격조차 없었다. 이와 관련하여, 한국 사회의 자유주의는 국가의 공식 이념인 '획일주의적 반공주의'

을 시도하는 '민주적 혁신 세력'에 대해, 이를 체제 전복 세력, 좌경 용공 세력, 민주 질서 파괴 세력 등의 이름을 붙여 탄압하는 폭거를 자행해 왔다. 바로 이 같은 도정에서, 민족정기의 확립과 민주화를 열망하는 민중의 목소리를 대변한 진보 진영의 정당한 요구를 '반공 이데올로기'와 '자유주의 체제의 수호'라는 왜곡된 슬로건을 내세워 거부한 기득권 세력을 ― 보수라고 칭해지지만 그 명칭의 실제 의미인 ― '수구 반동'으로 바라보는 이념적 시각이 일반 국민들 사이에 형성되었다.

한편, '문민정부(김영삼 정부)'를 거쳐 '국민의 정부'가 들어선 이후에는 이와는 다소 상반되는 양상이 연출되고 있다. 예컨대, 과거 군사 독재 정권 때 민주화 투쟁에 참여했던 혁신 진보 세력이 이전에 비해 진일보한 '민주화된' 정부의 주요 업무에 참여하는 경우가 늘어나면서, 그 가운데 일부가 주요 정책을 입안하고 추진하는 과정에서 민주적인 합의 절차를 제대로 지키지 않고 마치 '자신들만이 옳고 정의롭다'는 식의 비민주적이고 독선적인 태도를 보이는 것이다.[28] 비록 일부이기는 하지만 이 같은 자세는 정책의 수립과 추진 과정에 대한 합리적인 비판과 대안적 입장의 제시에 대해, 이를 경시하거나 무시하는 오만으로 이어졌으며, 이는 곧바로 기존의 기득권 세력은 물론이거니와 다수의 건전하고 의식 있는 보수주의자들, 중도적 성향의 국민들, '양식 있는' 진보 진영의 인사들로부터 정서적 반감과 저항, 이성적 반反비판을 불러일으켰다.

와 다름없다는 비판적 주장이 제기되고 있기도 하다. 김동춘, 「레토릭으로 남은 한국의 자유주의」(1999), 11쪽.

28. 대북 정책이나 통일론과 '직접' 관련된 것은 아니지만, 최근 진보(진영)에서 드러나고 있는 이 같은 오만한 자세에 관한 우려와 신랄한 비판은 한국 사회의 대표적인 진보적 비판 논객인 강준만의 최근 글에서도 개진되고 있다. 그는 이러한 현상을 '김대중 신드롬'으로 명명해 비판하고 있다. "'김대중 신드롬'이란 '자신이 외부의 극심한 탄압 속에서도 소수자와 약자를 배려하는 삶을 살아 왔고 지금도 그런 일을 하고 있다고 믿기 때문에, 자신이 권력을 잡은 뒤엔 일종의 특권 의식과 더불어 독선과 오만에 빠져 도덕적 해이를 저지르게 되는 병리적 현상'으로 정의할 수 있을 것이다." 강준만, 「'김대중 신드롬'과 '진중권 신드롬'」(2002), 10쪽.

이러한 상황 속에서 진보(진영)는 보수(진영)의 다양한 스펙트럼을 고려하지 않은 채, '보수 일반'을 '자신들의 이익을 위해 사회 공동의 이익마저 내팽개치는 수구 반동'으로 일방적으로 몰아붙이는 경향을 보이고 있으며, 반대로 — 특히 수구 반동적 보수를 중심으로 — 보수(진영)는 진보(진영)를 '급진적 사회 불안 세력 혹은 자신들만이 옳고 정당하다는 아집에 사로잡힌 독선주의자'로 비판함으로써, 급기야 왜곡된 형태의 이념적 갈등 구도가 정립되기에 이르렀다. 이는 작금에 빚어지고 있는 남남 갈등에도 고스란히 적용된다.

(2) 좌파/우파 간 이데올로기 대립 구도

해방과 맞물려 빚어진 분단 그리고 연이어 6.25를 겪으면서 한반도에는 남북한의 체제 이데올로기 경쟁이 심화되었으며 서로에 대한 부정적 인식이 팽배해지면서 상호 적대적 관계가 공고화되었다. 남북한의 이러한 냉전적·적대적 구도는 남한 사회에도 고스란히 이어져 국가 안보를 우선시하는 강력한 반공 체제가 구축되었으며, 그 도정에서 좌파 내지 혁신, 진보 세력이 급속하게 와해되었다.[29] 그에 따라 사회 성원들 사이에 이데올로기적 괴리감이 은연중에 내재화되었으며, 이른바 '미 제국주의 앞잡이/빨갱이' 등으로 각인된 이데올로기적 갈등의 상흔이 깊게 새겨지기에 이르렀다. 물론 이러한 냉전적 대립 구도는 반민족적, 반민주적 세력이 자신들의 권력과 물적 토대를 지속적으로 장악, 유지, 확장하고자 하는 의도 때문에 더욱 심화, 공고화하는 양상을 보여 왔다. 아울러 그러한 과정에서 정통성이 확고하지 못했던 이 땅의 지배 세력들이 지속적으로 유포한 분단과 대립의 논리를 — 의식적이든 무의식적이든 — 받아들인 다수의 민중들 또한 이러한 이데올로기 대립 구도에 자연스레 길들

---

29. 이 점에 관해서는 모리 요시노부, 「한국 반공주의이데올로기 형성과정에 관한 연구」 (1989), 171-91쪽 참조.

여진 것도 엄연한 사실이다.[30]

여하튼 우리 사회에는 이와 같이 자유 민주주의 이념과 사회주의 이념 간의 상호 보완적이며 상호 비판적인 대립 구도가 아닌, 상호 '적대적인' 이념 대립 관계가 구축되어 오늘에 이르고 있다. 물론 현실 사회주의의 몰락과 더불어 이러한 이데올로기적 대립 구도는 많이 완화되었다지만, 여전히 냉전 논리적 요인들이 잔존하고 있는 한반도, 특히 남한 사회에서 이는 비틀린 방식으로 분출되고 있다. 요컨대 비생산적인 방식으로 구축된 좌파/우파[31] 간 이데올로기적 갈등 구도는 사회 내에 잠복해 있으면서 평상시에는 잘 표출되지 않다가 대북 정책과 같은 민감한 주제가 출현할 경우, 그것을 이념적으로 대립되는 문제로 읽게 만드는 것이다.

이처럼 우리 사회 저변에 자리하고 있는 이데올로기적 대립 구도는 한반도에 자리하고 있는 두 이념 체제가 오랫동안 상대방에 대해 부정적, 적대적 시각을 키워 온 것처럼, 우리 사회 내부에 존재하는 진보 진영과 보수 진영 양측으로 하여금 상대방을 부정적, 적대적 편견에 입각해 파악토록 '의식화' 함으로써 우리 사회의 '이데올로기적 갈등의 골'을 심화시키고 있다. 특히 이러한 체제 이념 간 대립 구도는, 반세기에 걸친 남북한의 적대적 관계를 평화적 협력 관계로 전화시키고자 추진되어 온 대북 정책의 실질적인 성과를 대가로 하여, 남한 사회 내부에 이념적 · 사상적 갈등을 조장하고 있을 뿐 아니라 향후 전개될 남북한의 사상적 · 이념적 통합을 어렵게 만듦으로써 민족 통합을 저해하는 주요 요인으로 작용할 것으로 예견된다는 점에서 근본적인 분석과 고찰을 필요로 한다.

---

30. 이에 관해서는 강준만, 「'색깔론' 의 구조」(2002), 70-1쪽 참조.
31. 서구 사회에서 이루어진 좌파/우파의 구분은 대체로 사회를 급진적(근본적) 방식으로 변화시키고자 하는 입장과 확립된 전통과 관습을 유지하려는 입장에 대한 개념적 대응이었다. H. Tam, *Communitarianism: A new agenda for political and citizenship* (1998), 34-6쪽.

(3) 민주적 담론 절차의 미未구현

해방과 분단 이후 반세기에 걸쳐 고착화된 이중적이고 복합적인 이념적 · 사상적 대립 구조는 진보를 '좌경 용공'으로, 보수를 '수구 반동'으로 폄하하면서 끊임없는 편견과 부정적 시각, 갈등과 대립을 우리 사회에 확대, 심화시켜 왔다. 그런데 여기에는 그렇게 만든 또 다른 중요한 원인이 있다. 그것은 이 같은 이념적 논쟁이 합리적인 방식으로 진행되도록 해주는 '민주적 담론 절차'가 아직 우리 사회에 제대로 구현되지 못했다는 점이다. 여기에는 민주적 사회의 구현을 방해함으로써 사적 이익을 챙기려는 수구 반동 세력의 지속적인 영향도 만만치 않게 작용하고 있다.

요컨대 굴절되고 왜곡된 사회 전개 과정 속에서도, 민주화 운동의 결과로 이만큼이나마 민주화된 사회에서 개인들이 자유로운 삶을 향유하고 있지만, 그때그때의 사회적 현안이나 문제를 누구나 자유롭고 평등한 입장에서 열린 대화나 토론, 논쟁을 통해 풀어 나갈 수 있는 담론적 민주주의는 아직 확고하게 뿌리 내리지 못하고 있는 실정이다. 그로 인해 대북 정책 등을 둘러싼 이념 관련 주제나 문제를 '빨갱이냐 파랭이냐' 식의 감정적인 '양자택일의 문제'로 귀결시켜 합리적으로 마무리하지 못하는 반反민주적인 천박한 논쟁 문화 수준에 머무르고 있는 것이다.[32]

---

32. 비민주적 논쟁 방식이 드러내는 횡포, 곧 자의성恣意性과 왜곡성, 일방적 강요와 극단적 편향성 등을 확인해 볼 수 있는 예로는, 보수 진영이 경우 『한국논단』에 실린 박근의 「미고, 서울에 있어야 북이 방아쇠 못당긴다」가 당시 민주당 상임 고문 김근태의 국회 대표 연설에 대해 가하고 있는 자의적인 비판을 들 수 있다. 한편, 진보 진영의 경우 좌파 진보주의 논객으로 세인들에게 알려져 있는 진중권의 시론 「서해교전이 안타깝다고?」(『경향신문』 2002년 7월 3일자)의 입장 — 이 글에서 진중권은 "남북간에 설사 NLL에 대해 이견이 있다 하더라도, 그 이견을 제시하는 방식이 무장을 하고 내려와 같은 민족에게 다짜고짜 총질을 하는 것일 필요는 없다"고 밝히고 있다 — 에 대한 일부 이른바 좌파 지식인들의 편파적인 비판 — 가령, 민족문제연구소 운영위원회 부위원장 여인철의 「진중권씨가 더 안타깝다?」(『경향신문』 2002년 7월 9일자) — 을 들 수 있다.

4. 대북 정책을 둘러싼 '보수/진보 간 이념적 대립 구도'의 왜곡화

지금까지 살펴본 바와 같이 대북 정책을 중심으로 전개되고 있는 대립적 갈등 양상은 본질상 보수와 진보 간의 이념적 대결 상황으로 이해될 수 있다. 하지만 그러한 대립은 '무늬만' 보수와 진보 사이의 이념적 대립 구도를 취하고 있을 뿐, 그 실제적인 내용의 차원에서는 진정한 의미의 보수/진보 간 이념적 대결의 양태를 취하고 있지 않다. 다시 말해 현재의 이념적 대립은, 사회 발전에 부합 내지 기여하는 양태가 아니라 오히려 사회 발전을 저해하는 비생산적이며 비민주적인 '뒤틀린' 양태를 취하고 있다.

이를 좀 더 상세히 살펴보면, ① 보수적 입장과 진보적 입장을 구성하고 있는 다양한 '하위 형태'에 관한 보다 세밀한 구분이 제대로 이루어지지 않은 채, '보수 아니면 진보'라는 단순화된 이분법 논리가 무차별적으로 적용되는 가운데 이념적 대결이 이루어지고 있다.

하지만 조금만 주의를 기울이면 모든 보수(주의)를 수구 반동으로 재단할 수 없으며, 거기에는 다양한 스펙트럼이 존재하고 있음을 확인해 볼 수 있다. 나아가 반민주적 독재 권력에 기초를 둔 특정 기득권 세력이 '불순한 동기'에서, '신중한 보수주의,' '비판적 보수주의,' '건전한 보수주의'[33] 등을 한통속으로 묶어 소위 '보수 대연합'이라는 기치 아래 집

---

33. 여기서 나열해 본 보수주의들은, 적어도 수구 반동적 보수주의와는 다른 유형의 보수주의가 존재한다는 직관에 따라 제시해 본 것이다. 가령 중도 좌파나 중도 우파도 보기에 따라 비판적 보수주의나 건전한 보수주의에 대응할 수 있을 것이다. 물론 이는 보다 세밀한 탐구가 요구되는 문제이다. 아울러 보수주의를 그 의미에 따라 분류하는 일반적 방식은, '기질적 보수주의,' '상황적 보수주의,' '정치 철학으로서의 보수주의'로 나누는 방식이다. 이에 관해서는 김동일, 「근대정치사상과 이데올로기」(1982), 23-6쪽; 강정인, 「보수와 진보 — 그 의미에 관한 분석적 고찰」(1997), 30-8쪽 참조.

단적 이익을 도모하려는 움직임[34]도 읽어 낼 수 있다. 이와 동시에 건전한 보수 진영에서 제기하고 있는 — 국민의 정부에 참여하고 있는 민주화 세력을 포함하는 — 진보 진영에 대한 정당하고 합리적인 비판이 이른바 보수 반동의 입장으로 곡해되거나 무시되는 혹은 역逆비판되는 사태도 목도되고 있다.

② 1970-80년대 군사 독재 정권 시절에는 '민주 대 반민주'의 양태로 진보/보수 간 이념적 대결이 드러남으로써 어느 입장이 옳고 그른가의 판단이 비교적 용이했던 것과는 달리, 현재의 진보/보수 간 이념 대립은 — 적어도 대북 정책이나 북한과 관련한 '개별적' 사안에서 — 어느 쪽이 옳은가를 판단하는 데 적잖은 숙고를 요구하고 있다. 상황이 이러함에도, 비록 일부에 한하지만, 진보(진영)는 과거의 암울했던 시절의 경험에 비추어 여전히 자신의 입장만이 정의요 진리라고 생각하는 경향을 띠고 있는 것처럼 보인다. 이른바 진보가 보수에 비해 이념적 우월성을 지니고 있다는 확신이 여전히 견지되고 있는 셈이다.

하지만 분단을 영구화함으로써 권력과 부 등 기득권을 계속해서 유지하려는 반통일 · 반민족 세력을 제외한 '신중한' 보수주의적 시각에서 제기되는 주장과 입장에 대해서는 그것이 옳지 않다고 쉽게 판단하기 어렵게 되었다. 이와 관련하여 최근 대북 정책을 둘러싼 논의의 첨예한 쟁점 가운데 하나인 '북한의 변화에 대한 인식과 해석'[35]을 놓고 현 정책과 대치되는 입장에 대해, 국민의 정부가 이를 상당히 경시하거나 무시하는 태도를 보이고 있는 듯한 징후가 포착되고 있다.[36] 하지만 북한 체제를 경험한 '탈북자'를 위시해 이른바 '신중한' 보수 진영은, 비록 정치적 지향점에서는 북한 정권에 반하는 입장을 취하고 있지만, 나름의 근거와

---

34. 박호성, 「보수와 진보, 그리고 한국적 보수주의」(1989), 25쪽.
35. 북한의 변화를 둘러싼 논란에 관해서는 이현경, 「부시 행정부 출범 이후 북미 · 남북관계와 관계 개선 방안」(2002), 66쪽 참조.
36. 대북 정책의 구체적인 방법론을 둘러싸고, 국민의 정부와 전前 김일성대학 총장 황장엽 사이에 형성되어 있는 갈등 관계가 이를 '간접적으로' 말해 준다.

이유로 북한 체제의 변화를 '부정적'으로 파악하고 있기 때문에 그들의 목소리 역시 귀담아 들을 필요성이 제기되고 있다. 대북 포용 정책을 통해 북한 체제가 변하고 있는 것은 틀림없는 사실이지만, 그러한 변화가 '본질적, 실체적 변화'인지 아니면 '전술적, 현상적 변화'인지는 여전히 논란의 대상이며 '진행 중'인 판단 사항이기 때문이다. 그렇지는 않겠지만, 지나친 '낙관론'의 견지에서 현상적 전술적 변화를 체제의 근본적인 변화로 잘못 읽어 냄으로써, 남북 통합에 기여하기보다 오히려 부정적인 사태로 귀착될 가능성도 전적으로 배제할 수 없다.

이 같은 사실은 과거 군사 독재 정권이 지배하던 시절에 비해 현 상황에서 선악이나 정사正邪의 구별이 그리 쉽지 않음을 말해 준다. 그럼에도 관성의 법칙 탓인지, 일부나마 진보 진영에서는 여전히 자신의 판단과 입장만이 참이요 옳다는 식의 사유 방식이 지배적으로 자리하고 있는 것처럼 보인다.[37] 이런 점을 고려해 볼 때, 진보 진영은 자체 내의 보다 겸허하고 열린 '자기 성찰'과 '자기비판'이 요구되는 것이다.

③ 현재 우리 사회는 오랜 독재 권력의 지배에서 벗어나 민주화의 경로를 밟아 나가고 있는 만큼 진보와 보수가 맞서 있는 대립 전선도 그 이전과는 상이한 형태를 취하고 있다. 하지만 이를 파악하는 데 동원되는 진보와 보수에 대한 규정은 여전히 과거의 것이 효력을 발휘하고 있다. 이는 진보와 보수에 대한 '과거의 규정'이 현시점에서 '부분적으로' 수정될 필요가 있음을 말해 준다.

1980년대만 해도 진보와 보수는 '민주 대 반민주,' '민족 대 반민

---

37. 이의 단적인 사례로, 국민의 정부에서 대북 정책 분야의 대표적인 진보적 북한 연구자로 통하고 있는 이종석이 황장엽의 방미 문제와 관련하여 「황장엽 선생님께」(『한국일보』 2001년 7월 15일자)라는 기고문을 통해 제기하고 있는 비판적 주장을 들 수 있다. 다소 주관적인 판단일 수 있지만 그 글은 상대방을 나와 대등한 존재로 간주하여 그의 입장을 존중하고 '공정한' 대화를 통해 문제 해결의 실마리를 풀어 나가려는, 민주적인 의사소통에 의한 접근 방식보다는 — 황장엽의 표현대로 — 상대방으로 하여금 굴욕감과 경멸감을 느끼게 만들 만큼 자신의 입장만이 정당하다는 식으로 논지를 전달하고 있다.

족,' '통일 대 반통일'로 쉽게 구분 지을 수 있었다. '민주 대 반민주' 구도의 경우만 해도, 이전에는 '군사 독재 정권 대 민주화 세력'으로 구분이 가능했지만, 명색이 민주화된 지금의 상황에 쉽게 그 잣대를 들이밀기 어렵게 되었다. 물론 여전히 수구 반동의 논리를 앞세워 기득권을 유지 확대하려는 집단이 엄존하고 있음은 부동의 사실이다. 하지만 이러한 기득권 세력 역시 물리적 강제력을 동원하여 자신들의 이익을 유지 확대하기는 대단히 어렵게 되었다. 적어도 민주적인 규칙을 따르는 외양을 취하지 않을 수 없게 된 것이다. 이러한 상황에서 이제 '민주 대 반민주'는 실제로 '민주적 절차를 준수하고 있는가'의 여부에 달려 있으며, 이는 곧 '민주=진보,' '반민주=보수'라는 등식에도 일정 정도 수정이 요구되고 있음을 말해 준다.

이에 비해 '통일 대 반통일' 구도는 분단을 고착화함으로써 자신의 이익을 증대하는 집단과 세력이 존재했던 군사 독재 시절뿐만 아니라 지금에도 여전히 유효하다. 민주화된 상황에서도 이러한 집단이 존속하고 있기 때문이다. 하지만 '통일을 염원하면서도 신중한 태도로 북한 체제의 변화를 조심스럽게 주시하고 대북 정책을 견제하는 보수적 입장'이 존재하고 있다는 점에도 또한 유의해야 한다.[38] 그러한 입장은 민족적 이

---

38. 이 점과 관련하여 황장엽은, 현재 우리 사회에 극단적인 냉전적 사고방식을 소유한 보수주의자로 비쳐지고 있다. 하지만 황장엽이라는 인물에 대한 우리 사회의 평가는 그의 철학 사상 체계에 대한 정확한 득해 없이 겉으로 드러나는 그의 행태나 정치적 입장과 관련된 몇 편의 글에 대한 피상적 이해에 의거하여 경박하고 믹연하게 이루어지고 있다고 보인다. 아울러 황장엽의 '실체'를 제대로 파악하기 위해 그간 우리 사회의 진보(진영) — 특히 신부적 지식인들 — 가 그에 대한 제대로 된 고찰이나 담구에 어느 성도 관심을 갖고 지속적으로 노력을 기울여 보았는지 의문스럽다. 여하튼 황장엽이 보수주의자인지 아니면 그 반대로 참된 의미의 진보주의자인지에 대한 판단은 보다 세심하고 엄밀한 탐구가 요구되는 사항이다. 여기에는 그의 철학적 세계관과 인생관, 사회 역사관에 대한 충분한 검토가 필수적이다. 이와 관련하여 한 가지 지적할 사항은, 비록 그가 대북 정책 및 통일론과 관련하여 극단적 보수주의자로 비쳐지고 있다고 해도 기득권의 유지와 확장을 최우선적으로 고려하고 있는 '수구 반동적 보수'와는 거리가 먼, 개인적 이해관계를 초월하여 민족 전체의 이익을 우선적으로 고려하고 있는 '신중한 보수주의자'로 잠정 해석될 필요가 있다는 점이다.

익의 관점에서 통일을 이루고자 하면서도, 그 구체적인 방법에서는 다른 전술과 전략을 구사하고자 생각하고 있기 때문이다. 그런 의미에서 대북 포용 정책에 대해 비판하는 세력을 무조건 반통일 냉전 세력으로 비판해서는 곤란하다. 아울러 이런 이유에서도 또한 보수/진보를 바라보는 '틀' 자체가 일정 정도 수정되어야 한다.

④ 작금의 변화된 시대 상황은 수구 반동에 의해 일방적으로 진보가 탄압받는 형국形局에서 '일정 정도' 벗어나 있다. 그럼에도 불구하고 여전히 그러한 일방적 '피해 의식적 사유'에 의거해 현재의 보수/진보 간 대결을 보려는 시각이 잔존해 있다.[39] 하지만 명색이 민주화된 상황에서 일방적인 탄압과 억압은 어려우며, 과거 군사 독재 정권 시절 보수라는 미명하에 수구 반동이 득세하면서, 진보에 대한 억압과 탄압이 가해졌던 상황은 더 이상 존재하지 않는다. 물론 이러한 '잠정적인' 단언적 진단이, 합법적인 테두리 안에서 수구 반동 세력과 결탁한 언론 권력 등을 통해 보다 음험하고 간교하게 작동되고 있는 수구 반동 논리의 확대 전략의 부재를 의미하는 것으로 이해되어서는 곤란하다.

요컨대 현재의 보수와 진보 간의 치열한 이념적 대립 양상은 1970-80년대의 모습과는 어느 면 사뭇 다른 내용을 담고 있다. 이런 변화된 상황을 고려치 않고 보수/진보 간 대립 상황을 고찰하게 될 경우, '진정한

---

39. 이와 관련하여 '합리적 진보주의자'로서 그간 올곧은 주장을 일관되게 펼친 언론인 손석춘의 경우, 『조선일보』에 실린 이진우의 글 「북 비판하면 반통일 세력?」에 대해 이를 "극도로 세련된 냉전 논리에 지나지 않는"(손석춘, 「냉전세력의 논리, 무엇이 문제인가」 (2001), 78쪽) 것으로 폄하하고 있다. 하지만 그 글은 "통일의 방식과 민족의 미래에 관해 조금이라도 다른 의견을 가지고 있으면 모두 '반민족적이고 반통일적인 세력'으로 매도하는 경향"을 띤 '극단주의적 발상'을 견지하고 있는 일부 진보(진영)에 대한 일종의 비판적 메시지로 읽어 낼 수 있다. 그렇다면 이 땅에서 자유 민주주의를 가장하여 민주 진영과 통일 운동 진영을 무차별적으로 비난하고 있는 위선적 수구 반동 세력에 대한 경고의 메시지로서 손석춘의 주장이 갖는 정당성과 타당성을 존중한다고 해도, 이진우의 글을 그러한 수구적 보수의 맥락과 동일시하여 단순히 '감정적 선동'으로 폄하하려는 듯한 태도는 ― 균형 감각을 지닌 합리주의자로서의 '실천적 언론인'에 대한 결례의 표현이지만 ― 일종의 '피해 의식적' 사유의 일단을 보여 주고 있는 것은 아닌가 하는 생각을 하게 만든다.

보수'와 '사이비 보수'를 제대로 구분하지 못한 채 자신의 입장과 다른 보수적 입장을 모두 다 수구적 보수로 여겨 자신의 입장이 옳다는 식의 독선을 드러내고 여전히 상대방을 타도해야 할 상대로 바라보게 될 수도 있다.

⑤ 현재 진행되는 보수/진보의 이념 대결은 민주적 방식과 절차에 따라 합리적으로 이루어지고 있지 않으며, 비판을 위한 비판이나 상대방을 타도의 대상으로 여기는 '적대적 방식'으로 이루어지고 있다.[40] 이에 따라 '중도적' 입장이란 용인되지 않으며 불가피하게 한 입장의 선택을 강요당하게 되는 것이다.[41] 이 같은 부정적 상황은 무엇보다 분단을 고착화함으로써 기득권을 유지하려는 반통일 세력에 의해 자행되고 있다. 그런 면에서 '국민적 저항'을 통해 이러한 세력을 이 땅에서 추방해야 할 것이며, 이를 위해서는 무엇보다 민주주의가 하나의 삶의 방식으로 당연하게 여겨질 정도로 철저히 구현되어야 한다. 동일 선상에서 진보 진영의 민주화도 철저히 이루어져야 하며, 지속적인 자기 성찰이 요구된다. 설령, 진보가 내세우는 주장이나 목표가 공익과 윤리적 정당성을 지향하고 있다 해도 그것이 민주적 절차를 통한 국민적 합의에 바탕하지 않을 때, 그것은 정당성을 지니기 어려우며, 경우에 따라서는 국민적 저항에 직면할 수 있을 뿐만 아니라, 자칫 반통일 수구 세력에게 역공의 빌미를 제공할 소지가 있기 때문이다.[42]

---

40. 이처럼 적대적 방식으로 될 수밖에 없는 상황의 일차적 원인은, 강성인이 언급하고 있듯이, "집권 세력이 혁신 세력을 탄압과 척결의 대상으로 대처해 온 해방 이후 남한 정치의 불행한 역사에서 찾을 수 있을 것이다"(강정인, 「보수와 신보 — 그 의미에 관한 분석적 고찰」(1997), 15쪽).

41. 남궁영, 「대북정책의 국내 정치적 갈등: 쟁점과 과제」(2001), 83쪽 참조.

42. 이 점과 관련하여, 자신의 주장과 입장을 전달하는 과정에서 최근 진보 진영이 보여 주고 있는 독선적인 비민주적 태도는 언론 매체의 경우라고 해서 예외는 아니다. 한국 사회가 이만큼이나마 민주화하는 데 크게 기여해 온 대표적 진보 신문인 『한겨레』의 경우도 대북 정책을 둘러싸고 자신의 관점과 다른 견해를 취하고 있는 입장에 대한 대응 방식에서 민주적 절차를 무시하는 행태를 드러내 보이고 있기도 하다. 한 예로 2000년 7월, 황장엽의 방미 문제와 관련하여 — 방미 자체가 허용되어야 하는 것인지 아니면 허용되어서는 안

⑥ 현 단계에서 진보와 보수를 가르는 잠정적인 척도는, '총체적'으로 적용되어서는 곤란하며 사안에 따라 '부분적으로' 적용될 필요가 있다.[43] 그러나 현실은 그렇지 못하다. 정치사상적으로 보다 진보적인(혹은 급진적인) 입장을 취하면서도 구체적인 정책의 수립과 추진에서는 현실적인(보수적인) 태도를 보일 수 있다. 문화적 사안에 관해서는 진보적 입장을 취하지만 안보 문제에서는 보수적 입장을 취할 수 있다.

유사한 맥락에서 통일론과 관련하여 진보를 '자주성'과 연결하고 보수를 '외세 의존성'에 연결하는 방식도 논란을 불러일으킨다. 현재 우리 사회의 첨예한 논쟁거리인 '주한 미군의 철수'가 이에 해당된다. 이와 관련한 우리 사회의 진보/보수 간 대립 전선에서는 주한 미군의 철수를 주장하면 이는 곧 통일 세력·자주 세력·민족 세력으로 간주되기 쉬우며, 반대로 주한 미군의 철수에 대해 부정적 내지 반대 입장을 표방하면 반통일적·외세 의존적·반민족적 세력으로 치부되는 경향이 강하다.[44]

되는 것인지, 어느 쪽이 정당한 것인가는 별도로 —『한겨레』신문은, 황장엽의 방미 의도에 대해 비판을 가한 북한 전문가 이종석의 입장과 그에 대한 황장엽의 반비판 내용은 제대로 보도하지 않은 채, 황장엽의 반론이 공개된 지 얼마 안 된 시점에서 그의 반론에 초점을 맞춘 사설「황장엽씨의 아집과 궤변」을 통해 '거의 일방적으로' 황장엽의 입장을 비판했다. 그에 따라 이 사설을 접한 일반 독자들은 이종석과 황장엽 사이에 오간 비판과 반비판의 내용은 제대로 알지 못하는 상황에서『한겨레』신문의 비판적 입장만을 접하게 됨으로써, 결국 한쪽의 편파적인 주장만을 전달받은 것이다. 이는 반민주적 독재 권력의 타파와 민주 사회의 구현을 추구해 온『한겨레』신문의 정체성에 어긋나는 비민주적인 처사라 하지 않을 수 없다.

43. 가령 한국 사회의 소위 '진보적 지식인 계층'의 경우 그 이념적 지향점에서는 진보로 분류될 수 있겠지만, 최근 들어 주된 관심의 대상이 되고 있는 '학벌 문제'를 중심에 놓고 볼 때 대체로 학벌이나 학연의 혜택을 누리고 있는 까닭에, 학벌 사회가 안고 있는 문제점이나 '안티학벌운동'에 소극적인 자세를 취하고 있는 경우가 대부분이라는 점에서, 그들은 '강한' 보수주의의 입장을 견지하고 있다고 볼 수 있다.

44. 이 같은 경향은 우리 사회의 진보적 인사들에게서 '대체로' 엿볼 수 있다. 가령 학계 차원을 넘어 사회적으로 많은 존경을 받고 있는 원로 진보 사학자 강만길의 경우, '역사적으로 한국 사회에서 주한 미군이 끼친 부정적 영향과 해악에 대한 정확한 비판적 지적'을 제기하고 있음에도 불구하고, 현재 주한 미군이 한반도에서 현실적으로 갖고 있는 '전쟁 억제적 측면'에 관해서는 상대적으로 그리 많은 중요성을 부여하고 있지 않다. 그에 따라 그의 관점은, 주한 미군의 철수론을 내거는 입장은 진보로, 철수 반대론을 견지하는 입장

하지만 이러한 이념적 자리매김은 공정하지 못하다. 유사시 군사 작전권이 우리 군에 주어져 있지 않다는 사실, 주권 국가의 수도 한복판에 외국 군대가 버티고 있다는 사실 등으로 민족적 자존심이 손상되는 상황에서, 주한 미군의 철수 주장은 자연스럽게 민족주의적, 자주적 입장과 연결된다. 하지만 ― 수구 반동이 아닌 ― 진지한 보수 진영이 주장하는 바와 같이, 현재의 한반도 상황에서는 주한 미군이 평화를 유지하고 전쟁을 억제하는 주요한 현실적 요인이라는 점도 보다 '균형 있고' 진지하게 검토할 필요성이 있다. 이러한 사실에 대한 검증이 제대로 이루어지지 않은 상황에서, 보다 냉철하고 합리적인 현실 인식보다 민족 정서 등에 호소하는 방식에 기대어 ― 그렇다고 보지는 않지만 ― 성급하게 '통일 대 반통일 세력'으로 구별하는 사태는 지양되어야 할 것이다.

이상에서 살펴본 것처럼 오늘의 시대적 상황은 상당 정도 변화했다. 그에 따라 진보와 보수를 가르는 준거점의 변화 또한 요구되고 있으며, 이는 결국 진보와 보수를 나누는 척도의 정립이라는 현시점에서 대단히 중요한 또 다른 작업의 수행을 요청한다. 다만 이와 관련하여 이 지점에서 한마디만 언급한다면, 진보와 보수를 구분하는 보편적 잣대에 담겨질 '내용'으로, '민주주의'와 '민족의 이익(사회 공동의 이익)'은 '최소한' 포함되어야 한다고 생각된다. 곧 '민주화를 지향하고 있는가,' '민주주의 원칙에 따라 모든 결정과 집행이 이루어지고 있는가,' '민족 이익(사회 공동의 이익)의 관점에서 통일을 이루기 위한 실천 방안이 모색되고 구체적인 정책이 수립 시행되고 있는가' 등이 통일론이나 대북 정책 등의 문제에서 여전히 진보와 보수를 가르는 유효한 준거점이 될 수 있을 것이라 판단되기 때문이다.

은 냉전 수구 세력으로 해석될 여지를 강하게 풍기고 있다. 이에 관해서는 강만길, 「냉전 세력의 정체와 극복방안」(2001), 28-9쪽 참조.

5. 진정한 보수/진보 간 논쟁적 대립 구도의
확립을 위한 전제 모색

1) 사회 정의와 공정성의 확립 : 사회 구조적 모순의 해소

한국의 현대사 전개 과정은, 한편으로 숱한 어려움을 겪으면서도 민주화를 진척시켜 옴으로써 오늘날 이만큼이나마 민주화된 사회에서 사회 성원 각자로 하여금 자유로운 삶을 영위해 갈 수 있게 하였다. 하지만 다른 한편으로, 우리의 현대사 전개 과정은 민족 반역자 처단의 실패에 따른 민족정기의 훼손, 사회적 부정의의 만연, 사회 구조적 모순의 심화로 얼룩진 아픈 상처의 연속이기도 했다. 이에 따라 자연히 진보와 보수 간의 이념적 논쟁 구도 역시 한국 사회의 발전에 생산적으로 기여하기보다는 부정적이며 왜곡된 방식으로 구현, 전개됨으로써 우리 사회의 갈등과 대립을 보다 더 심화시키기에 이르렀다.[45]

이 같은 현실 속에서 민족 전체의 이익이나 사회 공동의 이익보다 개인적·집단적 이익을 우선시하는 '반동적' 보수 세력이 여전히 한국 사

---

45. 물론 이 같은 대립과 갈등을 악화시킨 일차적 원인은, 자신들의 기득권 유지를 위해 외견상 자유주의의 수호를 내걸고, 자신들에 대한 정당한 비판 세력을 철저히 탄압해 온 냉전적 수구 세력에 있다. 실상이 이러함에도, 보수와 진보 간의 대립을 '친일파 대 빨갱이'의 대립으로 바라보면서 마치 오늘의 이념적 갈등과 대립의 원인이 마치 양쪽에 있는 것처럼 그 책임을 두 입장에 균등하게 전가하고 있는 시평 「친일파 대 빨갱이」(『중앙일보』 2002년 7월 27일자)에서 여실히 드러나는 — '기득권 옹호의 우파적 자세를 견지하고 있는 전통주의적 보수주의자'(윤건차, 『현대 한국의 사상흐름』(2000), 301-2쪽; 김호기, 『말, 권력, 지식인』(2002), 222-3쪽 참조) — 함재봉의 '양비론적 시각'은 상당한 문제점을 안고 있다 하겠다. 적어도 한국 사회에서 보수는 사실상 수구 반동이 그 핵심을 이룬, 그야말로 '친일파'였지만, 이른바 '빨갱이'는 '극소수'의 계급 혁명주의자를 제외하고는 사실상 다수의 '민주화 세력'이 그 중추를 이루어 왔기 때문이다. 그러므로 지금과 같은 이념적·사상적 대립 구도의 왜곡화에 대한 책임을 양자에게 공동으로 떠넘기는 것은 공정치 못한 또 하나의 왜곡화라 할 수 있다.

회의 특권 계층으로 자리한 가운데, 자신들의 기득권을 유지, 확대하기 위한 전략·전술의 일환으로 현 정부(김대중 정부)의 대북 정책과 통일론에 대해 '딴지 걸기'와 '비판을 위한 비판'을 가하고 있음도 엄연한 현실이다.

이러한 상황을 고려할 때, 특정 목적이나 이익을 관철하기 위해 시도되는 그릇된 방식의 비판이나 소모적인 이념 논쟁의 지양이 일차적으로 요구된다. 그러므로 현시점에서 민족의 이익과 번영을 우선적으로 고려하고 우리 사회를 보다 나은 사회로 발전해 나가도록 만드는 방향으로 이러한 이념 논쟁을 진행시키기 위해서는, 무엇보다 민족정기 및 사회 정의의 확립이 요청된다. 이 경우, 대북 정책 등을 둘러싸고 왜곡된 방식으로 전개되고 있는 이념적 갈등과 대립은 보다 건설적인 방식으로 재편될 수 있는 사회적 조건을 확보하게 될 것이며, 그것은 극우적 보수주의 대 급진적 진보주의 간의 제로섬zero-sum적 논쟁 구도가 아니라 생산적인 대화가 가능한 신중한 보수주의 대 합리적 진보주의 사이의 논쟁 구도로 구체화될 수 있을 것이다.

2) 이념적·사상적 우월 의식의 지양과 열린 자세의 필요

현재 한국 사회의 이념적 논쟁은 기형적이며 천박한 방식으로 진행되고 있다. 그런데 이러한 사태에 대해, 이른바 '불순한' 보수주의(자)에 전적으로 그 책임을 돌릴 수만도 없게 되었다. 왜냐하면 그렇게 된 원인의 일단은 소위 '사상적 우월감을 지닌' 진보주의(자)에도 있기 때문이다. 가령 대북 정책과 관련한 비판적 문제 제기와 반대 입장을 반동적 보수주의자들의 억지 반대나 음모로 일면화하여 바라보고 해석하려는 '일부' 진보주의자의 태도가 이에 해당된다. 이러한 태도는 반드시 지양되어야 하는데, 이는 자신의 사상과 이념적 지향점만이 옳다는 사상적 독선과 오만으로 귀착될 위험성이 있기 때문이다. 동시에 보수적 시각에서 제기되는 비판도 진정한 의미의 보수주의적 비판과 기득권 상실을 우려하는, 특정 집단의 이익을 관철하고 유지하려는 사이비 보수주의적 비판으로 나뉘어 존재하기 때문이다.

이처럼 비판을 위한 비판과 정당한 비판은 명확히 구분되어야만 하며, 정당한 비판은 수용되어야만 한다. 이러한 자세 없이, 예컨대 대북 정책에 대해 가해지는 다양한 양태의 비판을 무조건 동일시하여 배척하고 곡해하려는 자세는 현명치 못한 분별없는 태도이자, 이념적 우월 의식에 기초한 사상적 독선에 지나지 않는다. 그런 점에서 보다 겸손한 자세와 아량, 민주주의적 의식이 요청된다. 그런 자세와 의식이 갖춰질 경우에만, (제대로 된) 보수주의는 결코 변화를 거부하는 입장이 아니며, 다만 근본적이며 혁명적인 방식이 아니라 점진적인 개혁을 통한 사회의 변화를 선호한다는 사실[46]이 비로소 간취될 수 있으며, 진보와 보수 간의 접점이 확보될 수 있을 것이다.

3) 자유로운 이념적 논쟁을 위한 절차적 민주주의의 구현

(1) 상대방을 타도의 대상으로 간주하는 지금과 같은 적대적 방식의 이념적 대립 구도를 넘어서기 위해서는 일차적으로 일체의 선입견을 배제한, 개방적이고 이성적인 토론과 논쟁이 자유롭게 이루어져야만 한다. 이를 위해서는 무엇보다 진보와 보수 양자가 상대방을 합리적인 대화를 통해 상호 합의에 이를 수 있는 상호 협력적이며 공존적인 존재로 인정하는 태도가 요구된다.

이와 관련하여 그간의 실태를 간략히 살펴보면, 독재 권력과 야합한 기득권 세력이 혁신 세력을 체제 수호의 차원에서 단호히 척결해야 할 대상인 좌경 용공 또는 폭력 혁명 세력으로 단정한 것과 마찬가지로, 혁

---

46. 이 점에 관해서는 C. Frankel, "Progress, the idea of," *The Encyclopedia of Philosophy*, vol. 6(1975), 483쪽 참조.

신 세력 또한 집권 세력을 양립 불가능한 목적을 추구하는 반통일/반민주/반민족 세력 또는 파시즘 세력으로 규정해 왔다. 요컨대 혁신 세력도 집권 세력을 공존과 타협의 대상으로 보기보다는 타도의 대상으로 보았다는 점에서 집권 세력과 유사하다고 할 수 있다.[47]

한국 사회의 전개 과정을 살펴보면, 진보는 보수에 비해 '늘' 정당성과 도덕성을 견지해 온 것이 사실이다. 하지만 문민정부와 국민의 정부를 거치면서 명색이 민주화된 상황 속에서 이 같은 판단은 — 적어도 '각론적 차원'에서는 — 이제 함부로 내리기 어렵게 되었다. 비록 진보(진영)가 반동적 보수주의나 수구 반동에 대해서는 여전히 도덕적 우월성과 정치적 타당성을 견지하고 있다 하더라도 신중한 보수주의나 발전적 보수주의 등과 비교해서는 섣불리 이념적 우위성을 판단하기 어렵게 된 것이 현실이다. 이런 까닭에 진보(진영)는 보수에도 다양한 스펙트럼, 특히 대화가 가능한 합리적인 보수가 있음을 인정하고 추방과 배제의 대상과 논쟁의 대상을 구분할 수 있어야 한다. 나아가 그러한 합리적 보수의 입장을 존중하는 열린 마음을 견지한 가운데, 자유로운 논쟁을 거쳐 상호 합의에 이르는 민주적 담론 절차를 준수하는 자세와 의지를 확고히 해야 할 것이다. 아울러 이를 보수가 받아들일 수 있도록 한편으로는 보수를 설득하고, 다른 한편으로는 민주적 담론 절차의 제도화를 위해 적극적인 노력을 기울여야 할 것이다.

(2) 또한 대북 정책을 비롯한 주요 정책을 수립 추진하는 과정에서도 민주적 원칙과 규칙을 준수함으로써 국민적 합의를 도출해 내는 절차를 밟아야 하며, 이를 위해 다양한 의견 수렴에 기초하여 국민적 합의를 이끌어 내는 민주적 제도 장치가 조속히 마련되어야만 한다. 다시 말해 민족적 이익의 관점에서 대북 화해 협력 정책을 성공적으로 펴 나가기 위해

---

47. 강정인, 「보수와 진보 — 그 의미에 관한 분석적 고찰」(1997), 15쪽.

서는, 그 일차적인 제도적 환경으로서, 다양한 견해와 제안들이 '아래로 부터' 자유롭게 개진되고 논의되는 가운데 합의가 도출되고 이어 합의된 내용에 의거하여 대북 정책이 수립 추진되어 나가는, '민주주의적 절차 과정'이 중시되어야 할 뿐 아니라 그것이 제도적으로 정립되어야 한다.

민주적인 논의 절차를 제대로 거치지 않은 채 — 그에 따라 다양한 견해를 수렴하지 않은 채 — 이른바 '밀실'에서 정책이 수립되고 추진된 다면, 아무리 그 정책의 지향점이 민족의 이익에 부합하는 것이라 해도 국민적 반감과 비판, 저항을 불러일으킬 수 있다. 이러한 이유에서 통일 방안이나 통일 정책을 둘러싸고 제기되는 다양한 입장과 주장은 자유로 운 논의와 절차를 통해, 보다 타당한 근거에 기초한 설득력 있는 논변을 제시하는 쪽이 '잠정적으로' 합당한 해석으로 인정받는 민주적인 담론 절차[48]가 확립되어야 한다.

4) 사회 공동 문제의 '내 문제' 라는 인식의 확산

천박하게 전개되는 이념 대립의 양상을 자유로운 논쟁의 과정으로 끌어 들이기 위해서는 — 그에 따라 자유로운 논쟁 문화를 확립하기 위해서는 — 무엇보다 사회 공동의 이익과 관련된 사안들에 대한 사회 구성원들의 지속적인 관심이 필수적으로 요청된다.

그럼에도 현재 우리 사회에는 민족 통합과 같은 국가적 · 민족적 차 원의 중대한 문제를 마치 '나와는 상관없는 일인 양' 여기는 분위기가 전반적으로 팽배해 있다. 이 사태의 원인은 과거 정치적 · 도덕적 정통성 이 결여되어 있던 군사 독재 정권이 권력 유지를 위해 국가에 대한 맹목 적인 충성을 강요하고 민족 통일 문제를 정치적으로 악용했던 사례에서 찾을 수 있을 것이다. 강요된 삶에 대한 체험과 기억이 일반 국민들로 하

---

48. 이러한 구상에 대해서는 J. Habermas, *Theorie des kommunikatives Handeln* 1, 2(1981); J. Habermas, *Faktizität und Geltung* (1992) 참조.

여금 통일 문제에 관한 한 정서적인 거부나 냉소적인 무관심으로 일관하도록 작용하고 있는 것처럼 보이기 때문이다.[49]

하지만 대북 정책 등과 같은 사회 공동의 문제에 관해 제대로 된 인식틀을 지니지 못할 경우, 무엇보다 정부 주도의 대북 정책에 대한 올바른 평가를 내릴 수 없게 됨으로써, 정책이 개인적 · 집단적 이해관계에 의거하여 '자의적인 방식'으로 진행될 수도 있다. 아울러 대북 정책과 같은 중대한 사안이 단지 정부 당국과 관련 부처 종사자들, 관련 분야 전문가와 여야 정치인들 간의 문제로 그치게 될 공산이 크다. 동시에 민족 통합의 방식이나 구체적인 정책 등을 둘러싸고 이루어지는 이념적 대립 상황에서 일반 국민들은 방관자적 자세를 취하거나 그럴듯한 목소리에 귀 기울이게 될 것이며, 그에 따라 그러한 국민적 입장은 당리당략적 차원에서 갈등을 야기하는 세력에게 악용될 소지가 크다. 나아가 계층적 갈등이나 정서적 차원의 지역적 갈등과 연계되어 대북 정책을 둘러싼 논쟁이 '비생산적인 방식'으로 진행됨으로써, 대북 정책에 대한 '일방적인 지지'나 아니면 '비판을 위한 비판'에 가담하게 될 것이다.

6. 남은 과제

이제까지 '남남 갈등'으로 표출된 한국 사회의 이념적 갈등 구도를 반성적으로 고찰해 보았다. 아울러 대북 정책 등을 둘러싼 갈등 사태에 한정하여 이루어진 이러한 고찰에서 성찰과 비판의 초점은 보수보다는 오히려 진보에 맞추어졌다. 그 이유는 그간 진보/보수 간 대립 구도에서 이념

---

49. 말할 필요 없이, 급속한 산업화와 서구화 과정을 거치면서 개인주의 풍조가 우리 사회에 점차 확산되어 나가는 경향도, 개인들로 하여금 사회 공동의 문제로부터 일정 정도 거리를 두면서 자신의 이해관계와 관련된 문제에만 관심을 갖도록 하는 데 한몫 거들고 있다.

적 우위성을 견지해 온 것이 진보라는 인식이 너무나도 당연한 것으로 받아들여지는 현실을 '다소간 흔들어 보기' 위해서였다. 이는 작금의 현실이 보수의 견해를 경청하고 받아들일 필요가 있을 만큼 변했다는 상황 인식과 수구 반동 세력을 포함하는 보수(진영)에 대한 진보(진영)의 비판이 여전히 정당성을 지니기 위해서라도 진보 자체에 대한 철저한 내적 성찰과 비판이 필요하다는 판단에 기인한 것이었다. 이러한 자기반성의 과정을 통해서만 진보 역시 변화된 시대적 상황에 맞는 '진정한' 의미의 진보로서 거듭날 것이며, 이러한 진보에 의거해서만 지금처럼 왜곡된 형태로 구축된 우리 사회의 이념적 갈등이 해소될 '가능성'이 확보될 수 있을 것이라 보인다.

그렇다면 이처럼 가능성을 '현실성'으로 전환하기 위해 해결해야 할 남겨진 과제나 작업은 어떤 것이 있는가? 일단 왜곡된 형태의 보수/진보 대립 구도를 제대로 된 형태의 이념적 대립 구도로 재정립한다고 했을 때 제대로 구현된 이념적 대립 구도의 구체적인 모습을 드러내 보여 주는 작업 그리고 그러한 형태로 재정립하는 구체적인 방안을 강구하는 작업이 남은 과제에 우선적으로 포함될 것이다. 아울러 진보의 자기 성찰에 초점을 맞춘 까닭에 이 글에서 제대로 다루지 못한 보수의 '부정적' 측면, 특히 변화된 상황 속에서 반동적 보수가 여전히 기득권을 장악하기 위해 새롭게 구사하고 있는 전략과 전술에 대한 비판적 고찰,[50] 그리고 보다 정교하게 작동되고 있는 '수구 반동 논리의 확산 방식'[51]을 차단하고 이 땅에서 추방하는 방안에 관한 세밀한 탐구도 중요한 과제들이

---

50. 이 글은 수구 반동으로서의 보수에 대한 비판 자체의 정당성 확보 차원에서 진보의 내적 성찰을 우선시했다. 하지만 반동적 보수에 대한 진보적 비판의 타당성 확보 작업 못지않게 중요한 것이 바로 수구 반동 세력이 자신들의 사적 이익을 관철, 유지시키기 위해 작동시키고 있는 보수 논리의 정당화 메커니즘에 대한 비판적 고찰이다. 두말할 필요 없이 이러한 고찰은 민족 정기와 사회 정의의 확립, 민주적 담론 절차의 확립 방안에 대한 고찰과 동시에 진행되어야 한다.

51. 그리 정교하지는 않지만, '수구 반동'을 소위 '참된 보수'로서 정당화하고자 하는 최근의 시도로는 박근, 『한국의 보수여, 일어나라』(2002) 참조.

다. 아울러 이러한 과제들을 수행함에 있어서 그 전제로서 요구되는, 보수와 진보에 대한 정확한 개념 규정의 작업이야말로 — 이 글의 성격상 충분히 다루지 못했지만 — 앞으로 수행해야 할 가장 시급하고도 중요한 과제라 하지 않을 수 없다.

5. 다원적 이념 경쟁 구도와 보편적 이념 판단 기준의 상호 공존
변화된 진보/보수 간 이념적 대립 구도에 관한 철학적 스케치

1. 머리말

이 글은 최근 한국 사회에서 빠르게 변화해 나가고 있는 '진보와 보수 간의 이념적 대립 구도'의 실태를 비판적으로 검토해 보고자 의도되었다. 이러한 의도의 이면에는 작금의 이념적 지형은 이전의 양상과는 질적으로 상이한 양태를 취하고 있으며, 그에 따라 군사 독재 정권 시절 이래 이제까지 우리 사회의 이념적 지형을 해명하는 데 이용되어 온 전통적인 진보/보수의 이분법적 구도로는 현 상황을 제대로 해명하기 어려울 것이라는 판단이 자리하고 있다. 이는, 진보는 늘 개혁적이며 규범적으로 우월한 반면, 보수는 언제나 수구적이며 기득권 유지에 혈안이 되어 있는 역사 퇴행적이라는 '부등호적不等號的 이념적 분석틀'은 더 이상 그 효용성과 기능을 유지하기 어렵게 되었으며, 새로운 접근 및 해명 방식이 필요함을 말해 준다.

이러한 상황 변화와 관련하여, 이 글에서 다루어 보고자 하는 주된 내용은 크게 두 가지이다. 그 하나는, 현재의 이념적 전선은 '보편성/다원성' 혹은 '일—/다多'에 기초한 구도, 즉 '다원화된' 이념적 경쟁 구도 속에서 민주/반민주 척도에 따른 '보편적' 이념 판단 기준이 존재하는

구도를 형성하고 있음을 밝혀 보고자 한다. 다른 하나는, 현존하는 이념적 대결 구도는 본질상 다원적 이념 경쟁 구도임에도 불구하고 겉으로는 마치 기존의 진보/보수 간 이념적 투쟁 구도로 여전히 드러나고 있는 바, 이는 사실상 '사이비' 진보/보수 간 이념 대결 양태에 지나지 않는 것임을 규명해 보고자 한다.

아울러 이러한 검토 작업을 수행해 나가는 과정에서, 이 글은 제대로 된 진보/보수 간 이념 논쟁 구도 대신에 그와 같은 사이비 이념적 대립 양상이 형성되게 된 중요한 이유 가운데 하나가 이념적 대결 구도를 '정략적'으로 이용하려는 시도라 할 수 있는 바, 그러한 불순한 시도의 추진 주체가 이전에는 주로 정치적 정통성과 규범적 정당성이 결여된 수구 반동으로서의 보수였다면, 명색이 민주화된 상황에서 그러한 부정적 시도의 주도적 주체의 자리는 개혁과 혁신을 주창하는 진보가 대신하기에 이르렀으며, 그 결과 반민주적 · 권위주의적 정치 행태로의 회귀 조짐을 드러내 보이고 있다는 점을 비판적으로 지적해 볼 것이다. 이런 한에서 한국 사회의 발전적 전개에 부합하는 '온전한 형태의 이념 경쟁 구도'가 정착되기 위해서는, 이러한 구도를 왜곡 악용했던 수구 반동으로서의 보수가 합리적 보수로 거듭나는 것 못지않게, 최근 들어 이러한 구도를 정략적으로 이용하려는 움직임이 엿보이는 진보의 보다 겸허한 성찰적 진보로의 전환 또한 요구된다는 점을 간략히 언급할 것이다.

2. 변화된 진보/보수 간 이념적 대립 구도(1):
4.15 총선의 경우

2.1 획일화된 이분법적 이념적 잣대 적용의 어려움

이른바 '3.12 탄핵 사태'에 대한 국민적 심판의 성격이 짙었던 4.15총선을 통해, 개혁적 정당을 자임해 온 열린우리당이 과반수를 차지함으로써 지난 13대 총선 이후 16년 만에 '여대야소'의 정국이 열리게 되었다. 아울러 헌정 사상 처음으로 — 상대적으로[1] — '급진적 성향'의 민주노동당이 제도권 정치에 진입함으로써 바야흐로 '진보 정당의 시대'가 개막되기에 이르렀다. 과거 반민주적인 군사 독재 정권 아래서 '좌경 용공' 내지 '체제 전복' 세력으로 매도되어 철저하게 핍박받았던 이념적 진보 세력이 공적인 정치 영역인 '정치 사회'에 진입했다는 사실 자체만으로도 한국 사회의 급격한 민주적 전환과 변화를 실감할 수 있게 해준 결과였다.

그런데 이러한 총선 결과에 대한 분석 과정에서 한 가지 흥미로운 사실은, 특정 사안에 대한 국민들의 이념적 입장과 견해 그리고 판단이 다른 사안의 경우까지 일관되게 적용되고 있지 않다는 점이다. 가령 70% 이상의 국민이 탄핵 사태와 관련하여 대통령의 '대 국민 사과'의 필요성에 동의하면서 대통령에게도 일정한 책임을 묻고 있었지만, 이것이 야당이 감행한 탄핵 소추 가결에 대한 지지를 의미하는 것은 아니었다. 오히려 그 반대로 대다수 국민들은 탄핵 철회를 전폭적으로 요구하고 나서기

---

1. 비록 개인적인 견해이기는 하지만 보다 객관적인 입장을 취할 수 있는, 오랜 기간 한국에 살아온 외국인인 원한광H. H. Underwood은 한 신문과의 대담에서 "한국에 좌파는 없다. 모두 우파들이다. 다만 누가 강한 우파이고 누가 약한 우파인지 구분하는 문제만 남아 있다고 본다"고 피력하고 있다. 『매일경제신문』(2004년 9월 8일자).

에 이르렀으며, 이러한 요구는 마침내 총선을 통해 집권 여당에 과반수 이상의 의석을 안겨 주는 결과로 이어졌다. 하지만 그렇다고 해서 일방적으로 여당을 지지한 것도 아니었다. 오히려 여야 간에 적절한 정치적 힘의 균형을 이루게 하는 방향 — 열린우리당(38%), 한나라당(35%) — 에서 '정당별 지지율'을 형성시켰던 것이다.

이러한 결과는 마침내 한국 사회에도 이념적 다원주의의 도래와 그에 따른 다원적 이념 경쟁이 본격적으로 시작되었음을 말해 주고 있다. 개인적 · 집단적 이해관계와 이념적 지향성이 상호 맞물려 진보와 보수에 대한 다양한 이념적 선택이 이루어졌으며, 그 결과 다원주의적인 이념적 스펙트럼이 전개되면서 진보적 정치 세력과 보수적 정치 세력 사이의 상호 균형 관계, 여야 간의 절묘한 견제 관계가 형성되기에 이른 것이다.

이러한 상황에서 알 수 있듯이, 총선을 전후하여 과거와 다르게 전개되고 있는 오늘의 이념적 지형에서는 과거 군사 독재 정권 시절에 통용되었던 진보/보수의 기준, 가령 '민주/반민주 독재,' '민족/반민족,' '통일/냉전적 반통일'[2] 등과 같은 총체적이며 획일적인 이분법적 잣대를 '상황적 고려 없이' 일률적으로 적용하기가 매우 어렵게 되었다. 다시 말해 진보와 보수를 일률적으로 규정하는 객관적 준칙이 사실상 존재하기 어렵게 된 것이다.

개인의 경우만 해도, 총체적으로 진보적 혹은 보수적이라고 쉽사리 규정하기가 어려워졌다. 사안의 종류나 상황적 맥락에 따라 특정 개인도 다양한 이념적 입장을 취하는 경향을 드러내고 있으며, 그에 따라 문화적 영역에서는 진보적인 성향을 드러내고 있지만 정치적인 문제에 있어서는 보수적인 태도를 취하고 있기도 하다. 이러한 연유에서, 특정 현안에 관해 표출된 입장 하나만을 놓고 특정 개인을 섣불리 진보적 혹은 보수적이라고 판단하는 것은 다분히 오류를 범할 가능성이 그만큼 커져 버

---

2. 박호성, 「보수와 진보 그리고 한국적 보수주의」(1989), 7쪽 참조.

렸다. 이렇듯 작금의 현실은 그때그때 사안의 성격에 따라 상이한 이념적 관점에 의거하여 개인적 · 집단적 입장이 다양하게 표출되고 개진되는 상황이 연출되고 있다.

하지만 이처럼 '다원화된 이념적 지형과 그에 기초한 이념적 경쟁'만이 온통 자리 잡고 있는 것은 아니다. 그 이면에는 '외견상' 그 효력을 상실한 채 낡은 것처럼 비쳐졌던 '민주/반민주'라는 진보와 보수를 가르는 보편적 성격의 이분법적 판단 기준이 여전히 그 건재함을 과시하며 자리하고 있음을 보여 주고 있다. 그러한 잣대에 의거하여 국민들은 탄핵 사태를 한국 사회의 '민주주의의 위기 상황'으로 통찰할 수 있었기 때문이다.

이렇듯 오늘의 한국적 현실은 이념의 다원성과 다양성 못지않게 그것의 총체성과 보편성도 여전히 그 의미를 견지하고 있음을 보여 주고 있다. 이는 어찌 보면 그간 낡은 것으로 치부되는 경향이 강했던 '역사 철학적 사회 인식 및 통찰,' 즉 사회와 역사는 온갖 난관과 시련에도 불구하고 궁극적으로 인간 해방과 사회 정의를 향해 나아간다는 통찰이 여전히 유효하다는 사실, 역사와 사회의 전개 과정에는 개별적 인간의 의지나 의도와는 별도로 도도하게 작용하는 거대한 시대적 흐름과 이념적 물줄기가 작용하고 있다는 사실[3]을 확인시켜 주는 계기였던 셈이다.

2.2 이념적 요구의 다원화와 민주화 요구의 보편화

그렇다면 이처럼 다양한 이념의 스펙트럼으로 펼쳐지고 있는 이념적 지형도는 어떤 원인과 동력에 의거하여 전개된 것인가? 철학도의 관점에서 필자가 판단하기에, 이처럼 '다원주의적 이념 경쟁 구도'와 '총체적 이

---

3. 이에 관해서는 J. Ritter, *Hegel und die französische Revolution* (1972), 27-8쪽; K. Marx, *Das Kapital III, MEW* 23 (1975), 235쪽; F. Engels, *Dialektik der Natur, MEW* 20 (1983), 501쪽 참조.

넘 판단 기준'이 동시적으로 존재하고 있는 오늘의 중층적이며 다원적인 현실을 초래한 동력은 다음과 같은 것이 아닌가 생각된다.

우선, '탈근대적인 시대 조류'에 부합하여 개인 및 집단의 차원에서 제기되는 이념적 요구와 이념적 지향점이 다양화되고 있는 오늘의 다원주의적 현실에서 그 원인의 일단—端을 찾아볼 수 있을 것이다. 즉, 반이성주의, 탈중심화, 이분법적 논리의 탈피, 다원성, 차이의 존중 등이 새로운 시대정신으로 자리 잡아 나가면서,[4] 이념적 견해와 입장, 이념적 추구의 방향과 지향성, 이념적 선택이나 결단 등 또한 다원적인 양태로 표출되고 있는 것이다. 아울러 이러한 다원화 경향은 사회의 민주화와 밀접히 관련되어 있다. 즉, 권위주의, 절대주의, 전체주의로 대변되는 비민주적 사회의 특징은 정치적 · 경제적 · 군사적 · 문화적 권력과 영향력이 단일 중심으로 응집되어 있음을 말해 주는 것인 바, "민주화는 이들 응집된 힘의 요소들을 해체하고 다원화하는 것"[5]을 가리키기 때문이다. 여하튼 이러한 시대적 양상의 변화로 인해 특정 사안이나 사태를 중심으로 이루어지는 다양한 견해의 표명과 개진 현상을 놓고 특정한 개인이나 집단(계층, 세력 등)을 보수나 진보로 규정하는 것이나 그러한 규정의 기준을 일률적으로 적용하는 것이 더 이상 가능하지 않게 되었다. 이와 함께 다원화된 개인적 혹은 집단적 이해관계가 이념적 지향성과 결합되는 '경우의 수'도 대폭 늘어남에 따라, 유일적 이념이나 주장이 압도적으로 지배하는 사태 역시 더 이상 생각하기 어려운 지경에 이르렀다. 물론 이와 같은 이념적 입장의 다름과 차이성에 대한 존중이나, 다양한 견해를 표명하고 정당화하는 과정에 대한 보장과 그러한 권리에 대한 평등한 부여, 나아가 다양한 이념의 공존에 대한 민주주의적인 긍정적 수용은 급속한 정치적, 경제적 그리고 문화적 민주주의로의 진행과 더불어 민주화의 징표로 읽히게 되었다. 그 결과 자연스럽게 다원화된 이념적 지형과

---

4. 이에 관해서는 선우현, 「탈근대적 이성비판의 의의와 한계」(1998), 67-9쪽 참조.
5. 최장집, 『민주화 이후의 민주주의』(2003), 27쪽.

그에 따른 다원적인 이념적 경쟁 구도 역시 형성되기에 이르렀다. 지난 4.15총선에서도 그처럼 상이한 내용의 개인적 · 집단적 이해관계가 이념적 지향성과 결합하여, 이에 조응하는 다양한 이념적 스펙트럼의 정당들이 출현하게 된 것이다.

다음으로, 그간 한국 사회의 정치적 · 사회 구조적 차원에서 이루어진 급속한 민주화와 맞물려 일반 시민들의 정치적 의식 구조 또한 민주적인 사유 방식에 의거하여 보다 합리적이며 비판적인 성찰적 의식으로 무장되어 온 점도 오늘의 이 같은 상황을 낳게 한 중요한 요인이라 할 수 있다. 사회 전체 차원에서의 민주화가 빠르게 진행되면서, 그 파급 효과는 사회 구성원들의 일상적 삶에서의 민주화를 촉진시켜 왔다. 그에 따라 사회 현실의 문제점과 구조적 모순에 대한 개별 성원들의 비판적 인식 수준의 고양과 함께 보다 철저한 민주적 사회 구현에 대한 요구의 목소리가 높아져 왔다. 요컨대 사회 전 분야에 걸쳐 개인의 자유와 권리 확보에 대한 요구가 점차 확대되어 왔으며, 이에 맞추어 보다 높은 도덕성과 민주성, 책임 의식이 요구되는 사회적 환경이 조성되기에 이르렀다.

실제로 이 땅의 민중들은, 사회 현실의 모순에 관한 인식 수준과 비판적 의식의 고양에 따라 기존 여야 정치인들과 정당이 '겉으로는' 사회적 약자와 소외된 계층을 대변한다고 선전하지만 '본질적으로는' 정권 장악에 혈안이 되어 국민은 안중에 두지 않고 당리당략적 차원에서 자신들의 개인적 · 집단적 이익만을 추구하는 기득권 계층임을 확연히 간파할 수 있게 되었다. 이에 따라 소외되고 갖지 못한 사회적 피지배 계층들은 자신들의 처지와 입장, 이해관계를 실질적으로 대변하고 관철시켜 줄 정당의 출현을 갈구하게 되었으며, 그것이 이번 4.15총선을 계기로 급진적 정당의 제도권 진입을 결과하였던 것이다. 더불어 부패하고 식상한 기성 정치인들 대신 경험은 부족하나 신선하고 참신한, 젊은 의원들을 다수 당선시켜 주었으며, 야당과 비교하여 개혁적이고 진보적이라 할 집권당을 제1당으로 선택했던 것이다. 요컨대 다수의 서민 계층을 비롯한 소외 계층들은 자신의 다양한 이해관계의 관철 통로로서 급진적 진보 정당이나 개혁적 이념 정당을 선택하여 의회의 다수 세력으로 자리 잡게 한 것이다.

한편, 내부적 개혁을 주창하는 목소리가 흘러나오곤 했지만 여전히 수구적 색채를 강하게 풍기고 있는 보수 야당에 대해 당초의 예상에 비해 많은 의석을 당선시킨 것 역시 우리 사회의 민주화에 걸맞은 일반 국민들의 합리적인 판단에 기인한 결과라고 볼 수 있다. 비록 지역주의 폐단 등 부정적인 요인들에 기인한 바가 적지 않지만, 상호 견제와 비판적 감시를 통해 거대 여당의 정치적 권력의 남용을 방지할 필요성, 반동적 보수에서 개혁적이며 합리적인 보수로의 발전적 변신에 대한 기대감 등에 기인한, 다분히 민주적 사유 방식에 기초한 합리적 선택에 따른 것으로 해석할 여지가 적지 않다. 탄핵에 반대한 국민이 70% 이상이었음에도 그중 적잖은 수가 보수 야당을 선택했다는 것은, 단순히 민주적 비판 의식의 결여에서 비롯된 것이라고 함부로 단정 짓기는 곤란해 보이기 때문이다. 이러한 추정이 어느 정도 설득력을 지니고 있다고 하면, 현재의 이념적 지형은 '총체적 차원에서' 민주주의 사회로의 발전적 전개를 희구하면서도, 민주화에 걸림돌이 되지 않는 범위 내에서 '각론적 차원에서' 집권당에 대한 견제 세력의 필요성, 합리적 보수주의 성향과 이념적 선호를 지닌 또 다른 다수의 국민들의 이해관계에 부합하는 정당에 대한 선호 등 나름의 합리적이며 민주적인 사유와 논리의 결과로서 야당을 선택한 결과라고 할 수 있을 것이다. 그리고 그것의 현실적 결과는 다양한 이념적 정당의 출현과 그에 따른 다원적인 이념적 경쟁 구도의 출현이라 할 것이다.

셋째, 인간 해방, 진보적 역사관, 보편적 가치관 등을 특징으로 한 '근대 역사 철학적 시대 조망과 사회 인식틀'[6]이 우리 사회와 사회 성원

---

6. 이와 관련하여 근대 역사 철학적 기본 특성에 관해서는 P. Edward (ed.), *The Encyclope-*

들의 의식 속에 여전히 건재하여 유의미하게 작동하고 있다는 점도 오늘의 시대상을 해명하는 데 중요한 단서가 될 수 있다. 무엇보다 '정치적 무관심'과 '이념적 냉소주의'로 특징지어진, 정치적 통제와 조작의 대상처럼 보였던 이 땅의 민중들이 사실상 '우중愚衆'이 아님을 보여 준 결정적인 대목은, 그들이야말로 특정 집단의 불순한 의도나 책략에도 불구하고 '거역할 수 없는 민주화와 사회 정의를 향한 거대한 역사의 흐름이 엄존하고 있다'는 역사 철학적 통찰에 따라 행위한 실천적 존재였다는 사실이다.[7] 지난 독재 시절 치열한 민주화 투쟁을 견인했던, 하지만 90년대 들어 탈근대적 시대 조류와 맞물려 이루어진 '탈이념적 상황'의 전개로 인해 마치 폐기 처분된 것처럼 보였던 이 같은 역사 철학적 '시대 조망'은 탄핵 사태와 총선 과정에서 1,200만 유권자에 의해 '민주적으로 선출된' 대통령을 민의에 반反하여 내치려는 정치적 시도를 '반민주적 책동'으로 규정·심판하는 상황을 연출했던 것이다. 요컨대 인간 해방과 역사의 진보를 이념적 깃발로 내걸었던 역사 철학적·시대적 인식틀은 탄핵 사태와 뒤이은 총선 과정에서, 한국 사회가 나가야 할 방향과 이념적 지향점에 대한 국민적 합의를 모으는 데 결정적인 기능을 수행했던 것이다. 동시에 한국 사회에서는 보다 완결된 민주 사회, 인간 해방의 사회를 구현하는 데 여전히 기여할 수 있다는 희망적 메시지를 제공했던 것이다.

　이와 같은 사실은, 사회 구조적 차원에서는 적어도 사회 구성원 각자의 의도나 의지와 별도로, 거역할 수 없는 민주화와 사회 정의, 해방 사회를 향한 역사의 거대한 흐름과 방향성이 여전히 엄존하고 있음을 확인시켜 주었다. 그리고 놀랍게도 그러한 역사 철학적 시대 진단의 관점에 의거하여 당리당략적 음해를 민주주의의 이름으로 심판하는 현실이 우리 눈앞에서 전개되었다. 더욱이 그러한 심판은 감성적 반응으로 집권 여당

---

dia of Philosophy, vol. 6(1975), 247-54쪽 참조.
7. 이러한 해석은 루카치의 사회 이론, 특히 '물상화 이론'과 '계급의식론'에서 차용한 것이다. 이에 관해서는 G. Lukacs, *Geschichte und Klassenbewußtsein* (1971), 267-355쪽 참조.

에 일방적 몰표를 몰아주기보다는, 적절한 상호 견제와 균형을 이루는 세심한 정치적 힘의 균형 구도까지 덤으로 형성해 주었다.

3. 변화된 진보/보수 간 이념적 대립 구도(2): 신행정수도 이전 문제의 경우

3.1 다원적 이념 경쟁 구도와 '사이비' 진보/보수 간 이념 대립 구도

이 지점에서 한 가지 궁금한 점은 앞서 살펴보았던 '변화된 한국 사회의 이념적 전선의 출현이 일시적·일회적인 것인가?' 하는 점이다. 이에 대한 답변은 쉽사리 제시하기 어려우며, 보다 더 철저한 분석이 요구된다. 그럼에도 최근 들어 새롭게 사회적 이슈로 떠오르고 있는 문제들, 가령 신행정수도 이전移轉이나 보안법 폐지, 이라크 파병과 같은 문제들을 둘러싸고 표명되고 있는 찬반 입장을 통해 드러나는 이념적 대립 지형에 관한 비판적 고찰을 통해 이러한 물음에 관한 잠정적인 답변을 구해 볼 수 있을 것이다.

이와 관련하여 특히 그 주된 검토 대상을 신행정수도 이전 문제로 선택하여, 앞서의 물음에 대한 답변을 추적해 보는 것은 여러모로 의미가 있을 것이라고 판단된다. 무엇보다 신행정수도 이전 문제를 둘러싸고 표출되고 있는 '이념적 갈등 구도'는 현상과 본질이 서로 상이할 뿐 아니라 한층 더 중층적이며 복합적인 양태를 취하고 있는 까닭에 그 접근과 해석에 있어 더 많은 주의를 필요로 하기 때문이다. 특히 외견상 전통적 의미의 진보/보수 간 이념적 대립의 문제로 보이지만 실상은 그것이 '사이비' 진보/보수 간 대립 구도라는 점에서, 또한 그것을 이념적 공세 전략의 일환으로 이용하려는 정치적 시도로 인해 '실제의' 진보/보수 간 대결 구도로 전환되고 있다는 점에서 더욱 관심의 대상이 된다.

이와 같은 문제의식에 의거하여, 신행정수도 이전의 문제에 관한 '이념적 독해'를 시도해 보면 두 가지 중요한 특징을 읽어낼 수 있다. 먼저, 수도 이전을 둘러싸고 진행되고 있는 현재의 이념적 대립의 양태는 '기본적으로' 다양한 지역적·집단적·계층(급)적 이해관계와 연계된 이념적 요구들이 상호 맞물려 서로 충돌하거나 경합하는 다원적 이념 경쟁에서 비롯된 것이며, 그런 까닭에 전통적으로 통용되어 온 이른바 보수 대 진보 간의 이념적 대결 구도 차원에서 이러한 사태를 포착하거나 혹은 그러한 방식으로 파악하려는 시도에는 상당한 무리가 따른다는 점이다. 그렇게 해석함으로써 귀착된 결과는 사이비 이원적 이념 대립 구도이며, 오히려 그러한 시도의 이면에는 순수하지 못한 '정치적 의도와 저의'가 놓여 있다고 보인다.

하지만 그럼에도 이러한 사태를 진보와 보수 사이의 이념적 대결 구도로 볼 수 있게 만드는 대목이 '역설적'으로 존재하게 되는데, 그것은 다음과 같은 정황에서이다. 수도 이전을 둘러싼 찬반 논변이 나름의 합리적 근거를 대면서 서로 대등하게 맞서 있는 상황에서, 한편으로 그러한 갈등 및 대립의 조정 방식으로 국민적 합의를 이끌어 내려는 실질적인 절차적 동의 과정으로서 '국민투표'와 같은 방식을 요구하면서(그러한 민주적 절차 과정을 거치지 않는 한에서) 수도 이전에 반대하는 입장과, 다른 한편으로 수도 이진은 국회에서 여야가 합의하여 통과된 사안으로서 이미 국민적 합의를 거친 정당성을 지닌 것이라고 강변하면서 수도 이전에 반대하는 입장을 기득권 유지를 위한 발목잡기 식의 책동으로 간주하여 소위 '수구 세력 일반'으로 몰아대는 현 참여정부(노무현 정부)의 입장,[8] 둘 사이의 대결 국면이야말로, 민주/반민주의 보편적 이념 판

---

8. 이러한 참여정부의 시각을 대변하는 것으로는 청와대 소식지 『청와대 브리핑』(2004년 7월 9일)에 실린 청와대 국내언론비서관 양정철의 「조선·동아는 저주의 굿판을 당장 걷어치워라」 참조.

단 기준에 따라 진보/보수 간 이념 대립의 양상으로 간주될 수 있다.

다음으로 눈여겨보아야 할 대목은, 수도 이전을 둘러싼 논란의 진상이 이처럼 다양한 이념적 요구 간의 상호 충돌과 갈등으로 특징지어지는 이념적 경쟁 상황임에도, 이를 과거 반민주적 권위주의 체제에서나 통용되던 이분법적 논리에 기초한 보수/진보 간의 이념적 대결 구도로 몰고 가려는 이념적 공세의 '주체'가 수구 반동적 세력이 아니라 개혁과 혁신을 표방하는 노무현 정부와 이를 지지하는 '일부' 진보 진영이라는 점이다.[9] 이 점은 과거 반민주적 군사 독재 정권이 이 땅을 지배하던 시절, 정치적 정통성이 결여된 군부 독재 세력에 대해 정당하게 저항하고 투쟁하던 민주화 세력을 이른바 '빨갱이'로 매도하여 철저하게 탄압하던 상황을 상기해 볼 때, 그야말로 격세지감隔世之感을 느끼게 만드는 대목이다. 게다가 불과 몇 개월 전, 3.12 탄핵 사태를 '친노/반노' 구도로 몰고 감으로써 정치적으로 우월한 지위와 이익을 취하고자 시도했던 수구 야당의 역사 퇴행적인 반민주적 시도에 대해, 민주 사회에 대한 열망과 민주적 의식으로 무장된 이 땅의 대다수 민초들의 정치적 역사적 심판(4.15 총선)을 통해 좌절시켰다는 교훈을 염두에 둘 때, 정치적으로 실망스러울 뿐 아니라 우려를 자아내게 만든다.

3.2 반민주적 권위주의로의 회귀냐 절차적 민주화로의 진척이냐: 절차적 정당성에 대한 보편적 민주적 요구

1) 개혁적 정권임을 자임해 온 참여정부는, 행정수도 이전에 관한 반대

---

9. 김동춘에 의하면, "우익적 주장들의 특징은 이분법적 사고, 즉 우리편이 아니면 모두 적이라는 논리에 입각해 있다." 김동춘, 「한국의 우익, 한국의 '자유주의자'」(2001), 13-4쪽. 그런데 강준만에 따르면 이와 동일한 논리가 이번에는 진보적 정권인 참여정부에 의해 주도적으로 행사되고 있다는 것이다: "그는 어느새 어설픈 마키아벨리가 되었다. 조악한 이분법을 휘두르며 자신의 지지세력을 규합하는 선동가가 되었다." 강준만, 「조중동의 음모에 휘둘리는 노무현: 2004년 7월의 한국정치」(2004), 43쪽.

입장에 대해 대략 다음과 같은 논리에 의거하여 대항 논변을 펴고 있는
것처럼 보인다: 신행정수도 이전은 대통령 선거의 주요 공약이었으며,
여소야대의 16대 국회에서 보수 야당까지 적극적으로 동의하여 통과된
'신행정수도 건설 특별법'은 민의를 대변하는 입법 기관에서 가결된 것
인 만큼 국민적 합의를 획득한 것인 까닭에, 행정수도 이전이라는 정책
의 추진은 아무런 문제가 없으며, 이제 와서 다시 국민적 동의와 합의를
얻어야 한다는 주장은 새로운 갈등과 혼란, 분열을 조장하는 것으로서,
여기에는 사실상 기존의 기득권을 잃을지 모른다고 우려하는 불순한 의
도를 지닌 수구 세력의 딴지걸기 식의 음모가 개입되어 있다는 것이다.[10]
나아가 이 같은 판단에 의거하여 행정수도 이전을 둘러싼 찬반 논변의
대립을 우리 사회의 진보적 전개를 희구하는 진보 진영 대 역사의 정체
와 퇴행을 조장하는 수구 세력 간의 이념적 대결 구도로 해석하여[11] 후자
를 수구 반동의 음해로 비판하면서 신행정수도 이전 정책을 강하게 밀어
붙이고자 시도하고 있다.

하지만 과연 그러한 주장이 설득력을 갖추고 있는 것인가에 대해선
강한 의문이 든다. 우선 지적하지 않을 수 없는 것은, 행정수도 이전 반대
진영에 대해 노무현 정부가 갖고 있는 시각은, 지난 탄핵소추안 가결을
국민의 뜻을 대변한 것이라고 강변하며 자신들의 행위를 정당화하고자
했던 야당들과 이를 지지한 수구 반동 세력의 관점과 '사실상' 대단히
유사한 것이라는 점이다. 하지만 탄핵소추안 가결이 진정한 민의와 전적

---

10. 이 점과 관련하여 현 노무현 정부의 국무총리인 이해찬은 '수도권 주민들의 수도 이전 반
대 여론에 대해 "지난 국회에서 특별법을 만들어 신행정수도 건설을 추진하기 때문에 국
민적 합의는 끝났다"며 "국민적 합의를 다시 하기 위해서는 현 특별법을 폐기하고 새로운
법을 만들어야 하기 때문에 혼란만 초래된다"고 덧붙였다.' 『한겨레』(2004년 7월 24일
자) 참조.
11. 이와 관련하여 『오마이뉴스』 고정 칼럼니스트 유창선은, "행정수도 반대론에 대해 노 대
통령이 말하고자 하는 바를 한마디로 요약하면, 기득권을 지키려는 조중동이 앞장서고 있
는 대통령 불신임운동, 퇴진운동이라는 것이다"라고 지적하고 있다. 유창선, 「행정수도
이전은 친노-반노의 문제 아니다」, 『오마이뉴스』(2000년 7월 10일자).

으로 배치된 결과였던 것과 마찬가지로, '신행정수도 건설 특별법'의 국회 통과 역시 국민의 참된 의사가 반영되었다기보다는 다수 야당과 소수 여당이 각각의 당리당략적 차원에서 정략적으로 합의한 것으로서 진정한 국민적 합의를 담아내지 못한 것이다. 이는 최장집의 표현을 빌리면, "대표된 정당체제와 대표되지 않는 사회 사이의 균열"[12]이 정치적으로 표출되고 있는 셈이다. 그럼에도 지난 탄핵 사태와 다른 점이 있다면, 이 같은 논리를 확산하는 데 주력하는 공세적 태도를 취하는 주체가 이번에는 유감스럽게도 수구 보수 세력이 아닌 진보적 혁신을 추구한다는 현 정부와 여당이라는 사실이다.

이와 같이 신행정수도 이전 문제를 둘러싼 이념적 대립의 양상은, 외견상 '중앙(중심부)과 지방(주변부)'의 상호 균형 발전을 추구하기 위해 신행정수도 이전을 강행하려는 참여정부와 이를 반대하는 목소리를 내고 있는 수구 세력 간의 대립 전선의 양태를 취하고 있는 것처럼 비친다. 그러므로 현상적으로는 신행정수도 이전을 찬성하는 쪽은 진보적이며, 그에 반대하는 입장은 보수적인 것처럼 보인다.[13] 더욱이 이러한 표피적 이미지를 더욱 그럴듯하게 보이게 만드는 것은, 수도 이전을 둘러싼 논의 구도가 보안법 폐지와 과거 역사 규명 작업에 관한 찬반 논변과 같은 보수와 진보 간의 이념적 차이를 보다 선명하게 보여 주는 사안들과 밀접하게 연결되어 한 묶음으로 논해지는 까닭이다.[14]

---

12. 최장집, 『민주화 이후의 민주주의』(2003), 32쪽.
13. 이 점과 관련하여, 행정수도 이전에 관한 논쟁에서 이전을 찬성하면 친개혁적 왕당파로, 반대하면 반개혁적 귀족파로 치부되는 일종의 극단적 편 가르기는, "집권주의자들 내부에 존재하는 '진보 대 보수'의 구도를 '분권 대 집권'의 구도에 그대로 등치시킨 것"으로서 이는 사실상 집권주의자들 내부의 기만적인 주도권 다툼에 불과한 것이라는 비판적 해석이 제기되고 있기도 하다. 결국 이러한 해석에 의하면 행정수도 이전을 둘러싼 이념적 대립 양상은 실제로는 진보/보수 간 이념 대립이 아님에도 그렇게 보이도록 만든 정치적 시각 혼란이라는 것이다. 이국운, 「행정수도 이전 찬반론의 함정들」(2004), 157-9쪽 참조.
14. 최근 국가보안법 폐지 반대를 주창하는 내용의 시국선언문을 발표한 소위 '보수 원로'들의 주장 속에서도 국가보안법 폐지 반대, 과거사 규명작업 반대, 6.15 선언 파기, 수도 이전 반대가 일관된 하나의 논리 속에 묶여 개진되고 있다. 『문화일보』(2004년 9월 9일자)

하지만 그 본질적 접근을 통해 드러나는 양상은 전혀 다른 모습을 취한다. 무엇보다, 신행정수도 이전 반대 목소리를 내는 진영에는 분명히 일부 기득권 보수 세력이 포함되기는 하지만 그것은 일부이며, 오히려 민주노동당과 같은 보다 강한 급진적 이념 정당과 정치 세력,『오마이뉴스』,『프레시안』과 같은 진보적 언론 매체 그리고 진보적 성향 혹은 중도 진보적 입장의 비판적 지식인들과 시민들, 아울러 입장을 유보하거나 소극적으로 반대하는 중도 성향의 언론 매체나 시민들이 다수를 점하고 있다.[15] 그러므로 비록 잠정적인 것이라 해도 당론으로 행정수도 이전 반대를 정해 놓은 민주노동당의 입장을 보수 기득권층의 입장을 대변하는 한나라당의 그것과 동일시할 수 없으며,[16]『오마이뉴스』와 같은 진보적 성향의 언론 매체나 중도 진보에 가까운『경향신문』과 같은 신문이 제기하고 있는 비판적 입장을,[17] 주류 지배 계층의 관점을 충실히 반영하는 정통 보수 신문인『조선일보』의 논조와 같은 것으로 취급할 수 없음은 너무도 자명해 보인다. 나아가 진보적 성향의 지식인들이 개진하고 있는 비판적 지적[18]과 유보적이거나 반대의 입장을 표명하고 있는 다수의 진보적 혹은 중도적 입장의 시민들 역시 기득권 세력과는 거리가 멀다.

사정이 이러함에도, 부와 권력에서 소외된 계층을 대변한다고 자임하고 있는 참여정부와 열린우리당 그리고 이에 동조하는 일부 진보 진영은 행정수도 이전 반대의 목소리를 수구 반동적 세력의 정치적 음해로

참조.

15. 이와 관련해서는 서울대 교수 이성우의「노무현 대통령께 드리는 글」,『한겨레』(2004년 7월 25일지) 참고.

16. 민노당의 반대 이유 가운데는, '행정수도 건설지역에 생활기반을 가지고 있는 노동자 농민 등 서민의 부담으로 전가돼 민주노동당의 지지기반이라고 할 수 있는 이들의 생존기반이 붕괴될 것으로 예상된다' 는 사실이 포함되어 있으며, 이런 점에서 민노당은 자신의 지지 세력의 이해관계를 충실히 반영하는 정당의 역할을 수행하고 있다고 볼 수 있다.『한겨레』(2004년 8월 12일자) 참조.

17. 가령 김민웅,「위기를 자초하는 노무현 정권」,『프레시안』(2004년 7월 22일자)과 유창선,「행정수도 이전은 친노-반노의 문제 아니다」,『오마이뉴스』(2004년 7월 10일자) 참조.

18. 가령 손호철,「戰線의 정치」,『한국일보』(2004년 7월 12일자).

몰아치면서, 기득권 세력의 불순한 책동으로 보고자 한다.[19] 하지만 이러한 시각과 관점이야말로 행정수도 이전을 둘러싼 이념적 지형도의 본질을 제대로 간파하지 못한 무지의 소치에 따른 것이거나, 아니면 다른 정치적 의도나 계산에서 나온 정략적 꼼수가 아닐 수 없다. 무엇보다 진보적 정권으로 행세해 온 참여정부에 의해 이루어지고 있는 이러한 이념적 공세는 의도야 어떻든 결과적으로 대단히 반反개혁적이며 반反진보적인, 그야말로 과거 회귀적인 '유사quasi 수구적 자세'가 아닐 수 없다. 이러한 태도는 개혁과 진보를 내세운 현 정부의 이중적 태도를 보여 주는 것이다. 그러기에 강준만은 현 정부가 헤게모니 쟁취에 도움이 되는 경우는 지나칠 정도로 모험주의적이고 전투적인 반면에 그러한 쟁취와 무관한 경우에는 지나치게 신중하거나 소심한 태도를 취하고 있다고 비판하고 있다.[20]

2) 행정수도 이전에 관한 찬성론과 반대론, 두 입론 모두 나름의 타당한 근거와 논리적 설득력을 지니고 있다고 판단된다. 아울러 이처럼 특정

---

19. 참여정부의 행정수도 이전 반대론에 대한 시각은 대통령 노무현의 다음과 같은 발언들에서 뚜렷이 드러난다: "대통령에 대한 불신임운동, 퇴진운동으로 느끼고 있다"(7월 8일 인천지역 혁신발전 5개년계획 토론회 발언); "대통령 흔들기의 저의도 감춰져 있다"(6월 18일); "정부의 진퇴를 걸고 반드시 성사시켜야 한다"(6월 15일), 『한겨레』(2004년 7월 8일자) 참조. 이와 유사한 시각에서 일부 진보적 시민 단체와 지식인들도 반대론을 비판하고 있다. 가령 대구참여연대를 비롯한 대구, 울산, 경남, 부산 지역 시민단체 106개가 발표한 공동선언문에서도 행정수도 이전 반대론에 대해, "행정수도 이전 자체를 부정하는 일련의 흐름은 현재의 수도권 과밀과 집중을 방치하자는 의도이자, 기존의 기득권 질서를 지키고자 하는 일부 기득권 세력의 불순한 의도라 밖에 볼 수 없다"고 밝히고 있다. 대구참여연대 외, 「신행정수도 이전은 시대의 과제이자 지역균형발전의 출발이다」(2004년 7월 28일). 『한겨레』의 경우도 이러한 시각의 연장선상에서 행정수도 이전 반대론을 조선일보와 동아일보, 한나라당이 주도하는 정치적 공세로 보고, "국민투표가 최고의 합의와 정이라는 것을 누가 인정하지 않겠는가. 하지만 한쪽이 이제 출발선에 섰으므로 전체 스케줄을 자기에 맞춰 다시 짜자는 것은 곤란하다"고 주장하면서 정권의 명운을 걸고 추진할 수밖에 없다는 논조를 펴고 있다. 이홍동, 「천도정치론」, 『한겨레』(2004년 6월 20일자).

20. 강준만, 「조중동의 음모에 휘둘리는 노무현: 2004년 7월의 한국정치」(2004), 75쪽 참조.

사안을 중심으로 다양한 견해와 주장, 논변과 입장이 제기되고 서로 공존하고 있다는 사실 자체만으로도 그간 온갖 시련과 어려움 속에서도 이 땅의 민중들이 지속적인 민주화 투쟁을 통해 이룩한 민주 사회의 본질적 특성 가운데 하나인 다원성과 차이성이 존중되고 있음을 보여 주고 있다는 점에서 매우 고무적인 현상이라 하지 않을 수 없다. 물론 이처럼 다양한 입장과 견해가 국민들 사이에서 팽팽히 맞서 있어 쉽사리 상호 이해와 합의에 이르지 못한 채 서로 충돌적인 갈등 상황을 심화시키는 경우는 자칫 사회적 혼란과 분열로 치달을 수 있다. 그러나 이때에도 물리적 수단의 사용이나 밀어붙이기 식 강공이 아니라 합리적이며 민주적인 방식으로 조정하고 아우름으로써 하나의 합의된 의견을 도출하는 방식, 요컨대 민주화된 상황에 걸맞은 민주적인 방식, 이를테면 국민 투표와 같은 절차적 합의의 과정을 수용하는 것이 최선의 민주적인 선택이 될 것이다. 나아가 그러한 민주적인 절차적 동의 과정을 거쳐 실질적이며 현실적인 국민적 합의를 획득한 후라야 신행정수도 이전은 추진상의 힘과 권위를 확보할 수 있을 것이다. 또한 향후 이를 정략적으로 이용하려는 특정 세력이나 정당의 자의적 의도에 맞서고 분쇄할 수 있는 정당한 권력으로 기능할 수 있다. 설사 정권이 바뀌더라도 국민적 동의와 합의를 바탕으로 한 행정수도 이전 정책이라면, 그것은 논란의 여지 없이 수행될 수 있다는 점에서도 그러한 절차 과정은 현실적으로 요청된다.

　　물론 절차적 과정에 대한 그와 같은 요구는 기득권 세력에 의해 정략적으로 악용되고 있기도 하다.[21] 하지만 그 경우에도 그에 대한 보다 효과적인 대응 방식은 — 민주적 정부의 현명한 전략 방안으로서 — 국민들에 대한 설득과 절차적 합의 과정을 거쳐 국민적 동의와 지지를 얻어 냄으로써 그러한 정치적 음해를 원천적으로 차단 좌절시키는 민주적인 방법일 것이다. 더욱이 지금처럼 행정수도 이전을 둘러싼 다양한 이해관

---

21. 이 점에 관해서는 이춘재, 「보수언론 "신행정수도를 마구 공격하라"」(2004) 참조.

계와 요구의 목소리가 파열음을 내고 있는 상황에서는, 민주적인 의견 수렴과 국민적 합의가 그 어느 때보다 중요시되고 있는 바, 그러한 합의를 도출할 수 있는 논리가 다름 아닌 민주주의 논리이며, 그것을 수호하고 작동하도록 하는 것이 민주적이며 개혁적인 정부의 역할이자 책임이다. 이러한 전후 사정을 감안해 볼 때, 행정수도 이전의 정당성을 강변하며 강력하게 이전 정책을 추진하려는 참여정부의 태도는 과거 군사 독재 시절 국가 권력을 앞세운 밀어붙이기 식의 권위주의 행태의 부활 조짐을 보이는 것이다.

이러한 비판적 지적에 대해 두 가지 반론이 제기될 수 있을 것이다. 그 하나는 여론이 늘 옳은 것은 아니며, 그것을 좇는 정치는 일종의 중우 정치에 다다를 것이라는 것이다. 다른 하나는 추구하려는 정책이 사회 정의와 역사적 진보에 부합하는 정당한 것일 경우에, 다수가 반대하더라도 강력히 추진하여 역사의 심판에 맡길 수 있다는 것이다.[22]

첫 번째 반론과 관련하여, 행정수도 이전에 관한 최근의 한 여론 조사는 반대 입장이 찬성보다 많은 것으로 나타나고 있다. 하지만 이러한 결과를 수구 세력의 선동에 의한 다분히 감성적인 태도의 산물이며 정당성이 결여된 것으로서 간주하고자 한다면,[23] 이러한 관점이 지난 총선 결과나 탄핵 반대 결과에도 적용될 수 있어야만 최소한 주장의 일관성이 견지될 수 있을 것이다. 탄핵 사태와 관련해서는 국민 여론이나 판단이 존중되고, 반면 행정수도 이전의 경우에는 그것이 무시된다면,[24] 이는 논

---

22. 실제로 참여정부의 입장은 "일시적으로 여론이 어렵고 역풍이 불 때라도 취지가 정당하고 성공에 대한 확신이 있으면 꾸준히 밀고 나가는 자세가 필요하다"는 입장이다. 『한겨레』(2004년 9월 17일자) 참조.

23. 이와 관련하여 대다수 민중을 총칭하고 있지는 않지만, 최근 사회적 이슈를 둘러싸고 적극적으로 찬반 입장을 개진함에 있어 주도적인 세력으로 자리 잡아 가고 있는 네티즌에 대해 '자기 주체적 시민 의식을 가진 개인'으로 파악하면서 '선동에 움직이는 우중 정도로 네티즌을 격하시키는 일부 언론의 시각은 완전히 거꾸로 된 상태'라고 비판하는 주장이 새로이 개진되고 있기도 하다. 홍윤기, 「포퓰리즘과 민주주의」(2004), 332-5쪽 참조.

24. 이와 관련하여 최장집은 주목할 만한 발언을 하고 있다: "탄핵이 만들어낸 위기의 해결

리적 일관성과 정합성을 결여한 것이 될 것이기 때문이다.

두 번째 반론의 경우는 지난 역사적 과정을 돌이켜 보아도 충분히 설득력을 갖추고 있음에 틀림없다. 실제로 '소수'의 목소리와 주장이 시대를 앞서 나가면서 결과적으로 정당하고 진리였으며 역사의 진보적 전개에 부합하는 것이었음이 입증된 사례들을 우리는 역사적 경험을 통해 확인해 볼 수 있기 때문이다. 그러나 그 반대의 경우도 적지 않았음을 지난 역사는 우리에게 또한 보여 주고 있다. 가령 과거 군사 독재 정권 하에서 민의(民意)와 유리되는 정책을 강행하는 경우에도, 권위주의적 통치자들은 신념에 찬 목소리로 역사의 심판 운운하며 반민주적·반민족적 정책을 추진하였으며, 그것은 오늘날 한국 현대사에 커다란 상처로 남아 있다.[25] 게다가 오늘의 시대는 '아래로부터의' 자유로운 토론과 논의를 통해 합의와 동의에 이르는 민주적 절차가 중시되는 명색이 민주주의 시대이다. 이런 까닭에 정부가 추진하려는 주요 정책이 아무리 규범적 차원에서 정당하고 현실적으로 효용성을 지닌 것이라 해도, 국민의 다수가 반대할 경우에는 그에 대해 재삼재사의 숙고와 폭넓은 여론 수렴과 설득 과정 그리고 필요하다면 국민적 합의를 이끌어 내는 정당한 절차 과정을 거칠 때까지 추진을 유보해야만 한다. 이러한 과정과 절차를 무시하거나 불필요한 것으로 간주한다면 — 실제로 현 정부(노무현 정부)는 이라크 파병과 공공 아파트 분양 원가 공개, 신행정수도 이전 등의 문제를 통해 이러한 양태를 반복적으로 보여 주고 있다 — 이는 결과적으로 과거 군사 정권의 반민주적인 권위주의적 통치 방식과 다를 것이 없는 셈이다.

은… 총선에 투표라는 가장 직접적인 방법을 통해 국민들에 의해 결정돼야 한다. 다른 어떤 결정도 이보다 민주적으로 우월할 수 없다." 최장집, 「한국 민주주의의 제도적 결함」 (2004년 3월 18일자).

25. 이와 관련하여 강준만은 다음과 같이 언급하고 있다: "옳건 그르건 자신의 신념을 밀어붙이는 일에 목숨을 거는 걸 좋아한다는 점에선, 노무현은 과거의 독재자들과 조금도 다르지 않은 인물이었다. 목숨을 거는 사람에게 인간에 대한 최소한의 예의 감각이 있을리 만무했다." 강준만, 「조중동의 음모에 휘둘리는 노무현: 2004년 7월의 한국정치」(2004), 78쪽.

나아가 이러한 절차적 민주주의의 원칙이 준수되지 않은 채 이른바 '밀어붙이기 식'의 '유사 관료적 권위주의적' 방식이 동원될 경우, 이는 진보와 보수 양 진영에서 전 국민적인 반발과 저항에 직면할 수 있을 것이다. 하지만 무엇보다 우려되는 것은 과거 부당한 방법으로 획득한 권력과 부를 놓치지 않으려고 발버둥치는 수구 반동적 세력에게 그야말로 새로운 명분과 논거를 제공해 주는 사태이다.[26] 역사적으로 단죄되고 추방되어야 할 그러한 반민주 세력은 이러한 상황에 편승하여 — 기득권 세력과는 무관하게 순수한 의도를 갖고 참여정부를 지지하지만 그럼에도 수도 이전에는 반대하는 다수의 민주적인 시민들 사이에 끼어들어 자신들의 이해관계를 관철시킴으로써 — 기득권을 지속적으로 유지할 수 있게 될 것이며, 그럼으로써 지속적인 사회적 부정의를 확산시키고 역사의 퇴행을 초래하게 될 것이다. 이러한 결과야말로 이제껏 온갖 난관을 뚫고 이룩해 온 민주화의 단절을 가져올 수 있으며, 경우에 따라 민주주의의 심각한 위기를 초래할 수 있다는 점에서 심히 우려하지 않을 수 없는 것이다.

하지만 국민의 뜻에 반하여 특정 정책을 강력히 추진하려는, 이른바 유사 관료적 권위주의의 양태가 지닌 위험성은 여기에 그치지 않는다. 보다 민주적인 열린 사회를 향해 나아가고 있는 우리의 현실에서 한층 더 우려되는 것은, 정책 추진의 정당성을 강화하기 위해 가령 행정수도 이전에 대한 반대 입장 전체를 마치 수구 기득권 세력의 정치적 공세나 혹은 그러한 세력의 선동에 휩쓸린 다수의 무지몽매한 저항으로 규정하여 비난하는 '자칭' 진보적 세력의 이념적 공격 양태로 인하여, 특정 정책에 대해 타당한 근거와 이유에 기대어 반대 의사를 명확히 표명하는

---

26. 이 점과 관련하여 한일장신대 교수 김동민은 2004년 6월 24일, 행정수도 이전 언론 보도 긴급토론회에서 '조선일보에서는, 천도론이라는 과도한 봉건적 의미를 동원하여 수도 이전에 대한 합리적 논의를 가로막아 행정수도 이전 자체를 방해하려는 저의가 읽혀진다'고 주장하고 있다. 이에 관해서는 『한겨레』(2004년 6월 24일자) 참조.

것이 수구 반동 세력의 일원인 양 간주되는 사회적 분위기에 질려 자신의 소신과 주장을 철회해 버리는 사태이다. 특히 그러한 분위기 속에서 사회 비판의 역할을 주도적으로 수행해야 할 비판적 지식인이나 진보적 이론가들이 수구 반동으로 낙인찍히기를 회피하고자 소위 진보적 정권의 눈치를 살피는 '기회주의적 행태'[27]가 사회적 대세로 굳어지는 경우, 한국 사회의 민주적인 발전은 커다란 난관에 직면하게 될 것이다.

　　매우 유감스럽지만 이러한 상황이 실제로 벌어질 경우, 수도 이전에 관한 찬성론이 대세를 이루면서 외견상 진보적 입장이 승리한 것처럼 비쳐지고 그에 따라 수도 이전이 강행되겠지만, 이는 외견상 동의를 얻어낸 것일 뿐 내적으로는 강압적 요구나 폭력적 강제 혹은 그러한 암묵적 분위기에 이끌려 마지못해 동의를 구한 경우로서, 사실상 진보로 포장된 '합법적인 폭력'[28]에 지나지 않는 것이다. 동시에 이는 오랜 기간에 걸쳐 이만큼이나 이룩한 민주화의 수준을 그 이전의 권위주의적 시대의 수준으로 퇴보시키는 것이다.

4. 성찰적 진보와 합리적 보수로의 거듭나기: 온전한 형태의 이념 경쟁 구도의 정착을 위한 한 제언

지금까지의 내용을 고려할 때, 그렇다면 이처럼 중층적이며 다원화된 이념적 지형 위에서 진보와 보수 사이에서 이루어지는 이념적 대결 구도는, 왜곡되거나 뒤틀리지 않은 상태에서, 그야말로 참된 의미에서 진보와 보수가 상호 비판적 견제와 균형적 조화를 이루면서 기능하는 '이념

---

27. 이에 관한 최근의 입장으로는 강준만, 「조중동의 음모에 휘둘리는 노무현: 2004년 7월의 한국정치」(2004), 42-59, 70-91쪽 참조.

28. J. Habermas, "Universalitätanspruch der Hermeneutik"(1971), 157쪽 참조.

적 좌우의 양 날개'로서 한국 사회의 발전적 전개에 기여할 수 있을 것인가, 그렇지 않다면 오히려 걸림돌로 작용할 것인가?

크게 보아 민주화를 향한 사회의 발전적 전개라는 테두리 내에서, 국민들의 다양한 이념적 요구에 부합하는 다수의 정치 집단이 각자가 내건 '이념과 그에 기초한 정책'을 통해 상호 경쟁적인 관계로 진입해 들어갈 경우, '보편적인 이념적 판단 기준'이 존재하는 가운데 '다원화된 이념적 경쟁 체제'로 재편된 진보와 보수 간의 이념적 대결 구도는 한국 사회의 발전에 충분히 기여할 수 있을 것이다. 다시 말해 '민주화의 틀' 내에서 진보와 보수가 '자기 성찰적 진보'와 '합리적 보수'로서 상호 비판적 감시와 견제를 이루어 나간다면, 다양한 이념적 지향성의 스펙트럼에 기초한 다원화된 이념적 경쟁 구도는 그야말로 다양한 국민적 요구와 이념적 입장을 제대로 대변하고 관철하는 민주적 통로로서 그 역할을 제대로 수행해 나갈 수 있을 것이다. 그와 함께 왜곡되거나 뒤틀리지 않은, 진정한 의미에서의 진보/보수 간 사상적·이념적 대결 전선이 형성될 수 있을 것이다.

하지만 이처럼 '제대로 된 진보/보수 간 이념적 대립 구도'가 정립되기 위해서는, 진보와 보수 두 진영 모두에게 요구되는 전제 조건들이 반드시 충족되어야만 한다. 먼저, 반민주적 독재 권력을 정당화하고 그에 의거해 기득권을 유지하고자 이념적 대립 구도를 의도적으로 왜곡함으로써 자신들에 대해 정당한 비판을 제기하는 민주화 세력을 '좌익 용공' 혹은 '빨갱이'로 매도하여 지속적인 정치적 탄압을 일삼아 온 '수구 반동'으로서의 보수는[29] '합리적인 자기 개혁적 보수'로의, 그야말로 '종교적 개종'에 비견되는 철저한 자기반성과 자기변신을 시도해야만 한다. 즉, 이 땅의 사이비 보수는 이념적 대립 구도를 특수한 집단적 이익의 관철과 기득권의 유지를 위한 정치적 도구로서 왜곡시켜 악용해 온 과거의

---

29. 이러한 이념적 구도의 왜곡화로서 이념적 '색깔론'에 관해서는 강준만, 『노무현과 자존심』(2002), 69-75쪽 참조.

구태에서 벗어나, 그러한 이념적 대결 전선을 우리 사회의 발전에 '생산적으로' 기여할 수 있게끔 진력하는 진정한 이념적 대결 상대로 탈바꿈해야 한다.

진보 역시 보다 철저한 자기 성찰 및 자기비판, 한층 더 높은 도덕성과 겸손함이 요구된다. 특히 '김대중 신드롬'[30]으로 이름 붙여진, '민주화 투쟁에 참여했던 자신만이 정의롭고 도덕적이며 옳다는 식의 사고방식'에서 벗어나야 한다. 이는 쉽사리 '이념적 독선'으로 이어져 합리적인 보수의 비판적 지적마저 수구적인 것으로 간주하여 귀 기울이지 않게 함으로써, 제대로 된 이념적 대립 구도의 정립을 어렵게 만들기 때문이다. 이에 더해 소위 '적전분열敵前分裂'을 내세워 진보 진영 내부의 치열한 자기비판을 금기시하려는 자세 또한 극복되어야만 한다.[31] 비판에 성역이란 있을 수 없으며, 현재보다 더 나은 상태로의 진전을 위한 비판은 자신을 포함한 모든 대상에 대해 열려 있어야 한다. 끊임없는 비판에 귀 기울이고 수용할 줄 아는 '열린 자세'만이 진보로 하여금 보수에 대해 '도덕적 우위성'[32]을 견지하게 만드는 핵심적 요인이기 때문이다.

---

30. 이에 관해서는 강준만, 「'김대중 신드롬'과 '진중권 신드롬'」(2002) 참조.
31. 이러한 관점에서 제시된 최근의 글로는 이봉렬, 「조선일보에 이용당하지 말아야할 의무」, 『오마이뉴스』(2004년 3월 26일). 이에 대해 "설시 그것을 조선일보가 악용한다 하더라도 그것이 무서워서 비판을 피해간다는 것은 곤란하"며 "비판에 대한 경직된 태도를 깨는 것, 그것이 안티조선의 또 다른 이름이라는 것을 잊어선 안된다"며 반비판을 제기한 글로는 변희재, 「언론의 '이이제이'」(2004년 4월 6일자) 참조.
32. 최근 들어 진보 진영의 도덕적 우위성이 여지없이 무너지는 사태가 속출하고 있는데, 그 중 대표적인 예가, 부친의 친일 행적에 대해 부인과 거짓으로 일관했던 집권 여당인 열린우리당의 당의장 신기남의 행태와 그에 대한 열린우리당의 변명 내지 옹호 태도이다. 이에 대한 비판적 입장으로는 「신기남 의장 물러나는 게 순리다」, 『한겨레』(2004년 8월 17일자) 참조.

5. 덧붙이는 말

이제까지 논의된 내용을 고려할 때, 앞으로 전개되어 나갈 이념적 전선의 양상은 '총론적 차원'에서는 민주화가 중요한 진보/보수의 기준으로 작동할 것으로 보이며, 구체적이며 세부적인 사안과 관련된 '각론적 수준'에서는 개인적·집단적 이해관계에 기초한 요구에 상응하는 다양한 이념적 성향과 지향성을 드러내 보일 것으로 예측된다. 따라서 이러한 이념적 구도 하에서 특정 정치 세력이나 이익 단체 등이 이러한 변화된 이념적 대결 구도를 당리당략적 차원에서 왜곡하거나 악용하려는 사태가 벌어질 경우에는, 총체적 수준에서의 진보(민주)/보수(반민주) 기준이 작동함으로써 — 그러한 사태를 야기한 주체가 진보적이든 보수적이든 상관없이 — 그러한 세력은 전 국민적 저항에 직면하여 사회적으로 추방당하게 될 것이다. 반면에 민주주의의 원칙과 규칙에 따라 진보와 보수 간에 자유롭고 공정한 이념적 대결과 논쟁이 이루어질 경우, 따라서 성찰적 진보와 합리적 보수가 상호 비판과 견제 속에서 이념적 조화를 이루어 나갈 경우, 다원적 경쟁 구도의 틀 속에서 재편된 진보/보수 간 이념 대립 구도는 각계각층의 국민적 요구와 이해관계를 최대한 공정하게 반영하는 민주적 민의 대변의 기능과 역할을 원활히 수행하게 될 것이다. 그와 함께 이념적 대립과 논쟁이 소모적이며 사회 통합에 저해가 되는 갈등적이며 분열적인 기제로서 역기능하는 부정적인 사태도 소멸될 것이며, 그에 따라 이념적 논쟁이 한층 더 활성화될 필요성이 있음을 대다수 사회 구성원들도 자각하게 될 것이다. 요컨대 온전한 형태의 이념적 경쟁 구도의 형성과 논쟁적 활성화야말로 사회의 발전 및 민주화의 수준 증대에 기여하는 핵심적인 기제임을 인식하게 될 것이다.

이제 글을 마무리하기 전에 '한마디'만 덧붙이고자 한다. 혹자는 이 글이 — 이념적 대립 구도의 왜곡화와 관련하여 — 참여정부와 여당 그리고 참여정부를 지지하는 '일부' 진보 세력에 대해 특히 비판의 화살을 겨누고 있는 것과 관련하여, 현실적으로 수구 반동으로서의 보수가 엄존하고 있는 상황에서 결과적으로 수구 기득권 세력을 도와주는 결과에 이를 수 있다고 비판을 제기할지 모르겠다. 그러한 지적과 관련하여 필자의 생각을 조금만 밝혀 본다면, 이 글에는 명색이 진보적 정권임을 자부하고 강변해 온 현 정부(참여정부)와 여당 그리고 이를 일방적으로 지지하고 있는 '일부' 진보 진영이 보여 준 지금까지의 '이념적 행태'에 대한 실망감과 기대 상실, 무엇보다 규범적 차원에서의 분노를 조금이라도 드러내 보여 주려는 의도와 함께,[33] 그러한 국민적 절망 상태에 이르게 된 과정을 제대로 인식하고 그로부터 벗어나기 위한 탈출구를 마련하기 위해서는 참여정부를 위시한 진보 진영 자체의 이념적 행태에 관한 그야말로 성역 없는 치열하고 철저한 '자기비판'과 '자기 성찰'이 긴급히 요구된다는 사실을 지적하기 위한 필자의 의도가 담겨 있다. 수구 반동으로서의 보수 세력이 여전히 무반성적이고 희망과 비전이라곤 전혀 보여 주지 못한 채 지리멸렬한 모습을 보여 주고 있다는 점에서 대안 세력으로서의 기대는커녕 비판의 대상조차 되지 못하고 있는 현실을 감안할 때, 진보적 정권에 거는 기대는 더욱더 클 수밖에 없다. 하지만 그러한 기대를 저버리고 희망과 비전을 제시하지 못한 채 반反진보적인 이념적 양태를 보여 주는 현 정부(노무현 정부)에 대한 근본적이고 철저한 비판이 진보 진영 내부로부터 지열하게 개진되어야 함에도 불구하고,[34] 그러한 모습이 적어도 필자의 눈에는 제대로 보이지 않기 때문이다.

---

33. 이와 관련하여 진보적 언론 매체의 집권당에 대한 일방적인 편향성과 옹호 성향에 관한 비판으로는 진중권, 「노무현 시대의 진보」(2003), 34-6쪽 참조.
34. 이런 점에서 최근 참여정부에 대한 이른바 '주류' 또는 '이름 있는' 시민단체들의 무비판적 태도에 대해 비판적 입장을 개진하고 있는 글, 김태경, 「노 정권과 시민단체들, 유착 혹은 상생?」(2004)은 시사하는 바가 크다.

6. 남북 관계를 바라보는 우리 사회의 진보와 보수의 현주소와 미래

1. 들어가는 말

남북 관계를 바라보는 시선과 입장의 차이를 중심으로 형성된, 이 땅의 보수와 진보 간의 대립 전선은 오늘도 한 치의 양보 없이 팽팽히 맞서 있는 상황이다. 더욱이 최근 들어 벌어진 북한의 핵실험을 둘러싸고, 이러한 대립 구도는 극도의 대결 상황으로 치닫고 있다. 이에 대한 진보와 보수의 입장을 단순 비교해 보면, 보수는 북한의 핵실험은 대북 포용 정책의 실패를 의미하는 것으로서, 즉각적인 교류의 중단을 포함한 강경 정책으로 나아가야 한다는 입장이다. 반면 진보는 햇볕 정책 덕분에 이러한 위기적 사태에도 불구하고 남북한 간 평화가 유지되고 있는 것이라는 사실을 들어, 지속적인 물적·인적 교류를 주장한다.

대북관觀 및 대북 정책을 둘러싸고 이루어진, 이러한 보수/진보 간 대립 구도는 흔히 '남남 갈등'으로 불리곤 하는데, 이러한 갈등의 궁극적 기원은 결국 남한 내 진보와 보수 두 진영이 '남북한 관계를 어떻게 설정하고 있는가' 혹은 '북한을 어떻게 보고 있는가'로 귀결된다. 진보는 남북 관계를 우호적이며 민족 공동체의 평화적 공존 및 통일을 위한 관계로 보고자 하며, 그에 따라 현 북한 체제를 인정하고자 한다. 이에 비해 보수는 이러한 평화 관계가 본질적으로 전술적 차원에서 지속되는 불안정한 상태인바, 궁극적으로 현 북한 정권의 고립과 제거를 통해서만 안정적이며 영속적인 평화와 통일을 추구할 수 있다고 본다.

그런데 어느 입장과 주장이 현시점에서 보다 설득력 있는 논거를 갖춘, 타당성 있는 것인가를 잠정 판별하기에 앞서, 이 지점에서 대단히 어려운 문제가 하나 발생한다. 그것은 합리적이며 논증적인 확증 작업 이전에 — 해방 이후 형성되어 온 한반도의 이념적 지형과 관련하여 — 오랜 기간 한국인의 의식 구조를 지배하고 있는 '이념적 선先판단'이 작동한다는 점이다. 즉, 진보 쪽에서는 북한과의 우호적 관계를 지지하면 진보요 북한을 적대적으로 바라보면 냉전 수구라는 등식에 따라 자신의 입장이 옳다는 확신을 갖게 된다. 보수 쪽에서는 북한과의 공존은 친북 좌파 세력(심지어는 빨갱이 세력)의 농간이며 북한을 적대적으로 보는 것이야말로 진정한 자유 민주주의자라는 사고방식에 따라 자신의 생각이 맞다고 확신한다.[1] 상대방에 대한 이러한 고정 관념과 선판단은 진보와 보수 사이의 이념 대결을 보다 합리적이며 사회 발전적인 방향으로 인도하기보다는, 왜곡되고 일그러진 형태로 구조화되도록 촉진하고 있다.

그러므로 이러한 상황을 염두에 둘 때, 우리 사회에서 '남북 관계를 바라보는 보수와 진보의 현주소와 미래'를 살펴보는 작업은, 한편으로는 한국 사회에서 보수/진보 간 이념적 대립 구도가 얼마나 비합리적이며 파괴적인 방식으로 '왜곡'되어 있는가를 비판적으로 검토해 보는 일이 될 것이다. 다른 한편으로는 그처럼 뒤틀린 이념 대립 구도를, 진보와 보수 모두에게 상호 발전적인 계기와 자기반성적 동기를 제공해 주는 보다 미래 지향적인 형태로서 재정립하기 위한 실천적 방안을 모색하고 강구해 보는 작업이 될 것이다.

그런데 이러한 비판적 검토 작업을 본격적으로 수행하기에 앞서 우

---

1. 선우현, 「한국사회에서 '진보/보수 간 이념적 대립구도'의 왜곡화」(2002), 92-4쪽 참조.

선 처리해야 될 일이 하나 있다. 그것은 보수와 진보의 의미가 정확히 무엇인가를 규정하고 이어 그 객관적 판단 기준을 마련하는 일인데, 사실상 이러한 과제는 또 다른 한 편의 논문을 필요로 하는 엄청난 작업이다. 해서, 이 글에서는 이 작업을 생략하고, 본래 이 글에서 수행하려는 주된 목적, 즉 현시점에서 남북 관계를 바라보는 진보와 보수의 입장 및 논리의 양상과 서로의 관점 차이로 인해 이루어진 이념적 지형의 현실태를 검토해 보는 데 필요한 한도 내에서, 보수/진보 개념의 의미를 '최대한 느슨한 형태'로 사용하고자 한다. 그러므로 이 글에서는, 진보/보수보다는 '혁신/보수'가 보다 더 적합한 쌍 개념이라는 사실에도 불구하고,[2] 이제껏 통용되어 온 진보/보수의 개념을 사용하고자 하며, 소극적 방식으로 느슨하게 그 의미를 규정하려고 한다. 즉, '진보'는 보다 근본적인 혁신적 방식으로 사회의 발전을 추구해 나가는 입장인 반면, '보수'는 급진적 혁명이나 변혁의 방식 대신 점진적인 개혁을 통해 사회를 서서히 변화시켜 나가는 입장으로 잠정 규정하고자 한다.[3] 동시에 이러한 개념 규정에서는, 진보와 보수를 각각 구성하는 — 가령 진보의 경우에는 극좌와 같이 급진적인 진보를 비롯하여 — 다양한 하위 유형을 엄밀히 구분하지 않고 뭉뚱그려 진보 및 보수 개념으로 총칭할 것이다.

　이처럼 진보와 보수를 느슨하게 규정할 경우에, 북한 문제를 중심으로 한 우리 사회의 진보/보수 간 이념 대결 구도의 실상을 이해하는 데 '다소간' 혼란스러운 점도 있지만, 반면에 '적잖은' 이점도 있다. 무엇보

---

2. 이에 관해서는 김원식, 「한국사회의 진보와 민주주의의 발전」(2002), 53-67쪽 참조.
3. 선우현, 「한국사회에서 '진보/보수 간 이념적 대립구도'의 왜곡화」(2002) 84쪽 참조. 아울러 보수의 의미에 관한 상세한 논의는 R. Scruton, *The Meaning of Conservatism* (1984), 15-26쪽 참조. 진보 개념에 관한 설명으로는 C. Frankel, "Progress, the idea of"(1975), 483-7쪽 참조. 이러한 진보와 보수에 대한 의미 규정에서, 특히 주목할 것은 보수가 결코 변화를 부정하고 거부하는 것은 아니라는 사실이다. R. Macridis, *Contemporary Political Ideologies*, 78쪽; I. Hampsher-Monk, *The Political Philosophy of Edmund Burke*, 28쪽 참조. 이러한 사실은 진보와 보수가 상호 접점을 이룰 수 있는 공통의 대목이라는 점에서 유념할 필요가 있다.

다 노무현/이회창, 진중권/조갑제, 열린우리당/한나라당, 한겨레/조중동, 참여연대/한국자유총연맹 등과 같은 현실에서 우리가 체험할 수 있는 '실제적인' 진보와 보수 간의 치열한 이념적 대립 지형을 제대로 보여 줄 수 있을 뿐 아니라, 이것의 왜곡화 과정과 실태를 해명할 수 있다. 만약 진보와 보수를 보다 엄격하게 규정할 경우 — 가령 민주노동당을 중심으로 한 민중 운동 세력의 좌파 내지 우파의 시각에서 진보가 정의될 경우에 — 한국 사회에서의 진보/보수 대결 구도는, 혁신 보수 대 수구 보수 간 대결 구도로 축소되면서 극소수의 진보와 다수의 보수 간의 대립 구도로 재설정됨으로써, 우리가 실제로 접하는 이른바 '진보 진영 대 보수 진영 간의 대립 지형'은 시야에서 사라져 버리게 된다.

이러한 사정을 감안하여, 과거 군사 독재 정권 시절에도 통용되었던 '민주/반민주,' '민족/반민족,' '통일/반통일'의 구도가 지금은 일률적으로 적용되기 어렵다는 점을 '최대한' 고려하면서, 이러한 구도를 최대한 느슨한 형태로 작금의 진보/보수를 가르는 '최소 기준'으로 필요에 따라 제한적으로 사용하고자 한다.

이러한 최소 기준 역시 적잖은 문제점을 갖고 있지만, 반면 나름의 유용한 역할을 할 수 있다고 보인다. 예컨대 과거 수구 정권이 표방한 대북 정책과 현 진보 정권(노무현 정권)[4]이 내세우는 대북 정책 사이의, '선공존 후통일'이라는 외견상의 '유사성'에도 불구하고, '진정한 의미에서의 통일을 추구하고 있는가, 아니면 정권 유지를 위한 수단으로서 통일을 고려하고 있는가'라는 '통일/반통일'의 잣대를 통해, 진보와 보수

---

4. 현시점에서 '노무현 정권을 과연 진보적 정권이라고 볼 수 있는가'의 문제는 쉽지 않은 문제이다. 이와 관련하여, 필자는 다른 글에서 FTA 협정을 강행하려는 노무현 정권에 대해 이를 "적어도 경제정책과 관련해서는 결코 진보적 정권이 아니며 오히려 반민중적 반개혁적 정권"(선우현, 「옮긴이의 글」(2006), 229쪽)이라고 비판하였다. 하지만 그럼에도 이 글에서는 '북한 문제나 대북 정책'과 관련하여 진보 정권으로 보고자 한다. 이렇게 보려는 이유는 또한 — 앞서도 언급한 것처럼 — 남북 관계를 중심으로 형성되어 있는 실제 진보/보수 간 대결 구도를 고려할 때, 적어도 노무현 정권은 진보 진영에 포함시켜야만 우리가 현실에서 느끼는 이른바 진보/보수 대결 구도의 실상과 어느 정도 부합하기 때문이다.

간의 결정적인 '차이성'을 드러내 보일 수 있다는 점이 그 단적인 예라 할 것이다.

이러한 개념 규정을 염두에 두면서, 이 글은 가능한 한 '중도적' 입장에서 논의를 개진하고자 한다. 이는 아마도 진보와 보수 두 진영 모두로부터, '양비론'이라는 기회주의적 행태로 비쳐져 신랄한 비판을 받게 될 것이다. 그럼에도 진보와 보수에 대한 보다 공정한 평가와 해석을 내리기 위한, 나름의 최선의 선택에 따른 것이란 점을 밝혀 두고자 한다. 적어도 이러한 관점의 선택은, 이념 구도의 왜곡화에 대한 보수와 진보의 잘못과 책임에 대한 '비대칭적 비판'을 시도할 수 있음으로 해서, 양비론적 위험성은 줄이면서 최대한 공정한 입장을 확보할 수 있다는 '실험적' 판단에 따른 것이기 때문이다. 그러므로 필자는 이러한 비대칭적 비판의 전략을 사용해 봄으로써 왜곡화에 대한 양자의 잘잘못의 비중을 좀 더 명확히 제시해 볼 것이다. 그렇게 함으로써 요컨대 — 거칠게 표현해서 가령 7:3 혹은 8:2의 비율과 같은 — '불균등적 비율'로 이념 구도의 왜곡화를 초래한 잘못은 근본적으로 보수 — 보다 정확히 표현해서 '수구 반동'으로서 '사이비 보수' — 에 돌려져야 하지만, 적어도 '민주화 이후의 민주주의' 시대에는 보수의 근본적 책임에 비할 바는 아니지만, 진보 역시 일정 정도 책임을 져야 하는 부분이 있다는 점을 분명히 적시해 봄으로써, 차등적으로 두 진영 모두를 비판해 볼 수 있는 통로를 제공해 보고자 한다.

2. 한국 사회에서 진보/보수 간 이념 대결 구도는 완승 혹은 완패의 장?

1) 현재 한국 사회는 진보와 보수 간에 다양한 현안들을 놓고 이념적으

로 첨예하게 대립하고 있는 상황이다. 근자에는 미국과의 'FTA 협정' 체결에 관한 찬반을 두고 진보 진영과 보수 진영 간에 팽팽하게 힘겨루기를 하고 있다. 그렇지만 진보와 보수 사이에서 가장 강력하게 대립 각을 세우고 있는 지점은 무엇보다 대북관 및 대북 정책을 중심으로 한 이데올로기적 문제이다. 이와 관련하여, 최근 들어 북한의 핵실험 직후, 국민의 정부 때부터 본격적으로 추진되어 온 대북 포용 정책을 타깃으로 삼아, '이것은 과연 실패한 정책이냐'의 여부를 중심으로 진보와 보수가 다시금 대립적 형세를 취하고 있다. 어느 사회에서나 특정 문제나 현안을 두고 서로 갈등하거나 대립하는 것이 그 사회에 반드시 부정적인 것은 아니다. 일찍이 마르크스K. Marx는 '투쟁'을 역사 발전의 원동력으로 간주했으며, 다렌도르프R. Dahrendorf의 경우도 갈등을 사회의 발전적 전개의 동력으로 바라보고 있다. 따라서 극단적인 상호 공멸적 상황이 아니라면 대립적 상황을 부정적으로 볼 이유는 없다. 하지만 유감스럽게도 한국 사회에서 진보/보수 간 이념적 지형은 사회 발전을 위한, 생산적이며 건설적인 방향에서 이루어져 있기보다는 '완승 아니면 완패'라는 상호 적대적이며 공멸로 이어질 수 있는 대단히 부정적이며 파괴적인 형태로 구조지어져 있다. 이는 최근 북한 핵실험을 둘러싸고 드러나는 보수와 진보의 입장 차이, 아울러 상대방에 대해 가해지는 비판을 통해 선명히 드러난다.

보수 진영에서는 "북핵 대처할 의지도, 방향도 없는 정부," "무분별 포용정책이 북핵실험 초래," "북 핵실험 이후 바뀐 세상 못 읽은 '핵맹核盲' 한국"[5] 등의 비판적 입장 표명을 통해 대북 정책은 실패한 정책이라고 통렬히 비난하고 있다. 이에 대해 진보 세력은 "포용정책 폐기하고 공멸하잔 말인가," "핵실험 정국, 냉전-평화세력의 마지막 싸움"[6]이라는

---

5. 「북핵 대처할 의지도, 방향도 없는 정부」(『중앙일보』 2006년 10월 17일); 「박근혜, 무분별 포용정책이 북핵실험 초래」(『데일리안』 2006년 10월 15일); 「북 핵실험 이후 바뀐 세상 못 읽은 '핵맹' 한국」(『조선일보』 2006년 10월 16일) 참조.

반비판을 통해 맞불을 놓고 있다. 이처럼 북핵이나 대북 관계를 바라보는 진보와 보수의 입장 차는 선명하게 대립된다. 그것은 특히 몇 가지 문제를 중심으로 드러난다.

우선, 김대중 정부 때부터 시작된 햇볕 정책, 즉 대북 포용 정책을 둘러싸고, 진보는 적극 찬성하면서 이것만이 남북한 간 긴장을 완화하면서 평화 공존을 돈독히 함으로써 통일로 가는 초석을 다질 수 있는 정책이자, 북한을 현실적으로 개혁 개방으로 유도할 수 있는 정책이라고 주장한다. 이에 비해 보수는 일방적인 '퍼주기 정책'으로서 고사되어 가던 북한 체제를 오히려 되살려 주는 역할을 수행함으로써 그만큼 통일을 지연시킨 결과를 낳고 있다고 비판한다.[7]

다음으로, 대북 정책을 추진하는 과정에서 투명성이 확보되고 있는지, 그리고 그에 따라 이러한 정책이 국내 정치적 상황에서 악용되고 있지는 않은가의 여부를 둘러싸고도 양자는 날카롭게 대치하고 있다. 이 점은 특히 대북 정책의 내용과 추진에 관한 국민들의 신뢰와 직결된다는 점에서 중요한데, 진보는 과거 수구 정권들과는 달리 정치적 이용을 배제하고 있으며 절차적 투명성도 확보되었다고 주장한다.[8] 하지만 보수는 총선 전 남북 정상 회담의 개최를 언론에 알리는 등 정권의 연장을 위한 정치적 목적에 활용되고 있으며, 정책의 추진 과정에서 비판적 목소리가 제대로 반영되지 않는다고 비판한다. 국민의 정부에서 논란이 되었던 대북 정책의 정치적 활용과 관련하여 별 다른 이의 제기가 없었던 참여정부에서도, 최근 북한 핵실험으로 인한 위기 타개를 위해 남북 정상 회담을 추진한다는 설에 대해 보수는 "그 같은 카드로 정국 판도를 역선시키

---

6. 이민희, 「핵심험 정국, 냉전-평화세력의 마지막 싸움」(『오마이뉴스』 2006년 10월 12일); 민주언론시민연합, 「포용정책 폐기하고 공멸하잔 말인가」(『오마이뉴스』 2006년 10월 13일) 참조.
7. 김창희, 「김대중 정부 대북정책의 현황과 과제」(2002), 23쪽; 남궁영, 「대북정책의 국내정치적 갈등」(2001), 83쪽 참조.
8. 이종석, 「대북포용정책 18개월, 평가와 과제」(1999), 45-6쪽.

려는 모험적 발상"[9]이라고 강하게 반발하고 있다.

북핵 위기와 관련하여 그 책임 소재의 규명을 둘러싸고도 진보와 보수는 한 치의 양보도 없다. 가령 진보는 — 물론 진보 진영의 경우에도 북한 정권에 대해서 비판의 화살을 날리고 있기는 하지만[10] — 그 일차적 잘못을 미국에 돌리고자 한다.[11] 이에 대해 보수는 강력 반발하면서, 그 전적인 잘못을 북한 정권과 그것을 방조한 남한의 이른바 진보 정권에 있다고 본다.[12]

하지만 그 무엇보다 진보와 보수가 첨예하게 맞서면서 그 차이성과 대립성을 선명하게 보여 주는 대목은 그와 같은 '대북 정책을 통해 북한이 실제로 변화해 왔는가' 하는 점에서 드러난다. 진보는 대북 포용 정책으로 인해 북한이 점차 '본질적인 변화'를 보이고 있다고 주장한다: "정세현 민화협 상임의장은 '출구론적 관점에서 보면 북한에는 아무런 변화가 일어나지 않고 있지만 입구론적 관점에서 보면 북한의 변화는 이미 한 고비를 넘었다고 할 수 있다'고 주장했다. 그는 지금 북한은 상징적인 변화를 거쳐 의미 있는 변화의 단계에 있으며 본질적 변화의 단계로 갈 것으로 보고 있다. 그는 '이미 입구에 들어선 북한의 변화가 출구 쪽으로 나아감으로써 정치 군사 변화로까지 이어질 수 있도록 대북정책을 추진하려는 것'으로서 햇볕정책을 자리매김했다."[13]

하지만 보수는 전혀 실체적으로 변한 것이 없다고 본다: "이동복 대표는 2000년 6월 남북 정상회담 이후 이루어진 남북교류가 북한을 전혀 변화시키지 못했다고 비판했다. (…) 이대표는 '북한의 변화야말로 진정한 의미에서 남북간 평화공존, 화합, 그리고 민족통합의 실현을 가능하

---

9. 「노대통령, 정치 손떼고 비상 중립내각 구성해야」(『문화일보』 2006년 11월 10일).
10. 가령, 성한용, 「김근태가 있다」(『한겨레』 10월 20일); 배성인, 「근본적인 책임은 미국이, 하지만 북한도 자유로울 수 없다」(『미디어 참세상』 10월 16일).
11. 김귀옥, 「한반도 민중의 눈으로 북핵 문제를 보라」(『국정브리핑』 2006년 10월 13일).
12. 가령 「북핵을 미국 책임으로 모는 사람들」(『세계일보』 2006년 10월 12일).
13. 『한겨레』(2006년 9월 29일).

게 하는 유일무이의 첩경'이라고 봤다. 따라서 정책의 목표이자 성패를 가늠하는 기준은 북한의 변화다. 그러나 그동안 북한은 변하지 않았다는 것이다. 북한 불변론이다."[14]

2) 이상에서 살펴본 것처럼, 북한이나 대북 정책에 관한 진보와 보수 사이의 입장 차이는 분명히 실체적으로 존재하고 있다. 아울러 극히 일부의 경우에는 합리적 논쟁 방식을 통해 상호 의견차를 좁히고 수렴하는 방향으로 이념적 대결이 이루어지고 있기도 하지만, 대부분의 경우에는 진보와 보수가 처한 상황이나 관점에 따라 상대방의 입장을 일방적으로 매도하거나 심지어 무화시키려는 의도에서 제기된 '비판을 위한 비판'에 따라 이념 대결이 이루어지고 있음을 확인해 볼 수 있다.

　　문제는 이처럼, 서로에게 '발전적 계기'가 될 수 있으며 자신의 한계를 들여다볼 수 있는 '성찰적 자극'을 줄 수 있는, 그럼으로써 상호 공통점을 토대로 하여 더 발전된 논의의 진전을 이룰 수 있는, 그와 같은 온전한 형태의 생산적인 이념 대결이 이루어지지 못하고 있는 현실이다. 일률적으로 싸잡아 말할 수는 없으나, 작금의 현실에서는 진보든 보수든 각자 속해 있는 집단이나 정파의 이념이나 가치, 현실적 이해관계 등에 따라 자신의 입장을 옹호하고 상대방의 주장을 공격하는 방식으로, 이념적 논쟁 혹은 대결을 해나갈 수밖에 없는 상황이 연출되고 있다. 그 결과 — 아무리 합리적 근거가 제시되어 있다 해도 — 북한을 우호적으로 바라보거나 평가하는 경우에는 친북 좌경 세력, 심지어 빨갱이로 낙인찍히게 되며, 대북 정책에 대한 문제점을 제기하는 순간, 수구 냉전 세력으로 졸지에 매도당하는 사태가 빈번하게 발생한다.[15] 한마디로 현재 한국 사회에서 북한 및 통일 문제를 중심으로 형성되어 있는 진보/보수 간 이념 대결의 장場에서는 — 다소 과장되게 표현한다면 — 빨갱이 아니면 수구

14.『한겨레』(2006년 9월 29일).
15. 김창희,「김대중 정부 대북정책의 현황과 과제」(2002), 25-6쪽 참조.

꼴통, 주사파 아니면 보수 반동, 친북 세력 아니면 냉전 세력이 될 수 있을 뿐 그 외 다른 선택지는 없어 보인다. 이것이야말로 전형적인 진보/보수 간 이념 대결 구도의 왜곡화 실상인 것이다.

이러한 부정적 · 비극적 현실은 보수와 진보가 서로 상대방에 대해 가하는 전투적인 비평을 통해 '다시 한 번' 확인해 볼 수 있다. 먼저 6.15 정상 회담 직후 황태연이 「들어라 수구 냉전세력들아!」라는 '자극적인' 제목의 글을 통해 보수에 대해 가하고 있는 비판적 내용이다: "정상회담의 흥분이 가라앉은 시점부터 보수를 위장한 극우지식인 중심의 국내 냉전 세력은 여론 틈새를 비집고 고개를 들기 시작하더니 급기야 남북 정상회담을 김대통령의 공적이 아니라 실책인 것처럼 몰아가는 어처구니 없는 비방과 음모적 뒤틀기(이면합의설, 평화조항의 통일조항 둔갑설, 달러제공설, 북한불변론, 순안비행장-평양 간 통치권 공백론, 북측의 치밀하게 계산된 연출에 놀아난 구걸외교, 심지어 붉은 포옹 혐의 등)를 집요하게 퍼뜨렸다. 물론 이 정략적 비방은 대북정책 성공을 위한 합리적 비판과는 거리가 먼 것이다."[16]

이에 대해 보수 쪽에서는 조갑제가 6.15 정상 회담의 내용 중 특히 '통일 방안'을 중심으로 6.15 선언 자체의 의미를 무화시키고자 「김대중 대통령은 김정일의 함정에 빠졌는가?」라는 '선정적인' 표제의 글을 통해 다음과 같이 노골적인 의구심을 표하고 있다: "평양회담에서 김대중 대통령이 통일방안에 대해 반민족 반인륜 전쟁범죄자 김정일과 합의한 것이 김정일을 남북교류의 장으로 끌어내기 위한 전술적 양보였다면 동의할 수는 없지만 이해는 할 수 있습니다. 그 정도가 아니라 김대중 대통령이 합리적 근거도 없이 북한이 연방제 통일방안을 포기했다면서 김정일과 함께 통일의 제1보를 내디디려고 무리를 한다면 그 뒤에 일어날 사태는, 국기, 국체, 4500만 국민의 생존권과 가치관이 걸린 엄중한 것이 될

---

16. 황태연, 「들어라 수구 냉전세력들아!」(2000), 1쪽.

것입니다. 북한이 적화통일을 목적으로 하는 연방제 통일방안을 포기했다는 주장은 대한민국이 자유민주주의를 포기했다는 주장처럼 엄격한 검증이 필요한데 어떻게 대통령과 그 주변 인물들이 그런 단정적 발언을 할 수 있는지 궁금합니다."[17]

3. 보수의 원죄, 지금도 유효한가?

1) 앞서 살펴본 것처럼 대북관이나 대북 정책을 둘러싸고 현재 진보와 보수 사이에 형성되어 있는 이념적 지형은 '상호 인정' 및 '차이(성)의 존중'[18]에 기초하여 이루어진 '생산적인' 대결 구도라기보다는, 상대방의 타도를 목표로 삼는, 그로 인해 상호 공멸적인 상황으로 치달을 수 있는 '파괴적인' 대결 구도이다.

그렇다면 이렇게 되어 버린 근본 원인은 무엇인가? 이 점을 제대로 규명하기 위해서는 해방 이후 지금까지의 한국 사회가 어떻게 전개되어 왔는가, 그 과정을 추적해 보기만 하면 된다. 그러한 추적 작업을 통해 사회적으로 구조화된 진보/보수 간 이념적 사상적 대립 구도가 지금처럼 일그러지게 된 결정적 계기와 이유를 드러내 보일 수 있기 때문이다.[19] 이로부터 우리는 그러한 원인이, 정치적 정통성과 규범적 정당성을 지니지 못한 수구 반동 세력이 오랜 동안 자신들의 권력 기반과 기득권을 유지 확장하기 위한 전략에서 비롯된 것임을 알게 된다.

주지하다시피 역사와 민족의 이름하에 마땅히 청산되었어야 할 민

---

17. 조갑제, 「김대중 대통령은 김정일의 함정에 빠졌는가?」(2000), 3쪽.
18. 이에 관한 상세한 논의는 A. Honneth, *Kamp um Anerkennung* (1992); Ch. Taylor, "The Politics of Recognition"(1994), 25-74쪽 참조.
19. 선우현, 「한국사회에서 진보/보수간 이념적 대립구도의 왜곡화」(2002), 87쪽

족 반역 세력은 해방 이후 자신들의 생존을 위해 분단과 냉전, 남북한 간 이념적 적대 구도의 고착화를 시도하였으며, 이를 통해 지배 권력을 장악한 이들은 군부 독재 세력과 손잡고 가일층 자신들의 기득권을 확대 심화시켜 나갔다. 그 과정에서 독재 권력에 대항하고 저항하는 민주화 세력(진보 세력)을 좌경 용공이니 불온 세력(빨갱이)이니 매도하면서 철저히 탄압하는 폭거를 자행하였다. 다시 말해 민족 반역 세력으로서 이 땅의 수구 반동은, 역사를 바로 세우고 민주 사회를 건립하고자 분연히 일어선 민중의 정당한 항거를 '반공'과 '자유(주의)의 수호'라는 미명 하에 무참히 짓밟아 버렸던 것이다. 여기서 알 수 있듯이 겉으론 자유주의와 자유의 논리를 앞세운 한국 사회의 보수는 사실상 수구 기득권 세력으로서 사이비 보수였던 것이다. 이를 김동춘은 다음과 같이 요약하고 있다: "현대 한국에서 '자유'의 논리라는 것은 자유를 제약하는 정치 · 경제 · 사회 상황에 대한 비판과 저항의 논리가 아니라, 친일의 경력을 은폐하고 기득권을 유지하기 위한 동기 위에서 그러한 자신의 태도를 가장 강력하게 비판하였던 좌파들에 대항하기 위한 논리라는 말이다."[20]

이렇듯 다소간 단순화의 오류에도 불구하고, 이른바 보수에 그 근본적인 잘못이 있음을 확인해 보는 과정을 통해, 우리는 현 한국 사회의 이념적 지형이 '왜' 그리고 '어떻게' 뒤틀려 있는지 가늠해 볼 수 있다. 동시에 이러한 왜곡된 이념 상황에서 이른바 보수와 진보 사이의 관계란 '억압적 지배'와 그에 대한 '저항'의 관계라는 사실을 확인해 볼 수 있다.

이처럼 수구 기득권 세력으로서의 보수에게 근원적 잘못을 돌리는 비판적 진단에 대해, 같은 보수이지만 수구와 차별화하면서 새로운 보수로 거듭나고자 하는, 원희룡과 같은 '자기 성찰적 보수'는 전면적 수용은 아니지만 이를 '조심스럽게' 인정한다: "현재 한국의 보수 세력은 흔

---

20. 김동춘, 「레토릭으로 남은 한국의 자유주의」(1999), 12쪽.

히 수구 반동 등으로 불리면서 부도덕과 부패의 대명사로 규정되어 있다. (…) 보수에게 이러한 평가가 주어진다는 것은 몰역사적일 뿐만 아니라 대단히 가혹하다고 할 수 있다. 하지만 다른 한편으로는 충분한 근거를 가진 비판으로서 이를 전면 부정할 수만은 없는 곤혹스러움이 있는 것도 사실이다."[21]

이러한 자기 비판적 인식은 새로운 젊은 보수를 자처하는 이들, 가령 정성환에 의해 더욱 강화된다: "사회 일각, 특히 진보 진영에서 보수를 가리켜 흔히 수구반동 세력이라고 비난한다. (…) 지금까지 보수 세력이라고 자처해온 사람들이 보여준 잘못된 행태를 감안한다면 진보진영의 이 같은 비난이 반드시 틀린 말이라고 할 수는 없을 것이다."[22] 물론 그는 "지금까지 보수를 자처해 온 세력과 보수적 가치는 분명히 구분해야 한다는 사실"을 강조하면서, 전자가 보인 잘못된 행태로 인해 후자까지 싸잡아 매도하는 것은 결코 정당한 비판이 아니라는 점을 강변한다.[23]

사이비 보수로서 수구에 대한 이 같은 비판에는 이른바 정통 보수도 가담하고 있다. 가령 류근일은, "일부 보수는 여전히 퇴영적인 모습을 보여주고 있다"고 언급하면서 그들을 "만년 기회주의자"로서 규정하여 비판하고 있다: "이들은 자유당 정권, 박정희 정권, 전두환 정권을 통해 항상 혜택을 누리며 양지에만 있었던 사람과 집단들이다."[24] 최근 뉴라이트 운동을 이끌고 있는 신지호도 "작금의 한국 정치판을 보면 보수해야 할 보수는 별로 안 보이고 청산해야 할 수구만 득실거리고 있다"[25]고 개탄하고 있다.

이상에서 살펴본 것처럼, 오늘날 진보/보수 간 이념적 대결 구도가 정상적인 양태에서 벗어나 왜곡된 근본 이유는, 이러한 왜곡성과 뒤틀림

---

21. 원희룡, 「한국의 보수와 한나라당은 무엇을 해야하는가」(2005), 80쪽.
22. 정성환, 「젊은 보수가 보는 한국의 보수」(2005), 217쪽.
23. 정성환, 「젊은 보수가 보는 한국의 보수」(2005), 217쪽.
24. 류근일, 「추천사: 신지호, 뉴라이트의 세상읽기」(2006), 11쪽.
25. 신지호, 「뉴라이트의 세상읽기」(2006), 158쪽.

을 이용하여 수구 반동이 자신들의 기득권과 지배 권력을 유지 강화하려는 불순한 의도에서 비롯되었으며, 이 점은 비록 간접적인 방식을 통해서이긴 하지만 보수도 인정하고 있다.

하지만 수구 반동으로서 사이비 보수는 여전히 자신들의 입장을 억지 정당화하고 있다. 이는 박근의 다음과 같은 발언을 통해 확인해 볼 수 있다: "이렇듯 생각이 생각에 꼬리를 물면 두 손은 불끈 쥐어지고 아찔한 생각에 이마에 식은땀이 흐른다. 대한민국은 축복받은 나라임을 새삼 느끼게 된다. 일부교수와 언론인, 그리고 역사에 눈먼 새파란 정치인들이 목청을 드높일지라도 이 위대한 일을 군軍출신 보수주의 지도자들과 손잡고 이룩해낸 우리 국민은 한국 현대사에서 보수주의의 업적을 인정해 주리라 믿는다."[26] 이뿐 아니다. 오늘날 이른바 극우의 전위로서 그 이름을 떨치고 있는 조갑제는 이보다 서너 걸음 더 나간다. 그는 수구와 진보의 기준으로서 '자유'를 제시하면서, "김정일, 노무현, 김대중, 386극좌세력이 수구이고 이승만, 박정희, 기업인, 과학자, 군대, 애국세력이 진보세력"[27]이라고 감히 주장한다.

2) 우리는 이 같은 몇몇 극우적 수구 인사들의 발언을 통해 '역설적'으로, 한국 사회에서 진보/보수 간 이념 대결 구조의 왜곡화를 저지른 수구 보수의 원죄原罪를 다시 한 번 확인하게 된다. 이는 북한이나 남북 관계를 둘러싼 '좌우 이데올로기적 대립' 지형에서 더욱더 확연히 드러난다. 최근의 북한 핵실험 사태와 관련한 조갑제의 극우 협박성 발언은 이에 대한 단적인 사례가 될 것이다: "북핵 불안으로 경제가 망가지고 국민들이 쪽박을 차야 정신을 차릴까? 도대체 한국인이 정신을 차리도록 하려면 무슨 수를 써야 할까? 좌경 마취제를 맞고 의식을 잃은 한국인들을 흔들어 깨우려면 무슨 약이 있을까? (…) 빨갱이들과 거짓말쟁이들이 나라를

---

26. 박근, 『한국의 보수여, 일어나라』(2002), 90쪽.
27. 조갑제, 「수구와 진보의 기준」(2006, www.chogabje.com/board).

말아먹고 있어도 화가 나지 않는 사람들. 이 정의 불감증 국민들에게 민주주의는 과분하다."[28] 지만원의 발언도 이에 뒤지지 않는다: "국제사회가 북한 핵이 국제사회의 평화와 안보를 위협한다며 호떡집에 불난 듯 움직이는 반면, 노무현, 김근태, 정동영 등 빨갱이들은 금강산과 개성사업 등 대북 퍼주기부터 챙기고 있다. 이런 빨갱이들을 빨갱이라 하지 않는 자들이 빨갱이다."[29]

수구 기득권 세력에 대한 비판을 통해 일정한 거리를 두고자 하는 류근일의 경우도, 좌우 이념과 관련된 북한 문제에 관해서는 예의 정통 보수의 입장을 대변한다: "이제 우리 내부의 대치선은 더욱 뚜렷하게 그어졌다. 김정일 편이냐 그 반대편이냐, 반反대한민국이냐 대한민국이냐의 구분이 그것이다. 저들은 '진보' '민족'을 가장해 왔지만 핵실험 이후에는 YS의 말처럼 '김정일 대변인'으로서 자신들의 정체를 여지없이 드러냈다."[30]

이처럼 좌파/우파 간 이분법적 논리를 구사하든 아니면 노골적으로 '빨갱이'라는 원색적 용어를 사용하든, 지금까지도 한국 사회에서 북한과 관련된 문제에 관한 한, 수구 반동과 일정 거리를 두는 이른바 정통 보수든 극우 수구든 보수에 의해 반공주의와 색깔론, 빨갱이 논법이 거리낌 없이 사용되고 있는 현실에서, 보수/진보 간 이념 대립 구도를 자의적으로 왜곡하고 변용한 보수의 원죄가 아직도 청산되지 않은 채 여전히 유효하다는 사실을 확인케 된다.

이처럼 보수에 의해 시도되고 있는 구태의연한 퇴행적 이념 비판의 현실에 접하여, 새롭게 보수를 재구성하고자 시도하는 '자유수의 연대'의 대표 신지호 같은 이는 그와 같은 반동적 '보수'를 향해, "기존의 우파가 빨갱이 타령으로 먹고 살았다면 우리는 그러한 낡음을 털어내고 제

---

28. 조갑제, 「이런 한국인들에게 미래가 있는가?」(2006, www.chogabje.com/board).
29. 지만원, 「노무현 등을 빨갱이라 하지 않는 자가 빨갱이다」(2006, www.systemclub.co.kr).
30. 류근일, 「금강산-개성을 거부하는 운동을」(『조선일보』 2006년 10월 16일).

대로 된 우파 정신을 조직하자는 것"[31]이라고 선언하면서, 기존의 낡은 보수와 자신들을 차별화하고자 진력을 다하고 있기도 하다.

이상에서 살펴본 바와 같이, 극우 반동으로서의 보수나 정통 보수, 나아가 새로운 합리적 보수 등이 서로 얽혀 만들어 내고 있는 이념적 왜곡의 현장에서 우리는 긍정과 부정을 동시에 읽어낼 수 있다. 부정적인 측면은 평화 공존을 향해 나아가는 오늘의 상황에서도 수구 반동으로서 '사이비' 보수는 여전히 자신들의 기득권을 잃지 않고자 낡을 대로 낡은 '반공주의'나 '빨갱이 사냥'을 대북관이나 대북 정책과 관련된 문제들에 무차별적으로 사용함으로써 용서받지 못할 과거의 원죄를 여전히 드러내 보이고 있다는 점이다. 그럼에도 긍정적 측면은, 보수 전체의 차원은 아니지만 개인이나 일부 보수 진영에서 이러한 왜곡된 이념적 현실을 자기반성적 시각으로 새롭게 인식하려는 움직임이 있다는 사실이며, 이는 '대한민국 우파의 질적인 수준을 끌어올리자는 것'으로서 그 성패는 차지하고라도 일단은 주목할 만한 대목이라고 생각된다.

이와 함께 보수의 원죄가 사이비 보수에 의해 그처럼 전혀 죄의식을 느끼지 못한 채 여전히 당당하게(?) 표출되는 사태에 대해, 자기 반성적 시각을 보여 주는 정치권의 합리적 보수주의자의 다음과 같은 고백 역시 왜곡된 이념 대립 구도를 극복해 나가는 데 있어서 희망적 징후로서 읽힐 수 있을 것이다: "한국의 보수는 냉전 체제의 해체, 남북대결 구도의 변화라는 시대적 흐름을 잡지 못하고 반공 보수주의에 안주하는 패착을 거듭했다. 안보는 보수가 내세우는 최고의 가치로 변질되었고 자유민주주의를 수호하자는 것이 보수 이념의 핵심으로 자리 잡게 된 것이다."[32]

물론 여기에는 보다 조심스러운 시각도 요구된다. 개인 차원이나 일부 보수 진영 인사들의 경우에 자신들이 속한 보수를 비판적으로 바라보

---

31. 「신지호 "자격미달 유랑아들이 뉴라이트 이름 팔아"」(『프레시안』 2006년 9월 27일).
32. 원희룡, 「한국의 보수와 한나라당은 무엇을 해야하는가」(2006), 86쪽.

고 그 한계를 극복하려는 시도에도 불구하고, 과연 이러한 움직임이 보수 전체 차원에서의 질적인 변화로까지 이어질 수 있느냐 하는 문제는 여전히 불투명해 보이기 때문이다. 특히 수구 반동 세력이 총체적 차원에서 환골탈태할 수 있는가의 문제는 현재로서는 무망해 보이기 때문이다. 이러한 문제 제기가 중요한 이유는 이러한 예측 가능한 전망에 따라, 진보/보수 간 왜곡된 이념 대립 구도를 재정립하려는 시도에 관한 실천 전략이 달라질 수 있기 때문이다.

그런 점에서 수구 기득권 세력의 자기비판에 기초한 변화 가능성에 대한 다소간 부정적 인식은 고려할 만한 가치가 있다. 이러한 예로 홍세화의 말을 들어보자: "민족을 배반하면서 사적 이익에 충실했던 그들이 우리 사회 모든 공적 부분의 헤게모니를 쥐게 되었으니까요. 일신의 안위를 위하여 민족을 배반한 사람들이 나라를 경영하게 되었다는 말입니다. 교육이건 정치건 언론이건 법조건 군대건 경찰이건, 나라의 공적 부분을 그들이 다 장악함으로써 결국 리퍼블릭이 갖고 있는 공개념이 정립될 수가 없었던 거죠. (…) 공개념이라는 바탕 위에서 좌우가 있고 그래야 하는데 우리는 그것이 없는 상태에서 보수니 개혁이니 진보니 하고 있으니까. 결국 토론이라든지 대화나 대담이라든지 이런 것이 올바른 방향으로 가지 않고 싸움이나 하게 되는 거죠. 정치권 게임과 같아지는 겁니다."[33]

4. 현 이념적 대립 구도의 왜곡은 전적으로
'보수' 에게 그 책임이 있는가?

필자는 앞에서 남북 관계를 둘러싸고 진보/보수 간에 이루어지고 있는

---

33. 홍세화, 「자유인들의 자발적 공동체를 향한 꿈」(2004), 131쪽.

이념적 대결 구도는 특정 정파의 이해관계에 따라 자의적이며 기형적으로 구조화되어 있음을 지적하였다. 그리고 그 근본 원인은 수구 반동으로서의 보수가 제공했다는 점을 분명히 하였다.

그런데 여기서 문제는 과거 수구 독재 시절이 아닌, 민주화 이후의 민주주의 시대에 있어서도 이러한 이념 구도 왜곡의 책임이 '전적으로' 보수에게 있는가 하는 점이다. 이와 관련하여 필자는 그 '본질적' 잘못은 여전히 보수에게 돌려져야 하지만, 작금의 진보 역시 이러한 부정적 사태를 극복하는 데 있어서 그 역할을 방기하거나 오히려 고착화하는 데 일조하고 있다는 점에서, 진보 역시 '일정 정도' 그 책임이 있다는 사실을 비판적으로 지적해 보려 한다.

이 점을 확인해 보기 위해 필자는 근자의 진보의 행태와 관련하여 두 가지 의구심을 표하고자 한다. 첫째는, 현재의 기형적 이념 대립 구도를 역사 발전에 부합하는 미래 지향적 구도로 재정립하는 데 있어서, 진보는 자신에게 주어진 역할과 책무를 방기하고 있는 상태에서 그 왜곡성의 지속에 관한 잘못을 자신에게서 찾기보다는 '보수의 탓'으로 쉽게 돌리고 있지는 않은가 하는 점이다. 이러한 '남의 탓' 행태는 진보의 불성실과 방임에서 비롯되지만, 보다 '근원적으로는' 자신만이 옳고 정당하다는 진보의 이념적 오만과 독선에 그 뿌리를 두고 있다고 보이기 때문이다.

다음으로, 현존하는 이념 구도의 왜곡화와 관련하여 보수를 비판할 수 있을 만큼 지금의 진보는 그 자격 조건을 갖추고 있는가 하는 점이다. 즉, 현재의 진보는 보수에 비해 여전히 도덕적 우위성을 점하고 있는가 하는 점이다. 보수에 대한 진보의 비판이 그 정당성과 설득력을 지니기 위해서는 무엇보다 진보의 도덕성이 확보되어야 하는데, 최근의 진보의 모습에서는 도덕적 우위성을 의심케 만드는 우려할 만한 행태가 목도되고 있기 때문이다.

1) 진보의 독선과 오만에서 비롯된 '남의 탓' 사고

(1) 변화된 시대 상황에도 불구하고 '보수 탓'으로 일관하기(?)

뒤틀리고 변형된 이념 대립 구도를 진보와 보수 간에 생산적이며 상호 발전적인, 제대로 된 이념 구도로 되돌려 놓는 과제는, 이념적 왜곡을 견지함으로써 집단적 이해관계를 여전히 관철하려는 수구 반동이 엄존하는 상황에서 진보가 주도적으로 나설 수밖에 없는 작업이다. 그리고 실제로 이 땅의 진보는 계속해서 이 작업을 수행해 왔다. 그럼에도 필자가 '과연 진보는 자신에게 주어진 책무를 다했는가'라고 감히 물음을 던진 것은, 최근 들어 진보는 자신의 역할과 책임을 완수하고자 노력하기보다는 보수의 탓으로 돌리는 경향을 보여 주고 있기 때문이다.

물론 형식적 민주화 이후 실질적 민주화를 이루어 나가고 있는 현재의 한국 사회에서도 수구 세력의 힘은 그 막강한 영향력을 도처에서 행사하고 있다. 그로 인해 현재의 일그러진 이념 구도를 올바른 이념적 대결의 장場으로 재구성하려는 진보의 시도 역시 수구 세력의 집요한 저항에 직면해 있다. 이러한 사정을 김동춘은 다음과 같이 언급하고 있다: "군사정권은 (…) 사회적인 부를 대자본에게 일방적으로 몰아준 체제인데, 그 군사독재는 무너졌어도 사회적인 시스템, 경제적인 시스템은 재벌체제와 거대 보수언론, 우리사회에서의 각종 엘리트 집단으로 그대로 남았다는 거죠. 그래서 그 세력이 우리사회를 정치적으로 지배를 못해도, 경제적으로 그리고 사회적으로는 지배를 하고 있기 때문에 DJ는 항상 소수파로서 포위되어 있었고, 노무현 역시 소수파로서 포위되어 있을 수밖에 없었죠. 그렇기 때문에 보수세력이 근본적으로 민주화를 추진하는데 있어서 계속 걸림돌로 작용하고, 딴지를 거는 세력으로 존재를 한다는 거죠. 문제는 그 세력이 땅 짚고 헤엄치기로 우리사회를 지배해 왔기 때문에 자기들 스스로 도덕적으로 재무장할 수 있는 자생력이 없었다는 겁니다. 일종의 불임세력이죠."[34]

필자 역시 이러한 해석에 동의한다. 하지만 '부분적으로' 동의한다. 그 까닭은, 이러한 해석 속에는 진보의 치열한 실천력 부족이나 역할 방기 등으로 인해 초래된 수구의 영향력 강화를, 진보 자신의 잘못에서 그 일차적 원인을 찾기보다는 외부 보수의 음험한 책동이나 계략 등으로 떠넘길 수 있는 '여지'를 제공하고 있기 때문이다. 좀 더 노골적으로 표현해서 그러한 부정적 사태에 대해 진보 자신의 책임을 보다 겸허하게 수용하기보다는, 그것을 보수의 권력 메커니즘에 돌리려는 '무책임성'의 흔적이 자리하고 있다고 보이기 때문이다.

이에 대한 단적인 사례가 최근 부동산 가격 폭등과 관련하여, 그 책임 소재를 소위 '부동산 세력'에 돌린 전 청와대 홍보수석 이백만의 주장에서 찾을 수 있다: "'부동산 세력'이 문제다. 부동산투기를 일삼고 부추기거나, 부동산시장을 교란해 온 부동산 세력은 잊을 만하면 실체를 드러낸다. (…) 부동산 세력은 부동산 가격이 조금만 움직여도 시장을 불안케 하는 언동으로 무주택 서민들을 안절부절 하게 한다."[35]

결코 틀린 말은 아니다. 하지만 문제는, 폭등을 막고 집값을 안정시키기 위해, 무엇보다 무주택 서민들이 정말로 성실히 일해 모은 돈으로 집 한 채 장만할 수 있는 여건을 만들기 위해 서민을 대표한다는 소위 '참여정부'는 정말로 책임과 최선을 다했는가 하는 점이다. 이에 대해 송영길은 필자가 말하고자 하는 비판적 핵심을 다음과 같이 적시한다: "정부가 공급정책을 발표해도 집값이 오르는 것은 건설업자, 언론, 투기 세력들이 배후음모가 있어서이다라는 식의 사고는 문제이다. 마치 과거 군사 독재시절 민주화운동 배후에 좌경용공세력이 있다는 식의 분석과 마찬가지일 것이다."[36]

---

34. 김동춘, 「혼자서는 사회를 깰 수 있으되 만들 수는 없다」(2004), 41쪽.
35. 이백만, 「정부, "양질의 값싼 주택, 다량 공급"」(『청와대브리핑』 2006년 11월 10일).
36. 송영길, 「부동산 광풍」(2006, www.bull.or.kr).

단순화의 오류를 무릅쓰고, 해방 이후 형식적 차원에서의 민주화가 이루어지기 전까지의 한국 사회의 전개 과정은, 보수에 의한 진보의 지속적인 억압 과정이라고 말할 수 있다. 하지만 문민정부로부터 국민의 정부를 거쳐 지금의 참여정부(노무현 정부)에 이르는 과정에서, 이전까지 진보에게 일방적으로 불리하게 형성되었던 외적 조건이나 환경, 공론 영역Öffentlichkeit은 이제는 적어도 보수와 진보가 대결해 볼 만한 상황으로 변화한 것도 부인할 수 없는 사실이다. 이는 진중권의 발언을 통해 확인해 볼 수 있다: "노무현 정권의 등장으로 변한 것이 있다. (…) 정권 탈환에 실패한 한나라당은 역량의 한계를 드러냈다. 보수층이 전가의 보도처럼 휘두르던 '빨갱이 사냥'과 '지역감정 조장'의 양대 무기도 이제는 효과가 없는 것으로 드러났다. 반면 민주당은 정권 재창출에 성공했고, 그로써 더 이상 약체가 아님을 입증했다. 게다가 지난 정권의 개혁은 수구의 공격 이전에 내부의 비리와 부정부패로 스스로 좌초했고 (…) 또 한 번의 정권창출로 이제 민주당은 이 사회의 새로운 기득권 세력으로 서서히 자신들의 권력 다지기에 들어가고 있다. (…) 미디어 환경도 변했다. 그동안 '우리가 쓰면 곧 여론이 된다'고 공언했던 보수언론들은 이제 위력을 현저히 잃어버렸다. 반면 〈오마이뉴스〉와 같은 인터넷 대항 매체의 아젠다 설정은 점점 더 빈번해지고 그 파급력도 급속히 커지고 있다."[37]

부분적으로 다소 부풀려진 대목도 있지만, 분명한 것은 과거 수구 세력이 전일적으로 한국 사회를 지배하던 때만큼, 진보가 일방적으로 불리한 그러한 사회적 환경 및 구조는 현재 아니라는 점이다. '국정홍보처'를 비롯한 정부 기관에서 하루가 멀다 하고 참여정부의 정책을 홍보하는 메일이나 자료가 필자에게도 날아오는 것을 보면, 적어도 군사 독재 체제 하에서처럼 보수에게 일방적으로 유리한 상황이 아닌 것만은 확실해 보인다.

---

37. 진중권, 「노무현 시대의 진보」(2003), 34쪽.

이와 같은 상황을 고려할 때 특히 염려스러운 대목은, 진보가 제대로 자신의 역할을 수행하지 못한 데 대한 '자기 성찰'을 소홀히 한 채, 이러한 왜곡 구조의 존속이 수구 세력의 책동에 의해 비롯된 것이라는 '남의 탓 인식,' 나아가 이를 보수의 위협으로 바라보는 '외부 위협론적 사고' 방식이 진보 진영 내부에 만연되어 있다는 점이다. 이는 진보 자신은 최선을 다했고 옳은 방향으로 나가고 있는데, 사악한 보수가 계속해서 딴지를 걸고 훼방을 놓고 있다는 인식 하에, 그 해결책은 자기비판을 통한 진보 내부 문제의 극복이 아닌, 외부 보수의 위협에 대처하는 것에서 찾아야 한다는 '왜곡된' 귀결에 이를 수 있다. 이와 관련, 이는 결국 진보의 폐쇄성과 타락을 몰고 올 것이라는 강준만의 지적은 진보가 한 번쯤 새겨들을 필요가 있다: "외부의 위협에 대처하는 것이 우선이기 때문에 내부 문제는 잠시 덮어두자는 생각은 결코 '잠시'만으로 끝나지 않는다. 반드시 내부의 폐쇄성과 타락을 몰고 온다. 우리가 김[대중] 정부의 처참한 몰골에서 배워야 할 교훈이 바로 이것이 아닐까. 물론 내부 개혁 우선론이 초래할 수 있는 위험이 전혀 없지는 않다. 그러나 우리는 대체로 보아 나의 문제를 남의 탓으로 돌리는 데에 익숙한 문화를 갖고 있지는 않은지 깊이 한번 생각해 보자."[38]

(2) 자신의 생각과 판단만이 옳다는 사고방식과 80년대식 행태적 정체성

① 진보의 '남의 탓' 사고는 근본적으로 자신의 생각만이 옳고 정당하다는 '인식론적 오만'과 '이념적 독선'에 그 뿌리를 두고 있다. 이는 과거 군사 독재 체제 하에서, 민주화 투쟁을 선도했던 진보가 당시 자신의 인식과 역할의 정당성에 대해 가졌던 확신이, 오늘의 변화된 상황에서도 여전히 유지되고 있는 사실과 관련된다. 당시만 해도 민주/반민주, 민족/

---

38. 강준만, 「김대중 신드롬과 진중권 신드롬」(2002), 150쪽.

반민족, 통일/반통일 구도는 비교적 선명했으며, 그에 따라 선악과 옳고 그름의 여부도 쉽게 판단되었다. 당연히 진보는 선과 정의의 입장을 대변하여 시대에 걸맞은 역할과 소임을 다하였다. 개인의 희생을 무릅쓰고 민주화 투쟁에 전념했던 진보적 민주화 세력 덕분으로 오늘날 한국 사회는 이만큼 민주화되었으며, 남북 간 평화 공존 체제가 유지되고 있기 때문이다.

하지만 이 지점에서 '심각한 부작용'이 나타나는데, 그것은 변화된 시대 상황에도 불구하고 진보는 자신들의 현재의 역할과 소임, 따라서 자신들의 생각과 입장이 여전히 정당하다고 확신하고 있다는 점이다. 물론 그러한 확신이 진보의 '긍지'와 '자부심'으로 머무는 한에서는 아무런 문제가 없다. 하지만 진보/보수 간 이념 논쟁 구도가 왜곡되어 있는 상황에서, 자신들이 바라보는 북한, 자신들이 평가하는 남북 관계의 개선, 자신들이 추구하는 남북 평화 공존 및 통합 방식만이 정당하다고 생각하는 점은 분명 문제가 있다. 이러한 시각에 고착되어 있는 한, 진보의 북한관이나 입장에 문제를 제기하고 비판을 가하는 목소리는 ― 그것이 수구의 것이든 합리적 보수 혹은 중도적 입장의 것이든 ― 별다른 구분 없이 쉽게 수구 냉전의 입장으로 전락해 버리며, 수구의 음해요 기득권 유지를 위한 딴지 걸기로 해석되기 십상이다.

이 점은 진보주의자 가운데서도 가장 합리적이며 논리적이라고 생각되는 손석춘의 언급에서도 여지없이 드러난다: "냉전세력을 대변하는 언론인들과 교수들은 남북정상회담 이후 끊임없이 '국론이 분열하고 있다'며 실제로 국내 여론을 분열시켜 나가고 있다. 이들은 오늘 한국사회를 일러 남남갈등 보혁갈등 좌우갈등이 벌어지고 있다고 진단한다."[39] 실제로는 이러한 (심각한) 갈등은 존재하지 않는데 그런 것처럼 일부 수구 냉전 세력이 이를 과장하여 퍼뜨리고 있는 바, 이는 날조된 거짓 주장이

---

39. 손석춘, 「냉전세력의 논리, 무엇이 문제인가」(2001), 69쪽.

라는 것이다. 같은 언론인 이원섭 역시 "이들은 민족의 분열과 반목을 부추기며 그로 인해 형성된 반북 분위기를 자양분 삼아 자신의 입지를 더욱 강화한다"[40]고 수구 세력을 비판하고 있다.

하지만 유감스럽게도 이들의 진단과 달리 그러한 갈등, 그것도 가볍게 넘길 수 없는 갈등이 '실제로' 존재하고 있을 뿐 아니라, 더욱이 진보에 의해 촉발되거나 심화되는 부분도 만만치 않게 있다. 이 점에 대해 이들과 다소 시간차가 있지만 손호철은 이러한 갈등의 실재를 인정하고 오히려 이를 발전적 계기로 적극 수용하고자 한다: "문제는 남남갈등 그 자체가 아니다. 민주주의는 갈등을 내포하고 있으며 갈등은 어느 면에서는 건강의 증거일 수 있다. 문제는 오히려 남남갈등 속에 내재한 비합리적이고 전근대적인 요소를 제거함으로써 남남갈등을 건설적인 것으로 전환시키는 것이며 동시에 불필요한 갈등을 최소화하는 것이다."[41]

여기서 특히 유념할 점은, 진보는 언제나 옳고 선이라는 자기 확신으로 인해, 남북 관계를 둘러싼 이념적 갈등이나 다양한 파열음을 그처럼 '보수 탓'으로 돌리는 것이 진보 내에서는 일종의 관행화된 행태라는 사실이다. 즉, 남의 탓, 보수의 탓은 진보 진영에서는 일상화되어 있다. 사실 보수 탓이라는 인식은 전적으로 틀린 것은 아니다. 하지만 진보 자체는 언제나 옳으며 자신의 책임이나 잘못은 없다는 식으로 사고하면서 관성적으로 보수 수구의 탓으로 돌리는 것은 매우 심각한 문제다. 이는 본질상 진보 자체의 문제나 잘못에서 갈등 및 파행적 대결이 초래될 수 있는 것임에도 불구하고, 이를 회피하거나 외면해 버림으로써 궁극적으로 '진보의 위기'를 초래하게 되기 때문이다. 최근 진보로 하여금 현실적으로 커다란 어려움[42]에 처하게 만든 결정적 요인의 하나가 바로 이러한 남

40. 이원섭, 「냉전세력이 꿈꾸는 통일」(2001), 126쪽.
41. 손호철, 「남남갈등의 기원과 전개과정」(2004), 51쪽.
42. 가령 지금의 17대 국회에서, 집권당인 열린우리당의 의석이 152석에서 139석으로 줄고, 4차례 재보선에서 40 대 0으로 전패한 것이 그 예다.

의 탓 사고이다.

강준만은 진보의 이 같은 위기 상황을 '김대중 신드롬'이라는 독특한 개념을 원용하여 해명하고자 한다. 여기서 김대중 신드롬이란 "자신이 외부의 극심한 탄압 속에서도 소수자와 약자를 배려하는 삶을 살아왔고 지금도 그런 일을 하고 있다고 믿기 때문에, 자신이 권력을 잡은 뒤엔 일종의 특권의식과 더불어 독선과 오만에 빠져 도덕적 해이를 저지르게 되는 병리적 현상"[43]이다. 이러한 개념에 의거하여 그는 현 진보 세력을 대표하는 노무현을 신랄하게 비판한다: "겉으로 드러나는 대인관계에서 고개를 낮추고 겸허하게 행동한다고 겸허한 게 아니다. 속이 더 중요하다. 노무현은 역대 대통령들 가운데 그 누구 못지않게 독선과 오만을 갖고 있는 대통령이다. 그게 바로 노무현의 보이지 않는, 가장 큰 적이다."[44]

② 북한에 대한 인식이나 정책 추진과 관련해서도, 진보와 노무현 정부는 보수에 비해 자신의 관점이 옳다는 사고방식에 젖어 있으며, 남북한 간 평화 공존과 통합이라는 민족 공동의 이익에 부합하는 방식으로 대북정책을 펴나가고 있다고 확신하고 있다. 그러므로 이런 진보의 시각에서는 대북관 및 대북 정책에 관한 건설적 비판이나 당리당략적 비판 모두 동색同色으로 분류되어 하나의 기득권 수호 세력의 음모로 읽힌다.

하지만 설령 딴지 걸기식 비판이라 해도 그 속에 경청할 만한 내용이 담겨 있다면 들어 볼 필요가 있다고 본다. 또한 추진하려는 정책의 이념과 방향성이 정당하다고 확신하더라도, 진보와 보수를 떠나 '아래로부터의' 다양한 의견, 특히 반대의 목소리와 비판을 겸허하게 수용하고 수렴하여 진행되도록 해야 한다. 필자는 이것이 수구와 진보의 차이라고 본다. 당리당략에 좌우되지 않고 겸허하고 열린 비판적 자세, 이것이 진보

---

43. 강준만, 「김대중 신드롬과 진중권 신드롬」(2002), 10쪽.
44. 강준만, 「조중동의 음모에 휘둘리는 노무현」(2004), 56-7쪽.

가 취할 태도라고 여기기 때문이다. 지금의 진보는 이 점이 부족하다. 가령 6.25 전쟁을 겪은 '노년 세대'의 경우에, 그들의 사고방식에 설사 과거 군사 독재 체제 하에서 지속적으로 이루어진, 왜곡된 가치관의 주입을 통해 형성된 냉전식 사고방식, 반공주의적 사유 방식의 잔재가 자리하고 있다고 해도, 그들을 설득하여 그들의 소극적 동의라도 이끌어내는 작업을 진보는 소홀히 하였다. 이는 진보 자신만이 맞고 옳다는 자만과 오기의 결과이다. 이 점에 대해 정영태는 다음과 같이 자기 비판적 고백을 하고 있다: "모든 개인이 실질적인 자유와 평등을 향유하기 위해서는 자신과 다른 입장이나 견해에 대한 관용과 타협의 원칙을 내면화하고 실천하지 않으면 안 된다. 그런데 (⋯) 지배 집단은 물론 진보 세력들도 관용과 타협의 원칙을 지키지 않는 경우가 적지 않았다."[45]

적어도 북한에 관한 문제에서 '정답'은 없으며 누가 독점할 수 있는 것도 아니다. 하지만 민주화 이후의 과정에서 진보는 북한에 관한 진리의 독점권을 자신들이 쥐고 있는 양, 자신들의 입장만이 정답이라고 강변하면서, 그에 반反하는 주장이나 이의 제기는 수구의 반동적 음해로 몰아쳐 왔다. 그 과정에서 수구와는 다른, 보다 합리적이며 성찰적인 보수의 목소리나 심지어 중도적 입장에서 제기된 비판적 견해마저 배제해 버리는 우를 범하였다.[46] 필자가 진보의 잘못 내지 책임이라고 얘기하고 싶은 부분이 바로 이것이다.

우연찮게도 이러한 실태는 주로 진보 진영이 정치적 집권 세력으로 등장한 이후에 일어났다. 뭔가 비슷하지 않은가? 물론 과거의 수구 냉전 세력은 자신들의 기득권 보존을 위해 악의적으로 색깔론을 제기함으로써 자신들의 입장에 반하는 세력을 빨갱이로 몰아 제거했던데 비해, 현 진보의 행태는 기득권의 유지가 아닌, 민족의 이익과 평화에 기여할 것이라는 '자기 확신'에 따라 자신들의 입장에 반대되는 보수의 목소리를

---

45. 정영태, 「세기적 전환기와 진보 세력의 과제」(1998), 150쪽.
46. 남궁영, 「대북정책의 국내정치적 갈등」(2001), 83쪽.

수구 반동으로 규정하여 내차고 있다는 점에서 '본질적으로' 구별되기는 한다. 그럼에도 '현상적으로' 유사한 행태를 보여 주는 작금의 진보의 모습은, 도대체 '어떤 점'에서 이 땅의 진보가 수구로서의 보수보다 우위성을 점하고 있는지 회의에 빠지게 한다. 적어도 과거 비판의 대상이 되었던 수구의 행태를 답습하는 것에 다름 아니라는 점에서, 진보가 보수에 비해 우월하다는 자기 인식이 얼마나 허구에 찬 것인가를 오늘의 진보는 깨달을 필요가 있다 하겠다.

③ 무엇보다 이러한 상황에서 초래되는 심각한 문제는, 대북관이나 대북 정책과 관련된 보수 진영의 입장이 드러내는 다양한 (보수의) 하위 유형들을 보다 세밀하게 구분하지 않은 채, 성급히 수구 반동의 입장으로 간주해 버리는 것이다. 이러한 사례는 가령 북한의 인권 현실에 대해 문제 제기를 하는 것에 대해 이를 냉전 수구 세력의 기득권 유지의 전술로 바라보는 데서 확인된다: "북한의 인권 및 민주화에 대한 요구는 냉전의식의 다른 표현일 수도 있다. 인권문제는 인도주의적 사안이면서 동시에 매우 민감한 정치적 사안이기도 하다. 우리 사회의 민주화와 통일문제를 앞장서 주장해 왔던 진보세력들이 입장 표명을 자제하는 반면 보수언론을 중심으로 한 세력들이 이를 적극 주장하고 있음을 유의할 필요가 있다."[47]

분명히 수구 진영에서 그러한 정치적 의도를 갖고 악의적으로 북한 인권을 거론하고 있는 것은 사실이다. 하지만 그러한 수구 냉전 세력의 행태와는 분명히 구별되는, 기득권의 유지가 일차적 목적이 아닌, 동포애와 민주화를 통한 인권 회복을 우선적인 명분으로 내걸고 북한 인권 문제를 거론하고 제기하는 세력 또한 존재한다.[48] 예컨대 탈북자들이 중

---

47. 이원섭, 「냉전세력이 꿈꾸는 통일」(2001), 148쪽.
48. 이에 대한 예로는 차정희, 「여성들의 인권을 마구짓밟는 북한의 독재체제」(2004), 70-4쪽 참조.

심이 되어 결성한 '탈북자동지회'가 단적인 예다. 이들은 현 북한 정권의 붕괴와 북한 민주화를 추진하는 세력이기는 하지만, 그렇다고 과거 군사 독재 시절의 수구 냉전 세력과 동일시해서는 곤란하다. 이들에게는 새로운 범주적 구분이 필요하다. 그럼에도 현 진보 세력은 이 같은 사실을 섬세하게 고려하지 않은 채, 인권 문제를 제기하는 진영 일반을 수구 냉전 세력이자 반통일 세력으로 간주하는 경향을 너무나 쉽게 보이고 있다. 이것은 남의 탓 사고의 전형일 뿐 아니라 동시에 횡포이다. 이로 인해 ─ 수구와는 상관없는 ─ '보수 성향'의 다수 국민들을 진보 내로 끌어들이기보다 오히려 수구 반동 쪽으로 기울게 만드는 결과가 초래되고 있다.

이와 관련하여 평화네트워크 대표 정욱식은 ─ 인권에 관한 보수의 극단주의적 시각도 문제가 있음을 언급하면서 ─ 진보 진영에 대해서도, 진보 또한 북한 인권 문제에 대해 관심을 가져야 할 것을 주문함으로써, 북한 인권 문제에 대한 기존의 진보의 관점을 우회적으로 비판하고 있다. 즉, 정욱식은 진보 진영에 대해, 인권 문제에 대한 거론 자체를 수구 냉전의 불순한 의도로 보던 종전의 시각에서 탈피할 뿐 아니라 나아가 인권 문제 자체에 대해 침묵으로 일관하던 기존의 입장에서 벗어나 보다 적극적으로 북한 인권 문제에 관해 나설 것을 주문하고 있다: "진보단체 쪽에서는 북한 인권 문제의 심각성에 대해 인정할 것은 인정하는 자세를 가지고 여러 가지 제기되는 문제에 대해 구체적으로 생각을 해봐야 합니다. 반면 보수 쪽에서는 인권 문제의 다양성을 인정하고 북한체제를 붕괴시키는 것이 인권 문제의 해결이라고 하는 극단주의적인 시각에서 벗어날 필요가 있습니다."[49]

다른 한편으로 보수에 대한 세밀한 유형 분류의 필요성은, 인권 문제 못지않게 북한 내 문제로서 보수가 그간 자주 거론해 온 식량 지원에 관한 이원섭의 발언을 통해 다시 한 번 우리에게 일깨워 준다: "냉전 세력

---

49. 정욱식, 「평화를 흩날리는 민들레 홀씨」(2004), 279쪽.

들은 식량난으로 북녘 동포들이 굶주리고 있는데도 도움을 주어서는 안 된다는 주장을 폈다. 식량을 지원해주면 군량미로 전용되므로 분배의 투명성을 보장해야 지원할 수 있다는 논리를 폈다. 전 세계 국가들이 나서 인도적 차원에서 북한에 식량을 지원하는데도 같은 동포로서, 말로는 언젠가 통일해서 함께 살아야 한다고 되뇌면서도 이를 외면해 국제사회에서 비웃음을 샀다."[50]

이원섭을 비롯한 진보 진영의 시각에서 탈북 망명 철학자인 황장엽은 아마도 대표적인 냉전주의자들 중의 한 사람일 것이다. 그런데 그의 입장은 진보 진영의 기대(?)와는 달리 정반대의 주장을 편다: "북한 인민들을 기아와 질병에서 구원하기 위하여 식량과 의약품을 보내주는 것을 북한의 경제를 회생시키기 위한 경제원조와 동일시 할 수 없다. 이것은 북한통치자들의 전쟁 능력을 강화하는데 도움을 주는 것이 아니다. 반대로 북한동포들이 자기들을 남한동포들이 기아와 질병에서 구원해준다는 것을 알게 되면, 그들은 김정일 독재체제를 멀리하게 될 것이며 남한동포들과의 민족적 단결과 협력을 요구하여 나설 것이다. 만일 남한동포들이 판문점을 통하여 옥수수(통강냉이)를 매년 100여만톤씩만 북한동포들에게 보내준다면 북한통치자들은 어떤 수단으로서도 그것이 남한 동포들의 형제적 원조라는 것을 은폐할 수 없을 것이다."[51]

여기서 알 수 있듯이, 황장엽을 위시한 탈북자 집단은 그들의 정체성 자체가 탈북 망명자인 만큼, 북한의 현 정권에 대해 비판적일 뿐 아니라 북한의 민주화 및 북한 내 인민들의 인권 개선을 그들의 정치적 대의명분으로 내걸 수밖에 없다. 그럼에도 이러한 '특수한 사정'을 세심하게 고려하지 않은 채, 그들을 남한 내 수구 기득권 세력과 같은 범주에 넣은 것은 진보의 결정적인 잘못이다. 게다가 북한 체제 내부에 관해 그들이 갖고 있는 정보와 지식은 진보 세력이 대북 정책과 남북 관계 개선을 수

---

50. 이원섭, 「냉전세력이 꿈꾸는 통일」(2001), 147쪽.
51. 황장엽, 『북한의 인권』(1999), 118-9쪽.

행하는 과정에서 요긴하게 활용할 수 있는 것이며, 그런 한에서 그들의 견해를 경청하는 것이 요구되지만, 진보 세력은 이들을 수구 냉전 세력으로 간주하여 쉽게 배제해 버리는 경솔함을 드러내 보인다. 이렇듯 '외견상' 냉전 세력처럼 비치지만 '실상은' 그렇지 않은 탈북자 집단을 그처럼 냉전 수구 세력으로 손쉽게 배척해 버리는 진보의 무반성적인 태도를 통해서, 우리는 현재의 진보가 세심한 분별력 없이 북한 체제에 대해 비판적 시각을 드러내 보이는 입장들을 일률적으로 수구 냉전으로 몰아가고 있다는 사실을 확인해 보게 된다.

황장엽의 경우만 해도 — 다년간 그의 철학을 연구해 온 필자가 볼 때 — 남한의 진보 진영이 그를 너무 쉽게 수구 냉전 세력의 일원으로 평가하고 있는 것은 섣부른 행태이다. 북한에서의 정치적 이력과 남한에서의 정치적 발언 및 활동에도 불구하고, 그는 정치가 이전에 철학자이며, 그의 남행의 근본 동기는 자신의 고유한 철학 체계를 알리려는 것이라고 필자는 보고 있다. 물론 그는 또 다른 남행 명분의 하나로서, 자신의 정치적 활동의 일차적 목표를 북한 민주화 사업에 두고 있기는 하다. 그리고 이를 위해 남한 내 보수 세력과 손을 잡고 있다. 하지만 이는 자신의 생각과 입장에 공감해 줄 세력이 남한에는 현재 보수 세력밖에 없다는 이유에서, 잠정적으로 이루어진 '전술적 제휴'라고 보아야 할 것이다. 이 점은 그의 철학 체계를 검토해 보면 알 수 있다. 그의 '인간중심철학'은 그가 철학사의 유일한 거봉으로 인정하는 마르크스주의 철학을 출발점으로 삼아 그것을 비판적으로 재구성한 것으로서, 마르크스주의 철학에 대한 선이해先理解와 공감을 전제하지 않고서는 그의 철학 체계에 접근할 수 없다. 하지만 남한의 수구 집단은 마르크스주의 철학에 대해 이를 '빨갱이 사상'으로 매도하고 있는 것이 현실 아닌가? 이는 황장엽과 남한의 수구 세력, 가령 조갑제가 서로 손을 잡은 것은, 각자의 입장에서 상대방을 전술적으로 이용하려는 필요성에 의해 '잠정적'으로 이루어진 것임을 짐작케 해준다. 이 같은 사정을 고려할 때, '황장엽이 진보 진영이 아닌 수구 세력과 손을 잡고 있는 지금의 형국' 이야말로 우리 사회의 이념 지형이 얼마나 뒤틀리고 이중, 삼중으로 모순된 것인가를 단적으로 말해 주는 것이라 할 수 있다.

이상에서 살펴본 것처럼, 진보는 적어도 과거의 독재 체제 하에서 민주화 투쟁을 하던 시기의 정당성과 도덕적 우위성을 지금의 대북 문제에서도 여전히 적용하려는 성향을 보이고 있다. 즉, 북한에 대한 인식에서도 보수에 비해 진보의 시각이 옳으며 우월하다고 확신한다. 하지만 지금은 상황이 많이 달라졌다. 가령, 진보가 내세우는 북한의 '실체적 변화' 라는 것도, 그것이 '본질적 변화' 인지 아니면 '전술적 · 현상적 변화' 인지는 현재로서는 함부로 주장할 수 없다. 그럼에도 여전히 이러한 사고방식을 고수하려는 진보의 태도에 대해, 강준만은 진보의 "행태적 정체성은 80년대 반독재투쟁을 하던 시절의 그것"[52]이라고 비판적으로 표현하고 있다.

2) 현재의 진보는 보수에 대해 도덕적 우위성을 지니고 있는가?

(1) 수구 냉전 세력으로서 보수를 근본적으로 비판하기에 앞서, 현재의 진보는 그러한 비판을 제기할 수 있는 충분한 자격 조건을 갖추고 있는가, 혹은 과거 민주화 투쟁 시절만큼 도덕적 우위성을 지금도 견지하고 있는가의 문제도 꼼꼼히 따져 보아야 할 중요한 문제다.

이러한 문제 제기의 이면에는, 민주화 투쟁기를 거쳐 형식적 민주화를 이룬 후, 실질적 민주화를 이루어 나가고 있는 현 단계에서, 현실의 정치적 지배 권력을 장악한 진보 세력이 차츰 초심에서 이탈하여 도덕성을 떨어뜨리거나 도덕적 해이를 보이는 행태를 빈번하게 보여 주고 있다는 '우려감' 이 깔려 있다. 앞서 논한 것처럼, 현재의 왜곡된 이념 구도를 바

---

52. 강준만, 「조중동의 음모에 시달리는 노무현」(2004), 50쪽.

로 세우는 일은 진보가 나서서 수행해야 할 중차대한 과제이다. 그리고 이의 성공적 완수를 위해서는 일차적으로 이념적 왜곡 실태를 지속적으로 방치하여 악용하려는 수구 세력에 대한 근본적 비판이 요구되는데, 이는 보수가 그 비판의 타당성을 인정하고 수용할 만큼 진보가 도덕성을 갖추고 있다는 사실을 전제로 삼고 있다는 것을 가리킨다.

여기서 자칫 도덕성의 문제를 '도덕적 근본주의'의 관점에서 이해해서는 곤란하다. 아무런 흠결 없는 도덕적 성인군자만이 비판을 할 수 있다는 식의 이야기로 받아들인다면, 이 세상에 비판할 수 있는 사람은 아무도 없기 때문이다. 수구 세력에 대한 비판 역시 이 같은 개인의 도덕성 차원에서 제기될 수 있는 것은 아니며, 민주주의나 사회 정의, 인권이나 자유, 공정성과 차이성의 존중 등과 같은 보다 민주적이며 정의로운 사회를 구현하는 데 필수적인 가치나 이념의 관점에서 — 그것도 규범적·도덕적 명분을 가릴 수 있는 조건 하에서[53] — 제기될 수 있는 성질의 것이다. 이 같은 맥락에서 사이비 보수에 대해 진보가 가하는 비판의 힘은, '진보가 과연 보다 공정하고 정의로운 민주 사회를 만들어 나갈 자격 조건을 갖추고 있는가' 라는 물음으로 귀결된다. 필자가 생각하는 도덕성은 바로 이 같은 힘이다. 이러한 힘으로서 도덕적 우위성을 갖출 경우, 보수는 그것을 거부할 명분을 잃게 된다.

물론 현실적으로 수구 반동은 이러한 비판의 정당성마저 외면하려 들겠지만, 비판의 무게는 여전히 그 위력을 말한다. 무엇보다 소수의 수구 세력을 무력화할 수 있는 다수의 국민의 힘을 얻어낼 수 있다. 도덕적 우위에 기초한 진보의 보수 비판은 대다수 국민들의 지지를 얻어냄으로써 궁극적으로 보수에 대한 진보의 승리와 그에 따라 왜곡성의 극복으로

---

53. 이 점과 관련하여, 강정인/김현아는 과거 군사 독재 시절, 민주화 세력으로서의 진보 진영은 "독재정권에 대해 도덕적 명분에 근거한 치열한 투쟁을 통해 정당성을 인정받아 왔다"는 점을 지적하고 있다. 강정인/김현아, 「민주화 이후 한국의 보수주의: 자유민주주의로의 수렴?」(2006), 36쪽.

이어질 수 있는 '통로'를 제공하기 때문이다.

이런 상황을 고려할 때, 진보의 생명은 바로 이러한 도덕성 그리고 보수에 대한 도덕적 우위성에서 확보된다. 이것이 갖추어져 있을 때 보수를 향한 비판은 정당성을 갖는다.[54] 또한 이것은 진보의 보수에 대한 비판이 '비판으로서의 자격'을 갖도록 해준다. 무엇보다 보수의 본질적 한계를 폭로하는 힘의 원천으로 기능한다. 반면에 도덕적 우위성이 결여될 경우, 보수에게 가해지는 비판은 ― 설령 그 비판이 보수의 잘못을 정확히 지적한 것이라고 해도 ― 그 힘을 상실함으로써 보수 자신이 그 비판을 수용하려 하지 않을 것이다. 경우에 따라서는 즉각적인 보수의 반발을 불러일으키며 진보에 대해 냉소로 일관하게 될 것이다. 이 점과 관련, 이한우의 발언은 진보가 제대로 자리매김하기 위해서는 얼마나 높은 도덕적 우위성이 요구되는가를 다시 한 번 생각하게 해준다: "『조선일보』에 친일이니 군사정권 아부세력이니 하는 딱지를 붙이려는 것은 바로 그런 맥락에서 이뤄지는 것이다. 개인적으로 그런 사람들을 보고 있노라면 남에게 도덕을 요구하기에 앞서 자기 앞가림이나 잘하라고 충고하고 싶은 생각밖에 들지 않는다."[55] 이어 그는 구체적으로 현 독립관장을 예로 들어 비판한다.

필자는 이승만에 대한 이한우의 해석에 대해서는 기본적으로 비판적인 입장이지만 ― 그러한 시각 차이를 떠나 ― 그의 진보에 대한 비판석 지직은, 적어도 보수를 비판하기 위해 진보가 지녀야 할 도덕성의 수준이 어느 정도이어야 하는지를 말해 준다는 점에서 충분히 경청할 필요가 있다고 본다. 물론 도덕적 우위성에 기초하여 보수에게 가해신 비판이 보수에 의해 수용된다는 보장은 없다. 실제로 수구의 행태를 보면, 그들은 정당한 근거가 수반된 비판조차도 자신들의 전략적 이해관계에 비추어 아니다 싶으면 전혀 수용하지 않는다. 그렇다면 굳이 보수에 비해

---

54. 김호기, 『한국의 시민사회, 현실과 유토피아 사이에서』(2001), 104쪽 참조.
55. 이한우, 「한국 자유주의와 〈조선일보〉」(2005), 123쪽.

진보가 도덕적 우위성을 점하고 있을 필요가 없지 않는가 하는 물음이 제기될 수 있다. 하지만 여기서 우리가 오히려 염두에 두어야 할 대상은, 수구 기득권 세력보다도, 그들과 '비판적 거리두기'를 하면서 새롭게 보수를 재구성하고자 하는 '보다 합리적인' 보수주의자들이다. 적어도 이들은 도덕적 우위성에 기초하여 정당한 근거를 갖춘 진보의 비판을 기꺼이 수용할 수 있는 성찰적 능력의 소유자라고 필자는 생각한다. 그런 점에서 이들은 보다 온전한 형태의 이념 대결 구도를 새롭게 정립해 나가는 과제를 놓고, 진보와 서로 협력하고 과제를 수행해 나갈 동반자라고 할 수 있다. 이러한 새로운 보수를 고려할 때, 진보의 도덕적 우위성의 확보가 얼마나 중요한 것인가를 깨달을 수 있을 것이다.

　이 같은 상황을 고려할 때, 특히 염려되는 것이 진보의 '도덕성 상실'과 '권력화된 모습'이다. 그간 보수에 대해 진보 진영에서 가한 비판의 핵심은, 수구 보수는 '규범적 도덕적 명분이나 정당성이 결여된' 세력이라는 점에 맞추어져 있었다. 그런데 최근 들어 오히려 진보가 그러한 수구의 행태를 답습하여 규범적 도덕적 명분에서 보수에 뒤쳐지거나 도덕성이 실추되는 장면이 자주 연출되고 있는 실정이다. 이러한 부정적 실태에 대해 진중권은 다음과 같이 꼬집고 있다: "방송사 사주를 비판하면서 소유구조의 개선을 주장하며 신방과 교수들이 방송사 사외이사 자리나 넘보며 권력 주변을 얼쩡거린다고 비난하던 안티조선의 김동민씨는 그 자신이 SBS의 사외이사로 오라는 사주의 부르심에 흔쾌히 응했다. 대선 당시 노무현에게 불리한 방송을 하던 SBS가 정권과의 관계를 새로이 고려하기 위해 취한 조치일 게다. 한편, 조중동의 편파성, 왜곡보도, 권언유착 등을 비난하던 『한겨레』와 『오마이뉴스』의 행태도 우려할만한 상황에 도달했다. 한겨레는 그 동안 보도나 만평을 통해 노골적으로 친민주당 편향을 보인바 있다. (…) 대선 때 『오마이뉴스』가 보여준 그 노골적인 정치개입은 그동안 조선일보가 해왔던 행태를 뺨치는 것이었다. 『오마이뉴스』는 김대업이라는 의심스러운 인물을 의인으로 치켜세우며 이회창씨를 공격하고, (…) 인터넷에서 노골적으로 민주당 선거운동을 해주었다. (…) 권언유착을 비난하던 친여매체들이 스스로 권언유착의 덫에 빠져들고 있다."[56]

이러한 진보진영의 도덕성 추락 실태는, 이른바 '386정치인들' 의 과거 민주화 투쟁 시절의 운동 경력마저도, 진정으로 민주화의 구현을 위해서라기보다는 '정치적 권력' 의 획득을 위한 개인적 야망 추구의 일환이었다는 식의 '불신' 이 세간에 널리 퍼져 있는 현실에서 여실히 확인된다. 예컨대 이라크 파병 결사 반대를 주창하며 의원직 사퇴까지 내걸었던 진보적 386 정치인의 대표격이라 할 수 있는 국회의원 임종석이 의원직을 던졌다는 얘기는 아직까지 못 들었기 때문이다.

(2) 이처럼 최근 들어 진보 진영에서 보여 주는 도덕성 상실의 모습은 일반 국민들을 진보에 대한 실망과 회의로 이끌며, 결국 보수화의 움직임으로 결과한다. 특히 국민들의 '기대치' 는 보수와 진보에 대해 비대칭적으로 나타나는 경향이 강하다. 그것은 과거 민주화 투쟁 시기에 진보의 자기희생적 태도와 불굴의 투쟁 정신, 도덕적 참신성을 보아 왔기 때문이다. 따라서 보수의 잘못에 대해서는 상대적으로 '너그러울' 수 있지만, 진보에 대해서는 보다 엄격한 잣대를 들이대곤 한다. 이를 형평성에 위배되거나 공정치 못한 처사라고 생각하는 것 자체가 진보의 도덕적 해이이사 오만이라고 필자는 감히 말하고자 한다. 가혹하다 할 만큼 진보에는 그에 걸맞은 막중한 책임과 규범적 엄격성이 따르기 때문이다.

이 같은 사정을 고려할 때, 도덕적으로 이완된 진보의 양상은 국민들로 하여금 진보나 개혁 진영의 진정성에 대해 의심하게 만들며, 급기야 신뢰 상실로 이어질 수 있다. 북한 문제의 경우도 마찬가지다. 그렇지 않아도 6.25 전쟁을 겪은 노년 세대를 비롯한 다수의 '보수 성향' 의 국민들

---

56. 진중권, 「노무현 시대의 진보」(2003), 36쪽.

은 북한 문제에 관한 진보의 주장이나 해석을 민감하게 받아들이고 있다. 그런 상황에서 진보의 도덕성에 대한 신뢰가 떨어질 경우, 남북 관계에 관한 민심은 더욱더 보수화 내지 경색 국면을 타게 된다. 이런 이유에서, 진보는 그 행태나 발언 하나 하나에도 보다 더 신중하고 진지해야 한다.

주지하다시피 과거 수구 독재 세력이 정권을 잡았을 당시 남북 관계나 대북 정책은 수시로, 아울러 당리당략 차원에서 이루어졌던 것이 사실이다. 필요할 때는 유화적 제스처를 취하지만 여의치 않을 때는 강경으로 돌아서곤 했던 것을 우리는 기억한다. 그 와중에 이 땅의 많은 민주화 세력들에 대해 '현상적 관용'과 '본질적 탄압'이 번갈아 이루어지기도 하였다. 이런 상황에서 북한 문제와 관련하여, 보수에 대한 진보의 비판은 대북 정책이나 남북 관계 개선 등이 항상 당리당략 차원에서 정략적으로 이루어져 왔다는 점에 초점을 맞추었던 것이 사실이다.

이와 관련하여 김일영은 "오늘날 김대중 및 노무현 정부와 진보 세력이 주장하는 '선공존 후통일'과 과거 이승만이나 박정희가 주장했던 '선건국 후통일'이나 '선건설 후통일' 사이에 논리구조상 다른 점이 무엇이 있을까? 내용이 다를 뿐 둘 다 2단계 통일론 아닌가?"[57]라고 묻고 있다. 하지만 양자 사이에는 '본질적으로' 다른 점이 있다. 그것은 바로 이승만 및 박정희 정권은 통일 전략을 시종일관 정치적 이해관계에 맞추어 활용함으로써 자신과 자신의 정치적 지지 세력의 토대로 이용했다는 점이다. 반면 진보적 정권은 기본적으로 그러한 이해관계를 떠나, 민족 공동의 이익 차원에서 원칙상 추구해 왔다는 점에서 수구 진영의 입장과 차이가 있다. 적어도 필자는 그렇게 보고 싶다.

사실이 이렇다면 이 지점에서 간과해서 안 될 문제는, 그와 같은 근본적 차이성에 기대어 보수를 비판해 온 진보 진영에서도 이러한 비판 사항에 해당되는 악폐를 '부분적으로' 답습하고 있다는 사실이다. 이는

---

57. 김일영, 「한국정치의 새로운 이념적 좌표를 찾아서」(2006), 383-4쪽.

보수에 대한 진보의 비판적 힘의 무게를 결정적으로 떨어뜨리는 작용을 한다. 가령, 국민의 정부에서 추진했던 대북 정책만 해도, 그 이전의 정부들과의 차별성에도 불구하고 정치적으로 이용했다는 지적이 특히 보수를 중심으로 지속적으로 제기되어 왔다. 이와 관련하여, 참여정부의 통일부 장관을 역임한 이종석은 "김대중 정부는 대북포용정책을 국내정치적 목적의 건수 올리기 식의 일회성 정책이 아닌 장기적인 국가이익과 민족이익의 관점에서 추진하고 있다"[58]는 점에서 평가받을 자격이 있다고 주장한다. 하지만 이후 남북 정상 회담의 경우만 해도 총선 직전에 발표함으로써 정치적으로 이용했다는 의심을 받아왔으며, 이는 중도적 성향의 지식인의 우려와 보수의 반발을 불러일으켰다. 이에 대해 중도적 성향의 남궁영은, 김대중 정부는 총선 직전 남북 정상 회담 개최 합의를 발표함으로써 정치적 활용이라는 세간의 의심을 받았으며 총선 이후 거대 야당을 상대로 한 정국 운영에서 정상 회담의 성과를 이용한다는 의혹으로부터 자유롭지 못했다고 지적하면서, "대북정책을 둘러싼 여야 대결은 국내 정치 주도권과 권력투쟁의 도구화함으로써 여당과 야당 사이의 불신의 골이 깊어지고 갈등이 첨예화되고 있다"[59]고 지적하고 있다.

이에 대한 보수의 반발은 더욱 거셌는데, 대표적인 정통 보수주의자 이상우는 이를 다음과 같이 비판하고 있다: "남한 내 헤게모니 확보와 정권연장이라는 국내 정치적 목적을 위해 남북관계를 이용하려 한다는 의심을 받을 소지가 있다 (…) 만일 정부가 투명한 대북정책을 보여줘서 이 사회의 주류를 이루는 보수세력을 납득시키지 못한다면 보혁 갈등은 깊어질 것입니다."[60]

보수의 이러한 우려에 대해 진보도 이를 인정하고 있다. 가령, 손호철은 다음과 같은 비판적 제언을 내놓고 있다: "김대중 정부는 햇볕정책

---

58. 이종석, 「대북포용정책 18개월, 평가와 과제」(1999), 45쪽.
59. 남궁영, 「대북정책의 국내정치적 갈등」(2001), 82-3쪽.
60. 이상우, 「6.15선언, 정권바뀌면 휴지조각 될 수 있다」(2000), 3-7쪽.

이 단기적 성과와 정권의 필요성에 의해 추진될 때 오히려 역효과를 낸다는 것을 보여주었다. (…) 특히 중요한 것은 국민적 합의를 만들어가는 과정과 노력이다. 시간이 걸리더라도 '혼자 열 걸음' 보다 '함께 한 걸음'의 자세가 필요하다."[61] 김호기도 보수 진영의 통일론이 지닌 문제점에 대한 지적과 함께, "6.15 남북 정상회담의 거품이 빠지면서 현재 햇볕정책이 크고 작은 장애들에 직면해 있는 것을 보면 이 교수[이동복]의 현실주의를 다시 한번 생각해 보게 된다"[62]는 언급을 통해, 진보 진영의 통일론 및 대북 정책이 갖는 문제점을 조심스럽게 인정하고 있다.

이상에서 살펴본 것처럼, 만약 진보가 북한에 대한 시각이나 입장을 표명하거나 정책을 펴나가는 과정에서 보다 엄격한 도덕성에 기반하지 않을 경우, 다시 말해 ─ 과거 수구 세력에 의해 자행되었던 것과 같이 ─ 당리당략적 이해관계나 정치적 술수를 동원하는 경우에, 그렇지 않아도 퇴행적 행태를 보여 주는 수구로서는 진보에 대해 더욱 부정적인 태도를 가질 수밖에 없으며, 이는 진보와 보수 사이의 갈등의 증폭 내지 심화로 이어질 수 있다. 따라서 남북 관계의 변화를 둘러싼 입장 표명이나 정책 추진은, 추호의 의혹도 없게끔 정치적·당파적 이해관계에서 벗어나 투명하고 민주적인 방식으로 이루어져야 한다. 이것의 바탕이 되는 것이 바로 진보의 도덕성이다. 그것이 또한 이제까지의 수구 냉전 집권 세력과의 결정적 차이인데, 이것이 깨지는 순간 보수에 대한 진보의 비판은 그 힘을 잃게 되는 것이다.

---

61. 손호철, 「남남갈등의 기원 및 전개과정」(2004), 52쪽.
62. 김호기, 『말, 권력, 지식인』(2002), 229쪽.

5. 제대로 된 이념 대결 구도의 재정립을 위한 새로운 '실천 전략' : 남북 관계를 바라보는 진보/보수 간 이념 대결 구도의 미래를 위해

북한 및 남북 관계를 바라보는 시각 및 입장의 극단적인 적대적 대립 형태로 표출되는 현재와 같은 왜곡된 '보수 대 진보 간 대립 구도'는, 그렇다면 '어떻게' 새롭게 재정립될 수 있는가? 적어도 그 출발점 내지 단초는 어디서 확보될 수 있는가? 이러한 물음에 관한 대답은, 결국 현재의 남북 관계를 중심으로 진보와 보수 간에 형성되어 있는 왜곡된 이념 대립 구도를 온전한 형태의, 제대로 된 진보/보수 간 이념 대결 구도로 되돌릴 수 있는 실천 전략은 어떻게 모색되어야 하는가를 밝히는 작업이 될 것이다. 동시에 이러한 작업을 통해 미래에 있어서 우리 사회의 이념적 대결 구도가 어떠한 양상을 취할지, 아울러 그 속에서 진보와 보수의 미래상은 어떠할지, 개략적이나마 가늠해 볼 수 있을 것이다.

이와 관련하여, 지금까지 논의된 내용을 고려할 때, 철학도로서 필자가 생각하는 실천 전략은 크게 보아 두 가지로 압축된다. 하나는 '보수와의 관계' 속에서 고려된 실천 전략이고, 다른 하나는 '진보 자신과의 관계' 속에서 고안된 실천 전략이다. 여기서 보수를 대상으로 삼는 실천 전략은 다시 두 가지로 나뉜다. 그 하나는 수구 반동으로서 '사이비 보수'에 대한 진보의 전면적이며 공격적인 '이념 투쟁' 전략이다. 또 다른 전략은, 수구 반동 세력과 거리를 두면서 새롭게 성찰적 보수로 거듭나려는 '합리적 보수'와의 자유롭고 평등한 열린 대화 및 토론을 시도하는 합리적 '이념 논쟁' 전략이다. 보수와의 이념적 대결 과정에서 이 두 전략은 동시적으로 수행된다.

다음으로, 진보가 자기 자신에 대해 수행해야 할 실천 전략은, 자신에 대해 근본적으로 비판하고 되돌아보는 '자기 성찰 및 자기비판' 전략이다. 진보 자체를 반성 및 비판의 대상으로 삼아 전개해 나갈 이러한 실천 전략은 보수에 대한 실천 전략을 수행하기에 앞서, 그 전제가 되는 전략이라는 점에서 '일차적이며 기본적인' 실천 전략이다. 당연히 이 전제 조건이 충족된 이후에라야 비로소 보수를 대상으로 한 전략은 실천 가능하며 그 성공을 보장받을 수 있다. 만약 이 같은 기본적 실천 전략이 먼저 성공적으로 완수되지 않을 경우에, 보수를 상대로 한 실천 전략들은 그 성공 가능성이 없다고 봐야 될 것이다. 이 점에서 진보가 자신을 대상으로 삼아 치열한 비판적 성찰을 수행해 나가는 자기 성찰 및 자기비판 전략은 뒤틀린 이념 대결 구도를 정상적으로 되돌려 놓는 데 있어 '근본적인 전략'이라 할 수 있다.

말할 필요 없이, 이러한 다양한 유형의 실천 전략이 현실의 이념 장場에서 실제로 작동되기 위해서는 보다 구체적이고 실제적인 방법 및 방식, 지침 등이 마련되어야 한다. 따라서 이에 관해서는 추후 지속적인 탐구 작업이 이루어져야 할 것이다. 그런 점에서 이 글에서 제시되는 실천 전략과 그에 대한 해명은 기본적인 '이론적 수준'에 한정될 것이다.

1) 수구에 대한 전투적 실천 전략으로서 공격적 '이념 투쟁'

보수에 대한 전면적인 전투적 실천 전략으로서 공격적 '이념 투쟁' 전략의 일차적 대상은, 타자의 입장 및 주장을 전혀 들으려 하지 않은 채 오직 자신의 입장만을 되풀이하여 내세우면서 당리당략적 차원에서 이념 대립 구도를 왜곡·변용하여 이용하려는 수구 반동 세력이다. 이러한 세력은 상호 인정의 원칙이나 차이성의 존중 원칙을 위반하는 상대인 만큼, 이념 투쟁 전략은 자유롭게 이루어지는 '사상 및 이념 대결의 장場'에서 이러한 진영을 배제·추방하는 것을 일차적 목표로 삼는다. 차이성의 존중과 상호 인정의 원칙을 무시하는 수구 반동 세력은 이념적 대립 구도에 자리할 자격이 없으며, 오히려 저해 요인일 따름이기 때문이다.

물론 이러한 전략은 '공식적' 혹은 '비공식적' 공론 영역[63]에서의 민주적 절차 과정을 통해 자율적으로 이루어져야 한다. 또한 시종일관 민주주의 원칙의 테두리 내에서, 자유로운 사상 투쟁 및 이념 대결을 통해 전개되어야 한다.

2) 성찰적 보수를 상대로 한 열린 합리적 '이념 논쟁'

합리적 이념 논쟁 전략은, 무엇보다 수구 기득권 세력과의 단절을 꾀하면서 새롭게 성찰적 보수로 거듭나려고 시도하는 새로운 합리적 보수를 일차적 상대로 삼는다. 또한 이념 구도를 기득권의 보존을 위한 수단으로 이용하려는 수구 세력을 제외한 — 탈북자 집단을 포함하여 — 보수 진영 역시 원칙적으로 이념 논쟁 전략의 관철을 위한 포섭 대상이다.

아울러 자유롭고 평등한 대화 및 토론을 통해 상호 동의하고 합의된 내용을 중심으로, 작금의 왜곡된 이념 지형 및 대립 구도를 보다 생산적이며 미래 발전적인 방향에 맞도록, 재구성하는 것을 잠정적 목표로 설정하고 있다. 당연히 이러한 이념 논쟁의 다양한 유형이나 방식에는, 상대방의 입장을 잠정적으로 진리라고 인정하고 경청할 의사가 있는, 한마디로 대화할 의사가 있고 합리적으로 대화할 능력이 있는 이념 세력이나 집단은 누구나 참여할 수 있다. 하지만 대화할 의사도 없으면서, 상대방을 단지 자신들의 전략적 이해관계의 관철을 위한 수단적 대상으로 삼으려는 이념 집단은 참여가 제한된다. 그런 이유에서 앞서 언급했던 수구적 근본주의자들은 이념 논쟁의 무대에서 추방의 대상이 된다. 물론 이러한 세력 역시 합리적인 대화를 할 의도와 그 '진정성'이 확인되고, 대화 및 논쟁에 참여하고자 할 때에는 당연히 문호가 개방된다.

---

63. 이에 관해서는 선우현, 『사회비판과 정치적 실천』(1999), 259-62쪽; N. Fraser, "Rethinking the Public Sphere: A contribution to the Critique of Actually Existing Democracy" (1992), 109-42쪽 참조.

3) 보수에 대한 실천 전략의 성공적 완수를 위한 근본 전제: 진보의 '자기 성찰 및 자기비판'

수구나 합리적 보수를 상대로 한 이념 투쟁 전략이나 이념 논쟁 전략이 현실적으로 실행되고 아울러 그것이 성공적으로 완수되기 위해서는 그 근본 전제로서 요구되는 것이 진보의 자신에 대한 근본적 성찰과 비판이다. 이는 한마디로 보수에 대한 적극적·공격적 실천 전략을 수행하기에 앞서, 그러한 실천 전략을 수행할 자격 조건이 진보에게 갖추어져 있는가를 비판적으로 성찰하는 '실천적 작업'이라고 할 수 있다. 당연히 이러한 자격 조건이 갖추어지지 못했다면, 보수에 대한 이러한 실천 전략은 제대로 관철되지 않을 것이기 때문이다.

이와 관련하여 한 가지 밝혀야 될 사항은, '왜' 보수가 아닌 진보에게 '우선적으로' 자기비판을 요구하고 있는가 하는 점이다. 이는 현재의 이념적 왜곡화를 극복하는 데 있어서 그 주도적 역할은 보수가 아닌 진보가 맡는 것이 보다 나은 결과를 가져다줄 것이라는 '기대치'와 아울러 진보가 맡을 수밖에 없다는 '현실적 고려'에 따른 것이다. 이를 좀 더 구체적으로 살펴보면, 기본적으로 한국 사회는 앞으로도 더 나은 사회, 다시 말해 '보다 민주적이며 정의로운 사회, 공정하면서도 차이의 존중을 바탕으로 다원성이 중시되는 사회'로 나아가야 하는 상황에 있다. 이는 보다 역동적이며 개혁적인 변화를 요구하며, 그런 한에서 상대적으로 사회 안정적이며 기존 질서의 급격한 변화를 꺼리는 보수보다는 진보가 현 시점에서 사회 발전의 주도적 역할을 맡는 것이 바람직스럽다는 판단으로 귀착된다.

또한 해방 이후 지금까지 한국 사회의 발전 과정 — 이는 진보와 보수의 '역할 수행 과정'이라고 할 수 있는데 — 에서, 수구 세력에 의해 주도된 '산업화'의 성과와 진보 진영에 의해 이루어진 '민주화'의 성과를 비교해 볼 때, 앞으로 한국 사회가 나아갈 방향은 산업화에 기초한 경제 발전의 작업보다는 형식적 민주화에 기초하여 실질적 민주화를 구현해 나가는 과제가 보다 중시될 것으로 예상된다. 그런 점에서, 민주화를 이룬 진보의 역할이 상대적으로 더 요구될 것이고, 따라서 진보에게 '주도적 역할'을 맡기는 것이 상식과 순리에 맞는 것이라 할 수 있다.

물론 그렇다고 해서 앞으로의 사회 발전 과정이 진보 단독의 힘만으로 된다는 것은 결코 아니다. 그것은 진보와 보수의 상호 비판과 견제를 통해서만 가능하다. 비록 주도는 진보가 하더라도 그에 못지않은 비판과 견제라는 '균형적·보완적 역할'을 보수가 제대로 해주어야만 보다 나은 사회로의 발전적 전개가 가능하다는 점에서 보수의 역할 또한 진보의 그것 못지않게 중요하다 하겠다.

다른 한편으로, 보수에 대한 실천적 전략의 성공적 관철을 위한 전제 조건으로 진보의 자기비판을 설정한 것은, 보수에 의한 자기비판을 시도케 하는 계기가 된다는 점에서도 중요한 의미가 있다. 즉, 진보에 의해 자기비판 및 성찰이 이루어질수록, 이른바 '적전敵前 분열'로 인한 반사 이익을 보수 진영이 챙기거나 혹은 수구 세력에게 이용당할 빌미를 제공하는 등 '단기적으로는' 부정적 효과가 일어나겠지만, '장기적으로는' 진보 내부에서의 치열한 자기비판을 통해 진보 진영은 보다 강력한 진보로 재구성될 수 있을 것이다. 이와 함께 보다 탄탄해진 진보의 모습에 자극받아, 보수 진영에서도 수구 반동 세력과 합리적 보수 간의 분리를 추구하는 자기비판이 거세질 것이고, 그에 따라 수구 세력은 점차 사그라지고 새로운 성찰적 보수가 보수 진영을 주도하게 됨으로써, 보수 역시 새로운 보수로 거듭나게 될 것이다. 이처럼 진보의 자기비판이 치열하면 치열할수록 진보와 보수는, 정당성과 도덕성을 갖춘 보다 견실한 진보와 보다 합리적이며 성찰적인 보수로 새로이 구축되어, 진보/보수 간에 제대로 된 이념 대립 구도가 형성될 수 있는 결과로 이어질 것이다.

그렇다면 — 북한 관련 문제를 중심으로 — 이처럼 진보에게 요구되는 자기 성찰과 자기비판 전략이 수행해야 할 과제에는 구체적으로 어떤 것들이 있는가? 이제까지 살펴본 내용을 참고하여 개략적으로 제시해 본다면, 먼저 북한과 관련된 사항에 대한 인식이나 판단, 입장 등에서 진보 자신만이 옳고 정답이라는 독선적 태도와 자세에서 벗어나는 과제가 놓여 있다. 다음으로는, 보수에 대한 실천 전략을 적용하기에 앞서 그러한 전략을 사용할 수 있을 만큼 보수에 비해 도덕적 우위성과 명분을 확보하는 과제이다. 또한 남북 관계와 관련된 사항들에 대한 다른 비판의 목소리, 특히 보수의 비판적 지적과 문제 제기를 항상 경청하고 필요한 것은 수용할 줄 아는 열린 겸허한 자세를 시종 유지하는 과제도 여기에 포함된다. 끝으로 수구 반동과 합리적 보수를 판별할 수 있는 인식론적 통찰을 포함하여, 보수의 본질을 꿰뚫어 볼 수 있는 역량을 갖추고 있는가를 끊임없이 묻고 확인하고, 미비할 경우에 갖추도록 진력을 다하는 과제가 또한 이에 해당될 것이다.

3부

한국 사회의
민주화 이후의
민주화 과정

7. 한국사회에서 다원주의는
사회적 진보의 징표인가?

오늘의 다원주의적 한국 현실과 관련하여

1. 들어가는 말

최근 한국 사회의 전개 과정을 보면, 급속한 민주화의 진척에 따라 중앙 집중적 통제와 획일화로부터 탈중심화, 다원화, 개방화로의 이행이 빠르게 이루어져 가고 있다. 이와 함께 다양한 주장이 담긴 여러 목소리들이 자유롭게 개진되면서 다양성과 차이성, 개성이 존중되는 양상이 연출되고 있다. 동시에 이는 뭔가 정리되지 않은 듯한 다소간 산만하고 무질서한 양태처럼 비쳐지고 있기도 하다. 다양한 이해관계를 반영하는 견해와 입장, 그러한 입장을 정당화하는 주장들이 연일 곳곳에서 쏟아져 나오고 있지만, 정작 그것들이 서로 부딪치고 갈등할 때 이를 합리적으로 조정히고 조율할 수 있는 과정은 아직 제대로 정착되지 못하고 있는 것처럼 보이기 때문이다.

이러한 상황에 더해, 한국 사회는 그간 사회 성원들의 윤리적 의식을 하나로 묶어 주었던 '유교적 가치관'이 급속히 허물어져 가는 데 반해 그 자리를 메워 줄 새로운 공동의 가치관이나 윤리 의식은 제대로 자리 잡지 못하고 있어 사회 성원 대다수가 동의하고 수용할 수 있는 '보편적 윤리적 잣대'가 부재한 상태에 놓여 있다. 이와 함께 해방 이후 전개된 한국 사회의 현실은, 친일 민족 반역 집단이 역사적으로 단죄되지 못하면서, 척결되었어야 할 세력이 지배 계급(층)으로 여전히 자리 잡고 기득권을 유지하는 '부정의한 상황'이 이제껏 지속됨으로써 옳고 그름의 판단 기준이 뒤바뀌는 '가치 전도顚倒'의 사태를 초래하고 있기도 하다.

이 같은 오늘의 현실을 고려할 때 한국 사회 역시 다원화된 상황을 맞이하고 있다고 보인다.[1] 이 점은 더 이상 통합적인 공동의 가치관이 작동하기 어렵게 되었으며 민주화의 빠른 전개와 함께 개인적 혹은 집단적 이해관계를 관철시키려는 움직임과 목소리들이 확산되어 나가고 있고, 다양한 신념과 가치관, 세계관이 난립 공존하고 있는 상황에서 확인해 볼 수 있다.

그렇다면 이처럼 다원화된 한국 사회의 현실을 어떻게 읽어 내야 할 것인가? 그것은 한국 사회가 보다 나은 사회로 발전해 나가는 데 기여하는 긍정적 요인인가? 아니면 합리적이며 자발적인 통합성(통일성)이 무너지는 상황에서 초래된 치유되어야 할 부정적인 혼란상으로 보아야 하는가? 이 같은 문제의식을 출발점으로 삼아 필자가 이 글에서 수행하고자 하는 일차적 목적은, 오늘의 한국 사회가 맞이하고 있는 '다원주의적 현실'이 우리 사회의 발전적 전개를 향한 긍정적 징표인가를 비판적으로 검토해 보는 데 있다. 여기에는 잠정적으로 다원주의가 '소극적·보완적' 이념으로 기능할 경우에는 사회의 진보에 기여할 수 있지만 — 따라서 사회적 진보의 징표로서 수용될 수 있지만 — 그것이 '적극적·대체적' 이념으로 작용할 경우에는 사회의 퇴보적 요인으로 작용할 수 있다는 필자 자신의 '추정presumption'이 깔려 있다. 그리고 이에 의거하여, 한국 사회에서 다원성과 차이성이 갖는 생산적이며 긍정적인 면 못지않게 그것이 초래할 수 있는 부정적 측면을 검토해 볼 것이다. 특히 이러한

---

1. 현재의 한국 사회가 과연 다원화된 사회 체제인가의 문제는 보다 엄밀한 논증을 필요로 한다. 그렇지만 이 글에서는 논증보다는, 건전한 상식common sense에 기초한 경험적 직관에 의거하여 '잠정적으로' 한국 사회가 다원화된 구조적 상황에 놓여 있다고 보려 한다.

검토 과정을 통해 필자는 '차이의 존중'이나 '배려 윤리적 관점'에 기초한 '강한 다원주의'가 지닌 한계를 비판적으로 드러내 보일 것이다. 나아가 상대주의로 전락하지 않으면서 여전히 보편주의를 견지할 수 있는 '차이에 민감한 보편주의'의 경우도, 오늘의 한국 현실에 새롭게 등장한 '배제된 타자들'(가령 탈북자 집단)의 입장을 민감하게 포착하여 존중해 주지 못하고 있을 뿐 아니라 그들을 무시하고 배제하고 있다는 점을 비판적으로 지적해 볼 것이다. 끝으로 이러한 논의를 전개해 나가는 과정에서 필자는, 한편으로 다원화된 현실에서 다양성과 차이성이 제대로 존중받기 위해서는 '절차적 정당성으로서의 보편성'과 그것에 기초한 보편주의에 우선적 지위를 부여할 수밖에 없는 근거와 이유를 제시해 볼 것이며, 다른 한편으로 그러한 보편주의가 차이를 민감하게 고려하고자 해도 '의도치 않게' 차이를 무시하게 되는 한계를 넘어서기 위해서 '차이에 대한 배려'가 보완적 원리로서 수용될 필요가 있음을 결론적으로 제시할 것이다.

2. 다원주의적 사회 현실의 긍정성과 부정성

1) 한국 현실에서 다원성과 차이성은 과연 진보의 표상인가?

한국 사회는 오랜 기간 반민주적 군사 독재 정권의 통치 아래 놓여 있었다. 따라서 그 기간 동안 줄곧 개인의 자유와 기본권이 유린당했을 뿐 아니라 특정 사안에 관한 각자의 입장 역시 제대로 펼 수 없는 그야말로 비인간적 삶을 강요받아 왔다. 그런 관계로 특정 사안에 관해서도 위로부터의 지시에 따라 획일화된 하나의 목소리만을 낼 수 있었을 뿐 그에 대한 반대의 입장이나 다른 시각의 견해 제시는 감히 생각조차 할 수 없었다. 하지만 이 같은 암울한 상황에서도 한국 사회는 지속적인 민주화 투쟁을 통해 독재 권력을 몰아내고 마침내 민주적인 정권을 탄생시키기에 이르렀다. '문민정부'와 '국민의 정부'를 거쳐 '참여정부'가 그러한 민주화 진척의 가시적인 산물이라 하겠다. 그 결과 이제 정부의 시책이나 특정 현안을 놓고 다양한 입장과 견해, 주장의 목소리가 활발하게 제시되는 상황이 연출되고 있다. 또한 정치적 차원에서의 다양화 양상은 경제·사회·문화 전반으로 확산되어 나가고 있으며, 이는 자연스레 민주적인 논쟁과 토론의 장을 형성해 나가고 있기도 하다. 이처럼 변화된 다원주의적 상황은 분명 과거 군사 정권 시절에 비해 진일보한 사태로서 그야말로 사회의 발전과 민주화를 향한 '사회적 진보'의 징표로서 읽어 낼 수 있다. 확실히 다원화와 다양화를 지향하는 시대적 흐름은, 그간 하나의 잣대에 의해 모든 것이 재단되던 사회적 관행을 파기하여 소외되었던 타자를 복권시키고, 사회적 분위기를 개성을 존중하는 방향으로 전화시키고 있다. 그에 따라 이제껏 배제되어 온 사회적 약자들, 가령 여성과 동성애자, 외국인 이주 노동자의 권리와 삶의 문제가 핵심적인 사회적 이슈로 떠오르는 등 우리 사회는 보다 개방적이고 민주적인 사회를 지향하고 있다.

하지만 다른 시각, 특히 윤리적 관점에서 볼 때 그처럼 다원화되어 가는 현실은, 사회 성원들의 가치관·인생관을 하나로 묶어 주던 공동의 가치관이 무너지면서 다수의 가치관이 난립하고 아울러 그것들 사이의 충돌과 마찰을 합리적으로 해소시켜 주는 윤리적 조정 기제의 부재로 인해 초래된 윤리적 혼란 상태로 해석될 여지도 있다. 일찍이 전근대적 봉건 사회가 무너지고 근대적 사회가 출현하면서 "수다한 신들이 탈주술화되면서 비인격적 권력의 양태로 잠자고 있던 무덤에서 다시 나와 영속적인 투쟁을 시작하고 있다"[2]는 베버M. Weber의 지적처럼, 오늘의 다원

---

2. M. Weber, "Wissenschaft als Beruf"(1985), 605쪽.

화된 현실은 통일적인 세계상이 무너지면서 다양한 가치관과 윤리적 신념들이 서로 공존하는 윤리적 무질서 상황으로 읽힐 수 있는 것이다. 실제로 매킨타이어A. MacIntyre는 이러한 오늘의 다원화된 현실을 '윤리적 위기'로 진단하고 있다.[3]

　이처럼 다양한 목소리가 공존하고 있는 다원주의적 사회 현실은, 한편으로 위로부터 주어진 하나의 정답과 지침이 지배하는 권위주의적 · 수직적 사회관계로부터 다원화된 수평적 · 민주적 관계로 재편되어 나가는 바람직한 현상으로 해석될 수 있지만, 다른 한편으로 다양한 이해관계를 지닌 개인과 집단들 간의 심각한 사회적 갈등과 충돌을 야기할 수 있는 '잠정적으로' 불안정한 사태라고 할 수 있다. 그러므로 차이의 존중 및 다양성의 비판적 수용은 필수적이지만, 이러한 차이성 간의 대립이 첨예하게 맞서 있는 경우에 — 특히 시급히 결정하거나 추진해야 할 사안을 둘러싸고 그럴 경우에 — 이는 곧바로 사회적 갈등과 분열로 이어질 가능성이 크다.

　그런데 이 같은 모든 입장과 주장 그리고 그 기초인 사상의 밑바닥에는 궁극적으로 '이해관계interest'가 자리하고 있다.[4] 이러한 사실은, 관점과 입장의 대립은 결국 이해관계의 대립을 의미하며, 이러한 이해관계들 간의 차이가 상호 존중되어 공존하는 경우에는 문제가 없지만 상호 수용되지 못한 채 충돌을 빚을 경우에는, 사회 성원 누구나 수용할 수 있는 보편적 방식에 의해 합리적으로 조정 규제될 필요가 있음을 말해 준다. 이처럼 다양성과 차이성은 어느 경계선까지는 순기능적이며 사회 발전에 기여할 수 있지만, 그것이 일정 수준을 넘을 시 사회적 분열과 퇴보를 야기할 수 있다는 점에서 보편적 조정 장치를 필요로 한다. 그럴 경우에만 다양성과 차이성이 비로소 제대로 사회 발전에 기여할 수 있기 때문이다.

---

3. A. MacIntyre, *After Virtue* (1984), 6-10쪽 참조.
4. 인식의 밑바닥에 이해관계(관심)가 자리하고 있다는 것은 하나의 고전적 명제다. 이에 관해서는 J. Habermas, *Erkenntnis und Interesse* (1973), 234쪽 이하 참조.

이상에서 살펴본 것처럼 결국 차이의 승인 자체가 곧바로 진보와 연결되는 것은 아니다. 소수의 사회적 약자라는 이유로 인해 부당하게 배제되는 사태에 대한 도덕적 분노에 의거하여, 배제되고 소외된 개인이나 집단, 문화나 사상적 신념을 배려하고 존중하는 한에서 그 자체 진보적인 것으로 볼 수 있기 때문이다. 이는 차이의 존중이 사회적 약자에 대한 배려의 측면에서는 긍정적이지만, 사회 전체의 차원에서는 부정적 요인으로 작용할 수 있음을 말해 준다. 즉, 그러한 존중이 일정한 정도를 넘어 사회적 갈등으로 전화되거나 사회적 통합을 저해하게 될 경우에 그것은 사회 퇴보적 요소로 작용할 수 있다는 것이다. 주류에서 배제된 비주류나 소수의 사회적 약자의 입장이 중요한 만큼, 주류와 비주류, 다수와 소수 모두를 아우르는 사회 공동의 이익을 확보 · 보장하는 것도 중요하기 때문이다. 사회 공동의 이익을 훼손하고 저해하는 상황을 야기하면서까지 배제되고 소외된 자들을 배려하고 그들의 입장을 옹호 대변하려는 시도는 결국 본래 의도했던 '타자의 다름에 대한 존중과 배려' 마저 구현하지 못하는 결과를 낳을 수 있다. 이러한 사실은 진보적 속성과 퇴보적 성격을 동시에 지니고 있는 다원화된 현실의 양면성 가운데 한쪽에로 과도하게 경도될 경우에 초래될 위험성을 말해 주는 것이다.

2) 차이의 존중인가 사회적 갈등의 해소인가? — 사회적 통합과 관련하여

(1) 사회적 삶의 과정에서 드러나는 상이하고 다양한 사상과 이념, 입장들의 밑바닥에는 서로 다른 '이해관계'가 놓여 있다.[5] 이러한 이해관계는 개인이나 집단에 따라 서로 상이하지만, 동시에 모든 사회 성원과 그들이 속한 집단이 지닌 다양한 이해관계를 관통하는 공통적인 속성이 또한 존재한다. 차이의 존중을 '일면적으로' 강조하는 '강한' 다원주의적

---

5. 인간중심철학에 따르면, '사상은 이해관계를 표현한 사회적 의식'이다. 황장엽, 『맑스주의와 인간중심철학 2: 사회역사관』(2001), 199쪽.

입장은 사실상 이러한 공통적인 특성을 간과하거나 애써 무시하는 태도를 보이는 것이라고 할 수 있다. 여하튼 이해관계의 공통성이 존재한다는 것은 결국 다양한 개별적 이해관계도 중요하지만 개인적 이해관계가 터하고 있는 사회 공동의 이해관계가 우선시되어야 한다는 점을 말해 준다. 즉, 개인적 차원에서 자신의 이해관계를 제대로 관철하고 유지하기 위해서는, 그 공동의 터전으로서의 사회가 안정적으로 유지되고 발전해 나가야 하며, 그런 한에서 사회 공동의 이익을 저해하지 않는 범위 내에서 또는 공동의 이익을 바탕으로 한 상황 위에서 개인의 이해관계 추구가 이루어져야 한다는 사실이 암묵적으로 전제되어 있다.

이 같은 설명 방식은 결국 개인적 · 집단적 차이성과 다양성이 존중되고 그런 가운데 개인의 다양한 삶의 추구가 이루어지기 위해서는 사회 질서의 안정적 유지와 통합의 보장이 요구된다는 사실을 가리킨다. 아울러 사회의 지속적인 발전과 유지는, 그 안에 속해 있는 사회 성원들의 다양한 입장과 이해관계의 차이와 상충에도 불구하고 사회적 통합이 이루어진 상황에서만 가능하다는 것을 말해 준다. 말할 것도 없이 차이성과 다양성의 존중과 공존이 사회적 통합과 대치되는 것은 아니다. 하지만 앞서 살펴본 것처럼, 단순히 차이의 존중에 기초한 다양한 관점들이 상호 공존하는 차원을 뛰어넘어 상호 충돌과 대립 및 분열로 이어지게 될 경우, 이는 결국 사회적 통합의 붕괴로 이어질 수 있다.

이 점과 관련하여 파슨스T. Parsons는 사회가 안정적으로 존속하기 위한 '네 가지 기능'을 제시하고, 이것이 제대로 충속될 때 사회가 지속적으로 발전해 나간다고 보았다. 그 네 가지 주요 기능 중의 하나가 사회 성원들의 통합 기능인데,[6] 파슨스는 사회 이론의 관점에서 공동체가 수행하는 사회적 통합의 기능을 특히 주목하고 있다.

그런데 사회 공동체는 개인들의 공통의 가치에 의거하여 사회 성원

---

6. T. Parsons, *The System of Modern Societies* (1971), 10쪽 이하 참조.

들을 통합시킨다. 따라서 사회 통합을 이루기 위해서는 먼저 일반적으로 성원들 사이에 공유되는 공동의 가치관이 존재해야 한다. 가령 전근대적 서구 사회는 기독교적 가치 체계로 통합되어 있었으며, 우리 사회의 경우만 해도 유교적 가치관에 의해 개별 윤리 의식이 결합되어 있었다. 하지만 오늘날처럼 고도로 분화된 사회에서 일반적으로 공유될 수 있는 가치는 매우 추상적인 것이 될 수밖에 없다. 그것이 실질적 내용을 담보한 것일 경우 모든 사회 성원들이 이에 동의하여 그것을 수용하기는 현실적으로 불가능하다. 더욱이 오늘의 사회처럼 대규모의 복합 사회에서는 사람들이 각자의 상이한 가치관 · 인생관 · 세계관에 따라 이 같은 공통의 규범을 자발적으로 준수하기를 기대하기는 어렵다. 때문에 사회 통합을 위해서는 고도의 추상적인, 아울러 형식적인 규범이 요구되며, 그러한 규범에 기초한 강제적 법만이 이를 가능케 한다. 여기서 법은 단순히 '실정적 성격'만을 지닌 것이 아니며 그 속에는 '규범적 타당성'이 내재되어 있다.[7] 물론 이러한 규범적 속성은 누구나 자유롭게 평등한 일원으로 참여할 수 있는 합리적인 담론의 절차로부터 나올 수밖에 없다. 이처럼 언어적 의사소통에 내재하는 상호 인정의 요구가 구속력 있는 규범으로 제도화된 것이 '법 규범'이며, 이는 언어적 의사소통의 절차에 의해 정당화되며 동시에 구속력을 지닌다. 요컨대 법 규범은 의사소통에 기초한 자유로운 담론적 절차를 거쳐 그 정당성을 인준 받은 규범으로서 사회적 통합을 가능케 하는 매체이다. 이로부터 우리는 사회적 통합을 이루어 내는 공동의 가치관이 부재한 상황에서 그 역할을 대신 떠맡게 된 것이 바로 형식적이며 보편적인 담론적 절차임을 알 수 있다.

(2) 이러한 사실과 관련하여 이 지점에서 특히 강조될 필요가 있는 것은, 오늘날의 복잡하기 이를 데 없는 사회 체계가 안정적으로 유지 · 발전해

---

7. Habermas, *Faktizität und Geltung* (1996), 58쪽.

나가기 위해서는 그 자체로 발전적 잠재력인 다양성과 다원성이 제대로 구현되어야 하는데, 그러기 위해서는 그것이 합리적으로 조정되어야 한 다는 점이다. 더욱이 특정 현안을 놓고 다양한 이해관계에 기초한 상반 된 입장이 첨예하게 대립하는 경우, 그 파국을 방지하기 위해서라도 상 이한 입장의 합리적 조정과 중재가 요구된다.[8] 사회적 통합은 바로 이러 한 맥락에서 등장하며, 그것은 개인의 자아 정체성이 형성 확립되어 나 가는 삶의 공통적 기반으로서 사회의 존속과 안정적인 발전적 전개를 위 해 필수 불가결한 것이다.

이 같은 사실을 염두에 둘 때, 현재 빠르게 다원화되어 가고 있는 한 국 현실에서 특정 사안이나 이슈를 놓고 서로 상반된 다양한 견해들이 서로 대립 · 공존하고 있는 현상을 어떻게 볼 것이냐가 '주된 관심사' 가 된다. 다시 말해 이를 '합리적으로 조정되어야 할 사회적 갈등의 양태로 볼 것인가, 아니면 다양성과 차이성이 존중되는 다원적주의적 양상으로 보아야 할 것인가' 라는 해석상의 문제가 등장한다. 물론 이 경우에 관건 은 '사회적 통합을 위협할 정도의 대립적 양태를, 다양성과 차이성이 강 하게 표출되는 다문화적 민주적 양상으로 해석해야 하는 것인가' 이다.[9] 이와 관련하여 필자의 생각은, 중대한 사회적 대립이나 갈등의 사태로 비약하지 않는 한에서 다양성과 차이성은 최우선적으로 고려되고 존중 되어야 하지만, 신념 간의 차이가 실제적인 이해관계의 충돌로 이어질 경우에 그것은 다원화된 사회 현상으로 방치해 둘 수는 없다고 본다. 말 할 것도 없이 이러한 경우에 합리적인 조정과 조율이 이루어져야민 하

---

8. 가령 최근 한국 사회의 최대 이슈로 떠오르고 있는 '새만금 간척 사업' 의 문제만 해도, 그 것을 둘러싸고 첨예한 두 입장이 대립하고 있다. 이를 '차이의 존중' 이라는 명분 아래 그 자체로 바람직한 다원주의적 양상으로 방치해 버린다면, 이는 곧바로 심각한 사회적 갈등 과 분열로 이어질 수 있으며, 궁극적으로 사회적 통합의 와해로 이어질 수 있다.

9. 이 같은 맥락에서 사회적 통합의 문제를 '통일성 Einheit' 과 '차이성 Differenz' 의 개념에 의거하여 해명하고 있는 논의로는 B. Peters, *Die Integration moderner Gesellschaften* (1993), 20-8쪽 참조.

며, 동시에 서로 상충하는 입장들 가운데 하나가 — 한시적일 망정 — 옳은 것으로 입증되어야 한다. 당연히 우리는 이러한 경우를 대비한 그 어떤 '선험적이며 초월적인 보편적 잣대'를 갖고 있지 않다. 그렇지만 그러한 '보편적 기준'이 당위적으로 요청된다는 사실은 분명히 확인할 수 있다. 나아가 그러한 보편적 기준에 의해 첨예한 대립과 충돌이 조정되고 파국적 사태가 방지된다고 해서, 이것이 차이성과 다양성을 해치는 것은 결코 아니다. 다시 말해 한편으로 — 개인적 혹은 집단적 차원의 — 다양한 관점이나 입장 그 자체의 고유한 가치를 존중하면서, 다른 한편으로 그러한 관점이나 신념이 상호 대립하고 충돌할 때 그것을 합리적으로 조정 통합시켜 준다는 사실에서 우리는 원칙상 그 어느 것도 배제되고 있지 않다는 사실을 확실히 인식할 수 있다.

3) 차이성의 존립을 위한 '최소 출발 조건'으로서 절차적 보편성

앞에서 살펴본 것처럼 사회 공동체가 제대로 굴러가기 위해서는 다양성과 다원성, 차이성의 존중이 최대한 보장되면서도 그것이 심각한 갈등적 대립적 사태로 전화되어 사회 통합을 저해하는 단계에 이르지 않도록 사회적 갈등의 합리적 해소와 조정이 필요하다. 그럴 경우에만 비로소 다양한 개인적·집단적 차이성과 다름, 고유한 가치가 보장되고 존중될 수 있다. 문제는 그러한 합리적 조정 기제로서 보편적 척도를 어디에서 확보할 것인가이다. 알다시피 오늘의 '탈형이상학적 시대 흐름'은 그 어떤 선험적이며 초월적인 성격을 지닌 보편적 기준도 허용치 않고 있다. 아울러 구체적인 내용을 담고 있는 특정 가치관을 공동의 가치 기준으로 수용하여 보편적 척도로 삼기에는 오늘의 시대 상황이 철저하게 다원화되고 파편화되어 있다. 이제껏 사회 성원들을 공통적으로 묶어 주던 문화적 전통의 끈 — 가령 유교적 가치관 — 이 무너져 내리면서 더 이상 '통합적 가치관'은 잔존하기 어렵게 되었다. 이러한 상황에서 '맥락 초월적'으로 다양한 신념과 입장들의 차이를 무차별적으로 인정해 줄 경우, 궁극적으로 이러한 차이에 따른 대립 상황을 해결하기 위한 장치로서 '힘의 논리'가 동원되어 결국 목소리 큰 입장이 정당한 것으로 간주되는 그야말로 '만인 대 만인의 투쟁 상태'가 전개될 것이다.

이러한 상황을 고려할 때, 결국 보편적 척도는 특정한 규범적 내용이 배제된 '형식적인 형태'일 수밖에 없으며, 보다 구체적으로 그것은 자유롭고 민주적인 열린 담론의 과정을 통해 규범적 정당성이 판별되고 옳고 그름이 판정되는, 그럼으로써 자유로운 동의와 합의에 기초하여 문제가 되는 사안이 결정되는 합리적인 담론적 절차 과정에서 확보될 수밖에 없다. 나아가 이러한 절차적 정당성으로서의 보편성이 확립된 상태에서만 비로소 다원성과 차이성의 존립 및 존중 또한 확보될 수 있을 것이다. 이렇게 볼 때, 다원주의는 그 선결 조건으로서 보편주의적 원칙을 요청하지 않을 수 없으며, 그러한 보편성의 토대 위에서 사회의 안정적 유지와 발전에 기여하는 진보적 요인으로 작용할 수 있는 것이다.

3. 한국적 현실에서 '강한 다원주의'의 한계

1) 테일러류의 강한 (문화) 다원주의

잠재적 능력을 발휘할 기회가 모든 개인에게 평등하게 주어져 있음을 인정하고 이를 보장해 주어야 한다는 '동등한 존엄성(보편적 존엄성)'의 원칙에 머물지 않고, '현실적으로' 발휘된 능력의 상태들의 우열을 따지지 말고 그것들 자체의 내재적 가치를 그대로 존중해 주어야 한다는 '차이의 존중'에 기반한 문화 다원주의를 강력하게 주창하는 대표적 철학자가 테일러Ch. Taylor이다. 국내에서는 문성원이 이러한 테일러의 입장을 적극적으로 옹호하고 있다.

이러한 입장은 언뜻 보기에도 오늘의 다원화된 시대 흐름과 여건에 비추어 그 어떤 관점보다 규범적이며 진보적인 것처럼 비친다. 물론 이러한 입장은 상대주의적 경향을 강하게 띠고 있지만 그렇다고 곧바로 '문화 상대주의'나 '가치 상대주의'와 동일시될 수는 없다. 왜냐하면 테일러류의 다원주의는 적어도 '약한 보편적 규범을 담보로 한' 문화적 다원주의를 역설하고 있다고 보이기 때문이다. 또한 테일러 자신도 윤리적 판단을 힘의 논리를 통해 해명하고자 하는 이른바 '설익은 신-니체주의론'을 거부하면서 윤리적 주관주의 및 상대주의를 경계하고 있다.[10] 그러므로 논의의 초점은 '상대주의냐 보편주의냐'에 맞추어져서는 곤란하며, 오히려 '동등한 존엄성으로서의 보편성에 기초한 보편주의나 차이의 존중에 기초한 상대주의적 성격을 강하게 드러내는 보편주의'를 겨냥해야만 한다. 다시 말해 '동등한 존엄성으로서의 보편성에 기초한 절차적 보편주의가 차이의 존중으로서의 보편성에 기초한 강한 다원주의적 보편주의로 대체되어야 하는가,' 아니면 '보편적 존엄성에 토대를 둔, 그러면서 차이성을 보다 더 존중하고자 하는 보편주의를 견지해야 하는가' 라는 선택의 문제로 보아야 할 것이다. 필자가 보기에는 테일러 — 그리고 그의 비판적 지지자인 문성원 — 는 '보완'보다는 '대체'에 무게를 두고 있는 것 같다. 그렇다면 이러한 이론적 지향성을 지닌 테일러류의 문화 다원주의는 어떤 한계와 문제점을 지니고 있는가?

(1) 모든 개인의 고유한 정체성과 특수성을 인정해 줄 뿐 아니라 그러한 개인들이 속해 있는 다양한 문화들의 차이와 고유성을 인정하여 그것들에 동등한 가치를 부여하고 동등하게 존중해 주어야 한다는 테일러의 관점[11]에 토대를 둔 '강한' 다원주의적 논변은, 무엇보다 타자의 입장이나

---

10. Ch. Taylor, "The Politics of Recognition"(1994), 70쪽.

존재를 인정하지 않는 근본주의 혹은 '유사' 근본주의적 입장을 허용할
가능성이 크다.

　　알다시피 테일러 자신은 비록 자유주의를 지지하고 있지만 그럼에
도 불구하고 그는 자유주의를 배제하려는 이른바 '자유주의의 타자' 마
저도 인정하고 허용할 것을 주장하고 있으며, 이 점을 문성원은 테일러
철학의 핵심 요인이자 강점으로 적극 평가하고 있다.[12] 말할 것도 없이
그동안 배제되고 소외당해 온 타자들에 대해 보다 적극적인 배려와 인정
을 요구하는 것은 오늘의 시점에서 볼 때 '근본적으로' 규범적이고 윤리
적인 태도이며, 실천적 측면에서 보더라도 '절차적 보편주의'에 비해 훨
씬 더 개방적이며 진보적이다. 따라서 이는 보다 적극적으로 권장되고
강조될 필요가 있다. 하지만 이 대목에서 보다 세심한 구분과 분석이 요
구되는데, 그것은 '나를 인정하지 않는 상대방을 존중해 주어야 하는가'
하는 문제 때문이다. 원칙적으로 자유주의의 타자를 인정하고 포용한다
는 것은 확실히 자유주의의 발전적 지양을 위해서 의미 있는 태도라고
생각된다. 그럼에도 상대방의 입장이 진리일 수 있다는 추정 아래 상대
방의 견해와 주장을 존중하는 태도를 보이지 않고 상대방을 타도와 제거
의 대상으로 보는 '근본주의적 입장'까지 수용하고 인정해 주어야 하는
가는 여전히 의문이 아닐 수 없다. 이 같은 문제점은 가령 '안티조선 운
동'의 정당성 확보와도 관련되어 있는데, 의도치 않게 이러한 운동의 정
당성을 훼손시킬 소지가 있다고 보인다. 왜냐하면 이러한 운동이 시작된
원인들 가운데 하나로서, 조선일보라는 권력 매체가 자신의 입장만을 일
방적으로 상요할 뿐 타자의 입장을 제대로 존중해 주고 있지 않다는 점이
제기되고 있기 때문이다. 사정이 이렇다면 테일러류의 주장은, 비록 도덕
성과 관용의 차원에서는 상당히 평가해 줄 수 있지만, 그것은 혹 마땅히

---

11. Ch. Taylor, "The Politics of Recognition"(1994), 41-2쪽 참조.
12. 문성원, 「현대성과 보편성(2)」(1998), 196쪽 참조.

배제되어야 할 대상마저 용인해 주는 우를 범할 수 있으며, 나아가 그 누구도 인식론적 · 규범적 우위성을 지니지 못한다는 논리적 구도로 인해 궤변론적 주장마저 정당화시켜 주는 상대주의적 오류를 범할 수 있다.

(2) 첫 번째 지적과 관련하여 제기될 수 있는 또 다른 문제점은, 테일러류의 다원주의는 상대주의적 입장으로 귀착될 가능성이 크다는 점이다. 알다시피 '보편적 존엄성의 정치'로부터 '차이의 정치'로의 전환을 꾀하고 있는 테일러식의 철학적 시도는[13] 모든 개인이 다른 개인과 구별되는 고유한 정체성을 가지고 있다는 점을 상호 인정해야 한다는 '강한 보편적 요구'를 담고 있다는 점에서, 이 역시 새로운 보편성을 추구하는 것이라 할 수 있다. 즉, '차이의 존중으로서의 보편성'을 새롭게 확립하고자 하는 것이다. 하지만 이러한 시도는 테일러 자신의 본래 의도와 달리 '상대주의적' 입장으로 귀착될 가능성이 크다.

차이의 정치 기획은 그 어떤 종류의 차별이나 차등도 거부하며 보편적으로 공유하고 있지 않은 '어떤 것'을 승인하고 그것에 대해 동등한 지위를 부여해 줄 것을 강하게 주장하고 있는데, 이는 결국 모든 특수성과 차이성을 인정하라는 요구, 다시 말해 '차이의 존중으로서의 보편성' 요구인 셈이다. 이처럼 테일러는 기존의 절차적 공정성으로서의 보편성 또는 동등한 존엄성으로서의 보편성 대신에 '다양성과 차이성의 인정이 토대가 되는 새로운 보편성'을 정립하고자 한다는 점에서, '상대주의에 강하게 편향된 다원주의 옹호자'[14]로 읽힌다. 하지만 이처럼 다원성이 주主가 되고 보편성이 종從이 되는 방향에서 보편성을 확립하려는 시도는, 본래 목표로 삼았던 새로운 보편성의 수립 대신에 '상대주의적 상황의 연출'을 결과하기 쉽다. 설령 상대주의 그 자체는 아니라 해도 '유사類似 상대주의'의 입장으로 고착화함으로써,[15] 상충하는 가치와 진리에 대한

---

13. Ch. Taylor, "The Politics of Recognition"(1994), 38쪽.
14. 문성원, 「현대성과 보편성(2)」(1998), 179쪽.

주장을 판가름할 잣대를 문화적 전통이나 관습에서 찾을 수밖에 없게 된다. 그에 따라 개인과 개인의 관계뿐 아니라 집단과 집단, 민족과 민족, 문화와 문화의 관계마저도 진리나 이성이 매개되지 않은 적나라한 '의지와 힘의 관계'로 전락하게 된다.

물론 테일러 자신은 그 같은 '힘의 관계'를 거부하고 있다. 하지만 서구의 자유주의를 포함하여 그 어떠한 문화도 '문화적 우위성'을 앞세워 자신의 문화를 다른 문화에 강요할 수 없다는 그의 주장은 강한 문화적 다원주의의 수준을 넘어 상대주의가 봉착하는 난점과 한계를 그대로 답습할 여지가 농후하다. 일례로 이 같은 테일러류의 다원주의는 '문화적 제국주의'에 대항하는 논리 체계로서는 상당한 역할을 수행할 수 있겠지만 동시에 '문화적 식민화'를 정당화할 수 있는 빌미를 '적극적으로' 제공하고 있다는 점에서 상대주의적 자기모순을 여지없이 드러내고 있다. 상이한 문화 간에 우열을 가릴 수 없으며 모든 문화에 동등한 가치를 부여해야 한다는 테일러의 추정은 결과적으로 현실에서 강력한 힘과 영향력을 갖춘 문화가 그렇지 못한 문화를 '흡수하거나 지배하는 사태'를 적극적으로 막을 수 있는 논리를 제시하지 못한 채 용인해 버리는 잘못을 범할 수 있기 때문이다. 이처럼 '강한' 문화 다원주의 입장 역시 아주 쉽게 가장 위협적인 '문화 제국주의'로 변신할 수 있다.[16] 인종이나 민족, 소수나 하위 집단을 가리지 않고 모든 입장과 문화를 존중하자는 주장은 궁극적으로 '주관주의적 상대주의'로 귀착할 수밖에 없으며, 그에 따라 그 고유한 가치를 인정받은 '특정 문화 내부'에서 벌어지는 차별적이며 비합리적인 요소들 모두 또한 승인해 버리는 결과로 이어지기 때문

---

15. 이와 관련하여 길희성은 "적어도 이론상, 다원주의를 주장하면서 상대주의를 피하는 방법은 없을 것"이라고 주장한다. 길희성, 「종교 다원주의: 역사적 배경, 이론, 실천」(2003), 214쪽 참조. 하지만 필자가 보기에 다원주의와 상대주의는 구분할 수 있으며 필연적으로 상대주의로 귀결된다고 할 수 없다. 다만 '강한' 다원주의는 그렇게 될 개연성이 크다고 본다.

16. 김여수, 「상대주의 논의의 문화적 위상」(1991), 80쪽.

이다.[17]

　이로써 테일러류의 문화 다원주의적 시각은 특정한 공동체나 민족 집단 내에서 자행되는 반민주적 인권 유린 사태를 차이의 존중이나 동등한 가치를 지닌 문화에 대한 예우라는 이유를 들어 단지 '침묵'으로 일관할 수밖에 없게 만든다. 이 점과 관련하여 테일러의 입장을 적극적으로 옹호하고 있는 문성원에 따르면, 특정 문화는 모든 인간에게 무언가 '중요한 어떤 것'을 지니고 있으며 따라서 그것은 다른 문화와 동등한 가치를 지닌다고 추정하는 테일러의 관점은, 문화가 지닌 가치란 그 문화 속에서 살아가고 있는 성원들의 삶을 지탱시켜 주기 때문이 아니라 문화 그 자체에 '중요하고 고유한 가치'가 내재해 있기 때문이라고 보는 입장이다.[18] 말할 것도 없이 이러한 시각 속에는 도덕적 신념이나 윤리적 가치 체계의 경우도 상호 우열 여부를 가릴 수 없다는 관점이 깔려 있다.

　이러한 테일러의 논의 전개 과정을 따라가면, 현실적으로 각이各異한 문화나 공동체는 저마다 서로 다른 도덕적 신념 체계나 가치 체계를 지니고 있고, 그것은 모두 중요한 무언가를 지니고 있으므로 동등한 가치를 부여해야 한다는 추정으로 이어지며, 이는 결국 서로 다른 공동체나 문화에 놓여 있는 모든 윤리적 관점을 승인하고 자기 문화와 공동체를 지배하고 있는 가치관에 의거하여 '자기중심적 관점'에서 다른 공동체나 문화를 평가해서는 곤란하다는 입론으로 귀착된다. 하지만 여기에는 '사실[is]과 규범적 당위[ought] 간의 구별'을 혼동하는 결정적인 오류가 자리하고 있다. 다시 말해 고유한 중요성과 가치를 지닌 다양한 신념 체계가 존재한다는 사실로부터 다른 문화권의 도덕적 현상에 개입해서는 안 된다는 규범적 다원주의가 자동으로 도출되는 것이 아님에도 불구하

---

17. 가령 미국이 이라크 침공 과정에서 외견상 명분으로 내세웠던 '사담 후세인 독재 체제로부터의 이라크 민중의 해방'이라는 표어는 사실상 가소로운 거짓이지만, 그럼에도 테일러식의 문화 다원주의는 후세인 일가의 신정적 독재 체제를 용인해 버리는 결정적 한계의 소지가 있다.

18. 문성원, 「현대성과 보편성(2)」(1998), 184쪽.

고[19] 이를 혼동하는 결정적인 잘못을 범하고 있는 것이다.

(3) 차이의 존중 기획은 결국 상대주의 입론으로 귀결되는 것은 아니냐는 의구심에 대해, 아마도 테일러 자신은 특정 공동체 성원들이 '바람직한 삶에 대한 공동의 가치관'을 공유한 상태를 전제로 하여 다양한 입장과 문화, 현상을 허용하는 것이라고 강변할 것이다.[20] 하지만 세대를 거쳐 전승된 전통적인 가치관이나 세계관, 인생관이 급속히 붕괴되어 나가고 있는 오늘의 현실에서 특정 사회 공동체 성원들이 받아들일 수 있는 공동선이 과연 어떻게 확보될 수 있는가는 여전히 의문으로 남는다. 나아가 특정 공동체 성원들이 보편적인 공동의 가치 체계를 공유하고 있다고 해도, 다른 외부 공동체까지 포괄하는 행복한 삶이나 바람직한 삶에 관한 공동선이 어떻게 확보될 수 있는가에 대해서 그다지 명쾌한 답변을 제시하고 있지 못하다.

테일러는, 아마도 필자가 보건대 과거로부터 전승되어 내려온 전통에서 공동선의 흔적을 찾고자 하는 것 같다. 하지만 그것은 '인습주의'를 용인하는 것으로서, 보수적·반동적 입장으로 기울 가능성이 크다. 게다가 날로 복잡성이 증대하는 오늘의 사회 체계의 속성상,[21] 전통과 관습이 더 이상 유지되기 어려운 상황에서 그 같은 테일러의 입장은 더더욱 견지되기 어려워 보인다. 물론 오늘의 사회에는 전통적인 공동의 가치관이 부분적으로 잔존해 있는 가운데 새로운 외래의 가치관이 도입되는가 하면, 오랜 기간 존속해 온 기존의 공동의 가치관을 새롭게 수립하려는 시

---

19. 이 점에 관해서는 임종식, 『개고기를 먹든 말든?』(2002), 85-105쪽 참조.
20. 이와 관련하여 테일러는 다음과 같이 주장하고 있다. "차이에 대한 — 즉 상이한 정체성들의 동등한 가치에 대한 — 상호 인정을 이끌어내자면 이런 [차별적인] 원칙에 대한 신념보다 더 큰 [공통적인] 것을 가져야만 한다. 해당되는 [다양한] 정체성 모두를 동등하게 자리매김해줄 수 있는 공통 기준을 공유하고 있어야만 한다." 찰스 테일러, 『불안한 현대 사회』(2001), 72쪽.
21. 이에 관해서는 N. Luhmann, *Soziale System. Grundirß einer allgemeinen Theorie* (1994), 45-51쪽 참조.

도 또한 존재하고 있다. 하지만 '탈전통적 사회 발전' 단계에서 특정한 인생관과 이해관계를 모든 공동체 구성원들이 공유하고 있는 그러한 사회 공동체가 '실제로' 존재하고 있는지, 나아가 다양한 양태의 사회 공동체 모두가 기꺼이 수용할 만한 그러한 공동의 가치관이나 공동선이 존재하는지에 관해서는 상당한 의구심을 갖지 않을 수 없다.

　설령 테일러가 수립하고자 하는 새로운 유형의 보편적 가치관이 실제로 확보된다고 해도, 그것은 외부로부터 공동의 가치관을 '강제적으로 강요하는 방식'을 통하지 않고서는 불가능하다고 보인다. 또한 이러한 방식은 '실질적 원리'에 입각하여 공통적인 하나의 가치관을 확립하려는 시도로서, 이는 합리적 존재로서의 사회 구성원 각자가 추구하는 서로 다른 다양한 삶의 계획을 동일한 것으로 획일화하는 과정을 밟지 않을 수 없다. 그 결과 그러한 방식을 통해 확립된 공동의 가치관과 '다른' 가치관이나 인생관에 의거하여 삶의 계획을 수립·추진하고 자신의 판단에 따라 고유한 삶을 살아가고자 하는 사회 구성원 개인의 욕구는 무시되거나 제약을 받게 된다.[22] 이 같은 결과는 본래 테일러가 차이의 존중을 내세우게 되는 근본적인 계기인 '진정성authenticity' 혹은 '자기 충실성'의 이상理想을 침해하는 자기모순적 사태라 하지 않을 수 없다.

　테일러에 따르면, 진정성(자기 충실성)이라는 도덕적 이상은 ― 각자 갖고 있는 좋은 삶에 대한 관이나 신념을 추구할 권리를 소유한, 보편적 존엄성을 지닌 존재라는 측면과 연결된 칸트식의 자율성 이념과 달리 ― 자신만의 고유한 가치와 정체성을 지닌 모든 존재들은 그러한 자신의 본성에 부합하는 삶의 방식을 추구해야 한다는 루소식의 관념과 관련된 것이다. 이는 '나 자신에게 진실하다'는 혹은 '나 자신의 본연의 속성에 진실하다'는 도덕적 이상이며 인간적일 수 있는 특정한 방법을 가리킨다. 그러므로 나는 결코 다른 사람의 것을 모방하는 것이 아니라 나 자신

---

22. 허란주, 「절차적 원리의 실질적 원리에 대한 우월성」(1994), 381쪽.

의 방식으로 내 인생을 살아가도록 소명 받은 존재이다. 이처럼 테일러
는 '나 자신의 고유한 존재 방식의 발견' 내지 '나의 정체성 발견'에 중
요성을 부여하는 이 같은 진정성[23]의 이념을 확고하게 보장하려는 의도
에서 보편적 존엄성을 대신한 차이의 존중을 내걸었던 것이다.

 그런데 이러한 이념을 실질적으로 구현해 나가기 위해서는 그 선결
작업으로서 바람직한 삶에 대한 가치관이 공유되는 사회가 설정되어 있
어야 하는데, 이러한 종류의 사회 형성은 구체적인 선과 행복에 관한 내
용을 지닌 실질적 원리에 의거할 수밖에 없다. 하지만 이러한 실질적 원
리에는 '자체적 목적'으로서의 합리적인 개별 행위자들에 대한 존중이
제대로 반영되어 있지 않다. 그에 따라 모든 개별 성원들이 추구해야 할
특정한 가치관이나 윤리적 목적을 획일적이며 일방적인 방식으로 규정
하는 것 외에는 다른 방도가 없다는 점에서, 형성된 가치 체계에 부합하
지 않는 욕구나 목표를 지닌 개인들은 외부로부터 강제적으로 그러한 욕
구를 포기하도록 강요받을 가능성이 매우 크다. 그러나 테일러에 따르면,
자체적 목적으로서의 개인을 존중하기 위해서는 무엇보다 개별 행위자
모두가 개인적으로 고유한 삶의 경험을 지니고 있고 그에 따라 각자 특
정한 삶의 계획을 지니고 있다는 점은 인정해 주어야만 한다. 이 지점에
서 우리는 모순적인 상황을 접하게 된다. 요컨대 테일러는 '나 자신의 방
식대로 내 삶을 살아가야 한다'는 진정성의 이념을 확보하기 위해 차이
의 정치를 내세우고 있지만 공동의 가치관이 확보된 사회를 전제하는 과
정에서 실질적 원리에 의지하게 됨으로써 '우리가 자기 자신을 다른 무
엇과도 바꿀 수 없는 가치를 지녔다고 느낀다는 점에서 우리는 자신을
자체적 목적으로 보고 있다'[24]는 자신의 주장을 견지하기 어렵게 된다.
다시 말해 자신의 의도와 달리 자체적 목적으로서의 개인의 고유한 가치

---

23. Ch. Taylor, "The Politics of Recognition"(1994), 29-34쪽 참조.
24. 허란주, 같은 글, pp. 358-9 참조. 아울러 이처럼 목적을 원망적 목적과 자체적 목적으로 구
 분하는 시도에 관해서는 A. Gewirth, "Can Any Final Ends be Rational?"(1991), 68쪽 참조.

에 치명적인 손상을 입히는 결과를 낳게 된다는 점에서 자기모순과 논리적 부정합성을 드러내 보이고 있다.

(4) 또 다른 한계는, 테일러가 말하는 공동선이나 공동의 가치관이 공동체 성원들 각자가 추구하는 선(좋음), 바람직한 가치관, 개인적 정체성의 조건이자 그 일부를 이루는 것으로서, 공동체 성원들이 타자들과 함께 공유하고 있는 공동의 의미,[25] 관심, 습관, 기술과 실천, 요컨대 쟁점이나 의미에 관한 공동의 이해를 가리키는 것이라면,[26] 이는 그렇게 새로운 내용이 아니라는 사실이다. 이것은 차이의 정치 기획에서 가장 중심적인 비판의 타깃이 되고 있는 철학자 가운데 한 사람인 하버마스가 그 자신의 '생활세계론'에서 제시하고 있는 '생활세계적 배경 지식'에 다름 아니기 때문이다. 이런 점에서 테일러의 차이의 정치에서 — 아울러 그러한 기획의 적극적 옹호자인 문성원의 관점에서 — 제기되고 있는 '개인주의자 혹은 차이의 무시자'로서의 하버마스에 대한 비판적 평가는 그리 공정하지 못한 편파적인 것이라 할 수밖에 없다.[27]

---

25. 이와 관련하여 테일러는 "자기 선택과 마찬가지로 서로의 차이를 인정한다는 것은 일정한 의미의 지평, 이 경우에 있어서는 모두가 공유하는 의미의 지평이 요구되는 것"이라고 밝히고 있다. 찰스 테일러, 『불안한 현대 사회』(2001), 72쪽.

26. 홍영두, 「공동선의 연대 정치와 민주주의의 배제의 동학」(2003), 380쪽 참조.

27. 문성원에 의하면, 절차적 자유주의는 보편적인 개인들을 출발점으로 놓고 이로부터 공정한 절차를 통해 중립적인 사회 형태, 따라서 정의로운 사회 형태를 구성해 낼 수 있다고 본다. 문성원, 「현대성과 보편성(2)」(1998), 175쪽 참조. 하지만 이러한 지적은 롤즈J. Rawls에게는 해당될 수 있을지 모르나, 하버마스에게는 적용되기 어렵다. 비록 하버마스가 담론적 절차를 제시하고 있지만, 이를 통해 그를 개인주의적 자유주의자로 보는 것은 일면적인 것이다. 적어도 그의 '사회 진화론'에 관한 논의를 보면, 발전과 진보의 대상으로서 개인과 개인이 속해 있는 사회 구조의 두 측면을 균형적으로 고려하고 있음을 알 수 있다. 또한 문성원이 수용하고 있는 테일러 본인도 자유주의/공동체주의 논쟁에 관한 글에서 롤즈는 개인주의적 자유주의자로 보고 있지만 하버마스에 대해서는 그러한 언급을 자제하고 있다. Taylor, "Aneinander vorbei: Die Debatte zwischen Liberalismus und Kommunitarismus"(1993), 103-30쪽 참조.

(5) 지금까지 살펴본 것처럼 "바꿀 수 없거나 바꾸기 어려운 차이를 받아들이는 선상에서 차별을 막는 일, 곧 차이의 인정 위에서도 가능한 보편화를 시도"[28]하려는 테일러의 정치 철학적 기획은, 그것이 이론적 차원에서 갖는 보다 철저한 윤리적 규범주의와 보다 투철한 관용의 정신에도 불구하고 실천적으로 확립될 수 있는가는 회의적인 것으로 보인다. 그러한 시도는 애초의 목표와는 달리 문화적 · 규범적 상대주의적 상황을 연출할 가능성이 커 보이기 때문이다.

이러한 예측이 맞다면 테일러류의 다원주의가 한국적 현실에 수용될 경우, 현시점에서 이는 '득' 보다는 '실' 이 더 클 것으로 보인다. 무엇보다 '상대주의적 지향성' 을 강하게 보여 주는 차이의 존중 기획은, 이제껏 한국 사회에서 배제되어 온 대상들을 배려하고 존중해 주는 차원에서 긍정적으로 기여할 것으로 보임에도 불구하고 전체적으로는 한국 사회의 윤리적 현실을 더욱 부채질할 가능성이 높다. 앞에서도 언급했던 것처럼 사회 성원 모두가 자발적으로 동의하고 수용할 수 있는 보편적인 윤리적 기준이 부재한 가운데 편의적으로 옳고 그름이 가려지는 상황에서, 개인적 · 집단적 차이를 존중할 것을 강하게 요구하는 테일러류의 입장은 서로 상충하고 대립하는 다양한 입장과 신념, 가치 체계 모두를 동등한 가치를 지니는 것으로 해석하도록 요구함으로써, 현재의 윤리적 위기 상황을 한층 더 어렵게 만들 것이다. 그리하여 예컨대 정당성이 결여된 정치권력을 지속적으로 유지하기 위해 내걸었던 소위 '한국적 민주주의의 토착화' 에 대한 도덕적 비판은 더 이상 가능하지 않게 될 것이며, 고유한 성격의 민주화란 미명하에 '긴급 조치로 야기된 비인간적 인권 유린 사태' 에는 차이의 존중에 따라 침묵으로 일관해야 될 것이다. 요컨대 동시대인들이 공유하는 보편적 가치 체계가 부재한 한국적 현실에서, 차이의 존중을 주창하는 차이의 정치는 자칫 정당성이 결여된 반민주 ·

---

28. 문성원, 「현대성과 보편성(2)」(1998), 192쪽.

반민족 세력에 의해 자의적으로 악용될 소지가 크다. 모든 입장과 관점은 각자의 특성에 따라 고유한 가치를 지니는 것으로 인정되기 때문이다. 이는 그렇지 않아도 '사회 정의 구현'이나 '역사 바로 세우기' 차원에서 열악한 처지에 놓인 한국 사회의 현실을 더욱더 부정의하고 불공정하고 혼란스러운 것으로 만들어 버릴 것이다. 이러한 우리의 현실을 감안할 때 '일차적으로' 요구되는 것은 규범적 정당성과 부당성을 명쾌히 가릴 수 있는 보편적 잣대이지, 규범적 정당성의 척도를 제시해 주지 못하는 테일러류의 다원주의는 아닌 것이다.

2) 배려 윤리적 관점의 강한 (윤리적) 다원주의

강한 다원주의를 표방하는 또 다른 주요 입장으로는 길리건C. Gilligan과 나딩스N. Noddings로 대표되는 '배려 윤리'[29]와 넓은 의미의 '여성 윤리'[30] 그리고 이러한 윤리적 관점에 기대어 제기되는 허라금의 '다원주의적 덕 윤리' 등을 들 수 있다. 이러한 배려 윤리적 관점에 기초한 강한 윤리적 다원주의에 따르면, 그간 인간의 삶과 행위를 규제해 온 윤리 원칙으로서 '정의의 원칙'과 그것의 변용된 계승 형태로서 절차적 합의에 토대를 둔 '담론적 보편 윤리'는, 다양한 윤리적 관점과 원칙 가운데 정의의 원칙만을 유일한 도덕 원칙인 양 간주하면서 그러한 원칙에 배치되는 것은 제외하거나 추방해 왔다. 다시 말해 '정의의 목소리'와 그것에 합치되는 윤리적 목소리만을 허용할 뿐 그 외의 다른 도덕적 목소리는 인정치 않고 배제해 왔으며,[31] 그에 따라 예외 없이 필연적인 배제와 차별, 차이

---

29. 배려 윤리에 관한 개괄적 내용으로는 N. Noddings, *The Challenge to Care in Schools* (1992), 21-7쪽; 박병춘, 『배려윤리와 도덕교육』(2002), 13-34쪽 참조.
30. 여기서 사용되는 '여성 윤리'는 '여성적 윤리feminine ethics'와 이에 대비되는 '여성주의 윤리feminist ethics'를 포괄하는 개념이다. 이러한 구분에 관해서는 박병춘, 『배려윤리와 도덕교육』(2002), 27-30쪽 참조.
31. C. Gilligan, *In a Different Voice* (1982), 25-39쪽 참조.

에 대한 무시가 존재해 왔다는 것이다. 또한 이러한 형식적 · 절차적 윤리는 실질적인 도덕적 갈등의 문제를 제대로 취급하지 못한 채 방치하거나 "구체적인 삶의 문제들을 윤리학 밖으로 내쳐버리게 됨으로써 행위 지도적 기능을 제한"[32]해 버리는 우를 범해 왔다는 지적이다.

이러한 비판적 맥락에서 배려 윤리적 관점의 강한 다원주의는, 윤리적 쟁점들 속에서 불거져 나오는 갈등적 · 충돌적 사태에 관해 이들 불일치를 해결하거나 제거해야 할 갈등으로 볼 것이 아니라 차이의 문제로 보는 방식을 대안으로 제시하고 있다.[33] 이에 대한 논거로서, 도덕성은 정의의 관점뿐 아니라 배려의 관점에서 또한 정의될 수 있으며, 그런 한에서 어느 한 관점에서 다른 관점이 잘못되었다고 주장할 수 없고 동시에 그러한 관점을 배제해서는 안 되며 다양한 관점의 차이는 상호 존중되어야 한다는 입론을 내놓고 있다. 나아가 길리건의 경우에는 이제까지 배제되어 온 다른 윤리적 목소리나 관점을 전면적으로 인정하고 수용하여 상호 공존하는 차원을 넘어 다름에 대한 배려의 윤리를 기존의 정의의 윤리로 대체할 것을 주창하고 있다.[34] 하지만 배려 윤리적 관점에 기초한 강한 다원주의적 입장이 제기하고 있는 비판적 지적과 그에 따른 대안적 방안을 수용하기에는 그 속에 적잖은 문제점과 한계가 내포되어 있다.

(1) 무엇보다 문제가 되는 것은, 정의 윤리의 한 형태로서 절차적 정당성에 기초하고 있는 보편적 담론 윤리가 배려 윤리적 관점의 다원주의에서 지적되고 있는 것처럼 '심각한 도덕적 쟁점들을 방치하고 있는가' 하는

---

32. 허라금, 「다원주의 윤리와 윤리 다원주의의 경계에서」(2003), 47쪽.
33. N. Noddings, *The Challenge to Care in Schools* (1992), 21쪽; 허라금, 「다원주의 윤리와 윤리 다원주의의 경계에서」(2003), 60쪽.
34. 길리건의 경우도 후기에 들어서면서 '배려 윤리'가 '정의 윤리'에 비해 우월하다는 점을 입증해 보이면서 전자를 후자로 '대체' 하는 방향으로 기울고 있다. 이 점은 C. Gilligan/ G. Wiggins, "The Origin of Morality in Early Childhood Relation-ships"(1988), 279쪽 참조.

점이다. 물론 배제되고 소외된 주변인들에 대한 적극적인 관심과 돌봄을 강조하는 배려 윤리적 입장의 지적은 '부분적으로' 정당하다. 확실히 절차적 윤리는 '좋은 삶의 문제'와 '도덕적 정당성의 문제'를 구분하여 후자에 주력하고 있다. 하지만 그렇다고 이것이 곧바로 실질적인 도덕적 갈등의 문제를 방치하고 있는 것은 아니다. 실제로 임신 중절이나 성 매매와 같은 문제가 배제되거나 방치되는 것은 아니며, 충분히 윤리적 정당성의 문제로서 다루어지고 있다. 비록 임신 중절의 경우에는 '생명권'과 '여성의 행복권'이 팽팽하게 맞서 있는 문제로서 어느 한쪽의 손을 들어주기 어렵지만 그럼에도 구체적인 삶의 맥락과 정황에 따라 두 입장 가운데 한쪽이 윤리적으로 정당화되고 옹호될 수 있으며, 한쪽이 '잠정적으로' 옳은 입장으로 결정됨으로써 실질적 가치관의 문제로서 다루어진다.

나아가 이 같은 절차적 윤리는 다양화되고 다원화된 가치관의 난립과 그에 따른 윤리적 관점의 상호 충돌로 인해 윤리적 판단이 제대로 이루어지지 못하는 상황에서 구체적 도덕 문제를 실질적으로 해결하는 현실적 방안, 즉 '보편적인 윤리적 정당화 방식'으로서 그 역할을 수행한다. 일례로 '공공장소에서 젊은 여성들의 흡연은 도덕적 비난의 대상일 수 있는가'라는 구체적인 삶의 문제는 현재 한국 사회에서 쉽사리 그 합의점을 이끌어내기 어려운 문제로서 간주되고 있다. 유교적 가치관에 의거하여 그러한 젊은 여성들의 흡연 행태는 비난받아 마땅하다고 여전히 믿고 있는 입장이 있는가 하면, 다른 한편으로 비판적 합리주의의 관점에서 윤리적으로 전혀 문제가 되지 않는다고 주장하는 입장이 존재하기 때문이다. 그리고 바로 이 같은 윤리적 결정이 쉽지 않은 상황에서 논쟁의 절차를 통해 윤리적 정당성을 판별하는 담론 윤리적 방식은, 각각의 입장을 옹호하고 정당화하는 논쟁 속에서 보다 나은 논거와 설득력을 갖춘 입장이 잠정적으로 옳은 입장으로 가려지는 일련의 절차적 과정을 통해 윤리적 정당성을 판별함으로써 그 같은 실질적 도덕적 갈등의 문제를 해결하는 통로를 확보해 주고 있다.

(2) 이러한 문제의식의 연장선상에서 배려 윤리적 관점의 다원주의가 갖는 보다 근원적인 한계는 '왜 담론 윤리가 절차적 정당성에서 옳음/그름이 가려지는 정의의 원칙을 채택하고 있는가'에 관한 성찰적 작업을 제대로 수행하지 못한 채 자기모순에 빠져 있다는 점이다. 주지하다시피 오늘의 시대적 상황은 — 가령 허라금 본인도 인정하고 있듯이 — 하나의 실질적인 덕목이나 가치관에 의해 통합되어 있지 못하다. 전통적인 공동선이 붕괴되면서 그 자리를 다양한 가치관과 도덕적 신념이 메우고 있으며, 그에 따라 상호 갈등과 충돌이 일어나고 있다. 이처럼 서로 다른 이질적인 가치관들의 난립을 하나의 공통적인 가치관으로 묶어낸다는 것은 현실적으로 너무도 지난한 작업이라 하지 않을 수 없다. 만일 모든 사회 성원들이 명백히 타당한 배경 지식이나 윤리적 신념으로 기능하는 세계관이나 가치관을 공유하고 있다면, 그리하여 특정한 도덕적 문제에 관해 일치된 윤리적 판단을 어렵지 않게 내릴 수 있다면, 특정 가치관이나 덕에 의해 사회 성원들 간의 행위 조정 기능이 원활하게 안정적으로 이루어질 수 있을 것이다. 하지만 탈관습적 단계에 이른 도덕의식으로부터 우리는 더 이상 그러한 배경 지식과 윤리적 신념을 기대할 수 없게 되었다. 탈관습적 단계의 도덕의식에는 '원칙상' 성찰의 범위에 제한이 없기 때문이다.[35] 그러므로 상호 충돌하고 대립하는 다수의 가치관과 세계관이 공존하는 상황에서 특정한 입장을 중심으로 하나의 통일적 가치관을 확정하는 것이 불가능하다는 현실을 인정할 경우에, 이제 우리에게 남는 방법은 다양한 세계관과 가치관, 그리고 사회 성원 각자의 인생 계획과 인생관이 그 어떤 '차별'도 받지 않고 모두 존립할 수 있도록 할 최소한의 규범적 원리이자 제약 조건으로서 '절차적 정의의 원칙'을 내세

---

35. 장춘익, 「법과 실천적 합리성」(1997), 260쪽.

우는 것뿐이다. 이처럼 서로 다른 관점과 세계관이 공존하고 있는 현실에서 초래되는 실질적인 도덕적 가치들 간의 갈등을 윤리적으로 조정할 수 있는 구체적인 대안으로 제시된 것이 바로 절차적 정당성에 기초한 보편적 담론 윤리라는 사실을 배려 윤리적 관점에 기초한 다원주의는 간과하고 있는 것이다.

(3) 다음으로 배려 윤리에 토대를 둔 다원주의가 내놓고 있는 방안, 즉 '정의의 원칙'이나 '절차적 합의'에 기초한 보편주의 윤리의 전횡으로 인해 그간 배제되어 온 다양한 윤리적 가치나 관점들을 전면적으로 인정하고 수용해야 한다는 제안과 그것의 정당화 근거로서 제시된 '다름에 대한 존중과 배려'가 드러내는 한계이다.

알다시피 절차적 보편 윤리는 특정 가치, 예컨대 공평성, 객관성, 중립성 등의 가치가 다른 가치에 대해 우선한다는 입장을 취하고 있으며, 그에 따라 그러한 가치를 중시하는 삶의 방식에 포섭되지 않는 이들을 배제해 왔다는 것이 배려 윤리적 관점에 기초한 다원주의의 비판적 지적이다. 이러한 논법은, 도덕적 관점은 '다양하게' 존재하며 그러한 관점들은 서로 대등하고 독립적이므로 이제껏 보편 윤리로 행세해 온 정의의 도덕은 다양한 도덕 관점 가운데 하나일 뿐이며 그 어떤 배타적 우위성도 지니고 있지 않다는 것이다. 이는 결국 그 어떤 특별한 가치도 다른 가치들보다 우선함이 정당화될 수 없다는 입장에 근접한다.[36]

이러한 주장은 그간 배제되고 경시되어 온 윤리적 관점, 즉 '배려(돌봄)의 관점'에 대해 동등한 가치를 부여해야 한다는 점에서 확실히 그 의의가 자못 크다. 하지만 윤리적 관점의 '보편화 가능성'을 부정하는 나딩스에 기대어[37] 윤리적 불일치를 해결하거나 제거해야 할 갈등이 아닌 차이의 문제로 보아야 한다는 '강한' 윤리적 다원주의의 제안은 쉽게 수용

---

36. 허라금, 「다원주의 윤리와 윤리 다원주의의 경계에서」(2003), 54쪽.
37. N. Noddings, *The Challenge to Care in Schools* (1992), 21쪽 참조.

하기 어려운 문제를 내포하고 있다. 무엇보다 이러한 입론은 자칫 '윤리적 상대주의'로 전락하기 쉬운 근본적 한계를 지니고 있고, 설령 '가치 상대주의'로 귀착되지 않는다 해도 윤리적 보편성을 확보하기 어려운 결정적인 난점을 드러내고 있기 때문이다.

배려 윤리적 관점의 다원주의도, 삶의 공동체 안에서 시행착오를 거쳐 획득된 능력으로서의 — 덕 윤리에서 언급되고 있는 — 지각이나 감각이 보편적 판단의 원칙으로 기능할 수 있다는 사실을 기반으로 하여 성립되는 '윤리적 보편주의'를 추구하고자 한다.[38] 나아가 이러한 보편성을 바탕으로 하여 다양한 윤리적 입장이 허용되는 상황, 다시 말해 차이를 존중할 줄 아는 능력이 삶의 중심적 가치가 되고 그러한 보편성에 기초하여 다양한 윤리적 관점이 수용되는 덕의 윤리의 수립을 최종 종착지로 설정하고 있다.

그러나 이처럼 덕 개념의 의미가 자명한 것으로 해석되는 삶의 형식이 공감되고 공유되고 있다는 사실을 통해 '최소한의 보편성'을 확보하려는 시도는 사실상 '윤리적 상대주의'로 귀결되기 쉬우며, 의도한 것처럼 '약한 윤리적 보편주의'에 이르기는 무망해 보인다. 예컨대 '착한 사람이 되어야 한다'는 윤리적 덕목은 누구나 예외 없이 공감하는 내용이지만 '선함'의 실질적 내용은 다양하게 해석될 수 있기 때문이다. 이처럼 오늘의 사회 현실은 그러한 수준에서의 '윤리적 공감대'를, 특정 덕목이 공유되고 공동의 가치관이 확보된 상황, 이른바 보편적인 윤리적 지반으로 간주하기에는 너무도 가치관의 다원화와 다양화, 파편화가 심화된 상태에 처해 있다.

이 점과 관련하여 윤리적 다원주의를 추구하는 허라금의 경우, 모든 종류의 입장을 개인적 취향 등과 같은 비합리적 요인들로 환원하거나 해소해 버리는 포스트모던 상대주의를 피하고자 한다.[39] 그럼으로써 '비非

---

38. 허라금, 「다원주의 윤리와 윤리 다원주의의 경계에서」(2003), 64-7쪽.
39. 허라금, 「다원주의 윤리와 윤리 다원주의의 경계에서」(2003), 69쪽.

상대주의적인 다원주의 윤리'와 '윤리적 다원주의'의 경계선을 아슬아
슬하게 타고자 한다. 그러나 그녀가 제시하고 있는 이른바 '조밀한 개념
의 윤리학으로서의 덕 윤리'는 상대주의적 윤리로 전환되기 쉽다고 보
인다. 한편으로 실질적 내용을 갖는 다양한 덕 개념의 공존을 내세우면
서 — 외부로부터 주어지는 강제적인 덕의 통일성이 아닌 — 다른 한편
으로 자발적으로 이루어진 덕의 통일성, 즉 윤리적 공감대와 같은 소박
한 공통성을 엷은 윤리적 보편성으로 해석하여 보편적 덕 윤리를 수립하
겠다는 시도는 그 자체가 자기모순에 처할 수밖에 없기 때문이다.

이 같은 맥락을 고려할 때, "서로 다른 삶의 경험들과 삶의 전통들이
존재한다는 사실을 고려할 때, 통시간 공간적인 보편적 하나의 도덕 개
념만이 진리라는 관념은 분명 거부되어야할 것"[40]이라는 주장은 윤리적
상대주의를 선언한 것에 다름 아니다. 이렇듯 실질적 내용을 담보한 덕
윤리의 공유를 통해 보편성을 확보하려는 전략은 — 아무리 엷은 형태를
취하든, 아니면 다양한 가치관이 혼재되어 있는 상황에서 배려 윤리의
덕목을 비롯한 구체적인 삶의 가치를 교육의 방식이나 외적 강제의 방식
등을 통해 확립하는 강한 형태의 것이든 — 상대주의로 흘러가거나 인습
주의 혹은 개인의 바람직한 인생관과 행복관을 침해하는 윤리적 전체주
의로 귀착되지 않을 수 없는 결정적 한계를 드러낸다.

(4) 나아가 배려 윤리의 관점에 기대어 다원주의 윤리적 입장이 강하게
제안하고 있는 '다름의 존중'이 '다름에 대한 무차별적 존중'으로 전환
되면서 그것이 초래할 사회적 충돌 및 대립을 어떻게 극복해 낼 것인가
또한 심각한 문제점이 아닐 수 없다. 앞서도 살펴본 바와 같이 그 같은 다
원주의 입장은 윤리적 갈등의 상황을 가치관 사이의 '갈등 관계'로 보지
않고 자연스러운 '차이의 관계'로 보고자 한다.[41] 그러면서 갈등적 상황

---

40. 허라금, 「다원주의 윤리와 윤리 다원주의의 경계에서」(2003), 63쪽.
41. 이러한 제안의 밑바닥에는, 길리건이 형태 심리학gestalt psychology에서 사용되는 '이중

으로 해석하려는 입장에 대해서는 이를 마치 절차적 담론 윤리의 토대로
서 기능하는 이성의 폭력적 배타성을 옹호하는 듯한 태도로서 폄하하고,
반대로 차이의 문제로 읽어 내려는 시도에 대해서는 이를 보다 진전된
진보주의적 태도로서 평가하고자 한다. 물론 이 같은 시각은 제한적인
범위에서 타당성을 지닌다. 예컨대 '동성애자는 비정상적인 행위자인
가'라는 문제를 둘러싸고 이루어지는 윤리적 찬반 논변의 경우에, 이 문
제가 '표면적으로는' 정상인과 비정상인 사이의 갈등 문제처럼 비치지
만 '본질적으로는' 사랑의 대상자를 놓고 벌어지는 취향상의 차이 문제
라는 사실을, 차이의 존중을 내세우는 다원주의적인 윤리적 입장은 제대
로 보여 주고 있다. 그럼으로써 소수의 동성애자를 비정상인으로 규정하
여 사회에서 추방하고자 시도하는 '다수의 횡포'에 맞서 투쟁할 수 있는
윤리적 동기를 제공해 주고 있다.[42]

　　하지만 다양한 관점들 사이의 실질적인 충돌과 대립이 단지 입장 차
이나 도덕적 신념 차이 혹은 이해관계의 차이 등으로 모두 환원될 수 있
는가는 여전히 의문이다. 일정 수준까지는 차이성의 현상으로 읽어낼 수
있겠지만, 어느 특정한 경계 지점을 통과할 경우 사회적 통합을 저해하
는 심각한 갈등적 상황을 연출할 수 있는 경우가 분명히 존재하기 때문

그림'을 원용하여 도덕성의 전유를 설명하는 방식이 자리하고 있다. 이러한 설명에 의하
면, 한 관점에서는 오리로 보이고 다른 관점에서는 토끼로 보일 수 있는 '오리/토기 이중
그림'과 유사하게 도덕적 관점 역시 '정의의 관점'과 '배려의 관점'이라는 서로 상이한
관점이 동시에 존재될 수 있으며, 어느 한쪽이 우위성을 점할 수 없다. 그럼에도 그간 정
의의 도덕이 보편적인 도덕 관점인 양 행세하면서 그것과 배치되는 다른 도덕적 관점, 가
령 배려의 도덕을 배제하면서 독점적인 지위를 누려 왔다는 것이다. Gilligan, "Moral
Orientation and Moral Development"(1987), 19-30쪽. 특히 20쪽 참조. 한편 이러한 이중
그림을 이용한 윤리적 해명 방식의 문제점에 관한 비판적 지적은 O. Flanagan/K.
Jackson, "Justice, Care, and Gender: The Kohlberg-Gilligan Debate Revisited"(1993),
73-4쪽 참조.

42. 이와 관련하여 '동성애는 정상적인 행위'라는 사실은 논증적으로 입증해 보일 수 있다고
생각된다. 합리적 담론 과정에서 보다 나은 근거와 설득력 있는 논변을 동원하여 동성애
자가 비정상인이 아님을 보여 줄 수 있기 때문이다.

이다. 가령 사회적 통합 체계를 깨뜨리지 않는 한에서 여러 종교들 간의 갈등적 징후는 차이의 문제로 독해될 수 있지만, 이것이 차이의 존중 및 공존의 수준을 넘어설 경우 전 사회적 차원에서 종교적 대립 및 충돌로 이어질 수 있으며, 이는 보다 적극적으로 조정하거나 해결해야 할 갈등적 사태가 아닐 수 없다.

그렇다면 이러한 갈등적인 충돌 사태에 직면하여, 대립되는 양 입장을 합리적으로 중재하고 조정할 수 있는 윤리적 기제는 어떤 것이 있겠는가? 양자의 이해관계나 도덕적 · 정치적 신념이 첨예하게 맞서고 있는 상황에서, 동일한 특정 가치관이나 세계관을 인위적으로 공유하게 만들기는 사실상 불가능할 것이고, 그렇다면 양자의 가치관의 지향점을 상호 존중하고, 양자의 차이를 인정하면서 그 간극을 최소화할 수 있는 '현실적인' 방안은 무엇인가? 역시 자유롭고 평등한 담론의 절차를 통해 정당성을 가리는 보편적이며 형식적인 합의 윤리 외에 가능한 대안은 — 적어도 현재로서는 — 없다고 봐야 할 것이다. 바로 이러한 맥락에서 차이의 존중 못지않게, 오히려 그것의 일차적 토대로서 조정과 통합의 필요성이 제기되며 나아가 절차적 보편성에 대한 요구가 필수적으로 요청되는 것이다.

4. 분단 현실에서 '차이에 민감한 보편주의' 의 한계

앞에서 우리는 절차적 보편주의를 대신할 대안으로 제시된 테일러식의 강한 (문화적) 다원주의와 배려 윤리적 관점에 기초한 강한 (윤리적) 다원주의는 보편주의보다 상대주의로 귀착할 가능성이 크다는 점을 알 수 있었다. 이에 비해 절차적 정당성으로서의 보편성을 중심축으로 삼으면서 동시에 강한 다원주의에서 요구하는 차이의 존중과 다름에 대한 배려

를 적극적으로 수용하려는 보편주의 형태가 '차이에 민감한 보편주의'[43]
이다. 이러한 보편주의는 담론적 절차주의의 관점에서 제시된 것으로서,
다원성과 다양성, 차이의 존중을 보다 적극적으로 수용하고자 한다. 이
처럼 차이에 민감한 보편주의는 문화적 상대주의나 도덕적 무정부주의,
전체주의로 귀착되지 않으면서 사회 통합을 가능케 하고 동시에 차이성
과 다양성을 상대적으로 더 잘 보장해 줄 수 있을 뿐 아니라 나아가 현실
적으로 정립 · 작동 가능하다는 점에서 보다 큰 설득력을 갖춘 보편주의
형태라고 할 수 있다.

하지만 현실적으로 유력한 보편주의의 형태라 할 수 있는 이러한 차
이에 민감한 보편주의가 과연 한국적 현실에서 차이나 다름을 제대로 감
지하고 존중해 주고 있는가에 대해서는 다소 부정적이다. 일례로 '인권
의 보편주의'와 같은 차이에 민감한 이러한 보편주의는[44] 유감스럽게도
한국 사회의 도처에 존재하는 차이에 대해 그리 민감하게 반응하지 못하
는 한계를 보여 주고 있는데, 그중 주목할 만한 것이 분단 현실 속에서
'북한 체제의 본질 인식'과 관련하여 그것이 드러내는 난점이다.[45] 보다
구체적으로 말해서 그러한 한계는 북한 체제를 — 특히 '수령 절대주의
체제'의 고수로 인한 인권 탄압이나 대규모 기아 사태의 초래 등과 연관
지어 — '관용의 대상'으로 볼 수 있을 것인가와 관련된 것이다. 그리고
이러한 한계로부터 파생되어 나오는 이차적인 난점은, '북한 체제를 불
관용의 대상으로 보고 있는 입장'에 대해 이를 인정하지 않거나 배제하
려는 태도와 관련된 것이다.

1) 이 중 첫 번째 문제점의 경우에 필자로서는 보다 조심스러운 태도를

---

43. Habermas, *Die Einbeziechung des Andern* (1996), 58쪽.
44. 장은주, 「문화다원주의와 보편주의」(2003), 77쪽.
45. 이는 비단 절차적 보편주의에만 국한되는 것은 아니며 차이의 정치나 배려 윤리적 관점의
　　다원주의 논변들에도 또한 해당된다.

취할 수밖에 없는데, 이는 북한의 실체 파악을 위한 정보의 양이 제한되어 있을 뿐 아니라 정보 자체의 신뢰성 여부도 확증된 것이 아니기 때문이다. 그런 한에서 이 점은 원론적 차원에서 간략히 언급하는 정도에 머물려고 한다.

알다시피 현재 한국 사회는 북한 사회의 본질 인식을 둘러싸고 이념적·사상적 대립 지형이 가파르게 형성되어 있다. 이러한 갈등 구도의 한 축은 '북한식 사회주의' 역시 고유한 내적 가치를 지닌 체제로서 인정받아야 하며 그런 바탕 위에서 남북이 상호 공존해야 한다는 입장이다. 이에 비해 또 다른 한 축은 북한의 수령 1인 지배 체제를 반민주적·반인민적인 독재 정권으로 규정하여 제거 또는 척결의 대상으로 보고자 하는 입장이다. 이런 각각의 입장은 다시 하위 유형의 관점들로 세분화될 수 있는데, 특히 후자에는 분단의 고착화를 통해 특정 이익을 고수 관철하려는 '반통일 세력' 이외에 특정 기득권의 유지가 아닌 북한의 현실에 대한 — 그들 자신의 경험과 인식에 의거하고 있는 — 그들 나름의 정확한 인식에 바탕을 두고 수령 절대주의의 척결을 주창하는 입장, 즉 '남한 내 탈북자 집단'도 포함되어 있다. 이러한 진영이 갖는 북한 인식의 밑바닥에는 1인 수령 지배 체제는 북한 경제를 1인 사인私人 경제 체제로 변질시키면서 수많은 인민을 기아에 직면케 했으며 나아가 독재 체제의 유지를 위해 인민의 인권을 무차별적으로 유린하는 반인민적 폭압 정권이라는 판단이 자리하고 있다.

그런데 북한 체제의 본질을 둘러싼 이 같은 대립적 인식 구도를 통해 드러나는 한국 사회 내의 전반적인 분위기는, 북한 사회 체제의 고유성을 인정하고 그 차이를 존중하려는 관점에 대해서는 다분히 반외세적, 민족주의적, 진보적이라고 간주하는 반면, 북한 체제를 척결해야 할 주적主敵으로 보려는 남한 내 탈북자 진영의 태도는 외세 의존적, 냉전적, 수구적이라고 본다는 것이다. 물론 오늘의 주된 흐름은, 현저히 변화된 주변 환경과 조건들, 특히 탈냉전적 시대 흐름과 화해 협력적인 민족 공영의 분위기 등과 관련해서도, 비록 우리 사회와 다르지만 북한 체제도 엄연히 나름의 존립 근거를 지닌 사회 체제로서 '우리와의 다름'을 존중받아야 한다는 시각이다.

그렇다면 '규범적 차원'에서, 북한 지배 정권이 드러내는 '반인민성'과 '반민주성,' 그에 따른 '비인간적 인권 유린 사태' 등은 다루어질 필요가 없는 것인가? 혹 그러한 문제들은 '차이의 존중' 논리에 따라 윤리적 고려나 비판적 개입의 대상에서 제외되어야 하는 것인가? 다시 말해 1인 수령 절대주의 체제하에서 무차별적으로 유린당하는 인권 실태와 정치범 수용소의 문제, 지배 계급이 기득권 유지에만 매달린 채 인민 대중을 식량 위기라는 극한적 상황으로까지 몰고 간 정치 파탄의 실상은 그냥 방관하거나 차이의 정치에 의거하여 묵인하고 문화적 차이로서 존중해 주어야 하는 것인가? 우리가 그러한 북한 내 인권 문제에 개입하는 것은 '억압과 배제의 논리'에 따른 행태인가? 이러한 문제 제기와 함께, '차이에 대한 관용의 정신'이 보편적인 것이라면 이와 마찬가지로 인간으로서 마땅히 향유해야 할 기본적 권리나 자유가 상실되는 사태에 대해 '동등한 존엄성'의 관점에서 도덕적 분노감을 표출하고 윤리적으로 비판을 제기하는 것 역시 보편적인 것이 아닌가 생각된다.

따라서 이러한 문제 제기가 그 배경으로 깔고 있는 의구심이 사실로 입증된다면, 즉 북한의 상황이 탈북자 집단에서 주장하는 것처럼 실제로 그러함에도 불구하고 만약 '보편적 존엄성의 논리'에 기초한, 그러면서 동시에 차이에 민감한 보편주의가 이른바 민족적 이해관계나 정치적 논리 등 다른 외적 이유에 의거하여 북한 체제에 대해서는 그러한 규범적 비판을 적용하지 않거나 북한은 예외적 지대로 남겨두고 있는 것이라면, 이는 규범적 차원에서 결코 공정치 못한 처사가 아닐 수 없다.

이 같은 맥락에서, 차이에 민감하게 반응하고자 하는 보편주의가 북한 체제를 어떻게 보고 있는가가 필자의 관심사이다. 다만 필자가 보기에는 관심을 갖고 기대하는 것만큼 '소수의 견해가 지닌 차이가 그다지 민감하게 수용되고 있지 못하다'는 생각이다. 이 점과 관련하여, 가령 이러한 보편주의 관점을 적극적으로 옹호하고 있는 장은주의 경우, 중국 정부는 중국식의 인권 이해를 내세우며 그와 같은 인권 침해에 대한 비판을 내정 간섭이라고 주장하고 있지만 그러한 인권 침해는 '문화적 차이'의 문제로 환원될 수 없으며, 동시에 중국의 인권 침해에 눈감아버림으로써 중국 문화를 존중하게 되는 것도 결코 아니라고 강변하고 있다.[46] 이는 결국 반인권적 체제나 전체주의 사회는 관용의 대상에서 제외되어야 한다는 주장을 하는 것인데, 그렇다면 이러한 논의의 연장선상에서 북한 체제는 적어도 — 정치적 현실주의적 차원이 아닌 — 규범적 차원에서는 '불관용의 대상'으로 규정되어야 할 것이다. 만약 그처럼 규범적 비판의 대상으로 규정되지 않는다면, 이는 박정희 군사 독재 정권이 표방했던 소위 '한국적 민주주의'에 대한 규범적 비판이 의존했던 논리적 근거와 상충되는 결과를 낳게 될 것이다. 하지만 유감스럽게도 '한국의 분단 상황'에서는, 절차적 보편성에 의거하면서도 차이에 민감코자 하는 보편주의가 이러한 논리적 일관성을 견지하고 있는지는 지극히 애매하고 '불투명'한 상태에 놓여 있는 것처럼 보인다.[47]

2) 필자가 보다 주목하는 대목은, 북한 체제의 차이성을 존중하기보다는 그 체제를 전복시켜야 한다는 주장을 펴는 '남한 사회 내 탈북자 집단'에 대해, 차이에 민감한 보편주의가 이를 바라보는 인식의 문제이다. 필자가 보기에는, 차이의 존중에 기초한 '강한 다원주의' 입장이든 절차적 공정성을 토대로 삼으면서도 차이를 적극적으로 존중하고자 하는 '약한 보편주의 입장'이든 — 이는 한국 현실에서 대체로 진보주의적 관점과

---

46. 장은주, 「문화다원주의와 보편주의」(2003), 101쪽.
47. 실제로 한국 사회에서 '북한 인권의 실태' 문제는 진보 진영이 아닌 수구 반동 세력을 포함한 보수 진영에서 자주 거론해 온 정치적 단골 메뉴였다. 이러한 현실이야말로 한국 사회의 이념적 지형이 얼마나 왜곡되게 형성되어 있는가를 보여 주는 단면이 아닐 수 없다.

연결되어 있는데 — 모두 탈북자들의 대북관이나 철학적 신념 등에 관한 한 대체로 이를 경시하거나 무시하는 듯한 태도를 보이고 있으며 그들의 입장에 제대로 귀 기울이려 하지 않고 있다. 오히려 그들을 냉전적, 이분법적 사고방식에 여전히 갇혀 있는 대북 강경론자 정도로 폄하해 버리고 있는 실정이다.

하지만 그들의 정치적 · 철학적 견해나 신념을 그처럼 시대착오적인 냉전적 사고 논리의 산물로서 섣불리 재단해서는 안 된다고 본다. 비록 그들의 견해가 일정 정도 그러한 한계를 지니고 있으며 주관적 편견과 이해관계에 기초를 두고 있음도 부정할 수는 없지만, 그럼에도 북한 체제에서 직접 살아본 그들의 체험에 기초해 개진된 주장은 충분히 경청할 만한 가치가 있다고 생각되며, 어찌 보면 그들의 북한 사회에 대한 분석과 진단이야말로 북한 체제에 관한 실체적 '본질 인식'일 수도 있다. 또한 설령 그들의 관점이 잘못된 것이라고 해도 '그것이 북한에 관한 진상일 수 있다'는 전제하에서 충분히 그들의 입장이 존중되어야 한다고 본다.

하지만 '현실'은 그렇지 않다. 적어도 한국 사회에서는 차이를 민감하게 감지하겠다는 보편적 존엄성의 정치뿐 아니라 차이의 정치에서마저도 소수의 다름에 대한 존중은 '선택적'으로 이루어지고 있다. 이 점은 '차이에 민감한 보편주의'를 옹호하는 장은주의 경우에서 확인해 볼 수 있는데, 그는 북한을 척결 대상으로 보고자 하는 '남한 내 탈북자 진영'의 대북관이나 철학적 입장에 관해 이를 '철저히 무시해 버리는' '비존중의 태도'를 보여 주고 있다.[48] 히지민 이러한 비존중 혹은 무시의 태도는 우리 사회의 일부 진보적 지식인들에게만 나타나는 양태가 아니라, 절차적 정당성을 토대로 삼고 있지만 그럼에도 다양성과 차이성을 존중하고 옹호하려는 약한 보편주의적 지식인들 다수에게서도 나타난다고

---

48. 이 점에 관한 보다 상세한 내용은 '1999년 한국철학사상연구회 후반기 심포지움'에서 발표된 필자의 논문 「끝없는 '발전의 도정'으로서 유토피아: 새로운 유토피아론의 모색」(1999)에 대한 장은주의 논평문 「'인간중심철학'의 정치 형이상학과 민주주의」(1999) 참조.

판단된다.[49]

사정이 이렇다면, 한국 사회에서 차이에 민감한 보편주의의 옹호자들은 논리적 부정합성을 드러내 보이고 있는 셈이다. 그들은 중국의 천안문 사태나 티베트 인권 문제 등에 관해서는 강한 윤리적 비판을 제기하고 그에 따른 적극적인 개입의 정당성을 내세우면서도, 정작 북한 체제의 경우에는 동일한 윤리적 비판과 개입을 주저하면서 모호하고 불투명한 — 좋게 말해서 신중한 — 태도를 견지하고 있다. 또한 소수의 다른 목소리에 대한 경청과 존중을 주창하면서도, 정작 북한 체제에 대한 근본적 비판의 입장을 견지하고 있는 남한 내 탈북자 집단의 목소리는 철저히 무시하거나 애써 외면하는 자세를 취하고 있다.

물론 탈북자들이 아무리 '순수한 의도'에서 북한이라는 타자에 대한 불인정의 입장을 취한다 하더라도 현재와 같은 남한 사회의 이념적 지형 구도에서 그것은 남북한 간 적대적 대립 관계를 고착화함으로써 보다 큰 집단적 이익을 관철하고자 하는 수구 기득권 세력에 의해 악용될 소지가 크다는 점에서, 탈북자 집단 자체의 보다 더 신중한 처신과 자세가 요구되는 것도 분명한 사실이다. 하지만 그렇다고 해도, 우리 사회 내부에서 '차이에 보다 민감하고자 하는 절차적 보편주의'가 진정 열린 마음으로 탈북자들의 목소리를 경청하고자 노력하고 있는가 자문해 본다면, 그렇지 않다는 다분히 부정적인 답변을 할 수밖에 없는 것이 현실이다. 이는 그야말로 시대정신으로 간주되고 있는 '차이의 존중'이나 '사회적 소수의 다름에 대한 적극적 고려'의 원칙에 반하는 것이 아닐 수 없으며, 그러한 원칙을 적용함에 있어서 이중적 잣대가 작용하고 있음을 고스란히 보여 주고 있는 것이다.

아마도 그렇게 된 데에는 탈북자들의 대북관을 근본주의적 관점으로 해석하려는 의도가 작용한 것이 아닌가 하는 생각이 든다. 여기서 근

---

49. 이 점은 다음 기회에 보다 상세하게 다루어 볼 계획이다.

본주의란 '관용의 덕을 지니지 못한 특정 문화나 집단의 태도'를 가리킨다. 일반적으로 우리는 부정적인 것으로 평가받는 다른 문화나 신념 체계 등을 관용하고자 할 경우에 그것들을 참된 것으로 수용할 수는 없어도 그것들이 나름의 합리성과 타당성을 지니고 있다고 가정하는 데 반해, 근본주의는 그러한 가정을 전면적으로 부정하는 자세를 취하고 있다.[50] 이러한 논리에 비추어볼 때, 남한 사회 내 탈북자 집단은 충분히 근본주의 진영으로 해석될 여지가 크다고 할 수 있다.

그렇지만 과연 북한을 '주적主敵'으로 간주하려는 탈북자 집단의 입장을 근본주의라고 할 수 있는가? 북한을 주적의 차원에서 바라보는 입장들 중에는, 충분히 납득할 만한 근거를 가지고 그렇게 인식하는 입장이 있을 것이며, 반면 일고의 가치도 없는 이유를 들어 북한을 주적으로 간주하려는 입장도 있을 것이다. 필자가 보기에 후자는 근본주의 입장이라고 볼 수 있겠지만 전자는 근본주의로 규정하기가 어렵다고 본다. 아울러 탈북자 집단의 경우는 전자에 속한다고 보이며, 그런 한에서 단정적으로 근본주의라고 말할 수는 없을 것 같다. 하지만 한국적 현실에서 양자는 제대로 구분되지 못한 채 냉전적 수구 논리를 따르는 입장으로 비하되고 있는 것으로 보인다.

이러한 사실을 고려해 볼 때 '차이에 민감할 것'을 주창하는 보편주의는, 탈북자들에 관한 한 '말뿐인 호의lip service'에 그치고 있다. 우연의 일치인지는 모르지만 이러한 '차이에 민감한 보편주의'의 옹호자로서 이해되는 한상진이 편집한, 다양한 인권 유린 사태와 그에 대한 비판적 입장 등을 담고 있는 『현대사회와 인권』이라는 책에서도 탈북자들의 인권 문제는 전혀 다루어지고 있지 않다.[51] 결국 절차적 보편성을 주축으로 삼으면서도 차이에 보다 민감하게 반응할 것을 주창하는 약한 보편주의로서의 '차이에 민감한 절차적 보편주의'는 사실상 실천적 지평에서 '차

---

50. 이에 관해서는 장은주, 「문화다원주의와 보편주의」(2003), 102-3쪽 참조.
51. 한상진 편, 『현대사회와 인권』(1998) 참조.

이를 제대로 고려하지 못하는' 자기 한계를 보여 주고 있다. 이러한 배제와 경시는 차이를 존중하고 배려하려는 절차적 보편주의의 자기 정체성과 배치되는 결과이다. 그러므로 자기 정체성을 되찾고 확고히 하기 위해서라도 절차적 보편주의는 차이와 다름을 보다 더 존중하고 배려해야 할 것이며, 그중 하나로서 한국적 현실에서 탈북자 집단의 목소리도 의당히 존중하고 거기에 귀 기울여야 할 것이다. 이처럼 사안과 맥락에 따라 다름과 차이를 인정하는 것이야말로 사회적 진보와 민주화 도정에서 절차적 보편주의에 필연적으로 요구되는 사항이기 때문이다.

5. 보완이냐 대체냐: '절차적 정당성' 의 우위성과 '차이에 대한 배려' 의 보완성

이제까지 살펴본 내용을 감안할 때, '절차적 정당성' 으로서의 보편성을 '차이의 존중' 으로서의 보편성으로 전환하거나 '보편적 존엄성의 정치' 를 '차이의 정치' 로 대체하고자 시도할 경우, 이는 '본래의 의도' 와 달리 감당할 수 없는 '규범적 · 문화적 상대주의' 로 귀착될 수밖에 없다고 보인다. 다시 말해 절차적 정당성으로서의 보편성에 기초한 보편주의로부터 차이의 존중에서 보편성을 확보한 '상대주의 지향적인' 보편주의로 이행하려는 시도는, 현실적으로 보편주의에 이르지 못한 채 불가피하게 '상대주의' 로 흐르게 됨으로써 차이의 존중이나 다원성의 보전마저 보장할 수 없는 상태를 야기하게 될 것이다. 왜냐하면 차이의 존중을 일차적 원리로 채택할 경우, 이는 결국 모든 대상 — 가령 상이한 개인적 신념이나 인생관, 다양한 공동체의 문화들 — 이 지닌 고유한 내적 가치를 '동등한 것' 으로 인정하는 결과를 낳게 되는데, 이는 결국 문화적 우열이나 윤리적 차원에서의 옳고 그름을 따질 수 없는 상황에 돌입하는 것을 가리키기 때문이다. 그에 따라 그 어느 입장도 다른 입장에 비해 우월하다고 논증할 자격을 상실하며, 단지 다양한 논변과 논쟁만 있을 뿐 잠정적인 것일망정 결론은 존재하지 않는다. 그저 다를 뿐이며 차이만이 존재한다.

이러한 상황은 결국 '무엇이든 괜찮다' 는 식의 문화적 상대주의나 윤리적 무정부주의의 상태에 진입한 것에 다름 아니다. 그렇다면 이러한 상황에서 보다 바람직한 사회란 어떠한 사회를 의미하며, '차이의 정치를 통한 해방'[52]이란 어떤 사회적 상태를 가리키는가? 모든 것이 동등한 가치를 부여받은 상황, 모든 차이가 용인되는 상황을 의미하는가? 하지만 절차적 정당성에 기초한 보편적 통일성이 제대로 확보되지 않은 상태에서, 다양성과 차이성의 존중과 공존은 결국 '힘의 논리' 가 지배하는 '홉스적 투쟁 상태' 와 다를 바 없다. 그러므로 만약 이러한 사회 상태를 보다 나은 인간적 해방 사회라고 하는 것이라면, 우리는 그야말로 난센스에 빠지게 될 것이다. 더구나 이러한 이론적 귀결이 한국의 현실에 그대로 옮겨질 경우, 이를 가장 반길 세력은 사회 공동의 이익이나 민족 전체의 이익에 앞서 개인적 · 집단적 이익을 무엇보다 우선시하는 수구 반동적 기득권 세력일 수밖에 없다는 점은 너무도 자명하다. 그런 한에서 이러한 결과는 사회적 진보가 아닌 사회적 퇴행으로 이어질 수밖에 없다.

이러한 어려움에 더해 차이의 존중에 기초한 보편주의를 정립하려는 시도는, 그것이 지닌 보다 근본적인 규범적 성격과 보다 철저한 관용의 정신에도 불구하고 실천적으로 정립되기 어렵다는 현실적인 난점을 안고 있다. 예컨대 절차적 보편주의를 대신할 새로운 대안으로 제시되고 있는 테일러식 — 상대주의적 성격이 강한 — 보편주의의 구체적 모습은 여전히 애매모호한 양태로서 보편주의와는 거리가 먼 것으로 비쳐지고 있으며, 궁극적으로 '비非보편주의적 다원주의' 로 귀착될 것이라 전망된

---

52. I. M. Young, *Justice and the Politics of Difference* (1990), 163-7쪽 참조.

다. 더불어 차이의 존중을 바탕으로 새로이 보편성을 확보하려는 시도가 '전제'로 삼고 있는 '공동의 가치' 역시 너무도 엷고 느슨한 연대의 끈인데, 그러한 것으로는 '고도의 복잡성'으로 상징되는 현대 사회의 다원화되고 세분화된 가치관들을 아우르고 통합시키기에는 역부족이라는 점에서도 그러한 시도는 설득력이 약하다. 그 정도의 '공유되는 가치관'이라면 약한 보편주의로서의 절차적 보편주의 역시 생활세계적 배경 지식을 제시하고 있기 때문이다.

한편, 상대주의로 귀착할 가능성이 높은 강한 다원주의 유형들과는 달리 절차적 정당성에 그 토대를 두면서도 차이에 대해 보다 민감하게 반응하고 존중하고자 하는 보편주의 역시 간과할 수 없는 문제점을 드러낸다. 즉, 상대주의로 전락하지 않고 차이에 민감한 약한 보편주의를 추구할 수 있지만, 운영 과정에서 '의도하지 않은' 배제와 차별, 다름에 대한 무시를 여전히 초래할 수 있다는 한계를 드러낸다. 물론 한국적 현실에서는 '차이에 민감하고자 한' 본래의 의도조차 제대로 관철되지 못하는 한계를 보이고 있다.

이러한 사실을 고려해 볼 때, 동등한 존엄성과 차이의 존중은 서로 '대체代替적 관계'에 놓여 있지 않으며 오히려 '상호 보완적 관계'를 이루고 있음을 알 수 있다. 앞에서 살펴본 것처럼 동등한 존엄성(절차적 정당성)이나 차이의 존중(다름에 대한 배려) 가운데 하나만을 토대로 삼아 보편주의를 정립하고자 할 경우, 두 시도 모두 한계를 드러낸다. 즉, 전자는 약한 보편주의를 확보하는 성과를 거두고 있기는 하지만 의도치 않은 배제와 차별을 낳을 수 있는 한계를 드러내고 있으며, 후자는 유사 상대주의나 상대주의로 귀결됨으로써 보편주의의 확립커녕 차이의 존중마저 견지하기 힘든 중대한 난점을 노정하고 있다. 이러한 사실은 동등한 존엄성으로서의 보편성을 차이의 존중으로서의 보편성으로 대체하려는 시도보다는 양자를 결합하는 방식으로 전환할 필요가 있음을 말해 준다. 즉, 동등한 존엄성을 중심 원리로 삼아 보편주의를 확립하되, 그로부터 초래되는 또 다른 차별이나 배제를 극복하기 위해 차이의 존중이나 배려를 보완의 원리로 수용하는 방식으로 보편주의를 확보하는 것이다. 이러한 방식으로 보편주의를 추구할 때, 절차적 보편주의의 약점이 보완될 수 있다. 동시에 차이의 존중이나 배려의 원칙이 중심적 원리로서 자리하기보다 보완적인 원리로 수용될 경우에만, 차이의 정치가 표방했던 타자의 가치에 대한 존중과 다름에 대한 배려의 이념이 유지될 수 있다. 나아가 다양성과 다원성, 차이의 존중이 사회적 진보의 징표로서 드러날 뿐 아니라 실제 사회 발전에 기여할 수 있게 된다.

따라서 이 같은 사실을 염두에 둘 때 현시점에서 추구해야 할 보편주의 모델은, 한편으로 절차적 정당성으로서의 보편성에 바탕을 두고 차이를 적극적으로 존중하면서, 다른 한편으로 그러한 보편주의의 작동 과정에서 다시 배제되고 경시되는 차이성의 측면과 타자들을 감싸 안고 배려하는 것을 새로운 보완의 원리로서 수용하는 보다 자기 성찰의 성격이 강한 '성찰적 보편주의'[53] 이외에 다른 것일 수 없다. 비록 절차적 정당성에 기초한 보편주의가 차이에 대해 보다 민감하게 반응하고 존중하고자 해도, 그러한 보편주의가 작동하는 과정에서 의도치 않게 놓쳐 버리거나 간과하는 측면들 — 또 다른 배제와 차별 — 이 여전히 존재하는 것이 현실이다. 이러한 문제점은 절차적 공정성의 원칙이나 정의의 원칙에 의해서는 더 이상 메울 수 없는 간극인데, 이를 메우고 보완하기 위해서는 절차적 정의의 원칙이 터하고 있는 원천과는 질적으로 다른 '배려의 원칙'이 보완의 원리로서 도입될 수밖에 없다.[54] 이러한 이유에서 현실적으로

---

53. '절차적 정당성'을 도내로 삼고 그 위에 '차이에 대한 배려'를 보완의 원리로 수용하여 상호 결합한 보편주의를 이 글에서는 잠정적으로 '성찰적 보편주의'라고 이름 붙였다. 여기서 '성찰적'이란 용어의 의미는 '성찰적 근대성'에서 사용된 의미를 부분적으로 차용한 것이다. 성찰적 근대화 혹은 근대성에 관해서는 A. Giddens/U. Beck/S. Lash, *Reflexive Modernization* (1994) 참조. 아울러 이러한 보편주의의 보다 구체적인 형태에 관해서는 이후의 과제로 남겨두고자 한다.

54. 이에 관한 보다 상세한 논의는 A. Honneth, "Das Andere der Gerechtigkeit. Habermas und die ethische Herausforderung der Postmoderne"(1994), 217-20쪽; 한승완, 「다원주

가장 바람직한 보편주의는, 동등한 존엄성의 원칙에 기반을 두면서도 차이에 민감하고 나아가 배려의 원칙을 보완적 원리로서 적극 수용하는 보편주의의 형태일 수밖에 없다. 아울러 이러한 보편주의만이, 차이의 존중과 다름에 대한 배려를 강력하게 주창하고 있는 '강한 다원주의'의 요구마저 수용할 수 있을 뿐 아니라 모든 이에 대한 동등한 상호 존중에서 타자성을 평준화하거나 몰수하지 않으면서 타자의 차이와 다름을 포용할 수 있다. 특히 한국 사회에서는 이러한 보편주의가 제대로 정립되어 작동할 경우에만, 무시된 자와 배제된 자 — 특히 '탈북자' 집단 — 에게, 그들의 경험을 폭력적 대항문화 속에서 시들게 하는 것이 아니라 오히려 민주적인 공론 영역 내에서 구체화시켜 나갈 수 있게끔 개별적 힘을 부여해 주는 그러한 도덕적 문화를 형성해야 한다는 요구 조건[55]이 비로소 어느 정도 구현될 수 있을 것이다.

의와 '논의합리성'의 보편주의」(2003), 200-4쪽 참조.
55. Honneth, "Die soziale Dynamik von Mißachtung"(1994), 93쪽.

8. 탈권위주의(화)로서의 민주화와 탈권위주의적 권위

한국 사회의 권위주의 실태와 민주화 전망

1. 들어가는 말

오늘날 지구상에서 한국 사회만큼 사회 전반에 걸쳐 급속한 변화를 겪으면서 역동적인 진전을 이룩한 사회도 흔치 않을 것이다. 한편으로 급속한 산업화를 통해 경제적 자립의 기틀을 다져 왔는가 하면, 다른 한편으로 숱한 어려움과 난관을 뚫고 정치적 민주화를 성공적으로 이룩해 옴으로써[1] 누구나 자유롭고 평등한 해방 사회의 구현을 위한 발판을 마련하는 성과를 거두었기 때문이다.

하지만 군사 독재 체제를 해체하고 도달한 '민주화 이후의 한국 사회'에는 아직도 해결하고 극복해 나가야 할 문제와 시회적 현안들이 산적해 있는 실정이다. 가령 차츰 좁혀져 가던 계층(급) 간 빈부 차는, 기득 구조와 시장 체제의 불평등 구조를 제어할 국가의 민주적 역할을 발전시키지 못한 채 기존의 규제 장치를 하나씩 제거해 버림으로써[2] — 동시에

---

1. 이러한 민주화의 성공은 우리와 마찬가지로 민주화 투쟁을 전개했음에도 불구하고 여전히 민주화에 대한 전망이 불투명한 아시아 각국의 사정과 비교해 볼 때 더욱 두드러진다. 이 점에 관해서는 아시아네트워크, 『우리가 몰랐던 아시아』(2003), 60-73쪽 참조.
2. 최장집, 『민주화 이후의 민주주의』(2003), 23쪽.

'신자유주의 논리'[3]의 유입 및 확산과 맞물리면서 — 다시금 현격히 벌어지고 있고, 그로 인해 경제적·사회적 불평등이 급격히 심화되고 있다. 그에 따라 계급(층) 간의 '상대적 박탈감'은 '위협적인' 사회적 갈등 요인으로 작용하기에 이르렀다.[4] 또한 제대로 된 이념적 대립 구도가 정립되지 못한 상태에서 그때그때의 사회적 이슈를 둘러싸고 당리당략적 차원에서 비생산적이며 소모적인 방식으로 이념적 갈등과 충돌을 빚고 있기도 하다.

여기에 더해 한국 사회는 그간 사회 전반에 걸쳐 '제도적 차원에서의 민주화'를 빠르게 진행시켜 왔으며, 그에 따라 탈권위주의화가 사회 전반으로 급속히 확산되어 나가고 있음에도 불구하고, 나이나 서열, 지위 등을 따져 상대방을 평가하고 대하는 이른바 '수직적 상하 관계'와 그것에 기초한 '권위주의적 사회 질서'가 기본적인 사회 구조의 골격으로 확고하게 고착화되어 있는 실정이다. 공식적인 조직뿐 아니라 일상적 삶의 다양한 조직 속에서도 연장자와 연소자, 상급자와 하급자, 선배와 후배 등의 위계적 질서가 일반적 인간관계를 이루고 있는 데서 엿볼 수 있듯이, 사회 성원들 사이에는 서로 대등한 인격체로서의 '수평적 인간관계'가 형성되어 있기보다는 상하 간의 위계질서로 묶인 수직적 인간관계가 사회적 관계의 지배적인 양태로서 자리하고 있다. 이러한 현실이야말로 우리 사회가 여전히 전근대적이며 비민주적인 권위주의 질서 체제에 머물러 있음을 말해 준다.

이처럼 반민주적 군사 독재 정권 시절을 통해 공고히 그 틀을 다졌던 권위주의 체제는, 탈권위주의 사회를 지향하는 오늘의 시점에서도 여전히 '권위주의적 사유 양식과 행동 방식'을 통해 그 건재를 과시하고 있다. 비록 그간의 각고의 노력을 통해 민주적 사회 구조가 그 틀을 잡아 가

---

3. 신자유주의의 본성에 관해서는 N. Chomsky, *Profit Over People* (1999), 19-40쪽 참조.
4. 오늘의 한국 사회에서 부와 가난이 대물림되는 '신분'으로 자리 잡기에 이르렀다는 현실 비판에 관해서는 『한겨레』(2003년 1월 3일) 참조.

고 있기는 하지만, 정치적 영역을 비롯하여 일선 교육 현장과 가정에 이르기까지 반민주적인 권위주의적 색채가 짙게 물들지 않은 곳은 거의 없는 실정이다. 요컨대 ― 조금 과장되게 표현해서 ― 사회의 전 영역에 걸쳐 권위에 대한 맹목적 추종이나 권위주의적 행동 방식은 하나의 일상화된 관행이 되어 버린 것이다. 동시에 이러한 상황은 우리가 이룩해 놓은 민주 사회의 기본 틀을 훼손시키는 것은 말할 것도 없고, 앞으로 탈권위주의 사회 및 정의로운 인간 해방 사회를 구현해 나가는 데 커다란 장애 요소로 작용하기에 이르고 있다.

물론 탈권위주의적 시대 흐름과 맞물려 ― 아직 전면적인 양상으로 발전하고 있지는 않지만 ― 그간 우리의 삶을 지배해 온 왜곡된 권위와 그에 기초한 권위주의 체제에 대한, '아래로부터의' 본격적인 반성과 비판이 가해지고 있기도 하다.[5] 이러한 사실은, 현재 한국 사회가 권위주의에 대한 무반성적인 맹목적 추종의 경향과 반권위주의적인 비판적 자각의 흐름이 상호 혼재되어 있는 상태, 즉 겉으로는 근대적 시민 사회의 '외양'을 띠고 있지만 동시에 '내적'으로는 권위 지향적인 행태가 여전히 주된 삶의 양상으로 자리 잡고 있는, 과도기적 상황에 처해 있음을 말해 준다.

이 같은 현실을 고려하면서, 이 글은 과거 군부 권위주의 체제를 청산하고 민주적인 사회 체제를 건설해 나가고 있는 한국 사회 내부에, 한편으로는 사라진 줄 알았던 관료적 권위주의가 다소간 변형된 형태로 여전히 잔존해 있으며, 다른 한편으로는 전통과 인습에 기초한 '전근대적 형태'의 권위에 대한 맹목적 복종과 그에 따른 권위주의적 사유·행위 양식이 유력한 삶의 유형으로 우리 사회를 감싸 안고 있는 실태를 비판

---

5. 가령 '총선시민연대'의 정치 개혁 운동을 비롯하여 자율적인 시민운동 단체들을 중심으로 한 '새로운 정치 환경 조성 운동'은 권위주의에 뿌리를 두고 있는 기존 정치 풍토를 새롭게 바꾸어 보려는 시도로 이해될 수 있다. 또한 비판적 지식인들이 주도하고 있는, 권위주의적 풍조나 기관, 인물 등에 대해 신랄한 비판을 가하고 있는 현상 역시 '탈권위주의' 운동의 하나로 볼 수 있다.

적으로 고찰해 보고자 한다. 이를 위해 필자는 두 가지 종류의 권위주의 유형, 즉 '유사類似 관료적 권위주의'와 '전근대적 · 전통적 권위주의'를 개념적 분석틀로 활용할 것이다. 그럼으로써 정치적 차원 혹은 '체계'[6]의 관점에서 주로 이루어진 기존의 권위주의 실상에 대한 비판적 분석의 약점을 뛰어넘어, 정치적 차원뿐 아니라 일상적 삶의 수준에서 벌어지고 있는 권위주의 양태, 아울러 '생활세계'에 뿌리를 둔 권위주의적 사회 조직 원리가 정치적 · 경제적 영역에 침투하여 초래시킨 권위주의적 양상을 비판적으로 드러내 보일 것이다. 이로부터 탈권위주의(화)가 현시점에서 실질적인 민주화 내지 민주화 운동으로 규정되어야 할 규범적 및 현실적 필요성을 살펴보고, 나아가 탈권위주의가 일체의 권위에 대한 부정을 의미하는 것이 아닌 탈권위주의적 속성의 권위를 요청하고 있다는 점에서, 변화된 민주화 이후의 민주주의 사회에 부합하는 새로운 권위의 수립 필요성과 그 성격을 대략적이나마 개진해 볼 것이다.

2. 권위주의 유형에 관한 개념적 고찰:
유사 관료적 권위주의와 전근대적 · 전통적 권위주의

오늘날 권위주의는 민주주의 정치 체제나 권위주의 정치 체제, 전체주의 체제 등과 같은 주로 '정치 체제'[7]의 한 유형으로 다루어진다. 게다가 정치 체제의 핵심이 국가라는 점에서 다양한 국가 유형의 하나로서 취급되고 있기도 하다. 이처럼 정치 체제(국가)와 그것의 변동, 즉 체제 변동에

---

6. 여기서 말하는 '체계/생활세계' 개념은 하버마스의 '2단계 사회 이론'의 범주를 차용한 것이다. 2단계 사회 이론에 관해서는 S. Dietz, *Lebenswelt und System* (1993), 145-88쪽 참조.
7. 정치 체제란 "일정한 정치적 이념이나 가치를 바탕으로 정치엘리트와 대중이 보여주는 정치적 행위의 총체성"을 가리킨다. 진덕규, 『현대 정치학』(1993), 406쪽.

초점이 맞추어져 권위주의 형태가 구분되고 있는데, 특히 린쯔J. Linz의 구분 방식이 다양한 권위주의 유형을 이해하는 데 도움이 된다.[8]

이 글은 이처럼 정치 체제의 하위 유형으로서의 권위주의에서 출발하고 있기는 하지만, 그럼에도 권위주의의 개념적 의미를 정치 체제나 국가 유형에 국한하지 않으려 한다. 오히려 이 글에서 권위주의는 정치 · 경제 · 사회 · 문화 등 사회 전 영역을 아우르는 사회의 '조직 원리,' 사회의 '질서 원리' 혹은 사회 '운영의 원리'로서 '잠정적으로' 규정하고자 한다. 그러므로 권위주의는 경우에 따라서 특정 사회 집단의 조직 및 운영 원리로 쓰일 수 있으며, 나아가 그러한 원리에 따른 사유 및 행위 방식으로 사용될 수 있을 것이다. 이러한 맥락에서 일상적 어법에 따라 이해되고 있는 권위주의의 의미는 "권위에 대하여 맹목적으로 복종하거나, 권위를 휘둘러 남을 억누르려고 하는 사고방식이나 행동 양식"[9]으로 잠정 규정될 수 있을 것이다.

아울러 이 글은 권위주의의 다양한 유형과 형태 모두에 대해 개념 분석 차원에서 상세하게 살펴볼 계획이 없다.[10] 그것은 이 글의 목적을 벗어난 또 다른 큰 작업이다. 여기서는 한국 사회의 권위주의 실태를 비판적으로 검토해 보는 데 ― 필자가 주관적으로 판단하기에 ― 긴요하다고 생각되는 두 가지 유형의 권위주의에 대해 ― 제한된 전제 하에서 ― 개괄적인 개념적 고찰을 수행하는 데 그칠 것이다. 그리고 이러한 의도에서 필자가 한국 사회의 권위주의 실태를 분석하기 위한 개념적 도구로서 도입하려는 것은, 기존의 '관료적 권위주의'와 '전통적 권위주의'를 오

---

8. 린쯔는 정치적 다원주의와 정치적 동원의 기준에 따라 권위주의 유형을 다음의 7가지 유형으로 구분하고 있다: ① 관료 · 군부 권위주의 체제, ② 유기체 국가주의 체제, ③ 동원 권위주의 체제, ④ 아프리카형 권위주의 체제, ⑤ 인종 민주 체제, ⑥ 전체주의 이전의 권위주의 체제, ⑦ 탈전체주의적 권위주의 체제. J. Linz, "Totalitarian and Authoritarian Regimes"(1975) 참조.

9. 이기문(감수), 『동아 새국어사전』(1990).

10. 현대 권위주의 체제의 다양한 모델에 관한 개괄적인 논의로는 A. Perlmutter, *Modern Authoritarianism: A Comparative Institutional Analysis*(1981), 89-135쪽 참조.

늘의 변화된 한국 현실에 맞추어 부분적으로 변형한 '유사 관료적 권위주의'와 '전근대적·전통적 권위주의'의 개념이다. 이러한 명칭 역시 필자가 잠정적으로 붙여 본 것이며, 이후 보다 세밀한 탐구를 통해 보다 적합한 명칭으로 바꿔 볼 생각이다. 여하튼 이러한 두 권위주의 유형을 한국 사회의 권위주의적 실태의 분석적 개념으로 차용하게 된 것은, 대략적으로 살펴본 한국 사회의 현 지형에는 그간 진행되어 온 제도적 민주화의 성과에도 불구하고, '두 차원'에서 권위주의적 질서 체계가 여전히 강고하게 자리 잡고 있다고 보이기 때문이다.

1) 유사 관료적 권위주의의 차원

군사 독재 정권 하의 한국 사회를 해명하기 위해 도입된 '관료적 권위주의'는 ― 거칠게 정리해서 ― 산업화와 민주화의 상호 연관(성)을 해명하는 과제와 관련하여 산업화가 진척됨에 따라 민주화가 구현된다는 립셋S. M. Lipset[11] 등의 주장에 대항하여, 오도넬G. O'Donnell 등이 제시한 반대 논변으로서 본질적으로 '국가 성격'에 관한 내용이 주류를 이루고 있었다.

주로 남미 아르헨티나와 브라질에서의 산업화와 민주화 간의 상관관계에 대한 분석에 의존하여 개진된 오도넬의 관료적 권위주의 이론에 따르면, 전통 사회에서 산업 사회로 빠르게 이행해 나가는 사회 체제는 민주적인 체제로 진척되어 나가기보다, 오히려 관료주의와 결합한 권위주의가 등장하면서 국가 주도의 관료적 권위주의 체제로 고착화되기 쉽다는 것이다.[12] 이 같은 논변이 80년대 군부 권위주의 체제가 이 땅을 지배하고 있던 시절에 도입되어 한국 사회의 국가 성격과 사회 현실을 해명하는 데 적용되었다. 그리고 이러한 개념틀에 의거하여 당시 한국 사

---

11. 이에 관한 상세한 내용은 S. M. Lipset, *Political Man* (1959) 참조.
12. G. O'Donnell, *Modernization and Bureaucratic-Authoritarianism* (1973), 1-48쪽 참조.

회를 관료적 권위주의 체제로 규정하고 이에 대한 다양한 비판적 분석이 이루어졌다. 물론 이 경우에도 관료적 권위주의 체제가 단순히 정치 체제나 국가의 한 유형에 국한되어 논의된 것은 아니었다. 이와 관련하여 특히 한상진은 관료적 권위주의를 '국가 조직의 차원'에 초점을 맞추어 제시했던 오도넬의 입장을 한국적 현실에 적용하는 과정에서 이를 국가론에 한정하지 않고 오히려 '사회 구조의 차원'에 확대 적용하여 다루고자 시도하였다.[13] 즉, 오도넬에 의해 제기된 '관료적 권위주의 국가 이론'이 주로 국가 형태의 측면에 초점을 맞춘 입장이었으며, 그것의 한국적 상황에로의 적용을 둘러싸고 이루어진 국내의 학문적 논의 과정에서도 주로 국가론의 차원에 한정하여 논쟁하는 경향이 강했던 것에 비해,[14] 한상진은 그것을 정치적 차원을 넘어 사회 구조의 차원으로 확장하여 새롭게 구성 · 적용하고자 하였다. 특히 그는 이 과정에서 하버마스J. Habermas의 '생활세계론'[15]을 오도넬의 관료적 권위주의 이론과 접목하여 '관료적 권위주의의 논리'가 생활세계의 영역에 침투해 들어가 야기하는 '병리적 현상'을 보다 구체적으로 적시함으로써, 한국 사회에 대한 관료적 권위주의의 분석틀이 지닌 적실성을 상당 정도 확인시켜 줄 수 있었다.[16] 이러한 문제의식과 접근 방식을 적극 수용하면서 필자 역시 관료적 권위주의를 국가 체제보다는 '사회의 조직 원리,' '사회 질서의 원리,' 그리고 '사회 운영의 원리' 등에 초점을 맞추어 보다 제한적으로 활용하고자 한다.

하지만 그럼에도 7-80년대 한국적 상황에 적용되었던 이 개념은 제도적 차원에서 명색이 민주화된 오늘의 한국 현실에 그대로 적용할 수는 없다고 생각된다. 가령 관료적 권위주의 체제로 규정된 7-80년대 당시에

---

13. 한상진, 『한국사회와 관료적 권위주의』(1988), 82쪽.

14. 국가론에 초점을 맞추어 권위주의를 논하면서 오도넬과 한상진의 관점을 비판하는 입장으로는 박광주, 『한국권위주의 국가론』(1999), 109-43쪽 참조.

15. J. Habermas, *Theorie des kommunikativen Handelns*, 2 (1981) 참조.

16. 이에 관해서는 한상진, 『민중의 사회과학적 인식』(1990), 262-6쪽 참조.

우리 사회의 지배 계급의 핵심을 이루고 있던 군부는 오늘날에는 더 이상 실질적인 정치적 지배 계급이 아니며, 군 본연의 역할에 충실한 지배 계층의 일부로서 자리 잡아 가고 있다. 또한 관료적 권위주의 이론에서 제시되고 있는 권위주의화의 요인들은, 과거 군부 독재 정권 시절에는 타당한 것이었을지 몰라도 지금의 민주화된 사회에 적용하기에는 엄청난 무리가 따를 수밖에 없다. 이 같은 예들에서 알 수 있듯이, 관료적 권위주의 이론과 개념은 현시점에서 이를 활용하기 위해서는 상당 정도 수정될 수밖에 없어 보인다. 보다 엄밀히 말하면 오늘의 상황에서 관료적 권위주의 이론을 적합한 분석틀로 사용하기 위해서는 철저한 '비판적 재구성'이 요구된다.

사정이 이러함에도, 이 글에서는 기존의 관료적 권위주의를 사회 질서의 기본 원리에 한정하여 개념 규정하고, 이어 현재의 권위주의적 사회 질서의 정도를 분석 진단하기에 적합한 내용만을 분리하여 정리한 '부분적이며 임시적인 수정'을 통해 이끌어 낸 권위주의 유형을 잠정적인 개념적 분석 도구로 활용해 보고자 한다. 국가 차원이 아닌 사회의 조직 원리나 질서 원리로 제한하고, 지금도 여전히 적용 가능한 기본적 특성들만을 선별적으로 되살릴 경우, 기존의 관료적 권위주의는 유용한 분석틀로 여전히 그 적실성을 유지할 수 있다고 보이기 때문이다. 마치 최장집이, 관료적 권위주의 이론이 과거 유신 체제 발생을 둘러싼 인과적 설명보다는 유신 체제의 통치 양식으로서 보다 큰 설득력을 지니고 있다고 평가하고 있는 것처럼,[17] 부분적으로 수정된 관료적 권위주의를 사회 질서의 원리로 한정할 경우에, 한국 사회의 권위주의적 사회 질서의 실태를 충분히 설명해 낼 수 있을 것이다. 요컨대 기존의 관료적 권위주의를 사회 조직의 원리(사회 질서의 원리)로서 이해하는 한, 그것은 현실 정치적·행정적 영역에서 국가 기구와 군대뿐 아니라 대기업, 이익 집단,

---

17. 최장집(2003), 69쪽.

노동조합, 나아가 학교와 같은 저변 조직에까지 확고하게 뿌리내리고 있는 현실에 대해 유의미한 해석과 조망을 여전히 가능케 한다는 점에서, 기존의 관료적 권위주의는 그것의 내용을 일부 수정할 경우 여전히 유효한 분석틀로 기능할 수 있다고 여겨진다. 그리고 이러한 부분 수정을 통해 도출된 분석적 도구로서의 권위주의 유형에 대해, 이 글에서는 잠정적으로 '유사 관료적 권위주의'[18]라는 명칭을 부여하고자 한다.

　그렇다면 오늘의 상황에서도 여전히 적실성을 갖춘 내용을 중심으로 재구성한 유사 관료적 권위주의의 기본 특징에는 어떤 것들이 있는가? 변화된 현실을 고려하여 재정리한 특징들[19] 가운데 첫 번째 것은, 유사 관료적 권위주의는 조직의 운영 방식과 결정 과정이 사회 성원의 의사, 즉 민의에 의거하기보다 기본적으로 관료 중심의 기술 합리성을 추구하며, 그로 인해 본질상 정치적인 문제들을 탈脫정치화시켜 버림으로써 기술적인 문제로 전락시켜 버린다는 점이다. 두 번째 특징은 민의를 대변하는 제도나 활동들을 크게 위축시키고 억압한다는 점이다.[20] 이로 인해 특히 선거와 정당 활동이 민중주의적 정치의 온상이 될 수 없을 정도로 이들에 대한 관료적 통제와 제약이 증대되며, 그 결과 대중이 정책 결정에 접근할 수 있는 통로와 수단들이 엄격히 제한을 받거나 통제되기가 쉽다. 세 번째 특징으로는 경제 성장과 더불어 사회 안정이 가장 핵심적인 통치 이데올로기로 등장한다는 점이다. 이는 사회 갈등이나 대립이 없어야만 비로소 조직의 목표가 효율적으로 달성될 수 있다고 보는 이데올로기와 본질상 동일한 것이다. 네 번째 특징은 권력의 정당성이 국민

---

18. 이는 관료적 논리와 국가 권력에 기초한 '반민주적인 정치적 권위주의'라고 할 수 있을 것이다.
19. 이에 관한 내용은 G. O'Donnell, "Tension in the Bureaucratic-Authoritarian State and the Question of Democracy"(1979), 291-4쪽; 한상진(1988), 225-8쪽; 정진영, 「관료적 권위주의 체제와 종속적 경제발전」(1983), 252-7쪽 참조.
20. 한국 사회의 경우, 특히 정당이 민의를 제대로 대변함으로써 특정 정당에 대한 지지 계층이나 계급의 입장과 이해관계를 관철시키는 노력을 기울이지 못하고 있다는 것이다. 이에 대해서는 특히 최장집(2004), 32-4쪽 참조.

으로부터 창출되기보다 위로부터 일방적으로 강요됨으로써 정당성의 결핍을 초래한다는 점이다. 그 결과 이러한 사태는, 정치적 권력을 정당화시켜 주는 힘의 원천으로서, 아래로부터 국민들의 의사를 수렴하고 대변하여 합의와 동의를 이끌어내는 민주적 절차와 제도의 부재로 귀착되기 쉽다. 끝으로 주목할 특징은, 조직 안의 제도화된 의사소통 과정을 단순히 지시 전달의 통로로 변형시킴으로써 진정한 의미의 민주적 대화를 사라지게 만든다는 점이다.

2) 전근대적 · 전통적 권위주의의 측면

형식적 · 제도적 차원에서 민주화를 이룬 후 실질적 민주화를 구현하고자 애쓰고 있는 한국 사회를 여전히 강건하게 휘감은 채, 그러한 시도의 발목을 잡고 있는 또 다른 권위주의 유형은 비합리적이며 전통 지향적인 속성을 담고 있는 '전근대적 · 전통적 권위주의' 이다. 이러한 권위주의는, 급속한 경제 발전과 민주화의 진전에도 불구하고, 일상적 삶의 영역 내에 깊숙이 자리한 채 한국인의 사유 방식과 행위 양식을 여전히 규제하고 조종하고 있는 것으로 보인다. 앞서 살펴본 유사 관료적 권위주의가 효율성과 기술적 합리성을 중시하는 체계(정치 행정 체계와 경제 체계)에 그 토대를 두고 있다면, 전근대적 · 전통적 권위주의는 그 뿌리를 — 하버마스적 관점에서 간과되고 있는, 하지만 매우 중요한 전통과 관습[21] 등이 자리하고 있는 — 생활세계(일상적 삶의 세계)에 두고 있다. 또한 급속한 산업화 과정에서 등장했던 관료적 권위주의가 민주화의 진척과 함께 상당 정도 약화되는 양상을 보이는 것과는 달리, 전통적 의미의 권위주의는 '민주화' 이후의 한국 사회에서는 강력한 사회 질서의 원리로서 여전히 작용하고 있다.

---

21. 이에 관해서는 P. Bourideu/L. J. D. Wacquant, *Réponse* (1992), 122-3쪽 참조.

이처럼 그 원천을 일상적 삶의 영역에 둔 전근대적 · 전통적 권위주의는, 대체로 서구 사회의 경우에는 산업화와 민주화로 요약되는 근대화 과정을 거치면서 사라져 버리는 경향을 보여 왔던 반면에, 한국 사회에서는 여전히 일상적 삶의 영역에 공고히 자리하면서 한국인들의 의식 구조와 행위 방식에 지속적인 영향력을 행사해 왔다. 이러한 권위주의는, 사실상 일찍이 베버M. Weber가 '권력'과 '권위(지배)'를 나눈 후 후자를 그 정당성의 원천에 따라 세 가지 유형으로 구분하여 제시한 전통적 권위, 카리스마적 권위, 합법적 권위[22] 가운데 특히 첫 번째의 전통적 권위를 중심으로 형성된 권위주의에 다름 아니다. 여하튼 이러한 유형의 권위주의에 대한 반성적 고찰은, 유사 관료적 권위주의를 중심으로 한 한국 사회 현실의 해명이 드러내는 한계를 어느 정도 보완해 줄 수 있을 것이다.

주지하다시피 기존의 관료적 권위주의나 그것이 약화되거나 변형된 유사 관료적 권위주의는, 주로 정치적 영역과 관료적 행정 영역 등을 중심으로 드러내는 권위주의적 병폐 그리고 그러한 권위주의 논리가 일상적 삶의 영역에 스며들어와 조직 원리나 운영 원리로서 기능함으로써 야기되는 병리적 현상들을 해명하는 데 유효한 기능을 수행한다.[23] 하지만 그러한 권위주의에 의거한 현실 분석에서는 체계가 아닌 생활세계 자체의 고유한 전통이나 관습 등에 기초한 권위주의가 초래하는 문제점을 간과하거나 지나쳐 버리기 쉽다. 예컨대 '일상적 파시즘'[24]으로 명명된 현상들 가운데 일상적으로 당연시되어 버린, 선배에 대한 순응적 태도나 남성 중심의 가부장적 사유 방식의 자연스러운 체화體化 등은 본질상 선통적 권위에 대한 무반성적 무비판적 추수와 수용으로 인한 것들이지만, 이러한 종류의 권위주의적 질서의 일반화는 기존의 권위주의 이론으로

---

22. M. Weber, *Wirtschaft und Gesellschaft* (1985), 122-4쪽 참조.
23. 한상진(1988), 225-6쪽.
24. 이에 관해서는 임지현, 「일상적 파시즘의 코드 읽기」(2002) 참조.

잘 포착, 해명하지 못하고 있다. 심지어 이러한 전근대적 권위주의 논리가 정부의 관료 조직에 침투하여 초래하고 있는 합리적 관료제의 왜곡화 — 정실주의나 특정 학파나 집단의 이익 집단화[25] — 등은 문제 자체로서 포착되지 못하고 있는 실정이다.

이러한 문제점은, 하버마스의 생활세계론과 오도넬의 관료적 권위주의 국가 이론을 비판적으로 결합하여 한국적 현실을 해명하는 분석틀을 확보해 낸 한상진의 시도에서도 그대로 드러난다. 이러한 한계는 사실상 하버마스의 생활세계론의 한계에서 비롯된 것이기도 하다. 왜냐하면 본래 하버마스의 '체계/생활세계 2단계 사회 이론'은 가령 체계의 관료적 행정 논리가 일상적 삶의 의사소통 영역에 침투해 들어와 다양한 병리적 현상을 초래하는 사태는 '생활세계의 내적 식민화'[26]로 탁월하게 해명해 내지만, 생활세계에 기초한 다양한 전근대적 · 전통적 논리가 자체에서 일으키는 병리적 현상이나 나아가 그러한 논리가 체계의 영역에 침투하여 일으키는 장애 등은 해명의 범위에서 제외되어 있기 때문이다.[27]

이 같은 사정을 염두에 둘 때, 생활세계에 그 기원을 둔 권위주의의 유형에 관한 이론적 탐구는 한국의 권위주의적 실태의 진상을 보다 정확하게 드러내 보여 줄 것이라 판단된다. 특히 현 단계에서 한국 사회의 권위주의적 병폐는 전근대적 권위주의에 의해 보다 더 심각하게 초래되고 있다는 점에서, 동시에 한 종류의 권위주의가 아니라 전근대적 · 전통적 권위주의와 유사 관료적 권위주의라는 두 종류의 권위주의가 서로 연계되어 보다 부정적인 악성의 권위주의 사회 질서 체제를 형성하고 있다는 점에서, 전근대적 권위주의 유형에 관한 비판적 성찰은 필수적이다.

---

25. 관료 사회가 학연과 지연 등을 중심으로 특정 학파나 집단이 권력화하는 사태를 가리키며, 그 구체적인 예로는 교육부 내 이른바 '진주마피아' 혹은 '서울사대파' 등의 특정 파벌을 들 수 있다.
26. J. Haberms (1981), 452쪽 참조.
27. J. Alexander, "Habermas' neue Kritische Theorie: Anspruch und Probleme" (1986), 92쪽.

3. 한국 사회, 탈권위주의 사회로 나아가고 있는가:
한국 사회에서 권위주의의 고착화 실태

앞에서 우리는 오늘날 한국 사회의 조직 원리 혹은 질서 원리(작동 원리)로서의 두 권위주의 유형을 살펴보았다. 그렇다면 이제 확인해 보아야 할 사항은 그러한 권위주의가 실제 한국 사회의 조직 원리로서 작용하고 있는가 하는 점이다. 이는 그간의 지속적인 민주화 과정을 통해 외견상 한국 사회가 탈권위적인 사회 체제로 나아가고 있다는 '현상적인' 진단이 실제로 그러한가를 확인해 보는 작업이라 할 수 있다. 그런 한에서 이는 이제까지 검토해 본 두 권위주의 유형에 의거하여 현재의 한국 사회의 권위주의적 실태를 경험적으로 분석, 확인해 보는 작업이 될 것이다. 겉으로 보기에는 탈권위주의가 사회 전개의 주도적인 흐름인 것처럼 보이지만 실상은 사회 전체에 권위주의적 질서가 온전하게 자리하고 있거나 오히려 사회 전체로 확산되어 나가는 사태, 이른바 '권위주의의 총체화'일 수 있기 때문이다.

그러므로 이러한 확인 작업을 수행해 나가기 위해, 이 글에서는 한편으로 '유사 관료적 권위주의'가 정치적 · 행정적 영역뿐 아니라 일상적 삶의 영역에 존재하는 다양한 조직, 집단, 제도 등에까지 부정적 영향을 미치면서 권위주의적 질서를 확대 재생산하고 있는 것을 확인해 볼 것이다. 다른 한편으로 '전근대적 · 전통적 권위주의'가 구체적인 생활세계 내에서 권위주의적 사유 및 행위 방식을 공고화할 뿐 아니라 나이가 정치적 · 행정적 조직과 제도 등에 침투하여 그것을 비민주적인 권위주의 양태로 왜곡시키면서 사회 퇴행적인 사회 운영 기제로 기능하도록 야기하고 있는가를 고찰해 볼 것이다. 당연히 여기에는 두 권위주의 유형이 맞물려 일으키는 권위주의적 병폐에 대한 경험적 분석 작업도 포함될 것이다. 다만, 지면상의 제약으로 인해 이 글에서는 가령 문화계나 종교계를 망라한 한국 사회의 모든 분야를 다루지 못하고, 그 가운데 필자가 비교적 중요하다고 '주관적으로' 판단한 몇몇 분야만을 중심으로 살펴보게 될 것이다.

1) 정치적·행정적 영역에서 관료적 권위주의의 흔적: 유사 관료적 권위주의의 잔존 및 부활의 조짐

잘 알려진 것처럼 권위주의는 기본적으로 권력과 맞닿아 있으며,[28] 그런 까닭에 전통적으로 권위주의는 정치적 권력과 가장 긴밀한 연관성을 지니는 것으로 이해되어 왔다. 이러한 사정을 고려하면서 우선적으로 한국 사회의 정치적·행정적 영역에서 벌어지고 있는 권위주의의 실상을 점검해 보면, 언뜻 보아 과거 군부 독재 정권 하에서 강건하게 구축되었던 관료적 권위주의 체제는 민주화의 진척과 함께 적어도 표면적으로 소멸되어 버리거나 혹은 잔존해 있다 해도 그 영향력의 강도는 현저하게 떨어진 것처럼 보인다.

하지만 과연 그러한가? 오히려 필자의 판단으로는, 한국 사회에는 소위 민주화된 이후의 민주주의 상황에서도 여전히 반민주적인 관료적 권위주의의 뿌리가 깊숙이 자리 잡은 채 그 부활의 조짐을 경고하는 부정적 현상들을 지속적으로 드러내 보이고 있다. 따라서 다소간 극단적인 경우에 한하겠지만, 형식적 차원을 넘어 실질적인 민주화가 제대로 진척되지 않을 경우에, 민주주의가 후퇴하면서 권위주의적 반동을 불러일으킬 수 있다는 점[29]을 유념해야 할 것 같다.

그렇다면 여전히 한국 사회의 정치적·행정적 영역에 잔존해 있는

---

28. 강준만, 「우리 마음속의 권위주의 체제」(1999), 15쪽.

29. 최장집(2003), 37쪽. 이러한 반동의 가능성을 엿보게 해주는 대목은 아직도 많은 국민들이 박정희 통치 시절을 긍정적으로 바라보고 있다는 점에서 확인된다. 하지만 최장집이 지적하는 것처럼, 독일의 나치즘은 민주주의 체제에서 선거라고 하는 민주주의의 방법을 통해 나타났다는 점에 주목해야 할 것이다.

관료적 권위주의의 흔적, 아울러 경우에 따라 그것의 부활의 조짐을 보여 주는 대목에는 어떤 것이 있는가? 이에 관한 대표적인 예로는, 참여 민주주의와 개혁적 진보를 표방하고 집권한 현 참여정부가 — 탈권위주의적 정치의 실천을 표방하고 실제로 그에 부합하는 가시적 성과를 내놓고 있음에도 불구하고[30] — 2004년 '신행정수도 이전 문제'를 통해 보여 주었던 비민주적인 '권위주의적 정치 행태의 부활 조짐'이다. 다시 말해 새로운 행정수도 건립을 둘러싸고 국민들 사이에 찬반 입장이 팽팽히 맞서 있던 상황에서, 참여정부가 행정수도 이전의 정당성을 내세우며 '진정한 의미에서의 국민적 합의 과정'을 생략한 채, 신행정수도 건립을 강행하고자 시도하는 대목[31]에서 목도할 수 있었던 것이 다름 아닌 유사 관료적 권위주의 행태의 잔재이다.

잘 알려진 것처럼 참여정부는, 여소야대의 16대 국회에서 보수 야당인 한나라당의 적극적인 동의하에 통과된 '신행정수도 건설 특별법'은 민의를 대변하는 입법 기관에서 가결된 것인 만큼 '국민적 합의'를 획득한 것이며 그런 한에서 행정 수도 이전이라는 정책의 추진은 아무런 하자가 없다는 입장을 견지하였다. 나아가 이제 와서 다시 국민적 동의와 합의를 얻어야 한다는 주장은 새로운 갈등과 혼란, 분열을 조장하는 것으로서, 여기에는 사실상 기득권 상실을 우려하는, 불순한 의도를 지닌 '수구 세력'의 모종의 딴지걸기식 음모가 개입되어 있다는 부정적 시각을 강하게 드러내었다.[32] 나아가 이 같은 시각에 입각하여, 행정수도 이전

---

30. 이에 관해서는 정혜구, 「참여정부와 탈권위주의」(2004) 참조.
31. 이 점과 관련하여 당시 국무총리인 이해찬은, "수도권 주민들의 수도이전 반대 여론에 대해 '지난 국회에서 특별법을 만들어 신 행정수도 건설을 추진하기 때문에 국민적 합의는 끝났다'며 '국민적 합의를 다시 하기 위해서는 현 특별법을 폐기하고 새로운 법을 만들어야 하기 때문에 혼란만 초래된다'고 덧붙였다."『한겨레』(2004년 7월 24일) 참조.
32. 이는 참여정부의 대통령 노무현의 다음과 같은 발언에서 뚜렷이 드러난다: "대통령에 대한 불신임운동, 퇴진운동으로 느끼고 있다"(7월 8일 인천지역 혁신발전 5개년계획 토론회 발언); "대통령 흔들기의 저의도 감춰져 있다"(6월 18일); "정부의 진퇴를 걸고 반드시 성사시켜야 한다"(6월 15일), 『한겨레』(2004년 7월 8일) 참조.『한겨레』의 경우도 이러

에 관한 찬반 논변의 대립[33]을 우리 사회의 진보적 전개를 희구하는 진보 진영 대 역사의 정체와 퇴행을 조장하는 수구 세력 간의 이념적 대결 구도로 해석하여,[34] 후자를 수구 반동의 음해로 비판하면서 신행정수도 이전 정책을 강하게 밀어붙이고자 시도하였다.

하지만 참여정부의 그러한 입장과 그에 기초한 정책 추진 방식은 설득력과 정당성을 지니지 못한 것이었다고 판단된다. 무엇보다, 행정수도 이전에 반대 입장을 표명한 진영에 대해 참여정부가 갖고 있던 시각은, 그 이전의 '탄핵 소추안 가결'을 국민의 의사를 대변한 것이라고 강변하며 자신들의 행위를 정당화하고자 했던 당시 야당들과 이를 지지한 수구 반동 세력의 관점과 '사실상' 대단히 유사한 것이라는 점에서, 정당성이 결여된 자기모순적인 것이다. 왜냐하면 당리당략적 차원에서 이루어진 탄핵 소추안 가결이 진정한 민의와 전적으로 배치된 결과였던 것과 마찬가지로, '신행정수도 건설 특별법'의 국회 통과 역시 국민의 참된 의사가

한 시각의 연장선상에서 행정수도 이전 반대론을 조선일보와 동아일보, 한나라당이 주도하는 정치적 공세로 보고, "국민투표가 최고의 합의과정이라는 것을 누가 인정하지 않겠는가. 하지만 한쪽이 이제 출발선에 섰으므로 전체 스케줄을 자기에 맞춰 다시 짜자는 것은 곤란하다"고 주장하면서 정권의 명운을 걸고 추진할 수밖에 없다는 논조를 펴고 있다. 이홍동, 「천도정치론」, 『한겨레』(2004년 6월 20일).

33. 오마이뉴스 고정 칼럼니스트 유창선은, "행정수도 반대론에 대해 노 대통령이 말하고자 하는 바를 한 마디로 요약하면, 기득권을 지키려는 조중동이 앞장서고 있는 대통령 불신임운동, 퇴진운동이라는 것"이라고 밝힌 후, 하지만 "결코 조중동만이 문제를 제기하고 있는 것이 아니"며 대통령의 그러한 시각은 "오히려 감정적 반대여론을 확대시킬 뿐"이라면서, 행정수도 이전은 "친노냐 반노냐에 따라 찬반이 나누어질 문제가 아니"라는 점을 분명히 하고 있다. 유창선, 「행정수도 이전은 친노-반노의 문제 아니다」, 『오마이뉴스』(2004년 7월 10일).

34. 이 점과 관련하여, 행정수도 이전에 관한 논쟁에서 이전을 찬성하면 친개혁적 왕당파로, 반대하면 반개혁적 귀족파로 치부되는 일종의 극단적 편 가르기는, "집권주의자들 내부에 존재하는 '진보 대 보수'의 구도를 '분권 대 집권'의 구도에 그대로 등치시킨 것"으로서 이는 사실상 집권주의자들 내부의 기만적인 주도권 다툼에 불과한 것이라는 비판적 해석이 제기되고 있기도 하다. 이러한 해석에 의하면 행정 수도 이전을 둘러싼 외견상의 이념적 대립 양상이 실제로는 진보/보수 간 이념 대립이 아님에도 그렇게 보이도록 만든 정치적 시각 혼란이라는 것이다. 이국운, 「행정수도 이전 찬반론의 함정들」(2004), 157-9쪽 참조.

반영된 그야말로 국민적 동의와 합의에 의거해 성취된 것이었다기보다
는, 당시의 다수 야당과 소수 여당이 각자의 정치적 이해관계의 차원에
서 상호 정략적으로 합의한 결과물에 지나지 않는 것으로서, 진정한 국
민적 합의를 담아내지 못한 것이었기 때문이다. 최장집의 표현을 빌리면,
이는 "대표된 정당체제와 대표되지 않는 사회 사이의 균열"[35]이 정치적
으로 표출된 셈이었다.

　게다가 탈권위주의적인 완결적 형태의 민주 사회의 구현을 향해 나
가고 있는 오늘의 시대적 상황에서 절대적으로 중시되는 것이 '아래로
부터의' 자유로운 토론과 논의를 통해 합의와 동의에 이르는 '민주적 절
차' 이다. 그러므로 정부가 추진하려는 주요 정책이, 아무리 명분이 있고
규범적 차원에서 정당하며 아울러 현실적인 효용성을 지닌 것이라 해도,
국민 다수의 지지와 동의를 얻어낼 수 없는 경우에는, 그러한 정부 정책
에 대한 재삼재사의 숙고와 검토, 폭넓은 여론 수렴과 대국민 설득 과정
이 필수적으로 요청된다. 그리고 필요하다면 국민적 합의를 도출해 내는
민주적 절차 과정을 거칠 때까지 정책 추진을 유보해야만 한다. 이러한
합리적이며 민주적인 절차와 단계를 무시하거나 불필요한 것으로 간주
한다면 — 실제로 현 참여정부는 '이라크 파병' 이나 '공공 아파트 분양
원가 공개,' '신행정수도 이전' 과 같은 중차대한 현안을 처리하는 과정
에서 이러한 권위주의적 정치 양태를 반복적으로 보여 왔다 — 결과적으
로 이는 과거 군사 독재 정권에서의 반민주적인 권위주의적 통치 방식과
다를 것이 없는 셈이 될 것이다.

　나아가 이러한 절차적 민주주의의 원칙이 준수되지 않은 채 정책 추
진의 정당성만을 강변하는 가운데 이른바 '밀어붙이기식' 의 '유사 관료
적 권위주의' 방식이 동원될 경우, 궁극적으로 이는 진보와 보수 양 진영
에서 전 국민적인 반발과 저항에 직면할 수 있을 것이다. 하지만 무엇보

---

[35]. 최장집(2003), 32쪽.

다 우려되는 것은 과거 부당한 방법으로 획득한 권력과 부를 놓치지 않으려고 발버둥치는 수구 반동적 세력에게 그야말로 새로운 명분과 논거를 제공해 주는 불행한 사태이다.[36] 역사적으로 단죄되고 추방되어야 할 그러한 반민주 세력은 이러한 상황에 편승하여 — 기득권 세력과는 무관하게 순수한 의도를 갖고 현 참여정부를 지지하지만 그럼에도 수도 이전에는 반대하는 다수의 민주적인 시민들 사이에 끼어들어 자신들의 이해관계를 관철시킴으로써 — 기득권을 지속적으로 유지할 수 있게 될 것이며, 그럼으로써 지속적인 사회적 부정의를 확산시키고 역사의 퇴행을 초래하게 될 것이다. 이러한 결과야말로 이제껏 온갖 난관을 뚫고 이룩해 온 민주화의 단절을 가져올 수 있으며 경우에 따라 민주주의의 심각한 위기와 '권위주의적 반동 체제의 부활'을 야기할 수 있다는 점에서 심히 우려하지 않을 수 없는 것이다.

끝으로 한마디 덧붙이자면, 이와 같이 역대 그 어떤 정권보다 개혁적이며 탈권위주의적 정권이라 할 수 있는 참여정부의 본질적 실태가 이럴진대, 권위주의적 고정 관념에 얽매인 채 여전히 기득권 유지에 정신이 없는 일부 수구 반동적 정치 세력과 정치 집단의 내적 상황이 어떠할지는 충분히 미루어 짐작할 수 있을 것이다.

2) 이념의 진보성과 삶의 보수성: 비판적 지식인으로서 교수 집단의 권위주의 양태

한국 사회가 외형상 탈권위주의를 지향하고 있는 것처럼 보이지만 실제로는 여전히 견고한 권위주의 질서 체계에 머물러 있음을 보여 주는 결

---

36. 이 점과 관련하여 한일장신대 교수 김동민은 2004년 6월 24일, 행정수도 이전 언론 보도 긴급 토론회에서, '조선일보는 천도론이란 과도한 봉건적 의미를 동원해 수도 이전에 대한 합리적 논의를 가로막아 행정수도 이전 자체를 방해하려는 저의조차 읽혀진다'고 주장하고 있다. 이에 관해서는 『한겨레』(2004년 6월 24일) 참조.

정적인 대목은 이른바 '비판적 지식인 사회'로서의 교수 집단의 권위주의적 양태에서 확인해 볼 수 있다. 사회 전 분야를 비판의 대상으로 삼으면서도 실제로 교수 사회 내부야말로 그러한 비판의 대상에서 거의 제외되다시피 한 가운데 공고한 위계질서를 갖춘 권위주의 사회로 남아 있기 때문이다. 특히 그간 한국의 교수 사회는 반민주적이며 권위주의적인 사회 체제를 비판하는 데 앞장서 왔다는 점에서 문제의 심각성은 더욱 클 수밖에 없다.

강의와 논문을 통해 권위주의적 한국 사회의 현실을 가장 신랄하게 비판하지만, 정작 개별 교수가 속해 있는 교수 사회 내부는 그야말로 비민주적인 권위주의적 · 서열적 관계의 온상이라 하지 않을 수 없다. 이러한 현실을 김덕영은 다음과 같이 적고 있다: "내 대학과 내 학과를 나온 내 사람을 교수로 임용한다는 사실은 대한민국 사람이라면 누구나 다 잘 알고 있다. 대학가에 동종교배와 근친상간의 결과 패거리 문화, 연고주의, 파벌주의가 한국의 대학들을 점령하게 되었다고 목이 터져라 소리쳐 봤자, 자기 목만 아플 뿐이다."[37]

이처럼 동종 교배와 근친상간을 통해 교수 사회 내부에 형성되어 있는 스승/제자, 선배/후배 관계를 중심으로 한 연고주의적 · 파벌주의적 관계는 자연스레 자유로운 토론과 논쟁을 고사시키며 치열한 비판 정신을 사라지게 만든다. 대신 서열적 · 위계적 내부 질서에 기댄 선배와 원로 교수의 목소리가 학문적 쟁점을 비롯한 다양한 사안의 최종 결론을 대신하게 된다. 또한 학교 차원이나 과 차원의 중요한 문제가 발생하는 경우에도 문제 해결의 방식은 자유로운 의사소통에 기초한 논의를 통한 절차적 민주주의 방식이 아니라 선임자가 주도하는 독단적인 결정을 통한 지시와 명령, 통보로 대체된다. 그러므로 이 같은 위계적 상황에서는 대학 내부의 실질적 질서 체계나 교수 사회의 내적 구조 역시 전근대적

---

37. 김덕영, 『위장된 학교』(2004), 267쪽.

권위주의 체제로 편재될 수밖에 없는 실정이다.

뿐만 아니라 교수 사회 내에서 교수 개인에 대한 평가나 권위 역시, 이론과 실천의 합치에서 오는 높은 인격성(도덕성)이나 탁월한 학문적 업적과 성과에 의거하여 이루어지는 것이 아니라, 서열적 관계의 높낮이나 경력의 길고 짧음에 의거하여 규정되곤 한다.[38] 상식적으로 생각해 봐도, 한국의 대학 현실에서 자신을 교수로 뽑아 준 대선배인 원로 교수의 견해나 입장은 곧 권위 그 자체로 귀결될 가능성이 매우 높으며,[39] 선임 교수의 부당한 지시나 명령에 대해 정당한 이의나 비판을 제기하기란 '사실상 불가능한' 것이 오늘의 교수 사회의 실상이다. 이러한 대학 사회, 교수 사회의 실태는 '교수 임용 동종 교배,' '실력보다 줄서는 문화,' '비판 없는 대학'[40] 등으로 요약되고 있는 바, 이러한 언명에서 드러나는 '패거리 문화' 야말로 교수 사회 내에서 이루어지고 있는 '전근대적인 권위주의적 질서 체제'의 무반성적 답습과 고착화를 여실히 보여 주는 것이다.

교수 집단의 권위주의적 양상은 집단 구성원들, 즉 교수와 교수 간의 관계에서 뿐 아니라, 교수와 예비 교수(시간 강사나 대학원생), 교수와 조교 간의 관계에서도 또한 드러난다. 가령 박노자가 지적하고 있듯이,

---

38. 이런 상황에서 학생들에 대해 교수가 지니는 권위 또한 높은 도덕성과 인격성 또는 탁월한 연구 업적과 강의 능력 — 다시 말해서 오늘날의 사회 질서에 적합한 문화 자본을 축적하고 전수하는 전문적인 자질과 능력을 갖춘 직업 과학자가 지니는 권위 — 에 기반한 것이 아니라, 교수라는 사회적 지위 그 자체에서 강제적으로 위로부터 주어진다. 하지만 이는 결국 진정한 권위로서 존중되거나 학생들에게 수용되지 못하고 있는 것이 오늘의 현실이다. 김덕영(2004), 214-5쪽.

39. 이와 관련하여, 68운동 당시 독일에서도 대학이 원로 교수들에 의해 지배되고 있다는 점을 강하게 비판하였다. 이에 관해서는 W. Krausharr, *1968 als Mythos, Chiffre und Zasur* (2000), 200쪽 참조.

40. 교수 임용과 연구 실적 평가에서 출신 학교와 인맥이 중요한 잣대로 작용하면서 학자의 연구 의욕을 꺾고 건전한 이론 경쟁을 기피하는 분위기를 조장하고 있다는 비판에 대해서는 강주화, 「[바로 서는 한국사회-패거리 문화] 전공보다 '줄서기 실적'」, 『국민일보』 (2004년 5월 2일) 참조.

대학 사회에서 교수와 조교 사이의 관계는 일종의 지배/예속 관계의 전형으로 자리 잡고 있음에도 불구하고, 대학 교수들 — 유럽의 사회 민주주의를 오래 경험한 진보적 지식인 대열에 속하는 교수를 포함하여 — 이 이를 비판적 현상으로 보기는커녕 너무나도 당연한 것으로 여기고 있는 현실은 권위주의가 얼마나 완벽하게 고착화되어 있는가를 보여 주는 단적인 사례이다.[41] 여기서 우리는 수평적 · 민주적 관계의 구현을 주창하고 수직적 · 위계적 사회 현실을 비판하는 교수 사회가 정작 자신이 속해 있는 교수 사회 내부의 권위주의적 관계는 전혀 비판의 대상으로 고려하고 있지 않다는 사실을 통해 권위주의 자체가 얼마나 우리의 일상적 삶 속에 고착화되고 일상화되어 있는가를 확인해 볼 수 있다. 동시에 비판적 지식인 집단으로서의 교수 사회의 권위주의적인 이중적 태도, 즉 "자신의 권위주의와 자신이 비판의 대상으로 삼는 권위주의는 다른 거라고 굳게 믿고 있"[42]는 태도를 엿볼 수 있다.

3) 진보적 '현상' 과 권위주의적 '본질' : 대학 사회의 권위주의

한국의 특수한 현실에서 초등학교와 중 · 고등학교는 순응적이며 타율적인 존재를 키워 내는, 권위주의적 사고방식을 주입시키는 획일화된 교육 기관이라고 종종 비판받아 온 데 비해, 대학은 그래도 민주적이며 보다 합리적인 인간관계에 기초하여 교육이 이루어지는 공간으로 이해되어 왔다. 그리고 그런 점에서 대학은 '탈권위주의적 의식' 을 형성시켜 주는 교육 기관으로 간주되고 있다.[43] 하지만 이러한 예상은 다음과 같은 비판적 지적을 접하고선 곧바로 깨지고 만다: "한국 대학가에 널려 있는 대

---

41. 박노자, 『당신들의 대한민국』(2001), 160-2쪽 참조.
42. 강준만(1999), 12쪽.
43. 이와 관련하여, 현재 우리 교육 현실은 '유교적 가치관' 에 의거하여 스승의 권위를 일방적으로 강조함으로써 창의성이 말살되는 중대한 교육적 문제가 야기되고 있다는 사실이 지적되고 있다. 김경일, 『공자가 죽어야 나라가 산다』(1999), 7쪽.

자보의 내용만 보면 '무한한 진보주의와 반체제성'으로 보기 쉽지만, 내부는 군대만큼이나 서열적이며 권위주의적이다."[44]

이처럼 함축적인 언명을 통해 짐작할 수 있듯이, 한국의 대학가 역시 강고한 권위주의 문화가 지배하고 있다. 이는 특히 대학 사회 구성원들 사이의 관계, 즉 교수와 학생, 조교와 학부생, 선배와 후배, 복학생과 재학생 등의 관계가 나이나 학번, 지위에 따른 전근대적 서열 구조로 형성되어 있다는 사실에서 확인된다. 예컨대 같은 과 선배와 후배 사이의 언어적 의사소통에서 드러나는 낮춤말과 높임말의 '부등호적不等號的 관계'는 선배와 후배 간의 관계가 주종적인 관계로 이루어져 있음을 보여 준다. 그렇지만 대학생들은 이를 너무나 자연스럽고 당연한 것인 양 받아들이고 있으며, 극복되어야 할 권위주의 문화의 잔재로서 제대로 인식하지 못하고 있는 실정이다. 이 같은 문제의식의 부재는, 꿈나무 학번(88년도 올림픽 개최 년도 입학생)이니 산소(2002) 학번이니 하는 다소 애교스러운 호칭 문화마저도 위계적 권위주의 문화의 산물이라는 사실을 간파하지 못한 채 자연스레 받아들이고 있는 현실에서 재차 확인된다.

대학 사회의 권위주의적 병폐는 '전근대적 권위주의'에 의해 초래된 것 말고도, '유사 관료적 권위주의'에 의해 또한 동시적으로 발생하고 있기도 하다. 즉, 대학(당국)과 정부 — 교육부를 중심으로 한 — 간의 수직적 관계를 통해서도 권위주의적 질서가 대학가에 공고하게 형성되고 있다. 예컨대 정부의 '국책 연구 사업'을 매개로 하여 교육부와 대학 사이에 맺게 되는 주종적·예속적 관계를 통해 권위주의 질서가 지속적으로 확대 재생산되고 있다. 누리(NURI) 사업, 산학 협력 중심 대학 육성 사업, 수도권 대학 특성화 사업과 같은 각종 국책 연구 사업을 통해 적잖은 경제적 지원과 혜택을 대학에 제공함으로써 대학의 발전적 변화를 유도한다는 것이 표면상의 취지이지만, 내부적으로 이를 통해 정부의 대학에

---

44. 박노자(2001), 150쪽.

대한 간섭과 통제는 더욱 강화될 수밖에 없는 것이 현실이다.

주지하다시피 진리 탐구와 치열한 학문적 논쟁의 장場으로서의 대학은 자율성과 창의성을 생명으로 삼고 있으며, 자유로운 의사소통 절차에 따라 학내·외의 대소사를 처리하는 참여 민주주의의 실천의 장으로서 그 역할을 수행해 왔다. 하지만 이처럼 '돈'을 매개로 한 지배/예속 관계는 의사소통의 논리에 따라 자율적으로 기능하는 대학의 본성을 효율성과 기술적 합리성, 생산성과 가시적 성과, 지시와 규제 그리고 준 강제적 복종이라는 관료적 행정 논리, 권위주의적 주종의 논리로 대체해 버리는 결과로 이어지고 있다. 그에 따라 대학 사회는 민주적 자율적 질서 대신 권위주의적 질서 체제의 공간으로 퇴행해 가고 있다.

이러한 부정적 귀결은, 함한희가 지적하고 있듯이, 21세기의 대학 발전 방안이 흡사 70년대 군부 권위주의 체제 시절에 시도되었던 20세기의 국토 개발 방식과 닮은꼴로 진행되고 있다는 점[45]에서 심히 우려하지 않을 수 없다. 정형화된 틀과 한정된 시간을 주고 주문식 생산 방법으로 만들어진 결과물은 가시적인 효과와 효율성은 뛰어나겠지만, 기초가 튼튼하게 구축된 뒤에야 가능한 최첨단 과학 기술 혁명이나 깊이를 더하는 인문 사회학의 발달은 기대하기 어렵다. 뿐만 아니라 학문적 연구의 전위가 되어야 할 교수를 비롯한 후속 세대 연구자들이 행정적 서류 작성이나 공무원 및 산업체 임직원들의 섭외에 엄청난 시간을 보내야 하는 등 준 행정 직원의 역할까지 수행해야 한다.[46] 이런 점에서 다소 과장된 표현이지만 정부가 주도하는 대학 발전 방안이란 사실상 대학 자체를 하나의 자율적·민주적 조직체로부터 명령과 복종으로 연결된 권위주의적·관료적 조직체로 변형시키는 것에 다름 아닌 것이다.

---

45. 함한희, 「국토개발식 대학발전안」, 『교수신문』(2004년 7월 19일).
46. 함한희(2004), 같은 면.

4) 가부장적 권위주의 전통의 존속: 가족 내 구성원 간의 수직적 · 권위주의적 관계

최근 들어 한국 사회는 남성 중심적 가부장제 질서가 서서히 무너지면서 사회 성원들 상호 간의 관계 또한 전통적인 상하 간 수직적 · 위계적 관계에서 자유롭고 평등한 수평적 관계로 이행해 가고 있다. 물론 그 성취 정도가 만족스러울 수준은 아니지만,[47] 그럼에도 연장자와 연하자, 상사와 부하 직원, 남성과 여성 간의 관계에서 보다 평등적이며 대등한 인간관계로 바뀌어 가고 있음은 주지의 사실이다. 이처럼 사회적 관계가 보다 합리적이고 민주적인 수평적 관계로 전환되어 나가고 있는 것에 발맞추어, 가족 내 성원들 간의 관계와 가족 내 의사 결정 과정 역시 보다 더 개방적이며 민주적인 상태로 변화해 나가고 있다. 그와 함께 가족의 가치관이나 가족 성원에 관한 인식의 측면도 보다 민주적이며 상호 존중적인 양태로 발전해 나가고 있다. 즉, 부부 관계는 상호 호혜적인 평등 관계로 빠르게 재편되고 있으며, 자녀들의 경우에도 각자의 입장이나 발언권이 강화되면서 개인적 권리나 결정권이 보다 더 존중되는 양상을 보이고 있다.

하지만 그럼에도 개별 가족 성원들의 '인식 및 의식'의 차원에서 빠르게 변화해 가는 것만큼, 실제 가족 내에서 가족 구성원들 사이의 관계가 '참된 의미'에서 상호 존중받는 대등한 수평적 관계로 전환되고 있는가에 대해서는 아직 '회의적인 시각'이 만만치 않다. 가령 울산대 동아시아연구센터의 설문 조사에 따르면, "나의 의견이 집안 어른의 의견과 대립될 경우라도 나 자신의 의견을 고수한다"는 문항에 대해 "대체로 그렇지 않다"가 약 40%, "그저 그렇다"라고 답한 경우는 약 30%, "전혀 그렇지 않다"가 대략 10%였다. 반면 "대체로 그렇다"와 "매우 그렇다"라고 응답한 경우는 약 16-7% 내외였다.[48] 아울러 "가족간의 의견이 일치하지

---

47. 이에 대한 비판적 논의로는 박노자, 『좌우는 있어도 위아래는 없다』(2002) 참조.

않을 경우에는 가장의 의견에 따라야 한다"의 항목에 대해서도, "대체로 그렇다"(45%), "그저 그렇다"(약 30%), "매우 그렇다"(10%)로 응답하고 있는 것처럼, 전체적으로 85% 이상이 여전히 가장이 실질적인 최종 결정권을 행사해야 한다는 인식을 지니고 있는 것으로 나타났다.

이러한 경험적 분석 자료에서 드러나고 있듯이, 민주화 이후의 시대에도 사회 구성의 일차적 구성 요소인 가족의 경우, 가족 관계나 구조에 있어서 '가부장적 권위주의' 전통과 그에 기초한 위계적 가족 관계가 여전히 끈질기게 자리하고 있다. 그에 따라 사안별로 차이가 있을 수는 있겠지만, 대체로 집안 내 대소사의 경우 '외형적으로는' 가족회의 등 의사소통의 절차적 과정을 거치지만 '실제로는' 남성 가장의 주도 하에 결정되는 양태가 여전히 주류를 이루고 있다.[49]

5) 민주화 운동 진영 내의 권위주의 실태

앞서 살펴본 바와 같이 사회 비판의 주요한 역할을 담당해 온 교수 사회가 그 내적 조직에 있어서는 공고한 권위주의 체제를 유지하고 있다면, 그간 한국 사회의 군부 권위주의 체제를 종식시키기 위해 수다한 어려움을 뚫고 줄기차게 민주화 투쟁을 이끌어 온, '민주화 운동 진영'은 어떠한가?

20대의 순수한 열정으로 80년대의 암울했던 군사 정권 시절에 온갖 시련을 겪으면서 민주화 투쟁을 감행했던 학생 운동권 조직의 경우에도, 기존 권력 계층 못지않게 운동권 지도 학생에 대한 호칭 문제나 의전儀典, 조직의 운영 등에서 수직적이며 서열적인 관계와 권위주의적 단면들을 보여 주었다는 것은 주지의 사실이다. 군부 권위주의 자체의 철폐를 내

---

48. 울산대학교 인문과학연구소 동아시아연구센터 편,『설문조사 분석자료집 : 한중일 3국 가족의 의사소통구조 비교』(2003), 143쪽.
49. 울산대학교 인문과학연구소 동아시아연구센터 편(2003), 144-5쪽.

걸고 치열한 투쟁을 전개했던 학생 운동권 내부 또한 권위주의적 조직 원리에 기대고 있던 측면들이 적지 않았던 셈이다.

그렇다면 기성세대가 중심이 되어 주도해 온 재야 운동권 진영은 어떠한가? 일률적으로 적용하여 말할 수는 없지만, 여기에도 예외 없이 생활세계적 전통과 관습에 기초한 권위주의 양태가 자리하고 있음을 엿볼 수 있다. 무엇보다 학연으로 맺어진 운동 진영 내 민주화 인사들 간의 관계는, '표면적으로는' 진보적 이념의 기치아래 형성된 수평적인 관계처럼 보이지만, 실제로는 선후배 간 위계적 관계로 공고화되어 있다. 이는 민주화 운동에 대한 입문 과정이나 이후 정치적 변절 과정 등에서, 학연주의에 기초한 위계적·권위주의적 관계가 주된 역할을 수행했다는 사실에서 확인된다. 이 점과 관련하여 박노자는, 주로 지식인이 중심이 된 한국의 민주화 투쟁에서 가장 치명적인 약점이 '학벌주의'였으며 이는 이념의 끈보다도 더 강고한 끈이라고 지적한다.[50] 이와 함께 그에 대한 사례로 소위 '정치 철새'의 전형으로 80년대 급진 학생 운동의 지도자였던 김민석을 예로 제시하고 있다: "(그의) 운동 입문의 동기는 자신의 계급적 위치의 문제도 아니고 진보적 사회이론에 대한 철저한 개인적 자각도 아닌, 솔선수범하여 훈화를 아끼지 않는 선배들과의 관계였다."[51]

그렇다면 이 같은 학벌을 매개로 한 선후배 간 위계적 관계에 대한 비판적 고발은 무엇을 말해 주는가? 이는 결국 반민주적 권위주의 체제의 타파를 위해 치열하게 민주화 투쟁을 진척시켜 온 운동권 진영 내부의 사회관계 역시 — 전적으로 그런 것은 아니지만 — 권위주의적 관계로 주조되어 있음을 보여 주는 것이다. 이와 함께 그러한 권위주의적 관계 형성에 절대적으로 기여한 매개체로서, 전근대적인 "학벌 학맥이 운동에 입문하는 경로를 제공하며 일종의 '보호막' 역할을 했던 동시에, 역시 궁극적인 '전환'(보수화)의 계기도 마련해 주곤 했"[52]음을 여실히 말

---

50. 박노자, 『하얀 가면의 제국』(2003), 266쪽 참조.
51. 박노자(2003), 265-6쪽.

해 준다. 더욱이 운동 진영 내에서의 이 같은 권위주의적 병폐는 현재 한국의 진보 정당 내에서도 이어지고 있는데, 그 단적인 모습이 복잡하게 얽히고설킨 학연 관계가 인선 등에 있어 주요 결정 요인으로 부단히 작용하고 있는 점이다. 이러한 실상은, 주류 사회의 학벌 구조가 진보 사회 내에서도 그대로 정착되어 버린다면, 한국 진보 진영의 탈계급화와 궁극적인 보수화, 주류 사회로의 포획을 의미하는 것이라고 박노자는 지적한다.

같은 맥락에서 강준만 역시 소위 '진보적 정치인'들의 행태를 비판하고 있다: "과거 진보를 팔던 이들이 대거 한나라 당에 몸담은 게 꼭 김영삼 탓만은 아니었다. 그들에겐 한가지 공통점이 있었다. 그건 그들 대부분이 서울대 출신이거나 거의 모두 SKY 출신이라는 사실이었다. 한국 사회에서 보수–진보의 구분보다 우선시하는 게 바로 학벌 이념이었을까?"[53] 이 같은 비판적 지적들은 이른바 이 땅의 진보적 지식인이나 운동권 인사들이 지니고 있는 이중성, 즉 이념적 차원에서의 급진성과 내재화된 일상적 삶의 보수성 및 뿌리 깊은 권위주의 성향이 갈등 없이 공존하는 실상을 보여 주는 것이다.[54]

---

52. 박노자(2003), 268쪽.

53. 강준만, 「한국 '기회주의'의 역사」(2004), 185쪽.

54. 이 점에 대하여 임지현은 다음과 같이 서술하고 있다: "일상적 삶을 지배하는 내재화된 규율이 기성 체제의 질서에 포섭되어 있다면 저항논리가 지니는 파괴력은 제한될 수밖에 없다. 일상적 삶 속에 깊이 침투되어 구조화된 과거의 문화는 역사적 유물론에서 흔히 생각하는 것보다 훨씬 더 집요하고 완강하다. 수사와 논리에서 가장 급진적인 운동 주체들이 왕왕 체제에 포섭되는 이유도 기본적으로 여기에 있다." 임지현, 『민족주의는 반역이다』(1999), 341쪽.

4. 맺는 말: 탈권위주의(화)로서의 민주화와 새로운 권위의 수립

1) 탈권위주의(화)로서의 민주화: 공정하고 정의로운 민주 사회의 구현

이제까지 살펴본, 사회 조직 원리 혹은 운영 원리로서의 권위주의와 그것에 바탕을 둔 권위주의적 질서 체계의 지속적인 존속과 고착화는, 사회 정의와 공정성에 기초한 진정한 의미에서의 민주 사회를 구현하는 데 결정적인 걸림돌이 되고 있다. 보다 구체적으로 말해서, 나이나 서열, 경력과 지위 등에 따라 개인들 간에 위계를 세우고 다시 거기에 의거하여 개인을 대우하고 평가하는 권위주의 사회 질서의 부정적 속성들은, 한국 사회가 ① 인간의 자율성과 주체성이 존중되고 개인들 간의 상호 대등하고 수평적인 사회관계가 보장되는 민주적 정의 사회, ② 특정 집단의 이익보다 사회 성원 전체의 이익이 보다 우선시되는 열린 공동체 사회, ③ 평등한 정보 공유에 기초한 자유로운 토론과 논쟁을 통해 사회적 현안이 검토되고 주요 정책이 결정되는 절차적 민주 사회, ④ 위로부터 강요된 것이 아니라 아래로부터 자율적인 성찰과 판단을 통해 그 자발적인 존중과 정당성이 확보된 이성적 권위가 확립된 사회, 요컨대 참된 의미의 민주 정의 사회로 이행해 나가는 데 있어서 주된 저해 요인으로 작용하고 있다. 그런 한에서 그러한 특성들은 반드시 극복되어야만 할 권위주의 체제의 유산이라고 할 수 있는데, 그러한 것으로는 서열적 학번 문화, 인간과 인간의 수직적 지배/예속 관계, 지시와 명령의 일방적 통로로서의 닫힌 의사소통 절차, 연고주의에 기초한 집단 특수적인 이해관계의 우위, 권위에 대한 맹목적 추종 성향 등을 들 수 있다.

이 같은 실태를 염두에 둘 경우, 오랜 기간에 걸친 민주화 투쟁을 통해 제도적 차원의 민주화를 이룬 한국 사회가 현시점에서 형식적 수준의 민주화를 뛰어넘어 '민주화의 생활화'라는 실질적 민주화, 곧 사회 성원들 각자의 일상적 삶과 의식구조 자체의 민주화를 이루기 위해서는, 그 전략적 실천 방안으로서 '탈권위주의(화)'가 필수적으로 요청된다. 말할 것도 없이 이러한 탈권위주의(화)라는 실천 방안의 핵심에는, 사회의 조직 원리이자 운영 원리로서의 다양한 유형의 권위주의 — 특히 유사 관료적 권위주의와 전근대적 · 전통적 근대주의 — 와 그에 기초한 사회 질서의 '전면적인 부정과 해체'가 들어서 있다.

그런데 이 대목에서 권위주의적 조직 원리의 영구적 추방으로서의 탈권위주의(화)란, 이제껏 민주적 사회 질서를 훼손하고 왜곡시켜 온 권위주의적 조직 원리 및 질서 원리를 영구히 추방하여 제대로 된 민주 사회를 구현하기 위한 실천적 투쟁이라는 점에서, 그것은 결국 한 단계 '업그레이드upgrade된' 민주화 운동인 셈이다. 이런 이유에서 군부 권위주의 체제를 제거하고 형식적 · 제도적 차원의 민주화를 이룩해 온 한국 사회가 이제부터 전개해야만 되는 제2의 민주화는 곧 '탈권위주의(화)로서의 민주화'를 가리키게 된다.

그렇다면 이러한 중요한 의미를 갖는 탈권위주의(화)로서의 민주화가 실현하려는 목표와 실천적 과제에는 어떤 것들이 있는가? 대략적으로 그것들을 목록화하면 다음과 같이 정리할 수 있을 것이다: 첫째, 권위주의적 질서 체계 내의 일반적인 인간관계, 즉 수직적 · 위계적 인간관계를 수평적 · 합리적 관계로 전환시켜야 하는 과제. 둘째, 지시와 명령, 복종에 기초한 일방적 의사 전달 통로를 자유로운 논의와 토론에 기초한 열린 민주적 의사소통으로 전환시기는 과제. 셋째, 제도적 · 형식적 차원에 한정된 민주화를 일상적 삶 그 자체의 민주화로 완성시켜 나가는 과제. 넷째, 전근대적 · 비합리적 연고주의에 기초한 '연줄망'을 근대적이며 합리적인 '시민 사회적 연결망'으로 대체하는 과제.[55] 다섯째, 학연/혈연

---

55. 이에 관해서는 한승완, 「'연줄망'에서 '연결망'으로」(2004), 106-8쪽 참조. 그리고 연줄망의 '사적 신뢰'에 대한 과도한 의존을, '공적 신뢰' 및 '저신뢰 사회'와 연결지어 한국 사회를 비판적으로 해명하고 있는 논의로는 F. Fukuyama, *Trust: The Social Virtues and*

/지연이라는 전근대적인 비합리적 사회 작동 기제를 합리적이며 민주적인 근대적 사회 작동 기제로 대체하는 과제. 여섯째, 효율성과 기술적 합리성, 생산성과 가시적 성과 등을 속성으로 한 관료제적 논리를 민주성과 가치 합리성, 절차적 보편성을 핵으로 한 민주적 논리로 전환하는 과제.

또한 이 같은 과제들을 완수해 나가는 과정에서 탈권위주의(화)는, 한국 사회가 근대적 사회라면 이미 타파되었어야 할 '학연/지연/혈연'이 여전히 사회 조직 및 운영 원리의 핵심부를 구성하고 있으며 동시에 그것이 권위주의 질서 체계를 존속시키는 전근대적 사회 운영 기제라는 점에서, 전근대 사회로부터 공정하고 합리적인 방식으로 작동되는 진정한 의미의 근대 사회로의 이행을 의미하게 될 것이다. 왜냐하면 가령 학연 중심의 연줄망 사회는 본질상 선후배라는 위계적 주종 관계에 기초한 것이며, 이는 다시 수직적 권위주의 질서 체제에 다름 아니라는 점에서,[56] 연고주의와 같은 전근대적 사회 운영 원리와 권위주의적 체제, 양자는 서로 긴밀한 선택적 친화성을 지니는 것이기 때문이다.

이상의 내용을 염두에 둘 때, 앞으로 한국 사회가 도달해야만 하는 보다 자유롭고 공정한 민주 사회는 탈권위주의적인 사회여야만 하며 그것을 이루기 위한 실천적 방안 역시 탈권위주의 운동이 되어야 함은 현시점에서 명백한 것처럼 보인다. 이 점은 과거의 역사적 경험을 살펴보더라도 확실히 그렇다. 예컨대 경험적 사례의 하나로서, 지난 60년대 유럽 사회에서 전개되었던 68운동을 보더라도, 탈권위주의(화)가 우리가 선택할 수 있는 최선의 실천 방안이라는 것은 자명해 보인다. 상당한 수준의 제도적·형식적 민주화가 진행되었지만, 그럼에도 여전히 견고한 권위주의적 사회 질서가 개인들의 의식과 행위를 강력하게 지배하고 있

---

the Creation of Prosperity (1996), 127-45쪽 참조.

56. 권위주의 사회 질서 체제란, 개인과 국가, 사적 영역과 공적 영역 사이의 간극을 시민 사회가 연결하지 못하고 사적 연고 집단을 기초로 한 배타적 연결망 집단이 메우고 있는 상태라 할 수 있다. 이에 관해서는 이재혁, 「위험과 신뢰 그리고 외부성: 한국의 시민사회 사례」(2000), 113쪽 참조.

던 서구적 사회 현실 속에서, 정치 및 문화 투쟁으로 촉발되었던 68운동은 기성세대의 권위주의에 대한 저항과 항거를 통해 그 당시까지 서구 사회와 문화를 지배하고 있던 세대 간·계층 간 수직적 상하 관계와 권위주의적 풍조를 일소하면서 수평적·대등적 관계와 개방적인 민주적 사회 체제를 정립할 수 있는 토대를 마련하는 탁월한 성과를 거둔 탈권위주의적 운동의 대표적인 성공 사례로서 평가받고 있기 때문이다.[57]

2) 새로운 권위 모델로서 '탈권위주의적 권위' : 비판적 성찰과 의사소통 절차에 기초한 민주적·이성적 권위

앞서 살펴보았듯이 한국 사회 도처에는 권위주의적 질서가 여전히 확고하게 자리 잡아 개인들의 의식과 행위에 지대한 영향을 미치고 있다. 더욱이 그러한 권위주의적 유산은 일상적 삶의 영역에 오랫동안 스며들어와 사회 성원들 속에서 체화되어 있는 까닭에, 그러한 권위주의적 질서 자체를 당연한 것으로 받아들이는 경향을 보여 주고 있다. 아울러 이 같은 부정적 상황은 우리로 하여금 하루라도 빨리 권위주의적 문화나 유산을 청산하고 극복하는 과제, 전면적인 탈권위주의(화)를 시급히 추구해 나갈 것을 요청하고 있기도 하다.

하지만 전면적인 탈권위주의를 시도한다고 해서, 그것이 마치 권위

---

57. 탈권위주의 운동으로서 68운동을 파악하는 해석 가운데 하나는 다음과 같다: 68운동의 기지에 깔려 있는 문제의식은 정치권력의 문제를 넘어 일상을 지배하는 규율 권력에 대한 문제 제기였으며, 여성에 대한 남성 지배, 정치권력을 강화해 주는 맹목적 애국심, 가부장주의의 온상인 가족 제도 등 그야말로 일상생활을 지배해 온 자연스러운 전제들이 68운동을 통해 의문시되고 부정되기에 이르렀다. 임지현(2002), 36쪽 참조. 이와 관련된 또 다른 해석에 의하면, 68운동은 무엇보다 사회 구성원으로서의 책임과 의무를 강조하는 수업 내용이 권위주의적 사회 질서를 유지하는 수단으로 전락해 버렸다는 권위주의적 교육제도에 대한 비판에서 출발하고 있다. A.-E. Buchrucker, *Aufstand gegen Autorität und Tradition. Die Studentenbewegung von 1968 als Kulturrevolution und ihre Auswirkung* (2000), 47쪽 참조.

일체를 부정하고 해체하는 것으로 이해되어서는 곤란하다. 만의 하나 일체의 권위가 제거되어 버린다면, 그 어떤 진리나 규범, 권력의 행사도 권위를 지니지 못하게 될 것이다. 그에 따라 진리와 거짓, 정당한 규범과 그렇지 않은 규범이 상호 구별되지 못한 채 뒤섞여 버림으로써, 우리가 믿고 따라야 할 규범이나 진리 체계 자체가 붕괴되면서 급기야 사회 자체의 유지조차 불가능하게 되어 버릴 것이다. 사정이 이러하므로 권위는 불가피하게 요청된다. 하지만 우리가 존중하고 받아들여야 할 권위는, 우리가 청산의 대상으로 삼고 있는 권위주의 질서 체제가 기초로 삼고 있는 이른바 '권위주의적 권위'와는 그 내용에서 질적으로 다른 것이어야 한다. 이런 한에서 우리가 추구하는 탈권위주의(화)란 어찌 보면 '탈권위주의적 권위'를 수립하는 실천적 과정이라 할 수 있다.

그렇다면 권위가 무차별적으로 남발·오용되고 있는 상황에서, 탈권위주의적 시대 상황에 부합하는 새로운 권위는 어떠한 형태의 것이어야 하는가? 우선 소극적 관점에서, 전통적 가치관에 의거하여 상급자나 연장자에게 우월적 지위를 부여하고, 하급자 등이 일방적으로 복종하는 형태로 주조된 권위는 배제되어야 한다. 다시 말해 위계적 질서나 강압적 힘 혹은 권력 등에 의해 강제적으로 부과된 권위는 거부되어야 하며, 철저한 비판과 성찰을 통해 자발적 존중과 추종을 가능케 하는 그러한 정당성이 검증된 권위여야 한다. 이는 보다 적극적으로 말해서, 사회 성원들의 이성적 판단과 그에 따른 자발적인 인정과 동의에 기초한 권위를 지향해야 하며 나아가 자유로운 논의와 토론 과정을 통해 권위의 정당성이 검증되고 그것의 수용 여부에 대한 사회 성원들 간의 이성적인 합의가 이루어진 그러한 권위라야만 한다. 그러므로 한마디로 새롭게 모색해야 할 권위는, 모든 억압과 왜곡으로부터 자유로운 대화와 논의를 통해 도달된 상호 이해와 자발적인 합의에 토대를 둔 '민주적·이성적 권위'를 가리킨다.

하지만 우리의 동의를 얻어 낸 권위의 경우에도, 외견상 동의를 얻어

낸 것일 뿐 내적으로는 강압적 요구나 폭력적 강제 혹은 그러한 분위기에 이끌려 마지못해 동의를 구한 것일 수 있다. 왜냐하면 우리가 추구하고자 하는 탈권위주의적 권위는 '정당성을 부여하는 인정'과 권위를 '근거 짓는 합의'가 아무런 외적 강제의 영향 없이 이루어질 수 있는 경우에만 가능한 것인데, 현실적으로는 그러한 인정과 합의가 강제적 권력과 밀접히 연계되어 이루어지는 경우가 비일비재하기 때문이다. 외견상 개인들 각자의 자유로운 의사에 따른 동의나 인정, 합의를 통해 권위가 이루어진 것처럼 보이는 경우도, 사실상 그 이면에는 폭력적 강제가 자리잡고 있는 경우가 수없이 많다는 것이다.[58] 요컨대 하버마스가 지적하고 있듯이, 우리 사회에는 권위로 포장된 '합법적인 폭력'[59]이 엄연히 존재하고 있다. 이런 점에서 일반적으로 흔히 권위라고 통용되고 있는 것들에 대해서는 치열한 반성과 비판을 통한 철저한 검증이 필수적이라 하겠다.

　이상의 내용을 고려할 때, 결국 탈권위주의 사회에서 통용될 새로운 권위 유형은, 우선적으로 반성의 힘과 비판을 통해 전통적 의미의 강제나 독단적 권력을 허물어뜨림으로써 정당성을 가장한 사이비 권위를 배제시킨 후,[60] 이어 자유로운 논의와 검증 과정을 통해 도달한 상호 이해와 합의에 근거하여 정당성을 인준 부여함으로써 성립된 권위가 될 것이다. 그리하여 우리는 새롭게 주조된 탈권위주의적 · 민주적 권위를 척도로 삼아, 정당성이 결여된 권위에 대한 맹목적인 추종으로부터의 탈출과 해방이 가능한 보다 민주적인 탈권위주의적 사회를 만들어 나갈 수 있게 될 것이다. 이런 한에서 탈권위주의적 권위를 수립해 나가는 과정은 합리적인 의사소통에 의거하여 자발적 동의와 합의를 확보해 나가는 민주적 절차가 사회 전반에 확고하게 뿌리내리게 만드는 과정으로서, 이는

---

58. A. Wellmer, *Critical Theory of Society* (1974), 50쪽 참조.
59. J. Habermas, "Universalitätsanspruch der Hermeneutik"(1971), 157쪽 참조.
60. J. Habermas, "Zu Gadamers 'Wahrheit und Methode'"(1971), 47-9쪽 참조.

곧 진정한 의미의 탈권위주의적 민주 사회를 실현해 나가는 과정이라 할 수 있을 것이다.

9. 개인의 이익과 국가의 이익:
상호 대립하는가 합치하는가?

1. 들어가는 말

한국 사회는 오랜 기간에 걸친 민간 및 군사 독재 체제의 존속으로 인해 개인의 권리와 자유가 현저히 유린당했던 뼈아픈 경험을 갖고 있으며, 그에 따라 '국가'라는 이름 아래 개인의 인권이나 기본권이 조금이라도 제약되는 사태에 대해서는 거의 본능에 가까울 정도의 거부감과 반감을 드러내는 반反국가적 정서가 널리 퍼져 있는 실정이다. 무소불위의 독재 권력에 항거하여 추동되었던 민주화 투쟁의 시기를 겪어 온 한국인이라면, 예외 없이 '국가주의statism'[1]와 국가 폭력을 통해 자행되었던 비민주적인 야만적 실상을 똑똑히 기억하고 있을 것이다. 그 같은 연유에서 많은 인문학자나 사회과학자들의 경우도 언론 매체나 연구물 혹은 강의 등을 통해 국가 권력의 부당한 남용이나 국가에 대한 맹목적 충성, 일방적 애국주의 교육 등을 중요한 논제로 삼아 비판적 논의를 개진하고 있

---

1. '국가주의'란 사전적 의미로 '국가를 최고의 조직으로 보는 정치원리'를 가리킨다. 박영사 편집부,『정치학대사전(증보판)』(1992), 185-6쪽 참조. 아울러 현시점에서 한국 사회의 국가주의 실태에 관한 개괄적인 글로는 권혁범,「'우리' 안의 국가주의」(2002), 17-36쪽 참조.

기도 하다. 이는, 형식적 민주화로부터 실질적 민주화로 이행해 가고 있는 한국 사회의 민주주의 발전 과정에서, 국가주의와 국가 폭력에 관한 치열한 비판적 통찰을 통해 이 땅에 다시는 그러한 불행한 역사가 되풀이되지 않도록 사회 구성원 모두에게 비판적 자각 의식을 심어 주려는 의도에서 비롯된 것이라 할 수 있다.

이렇듯 오늘의 한국 사회는 독재 체제의 붕괴와 급격한 민주화의 진행에 따라 개인의 권리와 자유의 보장 및 구현(수준)이 사회 전개의 '진보성'을 판단하는 핵심적 징표로 떠오르고 있으며, 그에 따라 국가나 국가 권력은 인권과 개인적 권리 실현에 걸림돌이 된다는 부정적 인식이 빠르게 확산되어 가고 있다. 이러한 현상은 개인들로 하여금 전적으로 사적 이익의 추구 및 관철에만 관심을 기울이게 유도하는 '신자유주의 논리'가 전면적으로 그 세력을 확대시켜 나가는 실태와 맞물려, 국가에 대한 부정성의 정도를 한층 더 고양시키고 있다. 신자유주의는 국가가 시장을 비롯한 개인들의 삶의 영역에 관여하거나 개입하는 사태를 반反민주적 처사로 간주하고자 하기 때문이다.[2] 그에 따라 작금의 한국 사회에서는 그 어느 때보다 국가나 민족을 비롯한 집단[3]에 대해 비우호적이며 심지어 적대적이기까지 한 성향이 점점 더 증폭되어 나가고 있다. 이와 함께 개인의 권리와 자유가 망라된 개인의 이익은 국가의 이익과 정면으로 대립·충돌하고 있으며, 국가는 개인의 이익을 추구 관철하는 데 중심적인 제동 장치라는 인식이 일반화되어 가고 있다.

이처럼 한편으로는 독재 정권 하에서 국가 권력의 남용에 따른 인권 유린 등의 폐해로 인해 국가에 대한 부정적 인식과 근본적 거부 의식이 점차 확산되어 가고 있으며, 다른 한편으로는 신자유주의 논리의 전일적

---

2. R. W. McChesney, "Introduction"(1999), 9-10쪽: A. Giddens, *The Third Way*(1998), 11-4쪽 참조.
3. 국가와 다른 집단들collectivities, 즉 사회, 공동체, 민족, 정부 간의 비교 및 차이(성)에 관해서는 A. Vincent, *Theories of the State*(1987), 22-32쪽 참조.

지배에 따라 시장 및 사적 영역에 대한 국가의 개입을 반민주적 행태로 인식하는 경향의 고조로 인해 반국가적 관념이 빠르게 퍼져 나가고 있는 상황을 고려하면서, 이 글은 비록 국가주의 및 국가 폭력, 부당한 국가 개입 및 조정에 대한 근본적 비판과 저항은 필수적이지만 동시에 현재의 한국적 현실에서 국가 및 국가 권력의 긍정적 역할과 소임 또한 함부로 무시되거나 경시되어서는 곤란하다는 사실을 설득력 있게 보여 주려는 데 일차적 목적을 두고 있다. 이를 위해 본 작업은 국가는 개인의 이익 추구에 걸림돌이자 결정적인 저해 요인이며 그런 한에서 개인의 이익과 국가의 이익은 상호 대립하고 있다고 바라보는 '현상적인' 시각은 극단으로 치우친 것임을 지적해 봄과 함께, 개인의 이익과 국가의 이익은 상호 대립하고 있으면서 동시에 근원적으로 합치하고 있다는 점, 요컨대 '대립물의 통일'을 이루고 있으며, 그런 한에서 개인의 발전은 국가의 발전과 궁극적으로 합치하는 것임을 보다 강력하게 개진해 보고자 한다. 그렇게 함으로써, 국가에 대한 일방적인 '부정적 · 거부적' 관점은 국가가 지닌 다양한 측면들 가운데 한 면만을 과도하게 강조함으로써 결과한 것이며, 그런 이유에서 국가의 부정적 측면뿐 아니라 긍정적 차원 또한 적확히 포착하여 파악하는 것이 국가 및 국가 권력을 보다 공정하게 균형적으로 인식하는 것임을 제언提言해 보고자 한다.

　본격적인 논의에 들어가기에 앞서, 한 가지 미리 밝혀둘 사항은 이 글에서 사용되는 '개인의 이익individual interest'과 '국가의 이익national interest'이라는 용어는 그 의미를 학적으로 엄밀하게 규정하기가 사실상 대단히 어려운 탓에,[4] 이 글에서는 '잠정적으로' 규정하여 제한적으로 사용코자 한다는 점이다. 즉, 개인의 이익은 단지 물질적 · 경제적 이익에만 국한되지 않으며 거기에는 개인의 존엄성과 자율성, 기본적 권리와 자유 등 규범적 내용이 함유된 '가치'까지 포함하는 것으로 간주하여 그

---

4. 이 같은 용어에 관한 엄밀한 '규정'의 어려움은 박정순, 「개인이익과 공익의 자유주의적 관련 방식」(2003), 204쪽 각주 2); 조셉 프랑켈, 『국익』(1991), 14-20쪽 참조.

의미를 규정하고자 한다. 아울러 국가의 이익 역시 "국가의 안전과 발전을 위해 국민이 한 덩어리가 되어 추구해야 할 이익"[5]이라는 사전적 의미에 한정하지 않고 좀 더 그 외연을 확장하고자 한다. 특히 '국가를 구성하고 있는 구성원 공동의 이익'이라는 성격과 그런 한에서 "국가를 구성하는 개인이나 개개의 단체, 계층 또는 일부 지역의 이익보다는 상위에 있으며 모든 것에 앞서서 추구되어야 하는 이익"[6]의 특성을 강조하고자 한다. 이와 함께 이른바 국익을 표면에 내세워 지배 계급의 집단적 특수 이익을 관철하려는 시도에서 드러나는, '사이비' 국가의 이익은 이러한 용어의 의미에서 제외시키고자 한다.

2. 민주주의 구현 과정에서 반反국가적 관념 및 정서의 확산 징후

1) 국가주의의 폐해로 인한 국가에 대한 적대적 · 부정적 태도의 공고화

국가주의에 의거하여 강행된 일제의 수탈적 식민 지배[7]에 이어, 반세기에 걸쳐 지속된 반민주적 민간 및 군사 독재 정권의 비인간적 통치를 받아오면서 한국 사회 전역에는 국가 최우선의 논리, 이른바 '국가주의'가 공고하게 뿌리 내린 가운데, 그 부정적인 영향력과 야만적 폭력성이 지속적으로 심화 · 확산되어 왔다. 국익이나 국가 안보, 애국심과 충성심을 내세워 개인의 인권과 기본적 권리를 제멋대로 유린하고 개인의 자유와

---

5. 동아출판사 백과사전부 편, 『동아원색세계대백과사전』(1982), 605쪽. 아울러 국가 이익에 관한 보다 상세한 의미와 내용은 J. N. Rosenau, "National Interest"(1979), 34-40쪽 참조.
6. 『Encyber 두산백과사전』(www.encyber.com), '국익' 참조.
7. 이에 관해서는 이나미, 「일제의 조선지배 이데올로기: 자유주의와 국가주의」(2003), 78-89쪽 참조.

사적 이해관계를 일방적으로 침해 · 훼손시켰던 국가주의 이데올로기는, 형식적 민주화를 거쳐 실질적 민주화를 향해 나아가고 있는 작금의 시점에서도 상당수 한국 사회 구성원들의 의식 구조를 장악한 채 그 야만적인 파시즘적 폭력을 여전히 휘두르고 있다. 한마디로 국가주의는 사회 구성원들의 의식 구조와 삶의 현장에 문화적 코드로 각인되어 삶의 일부로 편입 · 고착화됨으로써 그러한 이데올로기에 대한 의식적인 비판적 자각보다는 무비판적 · 무반성적 순응과 수용으로 이어지는 상황이 '마치 아무런 문제도 없는 것처럼' 자연스레 연출되고 있는 것이 현 한국 사회의 실상이다.[8]

그렇지만 그와 같이 열악한 상황에서도, 87년 6월 항쟁 이후에 빠르게 진척되어 온 민주화 과정을 통해 자율적 존재로서의 개인의 권리 및 자유의 소중함이 사회 구성원들 사이에서 확고히 자각되기 시작하면서 그것들의 보장과 구현이 민주화의 핵심 과제이자 화두로 부각되기에 이르렀다. 그에 따라 국가 중심주의의 해악과 참상에 대한 비판적 인식 및 통찰 작업이 삶의 영역 곳곳에 치열하게 전개되고 있다. 이는 한 고등학교 교사의 다음과 같은 언급에서 극명하게 드러난다. "난 국기에 대한 경례(맹세)를 하지 않는다. '국가의 이익'이라는 허상(…)을 위해 무조건 국가에 충성하고 국가를 위해 개인을 희생하라는 것은 국가주의이며 바로 전체주의이다. 차이를 차별로 정당화하고 그 차별을 억압하는 것은 그 차별을 통해 기득권을 유지하고자 하는 지배계층의 전형적인 이데올로기이다. (…) 그렇기에 난 국기에 대한 경례부터 하지 않기로 결심했던 것이다. 이것은 나 자신이 국가주의와 전체주의를 거부하는, 일상의 실천이라고 생각했기 때문이다."[9]

요컨대 실질적 민주화의 진척과 더불어 활성화되기 시작한, 국가 중심적 사고방식에 대한 비판적 성찰은 이처럼 여러 경로와 방식을 통해

---

8. 권혁범, 『국민으로부터의 탈퇴』(2002), 23쪽 참조.
9. 이용석, 「나 혼자 딛는 발걸음이 아니기에…」(2006), 212쪽.

표출되고 있으며, 그런 한에서 개인의 자율성과 존엄성에 대한 존중과 보장이 지닌 의미와 의의에 관한 성찰적 인식 또한 점차 심화되어 나가고 있다.[10]

그러나 국가주의에 대한 정당한 비판적 성찰 작업은 긍정적 결과만을 낳고 있는 것은 아니다. 그것은 의도했든 아니든 '국가 자체'에 대한 회의적 인식이나 근본적 부정으로 귀결되고 있기 때문이다. 다소 과장되게 표현하면, 개인의 권리나 자유, 이익을 조금이라도 훼손시키는 국가권력의 사용이나 작용은 곧바로 국가의 횡포나 국가 폭력의 자행으로 간주되면서 국가에 대한 전면적인 거부나 저항으로 이어지고 있다. 예컨대, "국가는 우리 사회에서 최고의 권위이며 최종적 심판자다. 따라서 그것은 도덕적 · 정치적 정당성의 최종 근거로 여전히 강력하게 남아 있다"[11]는 단정적 주장이나 "한국에서 국가는 이토록 전지전능한 존재여도 되는가? 국가는 언제라도 이와 같이 개인의 정신과 육체를 망가뜨리는 살인적인 폭력을 명령할 수 있는 것인가? (…) 한국에는 국가만 날뛰지 개인은 없다. 국가의 폭력만 있지 인간의 권리는 없다"[12]는 단언적 확신은, 국가 폭력과 국가주의 이념의 횡포에 관한 치열한 비판적 통찰의 수준을 넘어 국가 자체를 '폭력적 파시즘의 기제'로 간주하여 아예 배제해 버리거나 저항의 대상으로 고착시켜 버릴 가능성이 대단히 크다. 즉, 국가의 이름으로 행해지는 일체의 행태나 작용, 개입과 관여는 곧바로 국가 폭력의 자행으로서 해석될 여지를 강하게 남겨둔 채, 개인의 자율성과 국가의 개입을 상호 배타적인 대립 관계로 몰아가고 있는 것이다.[13]

이렇듯, 오늘의 한국적 상황에서는 국가와 개인, 국가의 이익과 개인의 이익은 서로 대립적인 것으로 인식되어 버림으로써 국가 및 국가 권

---

10. 이에 관한 주요 문헌으로는 임지현 외, 『우리 안의 파시즘』(2000); 박노자, 『당신들의 대한민국 1』(2001); 권혁범, 『국민으로부터의 탈퇴』(2002) 참조.
11. 권혁범, 『국민으로부터의 탈퇴』(2002), 31쪽.
12. 문부식, 『잃어버린 기억을 찾아서 — 광기의 시대를 생각함』(2002), 86쪽.
13. 김진석, 『폭력과 싸우고 근본주의와도 싸우기』(2003), 155쪽.

력을 적대시하는 분위기가 팽배해 나가고 있으며,[14] 일체의 국가적 조정과 개입을 국가 폭력의 행사로 간주하는 분위기, 국가 및 국가 권력을 파시즘적 기제로 해석하는 풍토가 빠르게 퍼져 나가고 있는 실정이다.[15]

2) 신자유주의 논리의 전면적 지배에 따른 반국가적 관념의 확산

국가 권력 및 국가 행태에 관한 반감 및 부정적 태도는 신자유주의로 새롭게 재포장된 고전적 자유주의 이념의 부활과 맞물려 또한 고조되어 가고 있다. 주지하다시피 고전적 자유주의의 이념은 국가와 개인을 엄밀히 분리하여 국가의 역할은 질서 유지나 시민의 자유 및 자율권의 보호 등에 국한하고 있다. 개인들의 사적 삶의 영역에 국가가 관여하여 간섭하고 규제하는 것은 그 어떤 경우에도 해악이 된다는 이유에서다.[16] 이처럼 신자유주의를 통해 다시금 표출되고 있는 자유주의의 이념에서의 개인과 국가의 관계는 밀J. S. Mill의 다음과 같은 언명에서 극적으로 표현되고 있다: "국가의 가치는 궁극적으로 국가를 구성하고 있는 개인들의 가치이다."[17]

여기서 알 수 있듯이 고전적 자유주의나 그것의 새로운 각색본인 신자유주의는, 국가는 단지 개인과 개인의 삶을 보호하는 역할에 치중하는 이른바 '야경 국가' 혹은 '최소 국가'에 머물러야 하며, 개인의 삶이 영위되는 사적 영역에 가능한 한 관여하지 않은 채 개인들의 사적 행위 영역에서 벌어지는 모든 일의 책임은 개인들에게 맡겨야 한다는 입장을 고수하고 있다.[18]

---

14. 이명남, 「국가권력과 개인자유 사이의 바람직한 관계」(1998), 185쪽.
15. 김진석, 『폭력과 싸우고 근본주의와도 싸우기』(2003), 154쪽.
16. R. C. Macridis, *Contemporary Political Ideologies* (1989), 38쪽.
17. J. S. Mill, *On Liberty* (2005), 75쪽.
18. A. Vincent, *Modern Political Ideologies* (1995), 32쪽; 이명남, 「국가권력과 개인자유 사이의 바람직한 관계」(1998), 184쪽 참조.

이러한 '자유주의적 국가관觀'은 전체주의적 국가관과의 비교를 통해 그 특성이 보다 선명히 드러난다. 전체주의 혹은 국가주의에서 국가의 권력 및 이익은 개인의 권리나 이익에 비해 압도적으로 우월한 지위에 있다.[19] 이에 비해 고전적 자유주의에서 국가는 개인의 자유와 자율성을 일절 침해할 수 없으며 오직 개인의 권리와 자유를 보장하기 위해 존재할 뿐이다. 여기서 개인의 자유란 국가를 비롯한 외부로부터의 간섭이나 규제를 전혀 받지 않는 '소극적 자유negative liberty'[20]를 가리키는 바, 고전적 자유주의는 이러한 소극적 자유를 개인적 자유의 원형原形으로 간주함으로써 개인에게 도움을 주고자 하는 '선의'에 의한 것이든 또는 사회 공동의 이익의 관철이라는 '명분'에 의한 것이든 그 어떤 이유에서도 이러한 개인의 자유(소극적 자유)를 침해하는 것은 '악'으로 규정하여 단호히 배격하고자 한다.

이와 관련하여, 오랜 세월 국가의 이름하에 개인의 고유한 권리와 자유가 무분별하게 침해받아 온 한국 사회에서는, 국가의 폭력성과 야만성에 대한 비판적 자각의 '광범위한 공유'와 맞물려 신자유주의 이념이 빠르게 사회 전체를 지배해 나가는 상황에서 개인의 사적 이해관계 분야에 국가나 국가 권력이 관여하는 것을 거의 '반사적'으로 꺼려하는 분위기가 점점 더 팽배해져 가고 있는 실정이다.[21] 그에 따라 이와 같은 오늘의 새로운 자유주의적 시대 흐름은 "개인주의 가치관과 사회질서는 21세기를 지향하는 현 시점에서 전 세계적으로 수용될 수 있는 보편성을 확보하였다"[22]는 주장으로 표출되기에 이르렀다.

이처럼 한국 사회에서 개인주의와 개인주의를 전면에 내세운 신자유주의 사조가 시대적 흐름으로 정착되어 나가는 상황은, 한편으로는 개

---

19. 박찬승, 「20세기 한국 국가주의의 기원」(2002), 201쪽 참조.
20. 이에 관해서는 I. Berlin, "Two Concepts of Liberty"(2005), 169-78쪽 참조.
21. 이러한 입장을 강하게 개진하고 있는 주요 문헌으로는 민경국, 『한국경제, 자유주의에서 돌파구를 찾아라』(2007); 김정호 외, 『자유민주주의와 시장경제』(2005) 참조.
22. 박영조, 「국가권력 대 개인자유: 국제적 비교연구」(1998), 257쪽.

인의 자율성과 자유, 인권과 기본권의 중요성이 일반 대중들 사이에서
자각되어 사회적으로 인준 받게 되는, 발전적 민주화 과정의 일부라는
점에서 충분히 긍정적으로 평가할 수 있는 내용을 담고 있다. 하지만 다
른 한편으로는 사회 구성원들의 사적 영역에의 국가의 개입은 곧 개인의
권리 침해라는 '등식'이 개인들의 의식 구조에 각인되어 국가를 비롯한
공동체나 집단 일반에 관한 적대적 인식으로 표출됨으로써 국가에 의한
'정당한' 권력 사용이나 정책적 활동 일체에 대해서도 사사건건 대립 충
돌하는 사태가 초래될 가능성이 한층 높아져 가고 있다. 요컨대 국가의
작용을 통한 사회 공동의 이익 추구나 사회 정의의 구현이 필수적으로
요청되는 상황에서도 사회 구성원들은, '국가 이익의 증대는 곧 개인 이
익의 훼손 및 감소'라는 왜곡된 인식을 통해 정당한 국가의 활동에 제동
을 가함으로써, 국가의 원활한 기능과 작용이 저해되고 급기야 국가(사
회)의 유지 · 존속이 위험에 처하게 되는 사태에 직면할 수 있는 것이다.

　　이러한 진단은 단지 '기우杞憂'에 그치고 있지 않다. 이 점은, 개인들
각자의 삶이 이루어져 나가는 터전으로서 사회 공동체나 민족, 국가의
중요성에 관한 지각이 무뎌지고 무관심이 증대하면서 오직 개인의 권리
와 이익만을 고려하고 추구하는 — 개인주의의 일그러진 양상인 — 이른
바 '개인 이기주의'의 행태가 사회 전반에 걸쳐 보편화되어 나가는 작금
의 실상을 감안할 때 충분히 공감할 수 있다.[23]

　　가령 최근의 '한미 FTA 협정' 체결 과정은 외견상 '자신과 직접적으
로 이해관계가 없는 것처럼 보이는' 국가적 현안에 대해 우리 사회의 구
성원들이 얼마나 철저하게 무관심과 방관으로 일관하고 있는가를 단적
으로 보여 주고 있다. 만의 하나 그러한 협정의 체결이, 한국 사회로 하여

---

23. 서울 YMCA 청소년 사업부에서 서울 거주 고교생을 대상으로 실시한 통일문제 의식에 관
한 설문 조사에 의하면, '통일 문제나 남북 관계에 대한 관심을 묻는 질문'에 '관심이 없
다'고 응답한 인원(60%)이 '관심이 있다'고 응답한 인원(30%)의 두 배에 달했다.『한국
일보』(2004년 1월 2일).

금 새로운 '식민지' 상태에 놓이게끔 야기할 수 있는 가능성을 충분히 내포하고 있는 것이라면,[24] 그에 대한 치열한 반대 투쟁이 전 사회적 차원에서 전개되었어야 했지만 극소수의 관련 당사자들을 제외하곤 실천적 투쟁 활동에 참여한 이 ― 특히 80년대 민주화 운동을 주도했던 대학생들 ― 가 그리 많지 않았다. 이러한 현실은 과연 무엇을 말해 주는가? 그것은 개인의 '기본권' 차원을 넘어 '생존권'이 달려 있는 국가적 현안마저도 전혀 관심 및 고려의 대상이 되지 못한 채 개인의 권리와 이익의 관철과 보존에만 온통 신경을 곤두세우고 있는 철저하게 '왜곡된' 개인주의 사회의 실상을 단적으로 보여 주는 것으로서, 우리 사회에 국가에 대한 부정적 인식이 얼마나 광범위하게 퍼져 있는가를 여실히 보여 주는 것이다.

이상에서 드러나듯이 신자유주의 논리의 득세와 고전적 자유주의 이념에로의 회귀는, 개인들로 하여금 자신의 삶을 영위하고 꿈을 실현해 나가는 현실적 장場으로서의 국가 공동체가 식민지 상태로 전락하는 경우에는 기본적 권리와 자유조차 보장받을 수 없다는 사실마저도 제대로 인식하지 못하게 만드는 상태를 초래하고 있다. 그에 따라 국가 구성원으로서의 개인들은 각자의 이익과 권리를 추구하는 데에만 혈안이 되어 있는 까닭에, 국가는 개인의 권리와 자유를 비롯한 사적 이익의 추구와 관철을 저해하는 '폭력적 기제'로서 인식되고 있으며 그것이 갖는 긍정적 기능과 역할은 경시되거나 무시되는 '반국가적 철학 및 이념'이 한층 더 심화되어 가고 있다.[25]

---

24. 이는 이해영, 『낯선 식민지, 한미 FTA』(2006) 참조.
25. R. C. Macridis, *Contemporary Political Ideologies* (1989), 38쪽.

3. 국가는 과연 개인의 권리 및 자유, 이익 추구의 걸림돌인가?

1) 이제까지 살펴본 것처럼, 오늘의 한국 사회는 — 개인과 국가 사이의 관계에 주목할 경우 — 한편에서는 국가의 강압적 전횡과 폭력성에 대한 철저한 비판과 근원적 성찰의 수준을 훨씬 넘어서서 국가나 국가 권력을 폭력적 억압 장치와 동일시하여 국가의 이름으로 행해지는 일체의 국가 활동 및 작용을 부정 · 배척하려는 '극단적' 조짐을 보이고 있다. 다른 한편에서는 신자유주의 논리의 전면적 침투와 지배에 따라 대다수 개인들이 자신의 권리와 이익에만 관심을 기울임으로써 개인적 삶의 근본 토대인 국가(공동체)의 중요성이 간과될 뿐 아니라 심지어 개인의 이익 추구 및 실현의 주된 저해 요인으로서 국가를 바라보는, 국가에 대한 경계 및 불신의 풍조가 빠른 속도록 번져 나가고 있다. 이 지점에서 우리는 국가주의와 국가 폭력의 전횡과 참상을 통렬히 비판함으로써 국가 권력으로부터 개인의 자율성과 존엄성을 지켜내고자 시도하는 '진보적' 입장과 신자유주의에 기초한 자율적 시장 경제 체제의 확립을 통해 국가의 개입을 배제한 채 개인의 권리와 이익의 관철에 주력하는 '보수적' 관점이 서로 '절묘하게' 합치하고 있음을 확인하게 된다.

그렇다면 과연 국가나 국가 권력은 그처럼 개인의 권리와 자유를 유린하고 개인의 이익 추구 및 관철을 저해하는 파시즘적 폭력 기제라고 할 수 있는가? 과연 국가의 모든 활동이나 권력 행사를 소위 '국익'을 내세워 개인의 기본권과 자유를 제약하고 사직 이익을 수달하기 위한 국가의 폭력적 작용이라고 말할 수 있는가? 도대체 어떤 이유나 근거에서 개인의 권리 및 이익의 완벽한 실현을 위해 국가는 개인의 삶의 영역에 일절 관여하거나 개입해서는 안 되며, 그 기능과 역할을 근본적으로 최소화해야 하는가?

이러한 물음들에 답하기에 앞서, 먼저 지적해야 할 것은 구시대의 유물인 국가주의적 잔재에 대한 근본적인 제거는 말할 것도 없고 국가주의에로의 회귀 가능성 자체가 애초부터 완벽히 차단되어야만 할 것이며, 아울러 국가 권력의 부당한 사용 및 남용 또한 끊임없는 감시 하에 철저히 규제되어야만 한다는 사실이다.

하지만 그렇다고 해서, 국가나 국가 권력 자체를 '본래적으로' 개인의 존엄성과 자율성을 훼손하는 폭력적인 파시즘적 권력 기구라고 몰아치는 것은 극단적인 논리적 비약이자 편향적 사고라 하지 않을 수 없다. 정치적 정통성과 규범적 정당성이 결여된 국가 권력의 전횡이나 민주적 절차를 제대로 준수하지 않은 채 행사된 국가 권력의 반민주성과 무법성이 문제가 되는 것이지, 국가 권력 자체를 무조건적으로 적대시할 필요는 없는 것이기 때문이다.[26] 이러한 맥락에서 볼 때, 국가주의의 폐해로 인해 국가나 국가 권력 일체를 근원적으로 위험시하거나 거부하는 '진보적(혹은 급진적)' 입장과, '자유주의의 승리'를 외치며 개인의 권리 및 이익의 극대화를 주창하면서 국가의 개입을 '반反민주적' 행태로 규정하거나 몰아치는 '보수적(혹은 수구적)' 입장, 양자 모두는 — 국가에 관한 한 — 일면으로 지나치게 편향된 '극단적인 입론'이라 할 수 있다.

이러한 연유에서 지식인 계층과 시민 단체를 위시한 진보 진영 일부에서 개진하고 있는, 국가주의 및 국가 폭력에 대한 '근본적' 비판은 그 문제의식의 타당성과 비판의 정당성, 현실적 적합성에도 불구하고 일정한 경계선을 넘어 극단화할 경우 국가의 중요성은 차치하고 국가가 수행하는 기본적인 긍정적·생산적 역할과 기능마저 백안시하거나 불온시하는 이념적 편향의 오류를 범하기 쉽다. 이 점을 김진석은 다음과 같이 지적하고 있다: "국가에 관한 한 하나의 강박에 사로잡혀 있는 듯하다. 어떤 내용과 형식을 띠었든 국가의 이름이 조금이라도 들어간 '동원'은 모두 거부해야 한다는 강박. 한국사회에서 국가주의가 유별나게 강했다는

---

26. 이명남, 「국가권력과 개인자유 사이의 바람직한 관계」(1998), 185쪽 참조.

점을 생각하면 이러한 의지가 전혀 이해되지 않는 것은 아니나, 국가적 개입과 조정을 모두 통제된 동원이란 이름으로 거부한다는 것은 강박적 근본주의에 가깝다. 맹목적 국가주의가 설익고 위험한 것인 만큼, 그런 맹목적 근본주의도 마찬가지로 위험하지 않을까?"[27]

결국 국가를 "과도하게 성장한 국가의 권력기구가 위로부터 파시즘을 강제하는 정치적 기제"[28]로서 간주하여 비판하는 해석은, 국가주의의 폭력성과 반민주성을 폭로하고 경계하는 치열한 비판적 통찰로는 전적으로 수용될 수 있지만, 국가 및 국가 권력 자체를 폭력적 억압 장치로 간주하여 근본적으로 배제시키려는 시도로는 용납되기 어렵다. 가령, 민족 지상주의나 폐쇄적 민족주의가 위험하다고 해서 '민족주의' 일반이 불온시 될 수는 없으며 현시점에서 수다한 한계는 있지만 '열린 괜찮은 민족주의'도 추구될 수 있기 때문이다.[29] 사정이 이와 같음에도 국가 권력을 오로지 국가의 이익만을 중시하여 개인의 권리나 이익을 착취하는 데 주도적으로 기능하는 폭력적 수탈 장치로 파악하려는 접근 방식은 성급한 논리적 귀결일 뿐 아니라 극단적으로 치우친 편향적 사유 방식의 산물에 지나지 않는다.

2) 상품의 논리에 다름 아닌 신자유주의 논리가 모든 삶의 영역에 무차별적으로 침투해 들어와 전일적으로 지배해 나가고 있는 한국적 상황에서, 국가의 기능과 작용이 개인의 이익을 추구하고 실현하는 데 결정적인 제약적 요인으로 작용하고 있다고 진단하는 — 신자유주의로 새롭게 외피를 두른 — 고전적 자유주의의 이념에 기초한 자율적 시장 체제 옹호 논변 역시 국가가 지닌 다양한 측면과 성격을 제대로 고려하지 않은 채 개인(의 이익)과 국가(의 이익) 간의 대립적 차원에 전적으로 초점을 맞추

---

27. 김진석, 『폭력과 싸우고 근본주의와도 싸우기』(2003), 154쪽.
28. 임지현, 「일상적 파시즘의 코드 읽기」(2002), 40쪽.
29. 김진석, 『폭력과 싸우고 근본주의와도 싸우기』(2003), 163쪽.

어 국가를 파악하는 극단화된 편향적 입장이라 할 수 있다.

이 점과 관련하여, 개인의 권리 실현이나 이익의 성취에 관한 한 국가가 수행하는 역할과 기능에 있어서 그 긍정적 측면은 얼마든지 확인하여 제시할 수 있다. 무엇보다, 자유의 의미가 ― 고전적 자유주의나 그것의 새로운 번안본인 신자유주의에서 중시하고 있는 ― '국가를 비롯하여 외부로부터의 간섭 및 구속의 배제'라는 의미에서 소극적 차원에 한정된 자유 개념으로부터 '자신의 이상과 꿈을 추구하고 구현함으로써 자아실현을 이룰 수 있는 능력'이라는 의미의 '적극적 자유'[30]로 전환되어 새롭게 규정될 경우에, 이를 현실화하고 구현하기 위해서는 국가의 역할과 기능이 필수적으로 요청된다.

더욱이 이러한 국가의 적극적 역할과 작용은 오늘의 자본주의 체제가 신자유주의 논리에 의해 주도되어 나가면서 개인들 간의 무차별적 경쟁이 더욱더 치열하게 전개되고, 그 결과 경쟁의 승자와 패자 간에 사회적·경제적 불평등이 심화되고, 급기야 양자 사이에 '지배/예속의 관계'가 형성·고착화되어 나가는 상황에서 그 중요성이 새삼 확인된다. 왜냐하면 그러한 상황에서 사회적 약자로서의 경쟁의 패자는 승자에게 예속된 삶을 살아가게 되면서 자신의 기본적 권리와 자유마저 상실할 수밖에 없는 '부정의하며 비인간적인' 사태에 직면하게 되는데, 이러한 상황의 타개는 국가의 합당한 개입과 조정을 통해서만 비로소 가능하기 때문이다.[31] 사회적 불평등의 심화나 경제적 지배/예속 구조의 공고화로 인해 사회 구성원들 간의 갈등과 대립이 첨예화될 경우에 이는 자칫 마르크스주의적 의미에서의 계급 갈등 및 투쟁으로 이어져 국가 체제의 붕괴로 이어질 수 있는 바, 이러한 극단적 사태를 미연에 방지하고 모든 사회 구

---

30. '적극적 자유' 개념에 관해서는 I. Berlin, "Two Concepts of Liberty"(2005), 178-81쪽 참조.

31. '자유주의' 이념을 지향하면서도 개인주의에 함몰된 자유주의가 아닌, 집단주의적 성격이 적절히 가미되고 국가의 개입 및 조정이 강조된, 보다 개혁적인 자유주의를 추구하고자 한 '선구적' 자유주의 입론으로는 L. T. Hobhouse, *Liberalism* (1964), 4-7쪽 참조.

성원들의 기본적 권리와 자유가 보장되는 상태를 유지하기 위해서는 국가의 개입과 역할이 필수적이다.

이러한 사실을 고려할 때, 한국 사회에서 국가의 역할과 기능은 — 비록 과거 독재 체제 하에서 자행되었던 국가 권력의 무차별적 남용으로 인한 인권 유린 및 개인적 자유의 말살이라는 악몽에도 불구하고 — 그 중요성과 필요성은 적어 보이지 않는다. 더욱이 서구 사회의 경우에는, 복지 국가 단계에서 실업자 수당을 비롯한 복지 부문에의 과도한 국고 지출로 인한 재정 부담이 급기야 '개인의 삶의 문제는 개인 본인이 책임져야 한다'는 고전적 자유주의 이념에로의 회귀로 귀결되어[32] '신자유주의' 체제가 등장하게 된 것과는 달리,[33] 한국 사회에서 신자유주의는 우리의 의도와 무관하게 일방적으로 그 수용이 강제된 것이라는 점 또한 '시장에 대한 국가의 개입 및 조정'을 비롯한 국가 권력의 적극적 행사가 긴요함을 말해 준다. 왜냐하면 복지 국가 단계를 거치지 않은 한국 사회로서는 '사회적 안전망'이 제대로 구축되어 있지 않은 상태에서 개인의 기본적 생존권이라도 제대로 보장하기 위해서는 — 서구 사회의 경우에 고전적 자유주의(에 기초한 자유방임적 최소 국가)로부터 수정 자유주의(에 기초한 복지 국가)로 이행해 나가는 과정에서 국가의 역할이 확대되었던 것처럼 — 국가의 기능과 역할이 중시되지 않을 수 없기 때문이다.[34] 가령, 실업 대책이나 최저 생계비 보장, 의료 보험 혜택이나 국민 연금의 보장과 같은 사회적 현안들은 개인의 차원에서 단독으로 처리하거나 감당하기 어려우며, 국가의 개입을 통해 해결되거나 조정해야 할

---

32. 이 점과 관련하여, '복지 국가의 종언'을 논하기보다는 복지 국가는 여전히 요청되고 있으며 이에 부합하여 현재 재구조화되거나 변형 혹은 이행해 나가고 있다는 취지의 논의에 관해서는 S. Svallfors/P. Taylor-Gooby (ed.), *The End of the Welfare State?* (2002) 참조.

33. 신자유주의의 등장 배경 및 특성에 관해서는 N. Chomsky, *Profit over People* (1999), 19-40쪽 참조.

34. 이명남, 「국가권력과 개인자유 사이의 바람직한 관계」(1998), 185-6쪽; 이근식, 「자유주의와 한국사회」, 61-2쪽 참조.

중요한 사회적 문제들이다. 게다가 신자유주의 논리의 전일적 지배로 인해 개인의 기본적 권리마저 박탈당할 수 있는 상황에서 국가의 관여나 개입에 대한 근본적 부정이나 전면적 거부는 민주화 투쟁을 통해 어렵게 확보한 개인의 기본적 권리와 자유의 '토대'마저 흔들리게 할 수 있다는 점에서 근본적으로 재고될 필요가 있는 사유 방식이라 할 것이다.

저간의 사정이 이렇다면, 신자유주의가 주도적인 시대적 흐름으로 안착되어 나가고 있는 한국적 현실에서 현대판 '만인 대 만인의 투쟁'[35] 으로서 국가 구성원들 간의 무한 경쟁을 통해 초래되는 '비인간적인' 사태를 사전에 방지하고 개인의 존엄성과 자율성, 기본적 권리가 안정적으로 보장되는 보다 '공정하고 정의로운' 사회 체제가 유지되기 위해서는 사회적·경제적 영역에 대한 국가의 공적 개입과 정당한 관여를 포함한 국가의 보다 주동적인 역할과 기능이 ― 그렇지 않은 경우보다 ― 바람직스러운 것으로 평가될 수 있는 것이 다름 아닌 오늘의 한국적 상황이라 할 수 있다.[36]

4. 새로운 인간관에 기초한 '개인의 이익과 국가의 이익 간 상호 관계': 대립물의 통일

이제까지의 논의를 통해 검토해 본 바와 같이, 작금의 한국적 상황에서 개인의 기본적 권리와 자유를 비롯한 개인의 이익이 제대로 관철되기 위해서는 ― 비록 그 폭력성을 비롯한 숱한 문제점과 한계를 드러내고 있기는 하지만 그럼에도 ― 국가 권력의 작용과 기능이 불가피하게 요구되고 있으며, 그런 한에서 국가 권력의 정당한 행사는 필수적이라는 사실

---

35. T. Hobbes, *Leviathan* (1996), 84쪽.
36. A. Heywood, *Political Ideologies* (1992), 23쪽 참조.

이 확인되었다. 아울러 이로부터 개인의 이익의 실현 및 보장이나 사회 공동의 이익의 확보라는 차원에서 정당한 국가 권력의 행사나 국가의 관여는 충분히 수용할 수 있는 타당한 근거와 이유를 갖고 있다는 사실 또한 드러났다.

그런데 이처럼 개인의 이익의 성공적인 관철과 구현은 보다 적극적인 국가의 역할과 기능을 통해 보장될 뿐 아니라 증대될 수 있다는 사실은 새로운 인간론의 관점에서 다시금 확인해 볼 수 있다.[37] 그러므로 여기서는 인간의 특성에 관한 새로운 철학적 논의, 즉 '인간중심철학'[38]의 인간관에 대한 논변에 의거하여 인간의 기본권과 자유를 비롯한 개인의 이익은 국가의 이익과 대립하면서도 근원적으로 통일, 합치한다는 점을 통찰해 보고자 한다.

이를 위해 아직까지 우리 철학계에 제대로 소개되지 않은 인간중심철학의 인간관을 대략적이나마 살펴볼 필요가 있는데,[39] 그에 따르면 인

---

37. 주지하다시피 '인간의 본질에 관한 규정'이 어떠하냐에 따라 철학사에 등장하는 수많은 철학적 입론들은 그 전체적인 이론 및 논의 개진의 틀을 다양하게 정립해 왔다. 가령 인간의 본성을 고정 불변적인 것으로 보고 있는가 아니면 조건과 환경에 따라 변화 가능한 것으로 보고 있는가에 따라 서로 상이한 입장이 구성·제시되고 있다. 전자의 경우에는 홉스의 사회 철학이 해당되며, 후자의 예로는 마르크스K. Marx의 역사 유물론을 들 수 있다. 이에 관해서는 H. Fink, *Social Philosophy* (1981), 21-37, 82-92쪽 참조.

38. 인간중심철학을 우리 철학계에 소개하는 일은 늘 부담감을 갖도록 하는데, 무엇보다 인간중심철학의 내용에 관해 제대로 검토해 보지도 않은 상태에서 그것을 '비철학적 에세이' 정도로 폄하해 버리거나 남한 사회에서 겉으로 드러나는 황장엽의 '현실적' 행적을 빌미로 '수구 반동적 철학'의 대표적 유형인 것처럼 선판단해 버리는 점에서 특히 그러하다. 하지만 그러한 태도는 근거 없는 편견과 선입견에서 비롯된 지극히 '비철학적인 자세'라 하지 않을 수 없다. 이런 이유에서, 필자가 바라는 것은 인간중심철학에 대한 철저한 비판적 검토를 통해, 그러한 왜곡된 선입견이 타파되고 아울러 그 철학이 충분한 설득력을 갖춘 고유한 독창적인 철학 체계로서의 자격 조건을 갖추고 있는가에 대해 냉정하게 평가받을 수 있는 기회가 주어졌으면 하는 것이다. 이와 관련하여 한마디만 보탠다면, 비록 낡은 평가 기준에 따른 것일 수 있지만, 만약 마르크스 철학이 여전히 진보적 철학 체계로서 간주될 수 있다면, 마르크스 철학을 비판적으로 재구성하여 제시된 인간중심철학 역시 그러한 기준에 비추어 최소한 수구 반동적 철학 체계는 아니며, 진보적 철학 체계로서 평가받을 수 있는 여지가 충분하다.

간은 본질적으로 '개인적 존재이자 집단적 존재'로서 규정된다. 이러한 새로운 인간에 대한 규정은 두 차원에서 그 의미가 구분된다. 우선, 개인적 존재와 집단적 존재는 각각 '개인으로서의 인간'과 '집단으로서의 인간'을 가리킨다. 다음으로, 인간의 두 '존재 방식'을 기준으로 하여 '개인적 존재'는 사회 집단의 생명 및 이익보다는 개인의 삶을 일차적으로 중시하며 살아가는 인간 존재를 가리키며, '집단적 존재'는 개인의 생명과 이익보다는 집단의 그것을 보다 중심적으로 고려하여 살아가는 인간 존재를 의미한다.

1) 개인으로서의 인간과 집단으로서의 인간

인간중심철학에서 집단적 존재로서의 인간은 무엇보다 개인들로 구성된 '사회적 집단'을 가리킨다: "인간은 집단적 존재이다. 집단이 생명의 주인으로서 집단의 생존과 발전을 위해 생명활동을 벌인다."[40] 집단으로서의 인간에 관한 이 같은 설명 방식은 본래 생명의 두 유형, 즉 '개인의 생명'과 '집단의 생명'이라는 구분 방식에 상응하여 이루어진 것이다. 여기서 생명이란 '가장 발전된 존재인 인간의 본질적 속성'으로서, 물질의 기본 속성인 자기 보존성이 일정한 발전 단계에서 생명체의 본질적 속성으로 표현되고 이어 마침내 인간의 본질적 속성으로 나타나게 된 것이다. 이처럼 생명체라고 불리는 고급한 물질의 '속성'으로서의 생명은 '실체'가 아닌 까닭에, 생명체의 생명 활동을 통해서만 그 성격과 수준이 파악될 수 있다.[41] 생명의 고유한 특징은 "살려는 요구와 이 요구에 맞게 합목적적으로 작용하는 힘"[42]인데, 이것들은 비록 타고난 것이지만 인간

---

39. 이 글에서 개진되고 있는 인간중심철학의 인간관에 관한 논의는 필자의 「인간중심철학의 인간론: 철학적 의의와 한계」(2004)의 '일부분'을 토대로 삼아 내용을 수정 · 보완하고 필요한 경우에는 첨언하여 재구성한 것이다.

40. 황장엽, 『인간중심철학 1: 세계관』(2003), 49쪽.

41. 황장엽, 『인간중심철학의 몇 가지 문제』(2003), 65-6쪽.

이 사회적 삶의 과정을 통해 획득한 사회적 의식과 결합함으로써 자주적 · 창조적으로 생명 활동을 전개해 나간다.

생명에 관한 이 같은 논의에서 핵심은 개인만이 생명을 갖고 있는 것이 아니라 그러한 개인들로 이루어진 '집단'도 생명을 갖고 있다는 사실이다: "개인과 개인의 생명이 결합되어 사회적 집단을 이루게 될 때, 사회적 집단은 개인의 생명과는 질적으로 구별되는 새로운 큰 생명을 지니게 된다."[43] 이러한 집단의 생명은 구체적인 현실에서 '민족의 생명'이나 '인류의 생명'으로 발현되는데, 인간중심철학에 의하면 이러한 생명에 의거해서만 인간(인류)은 세계의 주인으로서 영원히 존재하고 발전하면서 아름다운 세계를 창조해 나갈 수 있다. 비록 개별 인간의 생명은 유한하고 한계가 있지만, 개별 생명들이 결합하여 이루어진 사회적 집단의 생명은 무한하고 그 힘의 수준이 비할 수 없이 크다는 점에서, 영생하려는 인간 생명의 본성적 요구는 오직 '개인의 생명을 사회적 집단의 생명과 결부시킴으로써 실현될 수 있다'는 것이 인간중심철학이 내세우는 주된 이유이다.[44]

그렇다면 왜 인간중심철학은 이처럼 개인으로서의 인간 외에 집단으로서의 인간 개념을 제시하고 있을 뿐 아니라 또한 중시하고 있는가? 그것은, 세계에서 차지하는 인간의 지위와 역할을 높이기 위해서는, 개인의 힘으로는 불가능하며 개인과 개인이 결합된 인간 집단의 힘이 필수적이라는 이유에서다. 즉, "사회적 집단으로서의 인간만이 영생하는 무한한 생명력을 가질 수 있으며 세계와 자기 운명의 주인이 될 수 있다"[45]는 것이다. 이처럼 인간중심철학은 "평화롭고 자유로운 새 세계를 건설할 데 대한 인류의 염원은 (⋯) 전체 인류가 긴밀히 협력하고 협조하는

---

42. 황장엽, 『인간중심철학 3: 인생관』(2003), 61쪽.
43. 황장엽, 『인간중심철학의 몇 가지 문제』(2003), 67쪽.
44. 황장엽, 『인간중심철학의 몇 가지 문제』(2003), 261쪽.
45. 황장엽, 『인간중심철학의 몇 가지 문제』(2003), 43-4쪽.

원리에 의거하여 전 인류가 하나의 주체로 되어"[46] 진행함으로써만 실현될 수 있으며, 그런 한에서 인류 공동의 운명 개척의 주체인 '집단으로서의 인간'이 개인에 비해 우선시될 수밖에 없다는 논리를 펴고 있다. 가령 영화 〈투모로우*The Day After Tomorrow*〉[47]에서 그려지고 있는, '지구 온난화'로 인해 초래된 대재앙과 같은 인류 전체의 사활이 걸린 문제는 개인적 차원을 넘어 인류라는 '집단으로서의 인간'의 차원에서 해결하고 극복해 나갈 수 있는 문제라는 인식이 인간중심철학 전반에 깔려 있으며, 그러한 문제의식의 연장선상에서 '인간 운명 개척'의 주체는 집단으로서의 인간에서 확보되어야 한다고 주장한다.

　다른 한편으로 인간중심철학에서 집단적 존재로서의 인간에 대비되는 '개인적 존재로서의 인간'은 '개인으로서의 인간'을 가리킨다: "모든 개인이 자기의 생명을 가지고 있으며 자기의 삶의 요구를 실현하기 위하여 생명활동을 하고 있다는 점에서 인간은 개인적 존재이다."[48] 이렇듯 인간중심철학은 앞서 살펴본 것처럼 집단으로서의 인간을 개인으로서의 인간에 비해 '상대적으로' 중시하고 있기는 하지만, 그럼에도 개인을 떠난 집단이 존재할 수 없음을 강조함으로써 개인들로 이루어진 집단과 개인, 양자가 상호 보완적으로 동등하게 중요하다는 점을 분명히 하고 있다: "개인의 생명의 자유로운 발전을 떠나서는 사회적 집단의 공동의 생명을 발전시킬 수 없지만 사회적 집단의 공동의 생명을 발전시키지 않고서는 개인의 생명을 위대한 집단의 생명의 수준에까지 끌어올릴 수 없다."[49] 요컨대, 집단을 이루고 있는 사회 구성원으로서 개인들의 요구

---

46. 황장엽, 『인간중심철학 1: 세계관』(2003), 47쪽.
47. 과학적 가설을 바탕으로 지구 온난화가 초래할 끔직한 인류의 대재앙을 담아낸 작품으로서, 온실가스 배출을 규제하는 '교토의정서' 비준을 거부했던 부시 정권에 대한 비판적 메시지가 담겨 있기도 하다. 2004년 작품으로 감독은 독일 출신의 롤랜드 에머리히R. Emmerich이다.
48. 황장엽, 『인간중심철학 1: 세계관』(2003), 101쪽.
49. 황장엽, 『인간중심철학의 몇 가지 문제』(2003), 68쪽.

와 힘이 집단 자체의 요구와 힘의 토대가 되고 있으며 개인의 생명과 생명이 견고하게 결합되지 않고서는 집단 자체의 '생명' 또한 유지될 수 없다는 사실에 의거하여, 집단으로서의 인간 못지않게 개인으로서의 인간의 중요성을 '원리상' 균형적으로 동등하게 고려하고 있다. 이러한 연유에서, 인간중심철학의 인간론은, 사회적 집단의 견고한 생명력은 집단을 구성하고 있는 개인들의 자발적이며 헌신적인 노력과 희생 아울러 창의적 노력 없이는 유지될 수 없다는 점을 정확히 인식하고 있는 셈이다.

2) 인간 '존재 방식'의 두 차원에 상응하는 개인적 존재로서의 인간과 집단적 존재로서의 인간

인간중심철학에서 집단적 존재는 인간이 취하는 '존재 방식'의 두 차원, 즉 집단을 이루는 개별 구성원이 '자신의 이익을 우선적으로 고려하여 살아가는 삶의 방식'과 '사회 집단의 이익을 일차적인 것으로 고려하고 추구하는 존재 방식' 가운데 후자를 중심으로 하여 살아가는 '인간 존재'를 가리키기도 한다. 다시 말해 집단의 생명이야말로 개인의 생명의 근본 토대이며 인간 운명 개척의 주체는 궁극적으로 사회 집단이라는 사실에 의거하여 사회 집단의 이익이 개인의 이익에 우선시되어야 한다는 자각을 통해 사회 집단을 이루어 살아가고자 하는 인간 존재를 '집단적 존재로서의 인간'의 의미로서 또한 제시하고 있다.[50]

인간중심철학에 의하면, 개인의 생존과 발전을 보장하려는 요구가 인간의 본질적 속성인 것처럼 집단의 생존과 발전을 보장하려는 요구도 인간의 본질적 속성이다.[51] 그런 한에서 집단적 존재로서의 인간은 사회적으로 서로 결합하여 살아가려는 인간의 존재 방식에 초점을 맞추어,

---

50. 이렇게 볼 때 집단과 집단적 존재는 엄밀히 구분된다. 즉, 집단은 '실체' 개념에 가까우며 집단적 존재는 실체의 '존재 방식'의 한 측면에 해당된다.
51. 황장엽, 『인간중심철학 3: 인생관』(2003), 149쪽.

인간 존재에 대해 이름 붙인 것 ─ 집단적 존재로서의 인간 ─ 이라고 볼 수 있다. 결국 사회적 집단을 구성하고 있는 한 성원으로서, 자신의 고유한 개별적 생명을 보존해 나가는 데 일차적 관심을 기울이는 존재 방식에 부합하는 인간 존재를 '개인적 존재로서의 인간'이라고 한다면, 사회 집단의 생명을 분유分有한 집단의 공동의 주인으로서 사회 공동의 이익을 자각하고, 자신의 이익에 앞서 그것에 우선적 순위를 부여하고 추구하는 존재 방식에 합치하는 인간의 개념이 다름 아닌 '집단적 존재로서의 인간'인 것이다.

아울러 이상의 논의에서 드러났듯이, '개인적 존재로서의 인간' 역시 두 차원에서 그 의미가 구분되고 있다. 그 하나는 앞서 살펴본 바와 같이 '개인'을 가리키는 경우이며, 또 다른 하나는 집단의 이익보다는 '자신의 생존과 발전을 실현하는 데 선차적인 이해관계를 갖고 살아가고자 하는'[52] 인간 존재를 지칭하는 경우이다. 이로써 우리는 개인적 존재로서의 인간이 맥락과 내용에 따라 한편으로는 '개인'으로, 다른 한편으로는 개인적 이익의 추구와 관철을 중심으로 살아가는 '인간 존재'로서 사용되고 있음을 확인해 보게 된다.

3) 새로운 인간관에 따른 개인의 이익 대 국가의 이익: 대립물의 통일

지금까지 우리는 인간을 '개인적 존재이자 집단적 존재'로서 규정하고 있는 인간중심철학의 인간관을 살펴보았다. 짧은 지면에 세세한 내용을 모두 담을 수는 없었지만, 대략적인 검토를 통해 드러난 내용 중 특히 이 글의 주제와 관련해 주목할 점은, '인간은 단지 개인의 이익만을 고려하고 추구하는 존재가 아니라 개인들로 이루어진 집단의 이익, 곧 민족이나 국가의 이익 또한 중시하며 살아가는 존재'라는 사실이다: "인간은

---

52. 황장엽, 『인간중심철학의 몇 가지 문제』(2003), 166쪽.

모두 다 자기의 특색 있는 개인의 생명을 지니고 있으며 자기 개인의 생존과 발전을 실현하기 위하여 생명활동을 한다. 이 점에서 인간은 개인의 생존과 발전을 요구하는 개인적 존재라고 볼 수 있다. 그러나 고립된 개인으로서는 생존할 수도 없고 사회적 존재로서의 특성을 지닐 수도 없다. 인간이 자연에 예속된 생물학적 존재의 처지에서 벗어나 자주적으로 살기 위해서는 반드시 사회적으로 결합되어 협조하지 않으면 안 된다. 이 점에서 인간은 사회적 집단의 생존과 발전을 요구하는 집단적 존재라고 볼 수 있다."[53] 실제로도 인간은 — 집단의 한 성원으로서 — 개인으로 살아가고 있으면서 동시에 집단을 이루며 살아가고 있다.

특히 태양의 폭발이나 소행성과의 충돌과 같은 전 지구적 차원의 재앙과 같은 위기적 사태 앞에서는 개인의 힘으로는 불가항력이며 오직 집단(인류 공동체)의 차원에서만 문제 해결이 가능하다는 사실을 고려할 때, 더욱이 지구의 멸망 등으로 인해 인간(인류) 집단이 존재하지 못할 경우에 개인의 삶 또한 존속될 수 없다는 사실을 염두에 둘 때, 인간은 자신이 속한 집단으로서의 국가 공동체의 이익과 중요성을 중시하지 않을 수 없으며 궁극적으로 국가의 이익과 개인의 이익이 서로 합치되는 방향으로 나아가게 된다는 점이 자연스럽게 이끌려 나온다. 인간의 존재 방식을 따를 경우, 개인의 권리와 이익만이 중요시될 수 없으며 개인들로 이루어진 국가라는 집단 역시 그 이익이 보장되어야만 한다. 국가의 이익이 제대로 보장되지 못할 경우, 그 안에서 살아가는 개인들의 이익 역시 보장될 수 없기 때문이다.

하지만 이처럼 인간중심철학이 개인으로서의 인간보다는 집단으로서의 인간을 보다 더 중시하고 있기는 하지만, 그럼에도 개인의 권리와 자유를 비롯한 개인의 이익을 소홀히 처리하고 있지는 않다는 점 또한 확인케 된다. 보다 나은 집단 — 그것이 민족 공동체이든 국가이든 혹은

---

53. 황장엽, 「인간의 본질적 속성에 관하여」(2002), 9쪽.

인류 사회이든 — 을 창조하고 건설해 나가기 위한 주체로 '집단으로서의 인간'의 역할이 중시되고 있기는 하지만, 그렇다고 해서 집단을 위해 개인의 생명과 권리가 일방적으로 포기되거나 희생될 수 있다는 것을 의미하는 것은 결코 아니기 때문이다.

　이상과 같은 논의 과정을 고려할 때, '개인'과 개인들로 구성된 사회적 집단으로서 '국가'의 관계는 다음과 같이 정리될 수 있다: 개인들로 이루어진 사회적 집단으로서 국가에 있어서, 그 구성 요소인 개인의 운명은 국가의 운명과 뗄 수 없이 통일되어 있지만 그럼에도 개인의 요구 및 이익은 국가의 요구 및 이익과 대립되어 있다. 이런 한에서 개인들로 이루어진 집단으로서 국가는 '대립을 내포하고 있는 통일'체라고 할 수 있지만, 이 경우의 통일은 절대적인 것은 아니다. 이는 국가가 '개인적 존재로서 인간의 특성과 집단적 존재로서 인간의 특성이 대립물의 통일을 이루고 있다'[54]는 사실을 말해 준다. 결국 '개인의 이익과 국가의 이익은 상호 대립하는가 아니면 서로 합치하는가?'의 물음에 대해서는 '잠정적으로' '개인의 이익과 국가의 이익은 서로 대립하면서도 궁극적으로 합치하는, 즉 상호 대립물의 통일을 이루고 있다'고 답할 수 있다.

5. 맺는 말

지금까지의 논의 전개 과정을 통해 살펴본 바와 같이, 이 글은 오늘의 한국적 현실에서 국가의 역할과 기능은 여전히 중요할 뿐 아니라 필수적으로 요청된다는 사실을 '보다 의도적으로' 강조해 보고자 하였다. 이를 위해 개인의 이익과 국가의 이익은 서로 대립하고 상충하기보다는, 오히려

---

54. 황장엽, 『인간중심철학의 몇 가지 문제』(2003), 119쪽.

개인의 이익이 제대로 관철되고 현실화되기 위해서는 — 사회 구성원들의 사적 삶의 영역에의 — 국가의 정당한 개입과 관여가 불가피하며 그런 한에서 개인의 이익은 궁극적으로 서로 합치한다는 점을 대략 '세 가지' 관점에서 확인해 보여 주고자 시도하였다.

그런 한에서, 이 글이 국가나 국가 권력의 생산적·긍정적 측면과 현실적 필요성을 강조하고 있다고 해서 그것이 국가주의나 전체주의 또는 집단주의를 '조금이라도' 옹호하거나 정당화하는 것으로 오인되어서는 곤란하다. 이 글이 진정으로 의도하고 있는 바는, 국가를 바라보는 관점이 한편으로 지나치게 쏠려 있는 극단적인 편향적 시각 — 그것이 진보적 개혁 세력의 것이든 아니면 보수적 수구 진영의 것이든 — 의 한계를 비판적으로 지적하고 그것을 교정해 보고자 하는 것이다. 요컨대, 시장주의를 맹종하여 국가의 개입을 반대하는 보수 진영의 입장이나 '박정희식 국가주의'의 극복 방안으로 '국가 죽이기'를 내세우는 진보 개혁 세력의 입장,[55] 양자가 드러내 보이는 극단적으로 편향된 시각의 오류 가능성을 적시함으로써 보다 공정하고 균형 잡힌 국가관을 모색해 볼 수 있는 통로를 마련해 보고자 기획된 것이었다. 아무쪼록 이 같은 기획 의도가 일정 정도 전달되었다면, 결코 만족스러운 것은 아니지만 이 글의 소임은 그런대로 무난하게 수행했다고 볼 수 있을 것이다.

---

55. 장하준/정승일, 『쾌도난마 한국경제』(2006), 185-8쪽 참조.

4부

한국사회의 현실과 철학의 사회적 역할

10. 한국 사회에서 마르크스 철학은 여전히 유효한가?

'숙고된 자유주의'의 입장으로서 마르크스 사회철학

1. 들어가는 말

오늘날 마르크스K. Marx는 '과학적 사회주의'[1]를 창시한 사회주의 사상가이자, 자유에 앞서 평등을 우선시한 평등주의 철학자로서 널리 알려져 있다. 이에 따라 마르크스는 사회주의의 대립항으로서 자본주의의 구조적 모순의 타파에 앞장선 '실천적 사회주의자'이자, 자유를 무엇보다 중시하는 자유주의 — 따라서 그것의 경제학적 표현인 자본주의 — 의 한계를 극복코자 평생을 투쟁한 '평등주의자'로서 해석되고 있는 실정이다.

이 글은 이처럼 사회주의자이자 평등주의자로 이해되고 있는 전통적인 마르크스 상像에 반反하여, 비록 그가 사회주의 체제로서의 해방 사회의 구현을 추구했지만 이는 근본적으로 '개인의 자유 구현'을 염두에 두고 시도된 것이란 점에서, 그의 사회철학은 '숙고熟考된 자유주의 deliberated liberalism'[2]의 한 입장으로 해석될 수 있다는 점을 부각시키는

---

1. 이에 대한 상세한 논의는 G. P. Chernikov, *Fundamentals of Scientific Socialism* (1988) 참조.

2. 자유주의에 관한 정의定義는 혼란스러울 정도로 다양하다. 그럼에도 그 공통분모는 '개인의 자유,' 특히 '사회와 관계없이 고립된 강한 개인의 자유'에서 찾아진다. 이에 관해서는 이나미, 『한국자유주의의 기원』(2001), 31-8쪽 참조. 이에 비해 이 글에서 사용되는 '숙고

데 일차적 관심을 갖고 있다. 여기서 잠정적으로 사용하고자 하는 숙고된 자유주의란, 모든 개인의 자유는 사회 구조와 내적으로 연관되어 있으며 그런 한에서 사회 구조적 모순의 해결과 지양을 통해 개인의 자유와 권리를 존중하고 보장하고자 하는, 보다 더 '자기 비판적 성찰'에 철저한 자유주의를 가리킨다.

그러므로 이 글은 마르크스 사회철학에 대한 이 같은 자유주의적 해석이 과연 수용할 만한 근거를 일정 정도 지니고 있는가에 유념하면서 그 '해석 가능성' 여부를 검토해 보고자 한다. 나아가 이러한 해석에 의거할 경우 새롭게 읽는 마르크스 철학의 자유주의적 판본, 즉 '마르크스적 자유주의'가 지니게 되는 의의와 그것이 우리 사회에 기여할 수 있는 역할에 대해 비판적으로 타진해 볼 것이다.

이러한 의도의 관철을 위해 이 글은 먼저, 이제껏 평등주의 사상으로 이해되어 온 마르크스 사회철학을 사회적 평등에 초점을 맞춰 개략적으로 살펴볼 것이다(2). 이어 이러한 해석과 모순되지 않으면서 그의 사회철학을 보다 숙고된 자유주의적 시각에서 새롭게 독해해 볼 것이다(3). 그리고 이러한 해석에 의거하여 마르크스적 자유주의의 의의에 대해 간략히 검토해 볼 것이다(4). 끝으로 자유주의자로서 마르크스라는 새로운 해석과 그에 기초한 마르크스적 자유주의의 내용이 오늘의 한국 현실과 맺는 상호 연관성과 우리 사회에 던져 주는 새로운 메시지와 현재적 의미를 대략적으로 살펴볼 것이다(5).

熟考된 자유주의'는 '사회 구조와 연관된 모든 개인의 자유'에 초점을 맞춘 변용變容된 자유주의 개념을 가리킨다.

2. 전통적 해석: '평등주의 사상가' 로서 마르크스

전통적으로 철학사에서 마르크스는 평등주의자로 알려져 있다. 예컨대, 마르크스는 시민 혁명을 통해 중세 사회의 '신분제적 불평등'을 타파하고 성립된 개인주의에 기초한 '자유주의 체제'가 그 전개 과정에서 새롭게 야기한 불평등 사태, 즉 부자와 빈자 간의 '경제적·사회적 불평등' 그리고 생산 수단의 소유를 둘러싸고 형성된 자본가 계급과 노동자 계급 간의 '계급적 불평등'에 주목하고, 이것이 지닌 본질적 한계의 해명과 그 해결에 주력코자 했던, 그런 한에서 자유보다는 평등을 중시한 실천적 사상가로 세인들에게 알려져 있다. 이러한 평등주의 사상으로서 마르크스 철학의 특성은 자본주의 체제의 구조적·계급적 불평등 사태에 관한 비판적 해명에서 엿볼 수 있다.

1) '사회 구조적 불평등' 체제로서 자본주의

마르크스는 생산력의 발전 수준에 조응하여 — 사회 성원들의 의사와는 무관하게 — 생산 수단을 둘러싸고 개인들 간에 필연적으로 맺게 되는 생산 관계[3]로부터 규정된 자본가 계급과 노동자 계급, 양자 간에 '지배/착취 구도'가 자리하고 있는 계급적으로 '불평등한' 체제로서 자본주의를 바라보고 있다. 마르크스에 따르면, 이러한 체제에서 노동자는 자립적으로 살아갈 수 없는 존재인 까닭에 자본가에게 의존하지 않을 수 없으며, 그에 따라 임금에 대한 보상을 위해 자신의 '노동력'을 자본가에 팔도록 강요받는다. 자본가 역시 — 원하든 원치 않든 — 투자에 대한 이윤을 실현하기 위해 노동자를 착취하지 않을 수 없게끔 강제당한다.

---

3. K. Marx, *Zur Kritik der Politischen Ökonomie, MEW* 13 (1975), 8쪽.

이렇듯 자본주의 사회에서 인간관계는 '개인과 개인이 서로 대등하고 독립적인 관계'로서 정립되어 있는 것이 아니라, 한 인간이 다른 인간을 억압·착취하는 '불평등한 지배/예속적 관계'로 구조지어져 있으며, 이런 한에서 자본주의는 '구조적으로 불평등한' 비인간적 사회 체제라는 것이 평등주의자로서 마르크스의 기본 시각이다.

그렇지만 마르크스의 이 같은 비판적 시각이 갖는 보다 중요한 함의는, 이러한 사회적 불평등이 개인의 결함이나 도덕성의 결여에서 초래되는 것[4]이 아니라, 생산 수단의 '사적 소유'를 둘러싼 자본주의의 '체제적 본성'에서 결과한 것이라는 점을 밝혀냈다는 점이다. 그러므로 — 이러한 해명에 따르면 — 자본주의 체제에서 살아가는 개인들은 자본주의의 '본래적' 특성인 '불평등한' 사회적 관계(생산 관계)에 의해 '구조적으로' 할당된 역할을 수행토록 강요받고 있으며, 그에 따라 사회 성원들 사이에 불평등한 '지배/예속의 관계'가 영구적으로 존속된다는 것이다.

물론 마르크스는 역사적으로 부르주아 계급이 수행한 '혁명적 역할'[5]로 인해 전前근대적 신분제의 특권이 원칙적으로 폐지되고, 그에 따라 직접 생산자인 노동자 계급 역시 '법적으로' 자유롭고 평등한 존재로 자리 잡게 된 점을 평가하고 있다. 하지만 전통적 억압에서 벗어나 자본가와 '대등한 지위'에서 자유롭게 계약을 체결할 수 있는 '가능성'이 노동자에게 주어져 있었지만, 현실에서 그들은 경제적으로 — 또한 정치적으로 — 철저하게 자본가에게 매여 있었으며, 그런 한에서 노동자들에게 자본주의는 사실상 '임금 노예제'에 다름 아니었다.[6] 요컨대 자본주의는 노

---

4. 로크J. Locke에 따르면, 세계는 모든 이에게 균등하게 주어져 있으며 각자의 노력 여하에 따라 소유의 차이가 불가피하게 나타나며 그에 따라 행복의 추구에서도 개인들 간에 편차가 나타날 수밖에 없다. 이처럼 로크는 그러한 차이가 각자의 근면(성)과 나태에 달려 있다고 주장함으로써, 소유의 차이와 그로부터 결과하는 자유의 불평등한 향유를 정당한 것으로 간주하고 있다. J. Locke, *The Second Treatise of Government*(1952), §34 참조.

5. 가령 "부르주아는 상전들에 얽매여 있도록 만든 온갖 봉건적 속박을 가차 없이 토막 내버렸다." K. Marx/F. Engels, *Manifest der Kommunistischen Partei*, MEW 4 (1980), 464쪽.

동자들에게 자유 — 형식적 자유 — 를 부여해 주었지만, 그러한 자유는
역설적으로 '계급적 주종 관계'의 사회적 불평등을 야기했다는 것이 마
르크스의 시각이다.[7]

2) 자본주의적 평등 개념의 허구성

평등주의 사상가로서 마르크스는 '불평등한' 자본주의 사회에서 통용되
고 있는 '평등'의 개념을 그 자체 '허구적인 것'으로서 규정하고 이에 대
해 신랄한 비판을 가하고 있다. 물론 자본주의는 봉건적 잔재를 청산하
고 새로운 자본주의적 평등인 '법률적 · 정치적 평등'을 이루어 내었다.
하지만 그것은 단지 '법 앞의 평등'이라는 다분히 의례적이며 형식적인
차원의 평등에 지나지 않는다는 것이 마르크스의 인식이다. 이러한 부정
적 진단은 자본주의가 내걸고 있는 이른바 '법률적 평등'의 의미에 관한
비판적 분석을 통해 제시되고 있다.

　이에 따르면, 자본은 자기 증식을 위해 산 노동인, 노동자의 노동력
과 결합하여 잉여 가치를 창출하는데, 이것이 가능하기 위해서는 무엇보
다 자본과 노동의 동등성을 보장하고 이를 자유로운 교환 형식으로 표상
하는 것이 요청된다. 즉, '자본주의 체제 메커니즘'이 제대로 작동되기
위해서는 자본가와 노동자가 서로 대등하고 자유로운 상품의 소유자라
는 '허구적 의식'의 창출이 필요하며,[8] 그에 따라 자본주의적 평등 개념

---

6. 마르크스는 자본수익이 경제적 관계 지체를 '노동자 노예 세도의 토대'로서 파악하고 있
　다. K. Marx, *Lohnarbeit und Kapital, MEW* 6 (1982), 398쪽.

7. "자유로운 노동자는 자기 자신을 팔며, 그것도 토막으로 나누어서 판다. 그는 매일같이 자
　기 삶 중의 8, 10, 12, 15시간을 가장 비싼 값을 주는 사람 …(중략)… 자본가들에게 경매
　한다 …(중략)… 노동자는 굶어 죽지 않기 위해서 구매자 계급 전체, 즉 자본가 계급을 떠
　날 수가 없다. 그는 이 자본가 또는 저 자본가의 소유물은 아니지만 자본가 계급의 소유물
　인 셈이다" K. Marx, *Lohnarbeit und Kapital* (1982), 401쪽.

8. 이와 관련하여 마르크스는 "고전 정치경제학은 공장주들 사이의 통용 관념, 즉 그들이 자
　기 노동자들의 노동을 사고 또 그 값을 지불한다는 식의 관념을 산업에서의 실천으로부터

인 법률적 평등의 개념이 출현하게 되었다는 것이다. 따라서 이 같은 법률적 평등 개념에 입각하여 자본주의 체제 내의 모든 개인들은 상호 대등하고 자유로운 존재로서 행위하고 결정하며 살아가고 있다고 강변하는 '자본주의 옹호 논변'은 사태를 왜곡시키는 거짓된 것이라고 마르크스는 비판한다.

그가 보기에, 이러한 자본주의적 평등은 지극히 '이기적인' 평등, 다시 말해 자본주의 체제 내의 지배 계급에게만 해당되는 평등이다.[9] 이러한 현실 인식에 기대어 마르크스는, 인간에 의해 인간이 지배되거나 예속되지 않는 그야말로 누구나 서로 대등하고 자유롭게 살아갈 수 있는 사회 체제의 정립을 위한 일차적 지반으로서 '새로운 차원'의 사회적 평등, 즉 '실질적 평등'을 제안한다. 사회적 불평등이 존속하는 한, 개인의 '실질적 자유'는 결코 확보될 수 없기 때문이라는 것이 그 주된 이유이다. 나아가 이 같은 법률적 평등에 기초하고 있는 '정치적 해방'이란 단순히 선언적인 것에 불과하며 진정한 의미의 '인간 해방'을 결과하기에는 역부족이라고 본다. 그에 따라 마르크스는 "모든 해방은 인간 세계와 모든 관계를 인간 그 자체에로 복귀시키는 것"[10]이라는 논리를 내세워, 모든 계급적·구조적 불평등을 넘어서는 참된 의미의 인간 해방의 필요성을 역설한다.

그대로 따왔다"고 진술하고 있다. K. Marx, *Lohnarbeit und Kapital*(1982), 594쪽.

9. 이는 오늘날 세계에서 가장 민주화된 사회라고 불리는 미국 사회에서, 자유와 평등은 '사실상' 백인들만의 자유와 평등인 것과 일맥상통한다.

10. K. Marx, *Zur Judenfrage, MEW* 1 (1983), 370쪽.

3. 새로운 독해: '자유주의자'로서 마르크스

평등주의 사상가로서의 마르크스에 대한 해석은, 생산 수단을 비롯한 물질적 부를 소유한 부자와 빈자 사이에 경제적 불평등이 '구조적으로 항존하는' 사회로서 자본주의 체제를 바라보는 그의 현실 인식에서 비롯된다. 하지만 이 같은 시각의 내면을 좀 더 깊숙이 들여다보면, 거기에는 '개인의 자유 구현'이라는 보다 근원적인 문제의식이 자리하고 있음을 발견하게 된다.

마르크스에 따르면, 구조적 차원의 사회적 불평등이 존재하는 상황은 '필연적으로' 가진 자가 그렇지 못한 자를 지배·억압하는 비인간적 사태의 발생으로 이어지며, 결국 갖지 못한 자의 '자유 상실'이 초래된다. 이러한 논법에 의거하여 마르크스는 자본주의 체제의 태생적 한계인 구조적 불평등의 제어를 통해 사회적 평등을 확보하고 그 바탕에서 누구나 자유롭고 인간답게 살아갈 수 있는 사회를 정립하려는 '인간 해방의 기획'을 추진하고자 한다. 아울러 그러한 기획의 구체적인 모델로서 제시된 것이 '사회적 평등에 기반한 해방 사회로서의 사회주의'이다. 물론 이러한 대안적 사회 모델은, 구체적 현실에 적용·구현되는 과정에서 수다한 문제점과 한계를 드러냄으로써 역사적으로 실패한 기획으로 자리매김되었다.

하지만 '현실 사회주의'의 붕괴라는 부정적 귀결에도 불구하고, 마르크스가 구현하고자 한 해방 사회의 기획에 담겨 있는 사회철학적 통찰은 여전히 되새겨볼 필요가 있다. 요컨대 '누구나 자주적인 인간으로서 "진정으로" 자유롭게 살아갈 수 있는 사회를 건립하기 위해서는, 생산 수단 및 자본의 소유를 중심으로 구조화되어 있는 "계급적·경제적 불평등"과 소유의 불평등한 배분에 따른 "자유의 불평등한 향유"가 극복·지양되어야 한다'는 입론은 근본적인 중요성과 현실적 의미를 여전히 지니고 있다고 판단된다.

나아가 이 같은 맥락에서 마르크스는 '평등주의자' 못지않게 '자유주의자'로 해석될 여지가 많다고 보인다. 구조적 불평등의 지양과 사회적 평등의 확립을 중시했던 이유가 모든 '개인의 자유 실현'을 염두에 둔 것이라는 점을 진지하게 고려해 볼 때, 마르크스는 진정한 의미의 '자유주의자'로서 독해될 가능성이 높기 때문이다. 아울러 이러한 관점에서 마르크스 사회철학은 그 속에 담겨 있는 자유론적 측면들에 초점을 맞추어 새롭게 조망될 여지가 있으며, 그럴 경우에 그의 입장을 하나의 변용된 '자유주의 사상'으로 새롭게 읽어낼 토대가 마련될 수 있을 것이다.

1) 인간 상호 간의 '자유 상실적 관계'로서 구조적 불평등

마르크스가 보기에 자본주의 체제에서 자유란 그것을 현실적으로 구현시킬 수 있는 물적 토대가 확보되어 있는 경우에만 실질적인 '자유'로서의 의미를 갖는다. 그러므로 사회적 불평등이 구조적으로 항존하는 자본주의 사회에서, 자유는 단지 그것의 실현 매체를 지닌 가진 자들의 향유물에 그치게 되며, 그렇지 못한 다수의 빈자들은 그러한 자유의 향유를 단지 '가능태'로서만 받아들일 뿐이다. 이는 결국 가진 자들에게 경제적·정치적으로 예속된 삶, 자유를 상실한 삶을 '영구적으로' 살아가도록 강요받고 있음을 의미한다.

이러한 사태에 대해 마르크스는 '도덕적 분노감'을 표출하고 있는데,[11] 이 같은 윤리적 비판의 밑바닥에는 '인간은 누구나 본래적으로 자유롭게 살아갈 수 있는 권리와 가치를 지닌 동등한 존재'라는 가치관이 놓여 있다. 나아가 이러한 가치관의 중심에는 '인간의 존엄성,' 즉 '인격(사람됨)에 대한 존중respect for personality'[12]이라는 가치 이념이 자리하

---

11. 차인석, 「사회인식과 가치」(1992), 124쪽; K. Marx, *Ökonomish-philosophishe Manuskripte, MEW* 40 (1981), 514-5쪽 참조.

고 있다.

마르크스는 이러한 가치관과 가치 이념에 의거하여, 자본주의적 불평등의 본질을 '인간 상호 간의 관계가 돈(자본)을 매개로 한 지배/예속의 관계로 왜곡되면서 개인의 자유가 상실되는 사태'로서 파악하고자 한다. 동시에 그처럼 '불평등한 자유 상실적 관계'를 지양한 새로운 인간관계, 곧 인간 상호 간의 '대등하고 독립된 자유로운 관계'를 새롭게 정초해야 할 사회 체제의 기본 구조로 내세우고 있다. 나아가 그러한 인간관계를 구조적으로 현실화하기 위한 방안으로서, 자본주의적 불평등을 초래하고 있는 주된 원인인 생산 수단의 '사적 소유'를 '사회적 소유'로 전환할 것을 제안하고 있다. 그런데 이러한 제안은 '자유를 소유에 영구적으로 연관시켜야 한다는 원리는 존재치 않는다'는 '혁신 자유주의'의 입장에 부합하는 것으로서,[13] 마르크스의 사상을 보다 숙고된 자유주의의 한 입장으로 해석할 수 있도록 그 통로를 열어 주고 있다.

2) '자유의 상실태'로서 소외

'소외' 문제에 관한 마르크스의 비판적 분석은, 『경제·철학 수고』를 중심으로 한 '초기 입장'과 『자본』을 중심으로 한 '후기 입장'으로 구분된다. 주로 '소외된 노동'에 초점을 맞추어 '윤리적·인본주의적 관점'에서 소외 현상을 해명하는 초기 입장은, 후기에 들어와 '정치·경제학적 관점'에서 접근해 들어간 과학적 이론으로서의 소외론으로 재편된다.

초기 마르크스는 사유 재산을 노동의 소외를 통해 설명함으로써 소외된 노동의 원인을 다시금 사유 재산으로 제시하는 '순환 논법'에 처하게 되는데, 이를 벗어나기 위해 후기 마르크스는 사유 재산에 관한 보다 세밀한 과학적 분석을 시도한다. 그 결과 '생산 관계에 대한 이론'과 그

---

12. R. N. Beck, *Handbook in Social Philosophy* (1979), 111쪽.
13. 차인석, 「혁신 자유주의와 사회주의 이념」(1992), 247쪽.

러한 생산 관계의 기초를 이루는 '생산 수단의 소유 형태에 관한 이론'을 새롭게 구성하여 '소유의 한 역사적 형태'로서 '사적 소유'를 과학적으로 설명할 수 있게 되었으며,[14] 나아가 '자본주의적 억압'과 '자유 상실'의 단서적端緒的 특징으로서의 소외된 노동을 실증적이며 객관적으로 해명할 수 있게 되었다.[15]

하지만 이러한 해명 방식의 전환에도 불구하고, 마르크스는 '소외'의 본질을 '자본가에 의한 노동자의 억압 및 부의 축적/빈곤의 축적이라는 양극화'[16]에서 파악하고자 한다. 아울러 '노동 생산물'이 상품으로서 생산되는 '특정한 역사적 생산 관계' 속에서 출현할 뿐 아니라, '노동력' 자체가 하나의 상품으로 존재하는 자본주의적 상품 생산 아래서 더 한층 명확한 형태를 취하는 것으로서, 소외의 특징을 부연 설명코자 한다.

이 같은 해명을 통해 마르크스는, 스스로 사유하고 판단하여 자발적으로 행위하는 '자율적 주체'로서 인간이 자본주의 체제의 등장과 함께 '인격화된 자본'에 종속된 '타율적 객체'로서 전락하는 '자유 상실'의 사태와 새로운 억압적 상황의 영속화를 드러내 보여 주고자 한다. 또한 자본가의 지배와 착취로 인해 노동자가 겪게 되는 '비인간적 자유 상실' 못지않게 자본가 또한 — 막대한 부의 축적에도 불구하고 — '돈의 노예'로서 살아갈 수밖에 없는 '부자유스러운 존재'라는 점을 강조함으로써, 소외란 결국 모든 사회 성원의 삶으로부터 자유가 제거된 '자유의 상실태'임을 보여 주고자 한다.

---

14. 林直道, 「맑스 경제학사상의 형성과 소외의 극복」(1988), 40-1쪽.
15. 마르크스는 그 '매개 이론'으로서『잉여 가치론』— 그 전제로서『노동 가치설』— 을 내세웠으며, 이러한 매개 이론들을 바탕으로 그의 후기 사상을 대변하는『자본』을 세상에 내놓았다.
16. 林直道, 「맑스 경제학사상의 형성과 소외의 극복」(1988), 40쪽.

3) 자본주의적 '자유(권)'의 한계

(1) 본래 '자유주의'는 신분제와 그에 기초한 세습적 특권의 폐지를 위해 투쟁해 온 신흥 부르주아 계급의 — 개인주의적 자유 의식을 바탕으로 한 — '혁명적 사회사상'으로 출현하였다. 이러한 자유주의는 신분제적 주종 관계와 수직적 상하 관계를 특징으로 하는 중세의 전근대적 사회관계를 해체하고, 그 자리에 사회 성원 각자의 '자아실현'을 자유로이 추구할 수 있는, 자주적이며 독립적인 주체로서의 개인의 자유와 권리가 강조되고 옹호되는 수평적 사회관계를 대신 자리 잡도록 해주었다. 동시에 이러한 관계의 공고화를 위해 자유주의는 개인의 자유와 평등, 소유 등을 그 어떤 목적에서도 양도할 수 없는 권리, 즉 '천부인권'으로서 선언하기에 이른다.

그러나 마르크스에 따르면, 그처럼 자유주의가 표방하고 있는 — 공민권droits du citoyen과 구분되는 — 인권droits de l'homme이란 '같은 인간과 공동체로부터 분리된 이기적 인간 — 사적 시민bourgeois — 의 권리'에 지나지 않으며,[17] 그러한 인권 중 하나인 자유(권) 역시 인간 상호 간의 결속에 기초하기보다는 '인간과 인간의 구별에 그 토대를 두고 있는, 자기 자신에게만 한정된 개인의 권리'에 불과하다.[18] 사적 소유 역시 '자유라는 인권의 실천적 적용에서 결과한 것'으로서, 타인과의 관계를 일체 단절한 가운데 사회와도 무관하게 자신의 재산을 마음대로 향유하고 처분할 수 있는 권리, 다시 말해 자기만이 이용할 수 있는 권리라고 마르크스는 지적한다.[19]

이러한 비판적 시각에 기대어 마르크스는, 자유를 필두로 한 천부인

---

17. 이와 관련하여 마르크스는, 자유주의는 인간을 정치적 공동체의 구성원으로서의 '공민 citoyen'과 시민 사회의 성원으로서의 '사적 시민bourgeois'으로 분열시키고 있으며, '이기적인' 사적 시민을 인간의 본래적 형태로서 제시하고 있다고 비판하고 있다.
18. K. Marx, *Zur Judenfrage* (1983), 364쪽.
19. K. Marx, *Zur Judenfrage* (1983), 365쪽.

권을 내세워 인간 해방을 추진했던 자유주의의 '정치적 혁명'은 진정한 의미의 인간 해방을 구현하는 데 실패했다고 주장한다. 그것은 단지 부르주아 혁명의 소산인 정치적 공민권을 실현하기 위한 부르주아(사적 시민)만의 해방이며, 자유와 평등, 소유권 등 부르주아 계급의 '계급 특수적인' 권리들이 '인권'이라는 미명하에 보편적 권리로서 정착되어 나가는 불완전한 해방일 뿐이라는 것이다.[20]

(2) 자유주의는 개인의 자유로운 '자아실현'을, 개인의 도덕적·정신적 발전과 안녕의 전제이자 그가 살고 있는 사회의 정치적·경제적 그리고 문화적 발전을 위한 전제로서 이해한다. 이와 함께 개인의 자유로운 자아실현은, 그것을 실현할 수 있는 물적 기반으로서 개인의 사유 재산에 대한 적극적인 보장에서 비롯된다고 본다.[21]

그러나 이 같은 관점은, '사유 재산의 소유'가 자유주의 전개 과정에서 개인의 자유보다 우위에 서게 만드는 주된 원인으로 작용하였다. 즉, 처음에는 소유에 대한 권리가 자유의 일부였으나 점차 개인의 '자아실현의 자유'가 사적 소유에 의존하게 됨에 따라 사유 재산의 권리를 규정하는 법체계 그리고 이 같은 사회 질서를 유지하려는 정치 체제와 사회 제도가 '개인적 자유'보다 더욱 중요시되었기 때문이다.[22] 물론 이 경우에 근본적으로 문제가 되는 것은, 일반적 의미에서 사유 재산을 소유하는 것이라기보다는 '생산 수단'이 '소수의 자본가 계급'에 의해 사유화되는 상태이다. 생산 수단을 소유한 자본가 계급이 그렇지 못한 노동자 계급을 자본을 매개로 하여 지배하게 되는 자본주의의 현실적 상황이 바로 문제인 것이다.[23]

---

20. K. Marx, *Zur Judenfrage* (1983), 356, 363-4쪽; 최형익, 『맑스의 정치이론』(1999), 63-6쪽 참조.
21. 이런 이유에서 '자아실현을 추구할 자유' 못지않게 '소유에 대한 권리' 역시 천부인권이자 침해받을 수 없는 자유권으로서 확고하게 자리 잡게 된다.
22. 차인석, 「혁신 자유주의와 사회주의 이념」(1992), 246-7쪽 참조.

　이렇듯 자유주의가 내세운 '자유의 실현'은 구현되어야 할 자유가 소유와 연결되면서, 소유의 불평등한 분배에 따른 자유의 불평등한 향유를 초래하였다. 자유가 '실제로' 구현되기 위해서는 그에 따른 물적 토대의 확보가 우선적으로 요구되는데, 그러한 물질적 부에 대한 소유의 불평등한 차이로 인해 개인이 누리는 자유의 크기에도 차이가 발생하게 된 것이다. 더욱이 소유의 대상이 생산 수단일 경우에는, 그것을 둘러싼 '소유의 유무'에 따라 개인이 누리는 자유의 크기에 엄청난 불평등을 유발시킨다. 이로써 본래 만인의 자유를 실현시키고자 하는 목적에서 출발했던 자유주의 이념 체계는 이처럼 결국 소수의 가진 자들만의 자유를 실현시키는 이념으로 전락해 버리고 말았던 것이다.[24]

　그렇다면 이처럼 '만인의 자유 구현' 대신 '만인의 자유 상실과 극소수의 자유 구현'이라는 역설적 사태를 초래한 근본 원인은 무엇인가? 마르크스는 이를, "특허장에 의해 보장되거나 투쟁을 통해 얻어진 수많은 자유 대신에 단 하나의 파렴치한 자유, 즉 상거래의 자유를 내세"운 부르주아에 의해 "종교적 정치적 환상에 의해 은폐되고 있던 착취를 공공연하고 파렴치하며 직접적이고도 잔인한 착취로 바꾸어 놓"[25]는 자본주의의 체제 내적 속성에서 찾고자 한다.

4) '실질적 자유 구현'의 토대로서 사회적 평등

'강자의 논리 체계'로서의 자유주의에 대항하여, 마르크스는 '약자의 입상'에서 사회 성원 일부가 아닌 전체 구싱원들의 자유를 실질직으로 보장하려는 논리를 전개하고 있다. 이는 사회적 평등의 확보를 통해 가능

---

23. 차인석, 「혁신 자유주의와 사회주의 이념」(1992), 247쪽.

24. 이처럼 마르크스는, 자본주의 체제에서 통용되는 자유란 모든 사회 성원들의 이해관계를 존중하는 '보편타당한' 것이 아니라 특정 계급의 이해관계만을 반영한 '계급 특수적'인 것으로 보고자 한다.

25. K. Marx/F. Engels, *Manifest der Kommunistischen Partei* (1980), 465쪽.

하다는 입론으로 귀착되고 있는데, 여기서 자유와 평등은 서로 대립하는 것이 아니라 상호 보완과 조화를 이루고 있으며, (사회적) 평등은 (실질적) 자유 구현의 전제 조건이 된다.

이 같은 통찰은, 부의 집중은 '평등한 자유'를 위협하게 되는 까닭에 부를 소유하고 있는 자본가 계급(층)으로부터 부를 소유하지 못한 빈곤 계급(층)에게로 '부의 경제적 양도'가 없는 한 '자유의 원리'는 제대로 구현될 수 없다는 입장[26]과 그 궤를 같이 한다. 하지만 마르크스는 여기에 머물지 않는다. 그가 보기에, 기본적 자유의 평등이 이루어진 상태에서 사회 성원 각자의 능력과 자질에 비례하여 차등적으로 '자유의 가치'를 분배하는 방식이 모든 개인들의 처지를 보다 나은 상태에 있도록 만들어 준다 해도, 각자가 분배받는 '자유의 가치'에서 개인들 간의 차이가 현저하게 불평등할 경우 사회 구성원들 사이의 상호 관계는 한층 더 심화된 갈등상태에 놓이게 될 것이며, 급기야 가진 자와 그렇지 못한 자 사이의 지배/예속 관계로 고착화될 것이다. 게다가 차등적인 분배 방식이 투명하고 공정하게 이루어진다고 해도 그 분배의 대상이 생산 수단일 경우에, 그것의 소유를 둘러싸고 형성되는 인간관계는 불가피하게 지배/예속의 불평등한 관계로 왜곡될 수밖에 없다.

이 같은 이유로 해서 마르크스는, 외부로부터의 부당한 간섭의 배제라는 의미의 '소극적 자유'나 누구나 자신의 능력을 발휘할 수 있다는 선언적 차원의 '형식적 기회 평등' 뿐만 아니라 각자의 선천적 능력을 마음껏 발휘할 수 있는 '실질적 기회 평등'으로도 진정한 의미의 자유 향유는 이루어질 수 없다고 본다. 한 차원 높은 수준의 사회적 평등이 성취되고, 그것을 기반으로 사회 성원들 모두에게 '각자가 지닌 잠재적 능력의 계발을 통한 자아실현'의 기회가 실질적으로 보장되고, 그러한 기회를 통해 '실제로' 자신의 꿈이 실현되는 상황에서만 진정한 의미의 자유

---

26. C. B. Macpherson, *Democratic Theory: Essays in Retrieval* (1973), 93쪽.

가 향유된다고 본다. 그러므로 마르크스가 말하는 사회적 평등이란, 잠재적 능력과 개성을 누구나 다 발휘할 수 있도록 만들어 주는 — '자아실현'이라는 실질적 자유의 현실화를 위한 일차적 기반으로서 — 일체의 '조건적 평등'을 가리킨다. 그러므로 이러한 평등은 모든 개인들의 실질적 자유 구현을 위한 물적 수단의 확보에 필수적인 전제 조건이자, 그러한 물질적 수단 가운데 생산 수단의 소유가 특정한 소수에게 편중됨으로써 초래되는 인간 상호 간의 지배/예속 관계의 철폐를 위한 근본적인 조건으로서 제시되는 '이념'이라 할 수 있다.

4. 마르크스적 자유주의의 의의:
사회 구조의 변혁을 통한 개인적 자유의 실현

마르크스는 가진 자의 동정심이나 자비 혹은 의식의 전환이 아니라 사회의 정치적 · 경제적 조건들의 변혁과 재편을 통해서만 모든 사회 성원들이 실제로 자유를 누릴 수 있다고 본다. 즉, '사회적 관계의 총체'로서의 개인의 자유는, 사회적 관계의 총체적 변환을 통한 개인들 상호 간의 '자유롭고 평등한 관계'의 확립을 통해서만 진정으로 확보될 수 있다고 본다.[27] 또한 이러한 맥락에서 '소외된 노동의 지양과 인간의 자아실현'의 과정은 '역사의 진보'로 파악된다.

이로부터 우리는, 마르크스가 자본주의 체제의 구조적 불평등과 부자유에 대한 치유와 지양의 상태에서 '개인의 자유가 실현되는 해방 사회'를 역사 발전 과정의 최종 목표로 설정하고 있음을 확인해 볼 수 있다. 물론 구체적인 역사 발전 과정에서 이러한 목표의 달성은, 먼저 '자

---

27. 이에 관한 상세한 논의는 김창호, 「개인의 자유와 사회의 발전」(1991), 121-40쪽 참조.

연으로부터의 해방’을 이룬 후 이에 의거하여 ‘인간에 의한 인간의 지배/예속 구조로부터의 해방’을 달성하고, 궁극적으로 ‘모든 개인의 자아가 실현되는 진정으로 자유로운 상태로서의 해방’에 도달하는 순서로 이루어진다.

알다시피 자연의 구속으로부터의 해방이라는 의미의 자유는, ‘자연 법칙’에 대한 인식에 의거하여 이러한 필연적 법칙을 일정한 목적에 계획적으로 작동시킬 수 있는 가능성을 가리킨다.[28] 그리고 그러한 가능성에서 현실성으로 전환될 때 인간은 실제로 자유를 누릴 수 있게 된다. 이러한 의미의 자유는, 과학 기술의 발전을 통해 자연을 지배하게 되면서 현대인들이 물질적 풍요로움을 구가하게 된 사실에서 확인해 볼 수 있다.

아울러 — 자연 법칙과 같은 — 필연적 법칙에 대한 이 같은 인식 방식은, 역사와 사회(현상)에 적용되어 사회의 전개 과정에 관한 경향적 법칙으로서의 ‘사회 법칙’의 산출로 이어진다. 그리고 이러한 사회 법칙에 대한 정확한 인식을 통해, 사회나 역사를 인간의 의도와 목적에 맞게끔 적절히 변형하고 재편함으로써 보다 나은 인간 사회를 만들어 나갈 수 있게 된다. 이러한 과정 역시, 사회적 불평등이 완화 · 제거되면서 인간의 자유가 실질적으로 구현되는 상태에 점차 도달하는 과정, 즉 사회 내 억압 구조로부터의 해방의 과정을 가리킨다.

이처럼 단계적이며 점진적인 과정을 통해 일차적으로 일체의 외적 억압과 강제에서 벗어나 자유로운 상태, 즉 ‘소극적 자유 구현’에 이르게 되고, 이어 그러한 상태에서 모든 사회 성원들이 각자 원하는 바를 ‘실질적으로’ 행하고 이룰 수 있는 상태, 즉 ‘적극적 자유 구현’에 도달하게 되는 바, 이것이 바로 최종적 의미에서의 ‘인간 해방’이다.

이 같은 궁극적인 인간 해방은, 한편으로 경제적 부가 인간을 지배하

---

28. ‘필연’과 대응하는 의미로서의 자유, 즉 ‘필연에 대한 인식으로서의 자유’에 관한 해명으로는 F. Engels, *Herrn Eugen Dührings Umwälzung der Wissenschaft, MEW* 20 (1978), 106-7쪽 참조.